全 世 界 无 产 者，联 合 起 来！

列 宁 全 集

第二版增订版

第五十八卷

*《马克思和恩格斯
通信集（1844—1883年）》提要*

1913年10—12月

中共中央　马克思　恩格斯　著作编译局编译
　　　　　列　宁　斯大林

人民出版社

《列宁全集》第二版是根据
中国共产党中央委员会的决定，
由中共中央马克思恩格斯列宁
斯大林著作编译局编译的。

凡　　例

1. 笔记卷的文献编排，根据各卷的具体情况，采取不同方式：有的卷系按时间顺序排列，有的卷分类后各按时间顺序排列，而另一些卷则保持列宁原笔记本的顺序。

2. 文献标题下括号内的日期是编者加的。编者加的日期，公历和俄历并用时，俄历在前，公历在后。

3. 1918 年 2 月 14 日以前俄国通用俄历，这以后改用公历。两种历法所标日期，在 1900 年 2 月以前相差 12 天（如俄历为 1 日，公历为 13 日），从 1900 年 3 月起，相差 13 天。

4. 列宁笔记原稿中使用的各种符号，本版系根据俄文版本照录。原稿中的不同着重标记，在俄文版本中用多种字体表示，本版则简化为黑体或黑体加着重号。

5. 笔记卷中列宁作批注的非俄文书籍、报刊以及其他文献的摘录或全文，本版系根据俄译文译出，有的参考了原文。

6. 未说明是编者加的脚注为列宁的原注。

7.《人名索引》条目按汉语拼音字母顺序排列，条头括号内用黑体字排的是真姓名。

目　　录

第四卷　1868—1883 年

第三卷　　1861—1867 年

插　　图

前　言

本卷收载列宁 1913 年作的《〈马克思和恩格斯通信集〉提要》。《马克思和恩格斯通信集》是恩格斯生前嘱托倍倍尔和伯恩施坦编辑的,直到恩格斯逝世 18 年之后,才于 1913 年 9 月在斯图加特出版。通信集分 4 卷,共收马克思和恩格斯 1844—1883 年的来往书信 1386 件。列宁急切地希望早日看到马克思和恩格斯的全部通信。通信集刚刚出版,列宁便立即精心研读,在书上画了许多着重标记,并在笔记本上作了重要书信的内容提要和一些有关段落的摘录,还编了两个简单的名目索引。《〈马克思和恩格斯通信集〉提要》一书就是由列宁的笔记和相关的马克思和恩格斯的书信两部分材料编辑而成的。这本书节录了马克思和恩格斯的书信 352 件。在某种意义上也可以看做是《马克思和恩格斯通信集》的一个节选本。

马克思和恩格斯的书信是马克思主义理论宝库的重要组成部分,是这两位科学共产主义创始人留给后人的珍贵思想遗产。列宁历来十分重视马克思和恩格斯在书信中所阐述的理论观点和战略策略思想。他不仅常常在自己的著作和讲话中援引马克思和恩格斯的书信,而且对他们的书信积极作宣传介绍。1907 年初,列宁亲自编辑了马克思致路·库格曼书信集,并分别为该书和同年出版的马克思和恩格斯等人致左尔格书信集俄文版写了序言。对于《马克思和恩格斯通信集》,列宁很不满意伯恩施坦的编辑工作,同时认为"伯恩施坦写的前言,一部分空洞无物,一部分简直错误百出"(见本版全集第24卷第277页)。但对书信本身,列宁给予极高的评价,认为通信集为研究马克思和恩格斯的传记和思想理论观点提供了大量的极其宝贵的资料,"这些信件的科学价值和政治价值都非常大"(见本版全集第24卷第278页)。刚读完全部通信集,列宁便着手写一篇题为《马克思和恩格斯通信集》的评介文章,打算刊登在1914年《启蒙》杂志上。但文章只写了开头一部分。6年之后,在1920年11月28日纪念恩格斯诞辰一百周年时,列宁才将这篇未完成的文章发表在《真理报》上(见本版全集第24卷第277—284页)。在此之前不久,1920年8月列宁曾委托弗·维·阿多拉茨基重新选编马克思和恩格斯通信集,供广大工人群众阅读。列宁认为"这是一项重要的国际事业"(见本版全集第52卷第381页)。在列宁亲自关怀和具体指导下,马克思和恩格斯通信集的简编本以《书信。马克思和恩格斯通信中的理论和策略》为书名于1922年底出版。

　　列宁在评介《马克思和恩格斯通信集》时指出,在这些书信中马克思主义的极其丰富的理论内容阐述得非常清楚,因为马克思和恩格斯在通信中一再地谈到他们学说的各个方面,强调并且说明了最新的、最重要的和最困难的问题。列宁写道:"如果我们试图用一个词来表明整部通信集的焦点,即其中所抒发所探讨的错综复杂的思想汇合的中心点,那么这个词就是辩证法。运用唯物主义辩证法从根本上来修改整个政治经济学,把唯物主义辩证法运用于历史、自然科学、哲学以及工人阶级的政策和策略——这就是马克思和恩格斯最为关注的事情,这就是他们作出最重要、最新的贡献的领域,这就是他们在革命思想史上迈出的天才的一步。"
(见本版全集第 24 卷第 279 页)列宁的这一概括,为读者指出了学
习马克思和恩格斯的书信必须紧紧抓住的中心,这同样也是学习
通信集提要的中心。列宁所作的提要和摘录,使读者具体了解列
宁关注一些什么问题,如何抓住书信中的要点,如何概括表述马克
思和恩格斯的思想理论观点和基本要义,从而有助于加深对马克
思主义理论的理解。

　　列宁非常注意马克思和恩格斯对黑格尔、费尔巴哈、休谟、康
德、毕希纳等人的哲学观点的评述。在这一方面,他作了很多提要
和摘录。读了马克思 1858 年 1 月 14 日的信,列宁对信中关于黑
格尔的论述作了这样的概括:"黑格尔《逻辑学》中**合理的东西**在于
他的方法","他(黑格尔)的缺点是'神秘化'"(见本卷第 35—36
页)。马克思在 1868 年 1 月 8 日和 1 月 11 日两封信中分别批评
杜林把他的辩证法同施泰因的三分法相提并论,批评费尔巴哈不
懂黑格尔的辩证法。列宁都作了摘录和提要。在另一处,列宁摘
录了马克思评述赫胥黎的一段话,同时写道:"**赫胥黎**最近的演讲
更唯物主义了,但是……留下了一条通往休谟的后路,说因果范畴
与自在之物没有共同之处。(**马克思**)"(见本卷第 94 页)。

　　对于马克思和恩格斯书信中关于政治经济学的论述,列宁尤
其注意。他详细研究了《资本论》创作过程中的一些书信所阐发的
观点,作了提要和摘录,有时还加了一些简明的评语。例如:资本
论"第 2 卷初稿(第Ⅰ、Ⅱ部类的再生产过程等等)。很清楚!!",资
本论是"把**辩证方法**应用于政治经济学的第一次尝试","恩格斯和
马克思论凯里。**对地租问题很重要**","马克思**肯定绝对地租**(注
意)(很明确!!)","马克思论**机器的概念**——通俗易懂。注意",

"资本的平均利润（通俗、简短、明了）**"**等等（见本卷第 366、450、118、334、346、325 页）。马克思批评资产阶级经济学家们对地租问题进行教条式的争论，指出必须抛开互相矛盾的教条，而去观察教条背后的各种互相矛盾的事实和实际的对抗。列宁在笔记中简明地表述了马克思这一观点：**"政治经济学的基础是事实，而不是教条"**。（见本卷第 86 页）

列宁的提要，很大一部分是马克思和恩格斯通信中关于阶级关系、社会政治动态、无产阶级革命运动的战略和策略等问题的观点。列宁十分重视无产阶级对自由派资产阶级的态度和无产阶级同农民的关系问题。这是布尔什维克同孟什维克在俄国革命中的主要分歧之一。列宁摘记了马克思和恩格斯在 1848 年革命期间对资产阶级及其代表人物的软弱性、反动性的一些评述，还摘记了马克思在 1865 年 2 月 11 日信中提到的 1848 年革命失败的原因：**"**（马克思）：1848 年革命失败（恩格斯：不是由于普选权），而是由于资产者当时宁愿要**用屈服换取的平静，**而不愿看到哪怕只是**争取自由的斗争的前景。"**（见本卷第 397 页）关于土地国有化问题、关于农民和自由派的关系、对各阶层农民的经济地位和政治态度的分析，列宁也都作了提要或加了批注。他在笔记中抄录了马克思 1856 年 4 月 16 日信中的一句名言：**"德国的全部问题将取决于是否有可能由某种再版的农民战争来支持无产阶级革命。"**（见本卷第 20 页）从列宁的提要中还可以看到，他很注意马克思和恩格斯对革命运动中的暗杀、放火和爆炸等恐怖活动的批评。

在列宁的提要中，还有马克思和恩格斯对匈牙利、西班牙、波兰等国革命运动的评述；有对法国、英国、德国阶级斗争形势和美国南北战争局势的分析；有对形形色色的机会主义，如格律恩的

"真正的社会主义",蒲鲁东的小资产阶级社会主义,莫斯特的革命冒险主义,赫希柏格的社会改良主义,英国的工联主义等等的批评。恩格斯在1846年10月23日的信中讲到他在同格律恩分子争论时抨击了蒲鲁东主义,同时规定了共产主义者的宗旨。列宁记下了要点:"同所有的格律恩分子争论了**三个晚上**,要证明蒲鲁东主义是**小资产阶级的,反无产阶级的**","恩格斯**对共产主义下定义**:(1)维护无产阶级利益,反对资产阶级(2)消灭私有制而代之以公有制(3)除了暴力的民主的革命以外,不承认其他手段"(见本卷第207、208—209页),并画上了着重线。列宁特别注意马克思和恩格斯对拉萨尔的批评。不论是对整个拉萨尔主义的批判,还是对拉萨尔个人品质的揭露,列宁几乎全都作了摘记。

民族和殖民地问题也是列宁读通信集时很注意的一个方面。他作的提要中有很多马克思和恩格斯支持民族解放运动、抨击英国和其他一些欧洲国家殖民政策的重要论述。此外,列宁还作了一些有关马克思和恩格斯生平的提要,这些提要反映了两位无产阶级革命导师的崇高奉献精神和彼此间最伟大的友谊。

列宁所作的《马克思和恩格斯通信集》提要对自己后来的理论著述有极大的用处。在《卡尔·马克思》这篇传记性文章中,列宁反复提到《马克思和恩格斯通信集》,大量引用了他在笔记中摘记的观点。在以后的一系列著作中,例如,在《论民族自决权》、《帝国主义是资本主义的最高阶段》、《帝国主义和社会主义运动中的分裂》、《机会主义和第二国际的破产》、《第三国际及其在历史上的地位》、《共产主义运动中的"左派"幼稚病》等著作,以及《哲学笔记》、《关于帝国主义的笔记》、《马克思主义论国家》等书中,都可以看到列宁运用了通信集提要中的资料。直到最后病重期间口授的《论我国革命》,列宁还引用马克思在1856年4月16日的信中关于农民战争同无产阶级革命的关系的论述来驳斥孟什维克的迂腐观点。本卷卷末的注释注明了列宁在哪些著作中引用了通信集提要中的材料。对照这些著作来学习通信集提要,可以进一步领会列宁如何把马克思主义作为革命运动的指南,如何把通信集中包含的丰富的理论观点和战略策略思想同国际共产主义运动的革命实践、同俄国革命和建设的具体实践结合起来,创造性地发展了马克思主义。

　　为便于阅读,本卷正文的主要部分分两栏排印。一栏是马克思和恩格斯的书信的节录,一栏是列宁写的提要和批注。在《列宁全集》第2版中,本卷中马克思和恩格斯书信的译文及有关注释采自《马克思恩格斯全集》中文第1版。在本增订版中,本卷中马克思和恩格斯书信的译文,在《马克思恩格斯文集》和《马克思恩格斯全集》中文第2版中已有的,则直接采用;没有的且没有最新译文的,则按照马克思和恩格斯著作最新版本的编译标准进行审核和校订。列宁写的提要和批注,也根据相应书信节录中的改动以及本卷俄文版进行了修订。注释和人名索引也根据最新编译资料进行了修订。

弗·伊·列宁

（1910 年）

《马克思和恩格斯通信集

（1844—1883 年）》

（1913 年斯图加特版第 1—4 卷）

提　　要[1]

（1913 年 10 — 12 月）

译自《马克思和恩格斯通信集》

俄文版第 1—446 页

---

① 列宁所写的笔记本目录及提要页码。——俄文版编者注

第 二 卷
1854—1860 年

列宁作过标记的《马克思和
恩格斯通信集》一书节录

《通信集》
提要

马克思，1854 年 5 月 3 日

　　正如你所知道的,《论坛报》[2]以充当基督教的卫道者而自得。尤其使我好笑的是,我在一篇文章[3]中主要谴责土耳其人保存了基督教,当然用词不是那样尖锐,而这些家伙竟把它当做社论登载出来。的确,土耳其人容许拜占庭神权政治以甚至希腊皇帝也从来未能设想到的形式发展起来,仅此一点他们就应该灭亡。实质上,还只存在两个宗教民族:土耳其人和土耳其的希腊—斯拉夫人。两者都注定要灭亡;至少后者要同在土耳其人统治下巩固起来的牧师社会组织一起灭亡。

第二卷 ⟋1[①]

第 21—22 页:反对**基督教**。

两个宗教民族:土耳其人和土耳其的希腊—斯拉夫人。土耳其。拜占庭主义。

---

　　① 这是列宁的笔记的页码,下同。——俄文版编者注

此外,我还给《论坛报》寄去了一篇有关土耳其的"圣墓"和"保护权"的丑史[4],这些家伙是不会察觉到在史料背后的对基督教的辛辣嘲讽的。

《马克思恩格斯全集》第 2 版第 49 卷第 555 页

恩格斯,1854 年 6 月 10 日

我现在正认真钻研匈牙利的战局,打算在 10 月以前把全部资料研究完;**今冬一定要把书写出来。**[5]我越深入研究,就越清楚地看出,双方的情况都很妙。目前我正在把戈尔盖同文迪施格雷茨[6]加以对比,发现文迪施格雷茨在他的自我辩护中同在他的通报(他没有勇气否认这些通报)中一样地撒谎。绝妙的是,敌对双方都力求把自己的军队说得比敌方更差。另外,文迪施格雷茨老爷子证明了自己就是我们所熟悉的那头蠢驴,——他本人实际上已经把自己描绘成一头蠢驴,而他的也许更加愚蠢的下级将领,特别是弗尔布纳、乔里奇,首先是骑士总督耶拉契奇,看来对他的荒唐行动起了最好的促进作用。恬不知耻的戈尔盖把事实描述得比说谎成癖的辩护士文迪施格雷茨要直率、正确得多。这一战局对 1848—1849 年来说是完全相称的。不论是旧军队还是革命部队,双方都吓

第 27 页:匈牙利战局(1849 年)对

得要命①,都丢尽了脸。下星期我希望收到奥地利官方出的书[7],最近我将按布罗克豪斯的图书目录拟定一份还必须要阅读的资料的清单。我还需要克拉普卡的书[8],这样一来,全部主要资料就齐备了。

《马克思恩格斯全集》第2版第49卷第571—572页

马克思,1854年7月27日

1853年出版的梯叶里的《第三等级的形成和发展史概论》一书,使我很感兴趣。奇怪的是,这位先生,作为法国历史编纂学中的"阶级斗争"之父,在序言中竟对一些"新人物"感到愤怒,原因是他们现在也看到资产阶级和无产阶级之间的对抗,并且竭力从1789年以前的第三等级的历史中寻找这种对立的线索。他花了许多精力来证明,第三等级包括除了贵族和僧侣以外的所有等级,而资产阶级起着所有这些其他成分的代表者的作用。例如,他引证威尼斯使馆的报告说:

"那些称为王国各等级的,是这样三等人:僧侣、贵族和其余通称为**人民**的人。"

如果梯叶里先生读过我们的著作,他

1848/9年来说是相称的:Angst auf beiden Seiten(**胆怯是1848/9年的弱点 注意**)。

第34页:梯叶里——法国历史编纂学中的阶级斗争之"父"。资产阶级与贵族相对立——那人民呢?

注意 法国资产阶级**在它决心**同农民一起走**的时候**取得了胜利

注意:资产阶级和农民。

---

① 在原信中相当于这几个词的措词是:"Schiß auf beiden Seiten"。1913年出版《马克思和恩格斯通信集》时,编者把它改为:"Angst auf beiden Seiten"——双方都战战兢兢。——俄文版编者注

就会知道,资产阶级当然只是在不再作为第三等级同僧侣和贵族相对立的时候,才开始和人民坚决对立。至于说到"**昨天刚产生的**对抗"的"历史根源",那么他的这本书提供了最好的证明:第三等级一形成,这种"根源"就产生了。这个本来很机智的批评家应当从"元老院和罗马人民"这种说法中按照他自己的观点得出结论说,在罗马,除元老院和人民之间的对立,从来没有其他对立。使我感兴趣的是,从他所引证的文件来看,"catalla,capitalia"即资本这个词是随着城市公会的发展而产生的。此外,他违心地证明了,法国资产阶级的胜利之所以推迟,主要是因为他们在 1789 年才决定和农民采取共同行动。

《马克思恩格斯全集》第 2 版
第 49 卷第 590 — 591 页

马克思,1854 年 10 月 17 日

第 44 页：
西班牙革命。经验反对革命者的"宽容"。

（反对革命者的宽容。注意）

详细研究西班牙革命的历史,就可以弄清楚一个事实,即这些人为了摧毁僧侣和贵族统治的物质基础花了差不多 40 年的工夫,但是在这段时间里,他们也完成了旧社会制度的彻底变革。此外,临时政府等等在那里表现出了几乎像在法国等等一样的理智。虽然整个种族满腔热血,而对流血事件却又无动于衷,但值得注意的是,直到 1834—1840 年内战[9]时期,唯有革命党要求实行博爱主义的宽容,为此,它以后不得不一再受到惩罚。

《马克思恩格斯全集》第 2 版
第 49 卷第 608—609 页

马克思,1854 年 12 月 2 日

我问过拉萨尔,能不能为我在德国找到某种撰稿工作,因为收入减少,开支增加,我不得不认真考虑这一点。现在拉萨尔给我提出了下面的建议,对这件事,我希望你**仔细斟酌**后提出意见。他的表弟**麦·弗里德兰德**博士本月初将成为《新奥得报》[10]的所有者,但是同**施泰因**和**埃尔斯纳**合伙。**要我作该报驻伦敦通讯员**。弗里德兰德认为,开始他无力支付每月 20 塔勒以上的稿费,但拉萨尔相信能够使他把稿费提到 30 塔勒。建议就是这样。这个数目是微不足道的。但是,也不能为了替德国的地方小报写一点通讯而要价太高,而四五十英镑总是可以拿到的。主要的障碍是埃尔斯纳和施泰因!之所以要深思熟虑,是因为这些先生们不是保守派,反而是**自由派**,他们和我们的对立比《新普鲁士报》[11]

第 55 页:是否为德国**自由派**报纸撰稿。自由派直接反对我们!(不是保守派)。

2
是否为自由派报纸撰稿?自由派直接反对我们!!

更直接得多。这就是问题所在。[①]请你好好考虑一下。

《马克思恩格斯全集》第 2 版第 49 卷第 623 页

马克思,1854 年 12 月 15 日

<u>下星期我将开始为《新奥得报》写通讯</u>。暂时是每月 <u>30 塔勒</u>。但我推测,这些家伙每周三篇通讯才能满意。我不能为了每月 30 塔勒而不再去博物馆[②]搞我的研究,因为我没有钱买书。虽然我对这项工作很不满意,但为了安慰我的妻子还是接受下来了。她以后的日子当然是很不快活的。

《马克思恩格斯全集》第 2 版第 49 卷第 627—628 页

马克思,1855 年 2 月 13 日

我已经告诉你,赫尔岑是怎样挤进"国际委员会"[12]的。附上他的一封信,在信里他对"没有发出的""邀请"表示感谢。这封信本来准备在《人民报》[13]上发表,以便在公众面前证明他的重要性。但是没有成功,因为我立即从琼斯手里把这份糟糕东西骗了来。然而,赫尔岑还是硬让他们派他当了纪念会的演说人。

---

① 威·莎士比亚《哈姆雷特》第 3 幕第 1 场。——编者注
② 英国博物馆的图书馆。——编者注

同时附上第二封信,这个委员会在信中邀请我出席宴会,并且"参加大会"。我不想得罪癞蛤蟆[14]们,尤其是不想得罪宪章派。问题是:我该用**什么方式**来拒绝? 请**赶快把**你的意见写信告诉我。我之所以必须拒绝这件事,是因为:(1)这种大会全是胡扯;(2)这在目前情况下会**毫无益处地**引起政府方面的迫害,而帕麦斯顿已经盯着我了;(3)我不愿意在任何时间和任何场合同**赫尔岑**一起出面,因为我不赞成这样的意见:旧欧洲要用俄罗斯的血液来更新。在回信中可否借口赫尔岑要出席而加以推辞?

琼斯干了一件极其"愚蠢的"事,他完全迷失了方向,把工作的领导权交给了癞蛤蟆们和德国混蛋们。他希望在公开的大会上表明所有外国流亡者都变成宪章派的尾巴,为此他不惜牺牲一切。这将是一次大规模的集会,它会引起一场争吵,其后果将是:(1)乌尔卡尔特及其同伙(如果这事引起注意,则还有《**泰晤士报**》[16])会指责宪章派是受**俄国代理人**领导的,——这是必然的;(2)使内阁有借口来恢复外侨管理法[17];(3)造成宪章派内部的分裂。分裂现在就已经开始了。一部分伦敦宪章派断言,琼斯在关于成立作为联系宪章派和外国流亡者的中间环节的分委

第 67 页:我不愿意同赫尔岑一起出席,因为我不赞成用俄罗斯的血液来更新欧洲的主张。[15]

"鼓动的表面形式"。	第67页:琼斯想急躁冒进——随意掀起运动——追求鼓动的表面形式。

员会的通告中,写上了关于"社会民主共和国"的话,就是任意违背了宪章,败坏了宪章派整个事业的名声。虽然不能不承认琼斯有充沛的精力、坚强的毅力和主动精神,但是,他大肆喧嚣,毫无章法地借各种理由进行鼓动,不顾时机急躁冒进,会把一切都毁掉。当他不可能进行真正的鼓动时,他就追求表面形式,随意地掀起一个又一个的运动(自然,一切都不会有什么进展),而且使自己周期性地处于一种虚假的兴奋状态中。

《马克思恩格斯全集》第2版第49卷第649—650页

马克思,1855年3月8日

第70页:罗马史可以归结为小土地占有者同大土地占有者的斗争。

不久前我又仔细研究了奥古斯都时代以前的(古)罗马史。国内史可以明显地归结为小土地所有制同大土地所有制的斗争,当然这种斗争具有为奴隶制所决定的特殊形式。从罗马历史发端以来就起着重要作用的债务关系,只不过是小土地所有制的自然的结果。

《马克思恩格斯文集》第10卷第129页

马克思,1855年5月16日

我已经写信到布雷斯劳去了。还没有回音。你写信详细告诉我:有多少印张,是分册出版(有几分册),还是装成一册,你有什么要求等等。[18]

《马克思恩格斯全集》第 2 版第 49 卷第 664 页

马克思，1855 年 6 月 15 日

从附上的德纳的信中你可以看到，他要求：(1)为《论坛报》写一篇关于普鲁士军队的文章，篇幅是一栏；(2)为《普特南氏月刊》[19]写一篇关于欧洲各国军队的文章，篇幅是一印张。**如果你没有时间写后一篇文章**，就把材料寄来，我自己写。我对要写的东西不熟悉，文章自然写不好，不过我不能放弃挣 10 英镑的机会，因为一方面从遗产中应得的钱还没到手，另一方面，开支很大，而且又少写了几篇文章，因为可敬的德朗克在我离开期间没有给《新奥得报》写一篇文章(尽管他答应要写)，而《论坛报》那里，我透支的窟窿还要填上(今天寄出的文章才抵上这笔账)。

《马克思恩格斯全集》第 2 版第 49 卷 666— 667 页

马克思，1856 年 1 月 18 日

又多次遇见布鲁诺。浪漫情调越来越证明是批判的批判的"前提"。在经济学方面，他热衷于他所不理解的重农学派，并且相信地产的特殊恩赐作用。此外，他对德国浪漫派亚当·弥勒的经济幻想[20]评价很高。在军

第 86 页：鲍威尔论工人：多给几文钱就满足了。"贱民"。

事学方面,他的最高典范是"天才的"毕洛夫。我对他说,他的这些最新的剖白充分地向我表明,他的思想已经麻木到什么程度。至于俄国,他说:西方的旧秩序必须彻底推翻;这只能从东方来实现,因为只有东方人恰好对西方人怀有真正的仇恨,而俄国是东方唯一严密坚实的势力,而且是欧洲唯一还存在着"内聚力"的国家。至于我们对内部阶级斗争的幻想,他说:(1)工人没有任何"仇恨";(2)即使有仇恨,他们也永远干不出什么名堂;(3)他们是(对符类福音作者[21]不感兴趣的)"贱民",只能用暴力和诡计加以制服和引导;(4)只要多给几文钱,就可以把他们"都安顿好"。

《马克思恩格斯全集》第 1 版第 29 卷第 6 页

恩格斯,1856 年 2 月 7 日

3/

第 87 页:波拿巴地位不稳(1856)——军队和大学生的示威。工人的歌曲。

波拿巴正在急剧没落。本年参议员正式名单上没有德鲁安-德路易斯,这一点想必你已经注意到了;但是你未必知道,不久前在一次公然的反对行动中,他给一名奥尔良分子(如果我没有弄错的话,他是雷缪扎)留下一张名片,名片上参议院副议长的头衔被重重地划掉了。最近为了对付一批护送尼扎尔先生回家的大学生,调来了步兵,而军队一听

到喊"军队万岁!"就放下了武器,于是不得不尽快将他们调走,以免联欢成为既成事实。不久前发生在西南部的一次密谋使 **5 000 人**被捕(根据**波拿巴当局的**材料)。这次密谋在军队中牵涉很广;拉弗勒舍的士官学校完全被解散,因为几乎所有的学员都受到牵连,必须把他们送回原来的团队;但是据说,事实上花了很大的气力才找到可以安插他们的**可靠的团队**。不久前,当波拿巴偕同夫人来到奥德昂剧院的时候,坐满池座的大学生们整晚唱着《弗兰·布瓦西先生》;那些讥讽影射的地方唱得特别响。巴黎工人现在哼一支小曲,它的副歌是:

> "他就要走了,他就要走了,
> 小小的芥末商;
> 他就要回自己的故乡;
> 带着自己的全部家当。"

为了让人们知道这个小小的芥末商是谁,警察当局禁止了这首歌。

这一切反对情绪和直接反波拿巴的情绪的大胆表露,以及波拿巴先生表现出的相应的软弱都证明,大转变开始了。政变的措施已经不起作用,而且也不敢再采取这些措施。你一定已经看到,就连《泰晤士报》也一连两天先是称波拿巴本人只不过是法国勉强用来充数的人——因为当初找不出一个可以让这个国家信任和尊敬的人——然后又把他的大臣等等组成的整个总参谋部说成是投机者和恶棍。今天的《卫报》[22]又谈到波拿巴的御用小品文作家和荣誉军团骑士级勋章获得者菲奥伦蒂诺这个坏蛋的一段趣闻。埃斯皮纳斯先生也从巴黎溜走了;他卷入了多起丑闻,我大概过一两天就可以知道详情。莫尔尼也出了点什么事情;这家伙同他的至尊的兄长吵得有点翻脸了,再次自顾自地搞起阴谋活动。

　　这个波拿巴当初一切事情都干得十分顺利,甚至最愚蠢、最卑怯和最可耻的事情也如此,如今他一定已注意到,今后他将面临一个倒霉的时期。在战争和媾和的问题上,他已经察觉到,每个人都把战争的责任推到他身上,谁也不为媾和[23]而感激他。其实,媾和问题还远没有了结。关于初步谈判的初步谈判,除了关于比萨拉比亚的附加条件外,实际上没有任何内容,而这个附加条件的意义因对卡尔斯完全沉默而抵消。在其他一切方面,只有表面上的让步。其实,对波拿巴来说,按什么条件缔结和约已经完全不重要了;现在对他说来,就像当年的老多里沙尔一样,活命要紧,我相信俄国人比波拿巴自己更了解这一点。法国人从来没有像这一次这样对自己的光荣满不在乎;看来,从 1848 年起这些人就不再为旧日的光荣或议会的欺骗操劳,而是更多地为其他事情操劳。

总之,看来我们幸运地避免了外侨管理法,——法国形势发展得如此快,很快就不必再理会帕麦斯顿及其同伙的贪欲。看来,波拿巴的纸房子今夏就会像路易-菲力浦的纸房子在可耻的 1847 年那样倒塌,至于何时出现一阵暴风把墙壁彻底吹倒,这完全取决于偶然事件。

第 88 页:(1856)拿破仑第三将在 1857 年下台。

《马克思恩格斯全集》第 1 版第 29 卷第 8—10 页

马克思,1856 年 2 月 29 日

我在博物馆找到 5 册对开本关于俄国的**手稿**(只涉及 18 世纪)并作了摘录。这些手稿是以热衷收藏而著名的教堂执事长柯克斯的一部分遗产。其中有英国驻彼得堡大使们给这里内阁的许多信件原稿(迄今没有发表过),有些信件暴露了极其丑恶的内幕。在标有 1768 年日期的收藏中,有一份是使馆一位随员写的关于"俄罗斯民族的性格"的手稿。我将把对这个手稿的一些摘录寄给你。还有一篇皮特的堂兄弟、大使馆的神父写的关于俄国"劳动组合"的报告也很有意思。

第 95 页:说关于俄国劳动组合的报告有意思(只是提到著作)。

《马克思恩格斯全集》第 1 版第 29 卷第 21—22 页

马克思,1856 年 3 月 5 日

第 97 页:(1856):
普鲁士的无双议
院。政府极度害怕
平民的胜利。

　　如今普鲁士政府也像当年路易十八一样有了自己的"无双议院"[24],不过,官僚政府现在开始对认真看待自己胜利的土容克感到担忧了。当讨论农村公社、乡村法院问题和地产关系问题——这些问题,正如老多里沙尔所说,"关系到面包问题"——的时候,普鲁士议院中的冲突越来越严重。比如你可能已经看到,普法伊尔伯爵要求让地主有痛打自己仆人的特权,并吹嘘他本人在这方面的英雄壮举。于是,左派把这位普法伊尔 1848 年亲自签署的、充满了"疯狂年"[25]精神的 1848 年传单找了出来。事情发展到双方决斗的程度,今天《新普鲁士报》发表了一篇 leader,即社论,直截了当地说,在它的党内有"下流恶棍",而自由党内则有非常"高尚的"人。社论宣扬"宽容"、"和解"、"原则斗争,而决非个人之争"。社论说,左派应当想一想,"山岳派总是要吞掉吉伦特派的"。它应当考虑到,不论将来"有没有和平,普鲁士都会面临非常严重的内部或外部的纷争",在这种情况下,"派系分裂"无异于"自杀"。这不是好极了吗? 要知道,普鲁士没有一个人为议会和它的分裂操心。因而这种对恐惧的自供

尤其重要……

　　莱维。他是由杜塞尔多夫工人派来的，负有**双重使命**：

　　(1)**揭发拉萨尔**。经过一番非常细致的了解，我认为**他们说得对**。自从伯爵夫人得到她的 30 万塔勒 **26**，拉萨尔完全变了样：故意疏远工人；奢侈享乐；向那些贵族献媚……

> 工人们告发拉萨尔,说他投靠资产阶级(1856)。

第 98 — 99 页：

　　(2)派莱维来的第二个目的是向我介绍莱茵省工人状况。杜塞尔多夫的工人同科隆的工人还保持着联系，他们中间已经"没有老爷"了。可是，目前宣传工作主要是在**索林根**,**伊瑟隆及其近郊**、**埃尔伯费尔德**和威斯特伐利亚公国的**工厂工人**中间进行。在铁业区，这些小伙子们打算发动起义，只是由于对法国革命抱有希望，以及由于"伦敦人认为时机还没有到"才被制止。如果事情拖得更久，莱维认为起义就难以阻挡。但是无论如何，巴黎起义会是一个信号。看来这些人坚定地相信：**我们和我们的朋友在第一时间就会马上奔向他们那里**。他们当然感到需要政治领袖和军事领袖。在这一点上决不能指责这些人。但是我担心，如果按照他们极端幼稚的计划去做，甚至在我们还没有来得及离开英国，他们就已经被消灭四次了。无论如何应当从军事观点出发，准确地向他们解释清楚

第 **101** 页：　**1856**

莱茵省的人们在期待

注意｜革命——如果巴黎……就冒一下险，即使失败也有好处。(马克思)｜**注意** **即使失败**——只要能**发动革命**。

什么是可以做的,什么是不可以做的。当然,我已经说过:**如果情况许可**,我们一定会到莱茵工人那里去的;如果巴黎或维也纳或柏林没有首先举事,那么,他们独自发动的任何起义都是愚蠢行动;如果巴黎发出了信号,那就可以在任何情况下去冒一切危险,因为那时,即使遭到暂时的失败,也只会产生暂时的不利后果;关于莱茵省的工人居民可以直接采取什么步骤的问题,我一定会跟我的朋友们认真商量;过一些时候,他们应当再派人到伦敦来,但是,如果事先没有商量好,那么**什么事情**也不要干。[27]

《马克思恩格斯全集》第1版第29卷第25—30页

恩格斯,1856年3月7日

第102页:对拉萨尔必须随时注意。他一直在往上爬。

拉萨尔。真为这个家伙感到惋惜,因为他很有才华,但是这些行为[①]也太不像话了。他始终是一个需要高度提防的人;这个斯拉夫边境上的道地的犹太人,他总打算以党作幌子利用一切人以达到自己的私人目的。其次,他渴望跻身于上流社会;渴望得到显赫的地位,哪怕只是徒有虚名;渴望用各种涂脂抹粉的办法来妆饰龌龊的布勒斯劳的犹太

---

① 见本卷第17页。——编者注

人，——这始终是令人生厌的。不过所有这一切都只能使人们必须对他进行严密的监视。

《马克思恩格斯全集》第 1 版第 29 卷第 32—33 页

恩格斯,1856 年 4 月 14 日

现在正进入这种投机的最后阶段:俄国正在输入资本并进行投机,而由于它幅员辽阔,要修筑的铁路长达数百英里,投机将可能来势凶猛,但很快就会崩溃。一旦我们听到伊尔库茨克大铁路的支线通往北京等地的消息时,我们就该收拾行李了。这一次的崩溃将是前所未闻的;一切因素都已具备:震荡剧烈,传播广泛,社会上一切有产阶层和统治阶层无一幸免。可是特别有趣的是英国的先生们,他们深信,这里占主导地位的"健康的"商业绝对不会发生类似的事情。很明显,人们不会在工业**生产**中进行过度投机,因为大家都知道,即使将少量资本直接投入生产,一年工夫就会使所有市场饱和,特别是目前,铁路建筑方面需要大量的资本。但是,由于铁路建筑方面的投机,工业生产也过度地膨胀起来。只是速度要比譬如 1833—1836 年和 1842—1845 年缓慢一些……

不过,在大陆工业的这种大发展中已孕育着英国革命最有生命力的种子。

《马克思恩格斯全集》第 1 版第 29 卷第 41—43 页

第 105—106 页:危机在增长(1856)——其中包含着"英国革命的种子"。(1856)

马克思,1856 年 4 月 16 日

第 107 页:沙佩尔忏悔了(**1856**)。

　　……我又和朋友**沙佩尔**见了几次面,我发现他是一个正在痛心忏悔的罪人。他近两年来所过的闭门幽居生活,看来对他的智力有相当大的磨炼。你知道,把这个人争取过来,尤其是把他从维利希手里争取过来,无论如何是好事情。沙佩尔现在对磨坊街的大老粗非常恼怒。[28]

4/
无产阶级和农民。注意

第 108 页:"德国的全部问题将取决于是否有可能由某种再版的农民战争来支持无产阶级革命。"(1856)[30]

　　……我完全同意你对莱茵省的看法。对我们说来糟糕的是,遥望未来,我看到某种带有"背叛祖国"味道的东西。我们是否会被迫处于美因茨俱乐部派[29]在旧革命中所处的境遇,这在很大程度上要看柏林情况的转变如何。这将不是轻而易举的。我们是多么了解莱茵河彼岸我们那些英勇的兄弟啊!德国的全部问题将取决于是否有可能由某种再版的农民战争来支持无产阶级革命。如果那样就太好了。

《马克思恩格斯文集》第 10 卷第 131 页

马克思,1856 年 5 月 8 日

　　附上:

　　两封信:(1)伊曼特的一封,(2)科隆来的一封。如果我通过我的妻子给科隆人复信,也许最为妥当,不是吗? 在无产阶级运动的领导权方面,科隆和杜塞尔多夫之间有点互不相让。此外,我不知道,科隆人是否知道杜塞尔多夫人同拉萨尔完全决裂了,拉萨尔在杜塞尔多夫人中间名声极坏。

《马克思恩格斯全集》第1版第29卷第51—52页

恩格斯,1856 年 5 月 23 日

亲爱的马克思:

　　在我们的爱尔兰之行[31]中,我们从都柏林到西海岸的戈尔韦,接着向北往内地20英里,转利默里克,沿香农河而下,前往塔伯特、特拉利、基拉尼,最后返回都柏林。行程总共约450—500英里,因此看到了整个国家的三分之二左右。都柏林同伦敦的关系,就像杜塞尔多夫同柏林一样,它完全保持了昔日小王都的特点,而且是完全按英国式样建筑的;但是除了都柏林,整个国家,特别是各个城市,看起来就像法国或意大利北部一样。宪兵、教士、律师、官吏和贵族地主,触目皆是,而工业却一无所有,所以,如果没有农民的贫困这一相应的对立面,就难以理解所有这些寄生虫是靠什么生活的。到处都可以看到"惩治措施",政府对任何事情都要干涉,根本谈不上所谓自治。可以把爱尔兰看做英国

第 109 页 :(1856)来自科隆的关于工人运动的消息。

第 116 — 117 页 : 爱尔兰。农民的贫困。没有工业。**英国人的所谓自由**是建立在**对殖民地的压迫**上的。(爱尔兰是"英国的第一个殖民地"。)

的第一个殖民地,而且是这样一个殖民地,它由于靠近宗主国,仍然被直接用旧的方式统治着,在这里已可以看出,英国公民的所谓自由是建立在对殖民地的压迫上的。我无论在哪个国家都没有见过这么多宪兵,而普鲁士宪兵醉醺醺的形态,在爱尔兰这些装备了马枪、刺刀和手铐的警察身上,已发展到了登峰造极的地步。

《马克思恩格斯文集》第 10 卷第 132—133 页

马克思,1856 年 9 月 26 日

你对金融市场的情况有何看法? 大陆上贴现率的提高,有一部分原因无疑是这样的,即由于有了加利福尼亚和澳大利亚的黄金,白银对黄金的比价提高了。(在比利时银行,1拿破仑币①只能兑换 19 法郎 40 生丁(银质的)。)因此凡是以黄金和白银为法定的货币本位的地方,贵金属商人都从银行提取白银。但是,贴现率的提高,不论其原因如何,总是在加速巨额投机交易活动的破产,特别是巴黎借贷资本的巨大中心**32**的破产。我认为,一场大的金融危机的爆发不会迟于 1857年冬天。不列颠的蠢驴们以为,这一次他们

---

① 1拿破仑币(金币)等于 20 法郎。—— 编者注

那里会跟大陆不同,一切都将是健康的。针线街的老太太和巴黎的康采恩[33]之间的亲密关系姑且不谈,这些蠢驴忘记了,英国大部分资本贷给了大陆各国,他们的商业活动的"健康的"过度的扩展(今年输出可能达到 11 000万英镑)是建筑在大陆的"不健康的"投机上面的,正像他们 1854 年到 1856 年的文明宣传是建筑在 1851 年的政变上面一样。但是,与以前的危机不同,法国这一次发明了一种形式,使投机能够风行并已经风行于全欧洲。与圣西门主义的法国人的诡计[34]、证券投机和帝制不同,英国本国的投机似乎恢复了简单的、赤裸裸的**欺骗**的原始形式。这方面的证据有斯特拉恩—保罗—贝茨银行,已故萨德勒氏的蒂珀雷里银行,伦敦西蒂区的戴维森—科尔公司的巨大欺骗业务,现在又有英国皇家银行,最后还有水晶宫[35]事件(4 000 份假股票投入流通)。英国人在国外按照大陆的方式进行投机,而在国内又转回到简单的欺骗,这些家伙正是把这个事实称之为"健康的商业状况"。[36]

第 127 页:"帝制"(英国的还是法国的?)

《马克思恩格斯全集》第 1 版第 29 卷第 72—73 页

马克思,1856 年 10 月 16 日

附上梅洛斯拉夫斯基的书[37]的摘要。你

波兰。

第 129 页：**波兰——"遭到低估的民族"——吹嘘自己的过去。对公社抱什么希望是荒谬的。**

知道,这个人不无小聪明;但是在这本书中却有许多低劣的小聪明,特别是在文字风格上有诸多矫揉造作的地方,这是法国人在变得"深刻"和不再是肤浅的伏尔泰信徒以后费了很大气力学到的东西。还有许多那种"遭到低估的"民族借以把自己的过去吹得天花乱坠的迷人色彩。对俄国的仇恨,更多的是对德国的仇恨;反对泛斯拉夫主义,但另一方面却是斯拉夫**各民族**同作为阿基米德的民族的波兰结成的自由联盟。明确强调波兰的社会革命是政治革命的基本条件;但却试图通过一种恰恰证明**相反东西**的历史演绎法来证明恢复旧的土地公社(Gmina(格密纳)——俄国公社的**拉丁文写法**)是真理。

《马克思恩格斯全集》第 1 版第 29 卷第 76 页

马克思,1856 年 10 月 30 日

在梅洛斯拉夫斯基那里你自己就会发现:(1)认为在波兰不可能建立外交王国的同一个人,却想在那里搞一次**外交革命**,即在路易·波拿巴和帕麦斯顿保护下的革命。(2)"民主的"波兰格密纳的命运是必然的,因为原来的土地所有权被国王和贵族等所篡夺;土地所有权和农民公社之间的宗法关系导致农奴制;随意分割土地造成一种**农民中间等级**、即

骑士等级 [38]，农民只有在侵略战争和殖民化继续下去的时候才有可能上升到这个等级，但是，此二者又正是加速他们灭亡的条件。一旦达到这个界限，这个不能起真正中间等级作用的骑士等级，就会变为贵族的流氓无产阶级。莫尔多瓦和瓦拉几亚等地罗曼语居民中的土地所有权和农民有着同样的命运。这种发展是很有趣的，因为它表明，在这里农奴制是通过纯粹按经济的途径产生的，没有侵略和外族压迫等中间环节。

第 130 页：农奴制的纯粹经济的起源。

农奴制的纯粹经济的起源。

《马克思恩格斯全集》第 1 版第 29 卷第 78—79 页

马克思，1856 年 12 月 2 日

另外，我最近研究波兰的历史时，促使我以明确的态度直截了当地下决心支持波兰的，是这样一个历史事实：1789 年以来一切革命的强度和生命力，都可以由它们对待波兰的态度相当准确地测量出来。波兰是这些革命的"外在的"寒暑表。这一点可用法国历史详尽地说明。在我们德国的短短的革命时期，以及在匈牙利的革命时期，这一点都表现得非常明显。在包括拿破仑第一在内的所有革命政府中，只有公安委员会 [39] 是例外，而且只因为它拒绝进行干涉，不过它拒绝干涉并不是由于软弱，而是由于"不信任"。1794

第 134 页：波兰——历次革命的"国外"寒暑表。（支持波兰）（考斯丘什科 1794 年。法国革命。）

年,他们把波兰起义者的代表请去,对这个
"公民"提出了下列问题:

> "你们的考斯丘什科是一个人民独裁者,但是竟容忍一个国王与自己并立,况且,他不可能不知道这个国王是由俄国捧上宝座的,这是怎么回事? 你们的独裁者,由于害怕那些不愿失去'带动人手'的贵族,竟不敢在农民中大量征兵,这是怎么回事? 随着他的进军路线使他远离克拉科夫,他的宣言也就失去革命色彩,这是怎么回事? 他对在华沙起义的人民立即处以绞刑,而让'背叛祖国'的贵族们逍遥法外,或者用拖延起诉的办法去庇护他们,这是怎么回事? 请回答!"

这位波兰"公民"对此只得默不作声。

你对纳沙泰尔和瓦朗然[40]有什么看法?
这一事件促使我去填补我在普鲁士历史方面极端贫乏的知识。的的确确,世界历史还从来没有产生过更卑劣的东西。法国的名义上的国王变成真正国王的漫长历史,也充满了狭隘的争斗、背叛和阴谋。但这是一个民族兴起的历史。至于奥地利历史,即德意志帝国的一个诸侯建立自己家族势力的历史之所以令人感兴趣,是因为这个诸侯一跃而为皇帝,因为这一历史同东方、波希米亚、意大利和匈牙利等有错综复杂的关系,最后还因为这个家族势力大为扩张,以致全欧洲都担心它要变成一个世界君主国。而在普鲁士就根本没有这种情况。普鲁士不曾征服过任何一个强大的斯拉夫民族，它在 500 年当中从未得到过波美拉尼亚，直到最后通过"交换"才得到它[41]。总之，勃兰登堡封疆伯爵领地从它被霍亨索伦王朝接管以来，除了征服**西里西亚**以外，从来没有实行过真正的**征服**。因为西里西亚是它的**唯一的**征服地，所以弗里德里希二世也堪称"唯一王"了！鼠窃狗偷、贿赂、直接收买和对遗产的猎取等等——普鲁士历史就归结为这一类无耻行径。封建历史中通常令人感兴趣的一切：领主王公同诸侯的斗争、对城市施展的阴谋诡计等等，所有这一切在这里都表现为侏儒式的可笑模仿，因为城市狭隘而又无聊，封建主粗野而又令人鄙弃，就连领主王公也微不足道。在宗教改革时期，也同在法国革命时期一样，这里出现过反反复复的背信弃义、中立、单独媾和；在由普鲁士挑起的瓜分行动期间（例如对瑞典、波兰和萨克森就采取过这种行动），普鲁士希求俄国扔给它一些残羹剩饭。加之在当权者的名单里始终只有三类人物，他们像白昼和黑夜那样互相更替，只是在次序的更换上才出现不规则的现象，但从来没有插入一个新的类型；这三类人物就是：伪君子、军士和小丑。如果说国家尽管如此还是维持下来

第 135 页：

对普鲁士历史的评语。（"**伪君子、军士和小丑**""**平庸**"。）

妙！

了,那只是由于**平庸**——金子一样宝贵的平庸——簿记准确、避免极端、军事条例精确以及某种陈规陋习和"教会规则"。所有这些真令人讨厌!**42**

《马克思恩格斯全集》第 1 版第 29 卷第 83—85 页

马克思,1857 年 1 月 20 日

马克思主张抵制吗?‖ ? ‖	第140页:赖德律-洛兰主张(共和派)参加立法团选举("沦为合法的反对派")。

不知你是否注意到,赖德律-洛兰先生已公开号召法国"共和派"参加布斯特拉巴的立法团选举。可见,他已沦为合法的反对派。如果这一方面表明他放下了谋求权位者自吹自擂的姿态,那么这在另一方面无疑也表明反对派在法国本土又被认为可以存在了,资产阶级共和派正在加紧同奥尔良派联合起来重新占据议会席位,以便能够施展伎俩使下一场革命化为泡影。

《马克思恩格斯全集》第 1 版第 29 卷第 93 页

恩格斯,1857 年 5 月 11 日

最亲爱的摩尔:

这里附还拉萨尔的信。此人完全是个愚蠢的犹太人。他拼凑写成的不会是什么好作品,就是这篇他认为将"激动人心"并且如此故弄玄虚的东西,也会是这样。**43**

第 162 页: 对这个家伙没有什么可指望的,这我们

当然知道,不过却难于找出具体的理由来直接同他决裂,尤其是因为再也没有听到关于杜塞尔多夫工人的消息。根据这封信来判断,他似乎彻底同他们停止了往来,或者更确切地说,他们已不再同他来往,因为他根本说不出德国工人的确切情况。不过他再次利用你的信在他们中间去吹嘘,就是另一个问题了。我要是处在你的地位,就给他写信,这或许是避免不了的,而且要直截了当地问他,莱茵地区、特别是杜塞尔多夫工人运动的情况究竟怎样;信要写得使他不能拿出去吹嘘,并迫使他不得不要么或多或少说明自己的看法,要么同你断绝通信关系。

> 同拉萨尔最好断绝关系,但不是一下子——要问他莱茵工人的情况。

《马克思恩格斯全集》第 1 版第 29 卷第 129 页

马克思,1857 年 8 月 15 日

据我看,德里的情况是,一旦雨季真的来临,英军势必会开始撤退。我尽责地大胆作出了这样的判断[44],因为我曾不得不暂时代你在《论坛报》当军事通讯员。请注意,这里的前提是,目前为止的报告都是确实的。有可能我会出丑。不过,在这种情况下,应用一些辩证法总会有所帮助。当然,我对自己的判断所作的表述足以让我在相反的情况下也仍然是正确的。

> 第 174 页:辩证法=折衷主义(开玩笑),也许,我(卡·马克思)说得不对(关于德里的英国人——1856),但那时可以借助于"一些辩证法"脱身。写得模棱两可。

注意

《马克思恩格斯全集》第 1 版第 29 卷第 152 页

马克思,1857 年 9 月 25 日

你的《军队》一文写得非常好,只是它的分量之大就像给了我当头一棒,因为这么多的工作一定会损害你的健康。如果我知道你一直要工作到深夜,那我宁愿让这一切见鬼去。

军队和经济制度。

第 194 页:军队的历史同生产关系的联系。

军队的历史比任何东西都更加清楚地表明,我们对生产力和社会关系之间的联系的看法是正确的。一般说来,军队在经济的发展中起着重要的作用。例如,薪金最初就完全是在古代的军队中发展起来的。同样,罗马人的军役特有产[45]是承认非家长的动产的第一种法律形式。同样,工匠[46]公会是行会制度的开端。大规模运用机器也是在军队里首先开始的。甚至金属的特殊价值和它作为货币的应用,看来最初(格林石器时代以后)也是以它在军事上的作用为基础的。部门**内部**的分工也是在军队里首先实行的。此外,市民社会的全部历史非常明显地概括在军队之中。如果今后有时间,你应当从这个观点去探讨这一问题。

《马克思恩格斯文集》第 10 卷第 135—136 页

恩格斯,1857 年 11 月 15 日

第 204—205 页:

但愿这种导致慢性危机的"改善",能够

在第二次的和决定性的主要打击到来以前出现。为了使民众振作起来,一段时期的慢性压力是必要的。这样,无产阶级在进行打击时就能做得更好,更加熟练,更加协调一致;这正和骑兵的攻击一样,如果先让马小跑500步,以便向敌人逼近到能让马飞驰的距离,就能取得好得多的战果。我不希望在整个欧洲完全被席卷以前,过早地发生事变,因为那样一来斗争就会更艰难,更持久,更曲折。5月或6月也许都稍嫌过早了。群众必然由于长时期的繁荣而陷于可怕的昏睡状态。而我们的朋友——金克尔和他的一伙——马上就会向我们提出支付革命即期票据,这是可以预料到的;没有关系,我们一定可以十分迅速地支付给这些先生的。

你收集关于这次危机的材料,这很好。今天再寄上两天的《卫报》,你可以定期收到这个报纸,有时还可以收到《观察家时报》[47]。凡我知道的,我也将尽可能经常告诉你,以便我们积累起大量事实。

顺便提一下,我的情况同你一样。自从纽约的投机崩溃以来,我在泽西岛再也不能平静,而且在这种普遍崩溃的状态下,我感到极其愉快。最近7年来,资产阶级的污秽毕竟多少沾了一些在我身上;现在,这些污秽就

危机在准备**无产阶级的**发动(正如骑兵准备攻击)。

第 205 页：我们的时代在 1848 年是部分地——现在是彻底地到来了。

要被冲洗掉了，我又变成另一个人。危机将像海水浴一样对我的身体有好处，这一点我现在已经感觉到了。1848 年我们曾说过：现在我们的时代来了，并且从一定意义上讲已经来了，而这一次它彻底地来了，现在已到了生死存亡的关头。我对军事的研究因此立时就具有更加实际的意义，我将毫不拖延地投入对普鲁士、奥地利、巴伐利亚和法国军队的现有组织和基本战术的研究，除此之外，只研究骑术，即猎狐，这是真正的训练。

《马克思恩格斯全集》第 1 版第 29 卷第 203—204 页

6/

第 208 页：**在琼斯那里**，不是真正的宣传鼓动（危机），而是臆想的宣传鼓动。

马克思，1857 年 11 月 24 日

琼斯扮演了一个非常愚蠢的角色。你知道——他只是想在消沉时期为宣传鼓动寻找某种借口，除此之外并没有其他明确的意图——他早在危机之前就已经确定了召开宪章派会议的日期，同时还打算邀请资产阶级激进派（不仅有布莱特，而且甚至还有像肯宁安姆那样的家伙）参加会议。[48] 总之，就是要和资产者进行这样的妥协：如果他们同意工人享有男子普选权，那就在无记名投票权方面迁就**他们**。这一建议引起了宪章派的分裂，而这种分裂又使琼斯更深地陷入他的那一套计划之中。现在，他不是利用危机，以真

正的宣传鼓动去代替为宣传鼓动而找出的拙
劣借口,而是硬要坚持他那一套荒谬的东西,
用跟资产者合作的说教使工人感到厌恶,而
他也根本没有得到资产者一丝一毫的信任。
一些激进派报纸对他曲意逢迎,是为了彻底
把他毁掉。琼斯本人把弗罗斯特这头老蠢驴
捧为英雄,并指派其担任他的会议的主席,而
在他自己的报纸上,弗罗斯特却发表了一封
极其粗暴的信向他发难[49],在信中告诉他:如
果他认为同资产阶级合作是必要的——据
说**没有**这种合作就**什么事**也干不成——那
他就应当采取诚恳的态度。是谁给他权力,
让他**不经**同盟者**同意**就起草会议纲领呢? 是
谁授权给他,让他指派弗罗斯特为主席,而自
己则扮演独裁者的角色等等呢? 他因此陷入
了困境,第一次扮演了一个不仅是**愚蠢的**而
且也是**模棱两可的**角色。我很久没有见到他
了,但是现在我想去看看他。我认为他是正
直的,而且因为在英国**一个社会活动家**并不
会因为做了**一些**蠢事就失去声望,所以问题
只在于他能否尽快地摆脱为自己设置的圈
套。这头蠢驴应当先**成立**一个党,为此他必
须去工厂区。到那时,激进资产者是会来同
他妥协的。

> **第209页**:
> 同资产者
> 的联盟使
> 工人感到
> 厌恶。

> 工人同
> 资产阶
> 级的联
> 盟。

马克思,1857 年 12 月 8 日

第 213 页:资本家
反对**劳动权**,却维
护**利润权**(在危机
时得到帮助)。

　　大肆叫嚣反对"劳动权"的资本家们,现
在到处请求政府给予"公共支持",在汉堡、柏
林、斯德哥尔摩、哥本哈根和英国本国(以银
行法暂停生效的形式)宣称,要牺牲公众的利
益维持自己的"利润权",这真是太妙了。同
样妙不可言的是,汉堡的小市民拒绝今后再
周济资本家。

《马克思恩格斯文集》第 10 卷第 139 页

恩格斯,1857 年 12 月 17 日

　　除了汉堡以外,德国北部一直几乎还完
全没有卷入危机。而现在,那里危机也开始出
现。埃尔伯费尔德的海门达尔(捻丝厂厂主和
商人),巴门的林德—特拉本贝格(缝纫所需
零星用品厂厂主)都已破产。这两家原本都是
殷实的公司。总的来说北德意志人几乎还只
是遭到一些亏损;他们那里同这里一样,目前
受到冲击的金融市场所造成的影响,尚未像持
续已久的商品滞销所造成的影响那样严重。

　　维也纳也快要轮到了。

　　鲁普斯现在认输,承认我们是对的。

　　无产阶级也开始遭遇不幸。暂时还看不

第 218 页:繁荣
到多少革命的迹象;长期的繁荣对人们的斗

志起了极大的败坏作用。失业
者至今踯躅街头，流浪行乞。
抢劫事件有所增加，不过还不
是很严重。

> "极大地败坏工人
> 斗志"：危机不会一
> 下子就推动无产阶
> 级起来革命。**50**

和平时
代败坏
工人斗
志。

《马克思恩格斯全集》第 1 版第 29 卷第 224—225 页

恩格斯，1858 年 1 月 7 日

另外，目前我正在读克劳塞维茨的《论战
争》。他进行哲理推究的方法很奇特，但书本
身是很好的。对于是否应当使用军事艺术或军
事科学这一名称的问题，他的回答是：战争最像
贸易。战争中的会战就等于贸易中的现金支
付，尽管它实际上很少发生，但一切仍以它为目
的，而且它最后必将发生，并起决定性作用。**51**

第 232 页：

> 战争＝
> 贸易＝
> 现金支
> 付。

《马克思恩格斯全集》第 1 版第 29 卷第 244 页

马克思，1858 年 1 月 14 日

……顺便提一下，我这里取得了很好的
进展。例如，我已经推翻了迄今存在的全部
利润学说。完全由于偶然的机会——弗莱里
格拉特发现了几卷原为巴枯宁所有的黑格尔
著作，并把它们当做礼物送给了我——我将
黑格尔的《逻辑学》重新浏览了一遍，这在研
究**方法**上帮了我很大的忙。如果以后再有功
夫做这类工作的话，我很愿意用两三个印张

第 235 页：黑
格尔《逻辑学》
中合理的东西
在于他的方
法。| 马克思 |
1858：将黑格
尔的《逻辑学》
重新浏览了一

黑格
尔《逻
辑学》
中合
理的
东西。

遍，并打算用两三个印张把其中合理的东西阐述一番。他（黑格尔）的缺点是"神秘化"。[52]

把黑格尔所发现、但同时又加以神秘化的方法中蕴含的**合理的东西**阐述一番，使一般人都能够理解。

《马克思恩格斯全集》第 1 版第 29 卷第 250 页

马克思，1858 年 2 月 1 日

第 242—243 页：拉萨尔的《赫拉克利特》是小学生的习作。对**辩证法的概念**毫无批判。[53]

注意

明快的拉萨尔所写的《晦涩哲人赫拉克利特》①，实际上是一部非常无聊的作品。赫拉克利特借以阐明肯定和否定的统一的许许多多形象，拉萨尔都一一提到了，并趁此机会给我们献出黑格尔《逻辑学》中的某些片断，而这样做却未必能使这一逻辑学增色；他还总是长篇大论，就像个小学生那样要在一次作业中证明，他已经把它的"本质"、"现象"以及"辩证过程"都掌握了。如果一个小学生作这样的抽象推理，那么可以肯定，他的思维过程只能准确地按照开好的方子、按照神圣化了的形式进行。我们的拉萨尔也正是这样。看来这个家伙试图通过赫拉克利特来阐明黑

---

① 斐·拉萨尔《爱非斯的晦涩哲人赫拉克利特的哲学》（《Die Philosophie Herakleitos des Dunklen von Epheses.Nach einer neuen Sammlung seiner Bruchstüke und der Zeugnisse der Alten dargestellt.B.1－2.Berlin 1858》）（两卷集）1858 年柏林版。——编者注

格尔的逻辑学,而且丝毫不知疲倦地一再重复这个过程。他竭力炫耀他的博学。但是每一个内行人都知道,只要有时间和金钱,并且像拉萨尔先生那样,能够随心所欲地叫人直接把波恩大学图书馆的书送到家里去,拼凑这样一个引文展览是不费什么事的。可以看出,这个家伙自以为戴上这种闪闪发光的语文学的装饰品就显得非常伟大,他的一举一动完全像一个生平第一次穿上时髦衣服的人那样优雅。因为大多数语文学家都**不**具备赫拉克利特常用的思辨概念,所以每个黑格尔分子都有无可争辩的特长——能理解语文学家所不理解的东西。(如果一个人不精通**德国**哲学,而因为他学习希腊语,就精通了**希腊**哲学,这倒是很奇怪的。)拉萨尔先生不是简单地把这一点看成不言而喻的事情,而是把这一切用冒牌的莱辛方式奉送给我们。这是以烦琐的法学家的方式拿黑格尔的解释去反对语文学家因缺乏专门知识而弄错的解释。这样一来,我们就得到双重的享受:首先,给我们完整地转述了我们几乎已经淡忘的辩证事物;其次,给我们拿出这种“思辨的遗产”,把它当做拉萨尔先生的一种特别的语文学—法学方面的博学多才去反对非思辨的语文学家。可是,不管这个家伙怎样大言不惭,说什么赫拉克利特是迄今为止就像天书一般,其实他对黑格尔在《哲学史》中所说的**绝对没有**加进**一点新的东西**。他不过说得详细一点,而要做到这一点,两个印张自然就完全够了。这家伙更没有想到要披露关于辩证法本身的某些批判思想。把赫拉克利特的全部片断印在一起,也不见得印满半个印张。只有用可怕的"人"[54]的钱印书的家伙,才能以这样的借口把 60 印张的两卷书奉献给世人。

"晦涩哲人赫拉克利特"有一句名言,他想用这句名言解释一切事物向它们的对立面的转化,他说:"金变万物,万物变金。"拉萨尔说,黄金在这里就是货币(这是正确的),而货币就是价值。也就是说,是观念的东西,是一般,是一(价值),而物则是实在的东西,是特殊,是多。他利用这一惊人的论断,是为了在一个冗长的注释中说明他在政治经济学这门科学中的发现的重大意义。每句话都有错误,但都是用惊人的自负的口气说出来的。我从这样一条注释中看出,这个家伙竟打算在他的第二部大作中用黑格尔的方式来阐述政治经济学[55]。但是他会遗憾地看到:通过批判使一门科学第一次达到能把它辩证地叙述出来的那种水平,这是一回事,而把一种抽

象的、现成的逻辑体系应用于关于这一体系
的模糊观念上，则完全是另外一回事。

《马克思恩格斯文集》第 10 卷第 145—147 页

恩格斯，1858 年 3 月 17 日

依我看来，普鲁士的情况很糟。小打小
闹的议会活动大大地促进了那里的庸人们
的普鲁士地方主义，而且我担心，甚至连小
市民也对英国的婚事[56]抱着希望，认为这一
定会给他们带来英国的宪法，只是要更加民
主化一些。但愿这位军士尽快地出乖露
丑！我担心，普鲁士要摆脱王室并不那么容
易，除非无产阶级取得巨大进步。1848 年
以来资产阶级和小市民肯定是变得更坏
了。看来，即使在德意志的奥地利也不会发
生多大变化。德国佬[57]显然还没有从 1848
年的艰苦奋斗之后的冬眠状态中苏醒过
来。此外，匈牙利和意大利的分离行动以及
斯拉夫人的起义会在奥地利产生影响，届时
我们在大城市和工业区就会看到此时此地
无法估量的危机的后果。总之，激烈的斗争
即将开始。

《马克思恩格斯全集》第 1 版第 29 卷第 293 页

第 261 页：我担心，普鲁士要摆脱君主制并不那么容易，除非无产阶级取得巨大进步。

马克思,1858 年 4 月 2 日

　　下面是第一部分的简单纲要。这一堆讨厌的东西将分为六个分册:1.资本;2.土地所有制;3.雇佣劳动;4.国家;5.国际贸易;6.世界市场。

　　一、**资本**又分成四篇。(a)资本一般(这是**第一分册的材料**);(b)**竞争**或许多资本的相互作用;(c)**信用**,在这里,整个资本对单个的资本来说,表现为一般的因素;(d)**股份资本**,作为最完善的形式(导向共产主义的),及其一切矛盾。从资本向土地所有制的过渡同时又是历史的过渡,因为现代形式的土地所有制是资本对封建土地所有制和其他土地所有制发生影响的产物。同样,从土地所有制向雇佣劳动的过渡不仅是辩证的过渡,而且也是历史的过渡,因为现代土地所有制的最后产物就是雇佣劳动的普遍确立,而这种雇佣劳动就是这一堆讨厌的东西的基础……

　　1.**价值**。纯粹归结为劳动量;时间作为劳动的尺度。使用价值(无论是主观上把它看做劳动的有用性,或者客观上把它看做产品的有用性)在这里仅仅表现为价值的物质前提,这种前提暂时完全退出经济的形式规

7/
土地
所有制
和
资本

第 265 页:现代形式的土地所有制＝资本对封建等土地所有制影响的产物。

第 **266** 页:价值。抽象,但这是**历史的抽象**,只有在一定的经济发展的

注
意

定。价值本身除了劳动本身没有别的任何
"物质"。首先由配第大致指出,后来由李嘉
图[58]清楚地加以阐明的这种价值规定,只是
资产阶级财富的最抽象的形式。这种规定本
身就已经假定:(1)原始共产主义的解体(如
印度等);(2)一切不发达的、资产阶级前的生
产方式(在这种生产方式中,交换还没有完全
占支配地位)的解体。虽然这是一种抽象,但
它是历史的抽象,它只是在一定的社会经济
发展的基础上才能产生出来……

‖‖基础上才可能‖‖
‖‖产生。‖‖

见本笔记第 62 页[①]。

简单的货币流通本身不包含自我再生产
的原则,因而要求超出自身。货币——正如
它的规定的发展所表明的那样——包含着
这样一种要求,即要求进入流通、在流通中保
持自身、同时又成为这种流通的前提的价值,
也就是要求**资本**。这种过渡同时也是历史的
过渡。资本的太古形式是经常发展货币的商
业资本。同时,真正的资本是从货币或占有
生产的商业资本中产生出来的。

(d)从这种简单流通本身(它是资产阶
级社会的表面,在这里,产生简单流通的各
种较深刻的过程看不见了)来看,除了形式
上的和转瞬即逝的区别以外,它并不显示各

---

① 见本卷第 464 页。——编者注

第 269 页：资本主义＝自由、平等和**劳动所有权**的王国（269）（**注意**）马克思（1858）："Es ist dies〈商品流通〉das Reich der Freiheit, Gleichheit und des auf der"Arbeit"gegründeten Eigentums"！！

个交换主体之间的任何区别。这就是**自由、平等和以"劳动"为基础的所有权的王国**。在这里以贮藏的形式出现的积累只是较大的节约等等的结果。一方面是经济和谐论者、现代自由贸易派（巴师夏、凯里[59]等等）的庸俗伎俩：他们把这种最表面的和最抽象的关系当做**他们的真理**应用到较发达的生产关系以及这些关系的对立中去。另一方面是蒲鲁东主义者以及类似的社会主义者的庸俗伎俩：他们把适应于这种等价交换（或被认为是等价交换）的平等观念等等拿来同这种交换所导致和所由产生的不平等等等相对立。通过劳动来占有，等价交换，在这一范围内就表现为占有规律，因为交换只是以另一种物质形式再现同样的价值。总而言之，在这里，一切都是"美妙的"，但同时都会得到一种可怕的结果，而这正是等价规律的缘故。

《马克思恩格斯文集》第 10 卷
第 157—159、161—162 页

恩格斯，1858 年 7 月 14 日

第 279 页：(1858.7.14.
恩格斯——

顺便提一下：请把已经答应给我的黑格尔的《自然哲学》寄来。目前我正在研究一点生理学，并且想与此结合起来研究一下比较解剖学。在这两门科学中包含着许多极富思辨成分的东西,但这全是新近才发现的;我很想看一看,所有这些东西老头子是否一点也没有预见到。有一点是肯定的,如果他**现在**要写一本《自然哲学》,那么各种事物会从四面八方向他飞来。可是,人们对最近30年来自然科学所取得的成就却一无所知。对生理学有决定性意义的,一是有机化学的巨大发展,二是最近20年来才学会正确使用的显微镜。使用显微镜所造成的结果比化学更重大。使整个生理学发生革命并且首先使比较生理学成为可能的主要事实,是细胞的发现:在植物方面是由施莱登发现的,在动物方面是由施旺发现的(约在1836年)。一切东西都是细胞。细胞就是黑格尔的自在的存在,它在自己的发展中正是经过黑格尔的过程,最后直到"观念"即各个完成的有机体从细胞中发展出来为止。

黑格尔和现代自然科学……(**细胞**——在植物和动物的机体之中。运动转化为热、电等等。)　辩证法……

　　会使老头子黑格尔感到高兴的另一个结果就是物理学中各种力的相互关系,或这样一种规律:在一定条件下,机械运动,即机械力转化为热(比如经过摩擦),热转化为光,光转化为化学亲和力,化学亲和力转化为电(比如在伏打电堆中),电转化为磁。这些转化也能通过其他方式来回地进行。现在有个英国人（他的名字我想不起来了）[60]已经证明：这些力是按照完全确定的数量关系相互转化的，一定量的某种力，例如电，相当于一定量的其他任何一种力，例如磁、光、热、化学亲和力（正的或负的、化合的或分解的）以及运动。这样一来，荒谬的潜热论就被推翻了。然而，这难道不是关于反思规定如何互相转化的一个绝妙的物质例证吗？

人与其他哺乳动物相似。

……人们在接触到比较生理学的时候，对人类高于其他动物的唯心主义的矜夸是会极端轻视的。人们到处都会看到，人体的结构同其他哺乳动物完全一致，而在基本特征方面，这种一致性也表现在一切脊椎动物身上，甚至表现在昆虫、甲壳动物和绦虫等等身上（比较模糊一些）。黑格尔关于量变系列中的质的飞跃这一套东西在这里也是非常适合的。

《马克思恩格斯文集》第 10 卷第 162—164 页

恩格斯，1858 年 10 月 7 日

琼斯的事非常令人厌恶。他在这里召开了一次群众大会，并完全按照新同盟的精神讲了话。[61]根据这件事来看，几乎确实应该相信：英国无产阶级运动的旧的传统的、宪章运动那样的形式必须首先彻底毁灭，它的新的、具有生命力的形式才能发展起来。不过也很

难想象,这种新的形式将是什么样子。此外我觉得,琼斯的新动向,与过去建立这种同盟而多少获得成功的一些尝试联系起来看,的确是有其根源的:英国无产阶级实际上日益资产阶级化了,因而这一所有民族中最资产阶级化的民族,看来想把事情最终弄到这样的地步,即除了资产阶级,它还要有资产阶级化的贵族和资产阶级化的无产阶级。自然,对一个剥削全世界的民族来说,这在某种程度上是有道理的。

《马克思恩格斯文集》第 10 卷第 164—165 页

马克思,1858 年 10 月 8 日

在目前世界贸易好转的时刻(虽然伦敦、巴黎和纽约等地的银行积存巨额存款这一事实证明,事情还远未走上正轨),至少令人感到安慰的是:在俄国革命已经开始了;我认为把"显贵们"召集到彼得堡去,就是这一革命的开端。63普鲁士也是这样,目前的情况比1847 年还要糟,关于普鲁士亲王倾向于资产阶级的可笑幻想将在愤怒中烟消云散。64如果法国人看到,世界没有他们也在"运动"(如宾夕法尼亚人所说的),这对他们没有害处。同时,在斯拉夫人中间,特别是在波希米亚,正在发生不寻常的运动,虽然这是反革命的运动,但

第 290 页:英国无产阶级日益资产阶级化——一个最资产阶级化的民族的资产阶级化的贵族和资产阶级化的无产阶级62。

注意

第 292 页:在俄国革命已经开始了(1858)——召集贵族。

毕竟给真正的运动提供了酵素。[65]1854—1855年的俄国战争虽然十分卑鄙,虽然结果对俄国人并没有多少损害(确切地说,只损害了土耳其),但是毕竟明显加速了俄国目前形势的变化。唯一使德国人在自己的革命运动中完全变成法国仆从的情况,就是俄国的态度。随着莫斯科公国内部运动的开始,这种恶劣的玩笑就要结束。一旦那里的情况发展得比较明显,我们就能获得证据,证明可敬的政府顾问哈克斯特豪森已经受到了"官吏"和经过这些官吏训练的农民的愚弄。[66]

不能否认,资产阶级社会已经第二次经历了它的十六世纪,我希望这个十六世纪把它送进坟墓,正像第一个十六世纪给它带来了生命一样。资产阶级社会的真正任务是建成世界市场(至少是一个轮廓)和以这种市场为基础的生产。因为地球是圆的,所以随着加利福尼亚和澳大利亚的殖民地化,随着中国和日本的门户开放,这个过程看来已完成了。对我们来说,困难的问题是:大陆上革命已经迫在眉睫,并将立即具有社会主义的性质。但是,由于在广大得多的地域内资产阶级社会还在走上坡路,革命在这个小小角落里不会必然被镇压吗?

第 293 页:欧洲(**不可避免的**)(**而且是社会主义的**)革命会不会被世界的其余部分镇压下去。

至于特别谈到中国,我在仔细分析了

1836年以来的贸易动向之后,可以肯定地说:**首先**,1844—1846年英国和美国的出口增长,在1847年就已经证明完全是假的,并且在后来的10年当中出口额平均起来几乎是停滞不动的,而英国和美国从中国的进口却大大地增长了;**其次**,五口通商和占领香港仅仅产生了一个结果:贸易从广州转移到上海。其他"贸易中心"是算不上数的。

《马克思恩格斯文集》第10卷第165—166页

恩格斯,1858年10月21日

我觉得,资产阶级对于1848年和1849年出现的形势好像还没有放下心来,以致没有足够的勇气在同一时间既反对贵族统治和官僚制度,又反对无产阶级运动。在此期间可能出现的情况是,只要法国没有什么事情发生,无产阶级运动在一个时期里看来不会对它构成什么威胁,因而不致于使它感到十分惊恐;不过,这样一来无产阶级运动必然发展得非常缓慢。如果在法国不发生什么事情——就动产信用公司的股票行市来看,估计目前确实不会发生什么事情——那么在普鲁士却可能形成一场与1846—1848年意大利运动相似的、具有无产阶级背景的运动,不过我担心资产阶级又会在紧要关头变卦。

8

第294页:(1858.10.21.恩格斯)(1858)——"资产阶级在1848和1849年之后好像还没有放下心来,没有勇气既反对贵族统治和官僚制度,又反对无产阶级运动"……
这时无产阶级运动将"发展得非常缓慢"。
或者在普鲁士可能产生与意大利相似的运动?(1846—1848)(具有无产阶级背景)?

俄国的情况很好。目前南方也有人在暴动。顺便问一下,能不能替我从泰霍热夫斯基或赫尔岑现在的代理人那儿弄几本赫尔岑的最新的期刊? 这些期刊,比如他的《俄罗斯之声》和《钟声》杂志 [67],肯定会反映一些情况。在这些期刊上说不定可以找到材料,虽然未必能找到许多,但在通讯之类的东西中总还能找到一些。

《马克思恩格斯全集》第 1 版第 29 卷第 350 页

马克思,1858 年 11 月 24 日

第 297 页:**有人以虚假的理由为借口放弃斗争**(娶妻等等)。

(2)福禄培尔在这里。娶了一个有钱的女人。要回美国去。照他看来,世界应由俄国和美国来瓜分。他以此观点而自命不凡,醉心于美国的"奢华"和绅士派头,看不起德国人,而且通过在中美洲经营贩卖德国奴隶的生意用事实向德国人证明了这一点。真是滑稽可笑,这个鲁道尔施塔特来的土包子,由于叹服美国所实现的资产阶级社会,竟自认为比"欧洲其余的人""见多识广"。这些狗东西一旦得到自己的面包和乳酪,都会找一个自我标榜的借口,退出斗争。

《马克思恩格斯全集》第 1 版第 29 卷第 356 页

马克思，1859 年 2 月 25 日

《波河与莱茵河》是一个绝妙的构想，应当马上写成著作。[68]你应当立即动手，因为在这里时间就是一切……

民主派的狗东西和自由派的无赖将会看到，我们是在可恶的和平时期唯一没有变成糊涂虫的一批人。

《马克思恩格斯全集》第 1 版第 29 卷第 383—384 页

第 307 页："我们是在可恶的和平时期唯一没有变成糊涂虫的一批人。"

马克思，1859 年 2 月 25 日

我对这种学究式的智慧自然根本没有关注，但是对李嘉图却由于他的货币理论而给予了严厉的斥责，顺便说明，这个货币理论的创始人并不是他，而是休谟和孟德斯鸠。于是拉萨尔可能觉得这种斥责是针对他本人的。其实这里完全不是这么回事，因为我自己在驳斥蒲鲁东的著作[69]中就采用过李嘉图的理论……　他现在从我对货币问题的论述中应当看出，要么是我对此完全无知——而这样一来，连同我在内，整个货币理论史都有罪过——，要么他自己是头蠢驴，自以为能够用几句诸如"抽象统一物"这类抽象的套话对经验事物作出评价，其实若想能够对这些经验事物发表见解，就必须进行研究，而且是

第 308 页：拉萨尔——蠢驴而又爱卖弄。只要巧妙地对付他（拉萨尔），他将是我们的人（无论他出什么"花样"）。

长期的钻研。因此目前他可能打心眼里不太喜欢我。但是——这一点我想特别加以强调——首先,拉萨尔的确对"这个事情"很感兴趣,其次,他是地道的"智者埃夫拉伊姆",他会不惜任何代价同我们站在一起,由于他同杜塞尔多夫人的争吵,他就更有必要这样做。①同时他在柏林的逗留已使他确信,像他这样能干的人物对资产阶级政党也无能为力。

因此,无论他搞出什么"激动人心的"花样,无论他怎样用最冗长的评论来惩罚赫拉克利特这个文笔最简洁的哲学家,只要巧妙地对付他,这个人是完全可以属于我们的。

《马克思恩格斯全集》第 1 版第 29 卷第 387—388 页

马克思,1859 年 4 月 22 日

顺便说一下。伟大的帝国的福格特[70]给弗莱里格拉特写了一封文笔考究的信,在信中告诉他说,这个帝国帮要在苏黎世(或是伯尔尼,我忘了)出版一种新的报纸。[71]他约请弗莱里格拉特为该报的杂文专栏撰稿,并请求他找有思想深度的布赫尔当政治问题通讯员。

帝国的福格特想据以建立新"党"的纲领,并且,如他自己所说,被亚·赫尔岑欣然接受

---

① 参看《马克思恩格斯全集》第 1 版第 29 卷第 27—29、32—33 页。——编者注

的纲领,就是:德国放弃它的非德意志领地。

《马克思恩格斯全集》第 1 版第 29 卷第 407 页

马克思,1859 年 5 月 18 日

拉萨尔的小册子[72]是一个莫大的错误。你的"匿名"小册子[73]的出版让他睡不着觉。德国的革命政党目前的处境固然困难,但是对形势稍加批判性地分析,就能认清这种处境。至于"各邦政府",那么显而易见,无论从何种立场出发,即使为德国的**生存**着想,也应当要求它们**不保持中立**,而是像你正确地指出的那样,要保持**爱国的**立场。但是这个问题之所以具有**革命的**尖锐性,完全是由于同对抗布斯特拉巴相比,人们更突出地强调对抗**俄国**。拉萨尔本来会这样做,以对抗《新普鲁士报》的反法叫嚣。确实也正是**这一点**会在战争进程中实际上使德国各邦政府背叛帝国,而那时就可以将责任推到它们身上。此外,如果拉萨尔擅自以党的名义讲话,那么他将来或者是不得不做好被我们公开谴责的准备,因为情况十分严重,不能再顾及情面,或者是必须预先同持有其他观点的人达成共识,抛弃火和逻辑交织的灵感。我们现在必须绝对遵守党的纪律,否则一切都将陷入困境。

第 325 页:拉萨尔的小册子是一个错误。(党的纪律,等等)

思想混乱达到了惊人的地步。首先是从巴黎领取现金的背叛帝国的"帝国摄政"。梅因先生在汉堡的《自由射手》上大肆吹捧福格特的小册子。[74]有一种庸俗民主派（他们当中一些正直的人认为，奥地利的失败，再加上匈牙利和加利西亚等地的革命，会在德国引起革命。这些笨蛋忘了，**目前**在德国发生革命，就等于瓦解德国的军队，这并不是对革命者有利，而是对俄国和布斯特拉巴有利），对这些人来说，能够同具有波拿巴主义情绪的匈牙利人（全是班迪亚之流）、波兰人（切什科夫斯基先生前几天在普鲁士议院中将尼古拉称为波兰人的"伟大的斯拉夫盟友"）和意大利人一个鼻孔出气，自然是一种欢乐。另一帮希望将爱国主义和民主主义结合起来的人，例如布林德，由于既要求**同**奥地利**一起**对布斯特拉巴作战又要求召开帝国议会，而使自己大出其丑（包括老乌兰德在内）。首先，这些蠢驴没有看到缺乏实现这种卑鄙愿望的任何条件。其次，他们毫不考虑实际情况，完全不知道：在德国唯一具有决定作用的部分——**普鲁士**，资产者以他们的议会两院自豪，而两院的权力必将随着政府的困难的增加而扩大……　实际上，从普鲁士议会两院（它们有权批准预

> 德国的革命**现·在·**只会对拿破仑第三和俄国有利。

第 326 页：在德国只有普鲁士起决定作用。在那里的议院有很大意义。

算,并在某些情况下得到一部分军队和柏林平民的支持)人们可以得到的革命支持,要比从顶着"帝国议会"名号的辩论俱乐部得到的多得多……

首先,你记得,正当我同小丑埃·鲍威尔公开决裂的时候,李卜克内西先生却把他引进了所谓的共产主义者协会,而且小丑接受了《新时代》[75]的编辑工作,这个不学无术的笨蛋在报上夸大从谢尔策尔那里学来的几句共产主义的语句,使我们的党遭到耻笑……

当《新时代》由于缺乏资金,只出半期(我给你寄过)的时候,李卜克内西主持召开了为挽救该报而举行的、邀请各个团体参加的会议。结果当然一无所获。在这场戏之后,我召集了一些人(人数不多:普芬德、罗赫纳等人以及几个新人,自从我迁出城以后,李卜克内西把他们看做是他旧时的私人俱乐部的人),趁这个机会严词谴责了李卜克内西,让他相当难堪,直到他表示对自己的错误深感悔恨……

这些大老粗先生得到了一个很好的教训。老魏特林派的蠢驴谢尔策尔以为,**他能委派党的代表**。在**我**同这些大老粗的一个代表团会晤时(我拒绝参加任何协会,而李卜克内西担任了其中一个协会的主席,拉普人担任了另外一个协会的主席)[76],我直截了当地

第 327 页:骂李卜克内西。

第 328 页:**我们作为无产阶级政党的代表是由**

我们自己而
不是由别的
什么人任命
第 329 页‖**的**。(329)

对他们说：我们作为无产阶级政党的代表是由**我们自己而**不是由别的什么人任命的。而这种任命已经由旧世界的一切派别和政党对我们所怀的那种特有的和普遍的仇恨而得到确认。

《马克思恩格斯全集》第 1 版第 29 卷第 413—419 页

马克思，1859 年 12 月 13 日

在俄国，运动发展得比欧洲其余各地都快。一方面是贵族反对沙皇的立宪运动，[另一方面]是农民反对贵族的立宪运动。亚历山大终于也发现，波兰人对并入斯拉夫-俄罗斯民族不感兴趣，于是他大发雷霆。15 年来，特别是 1849 年以来，俄国外交的非凡成就是得不偿失的。下一次革命，俄国将会欣然参与。

《马克思恩格斯全集》第 1 版第 29 卷第 504 页

马克思，1860 年 1 月 11 日

据我看来，现在世界上正在发生的最大的事件，一方面是由于布朗的死而展开的美国的奴隶运动，另一方面是俄国的奴隶运动。你大概已经看到，俄国的贵族已经直接投身于立宪的宣传鼓动，已经有两三个出身显贵家族的人被流放到西伯利亚。同时，亚

9/
第 366 页和第 367
页：俄国的立宪运
动和农民运动——
它的成就和**重要**
性(1859—1860)。

历山大在最近的诏书中直截了当地宣布"公社的原则"应当同解放一起终止,从而破坏了他和农民的关系。"社会"运动就这样在西方和东方开始了。这和中欧即将发生的崩溃加在一起,将是非常壮观的。

《马克思恩格斯全集》第1版第30卷第6—7页

恩格斯,1860年9月15日

鼬鼠雅科布①的信和艾希霍夫的书[77]明天寄上,艾希霍夫的书龚佩尔特还在看。我们鼬鼠的信使我很开心,或者更确切地说使我忍俊不禁,这无论如何是医治你肝病的一剂妙药。关于普鲁士政府的消息十分有趣,但是最有意思的是,这个家伙竟认为**现在**我们会承认他在意大利问题上是正确的!!! **现在**,也就是当加富尔受到意大利本土革命政党直接攻击和威胁的时候! 这种看法是幼稚可笑的。依照这种看法,现在,当加里波第正要在罗马进攻波拿巴的时候,我们倒应当承认,我们在今年春天本来应当同加富尔和波拿巴合作——谁知道? ——也许现在还应当同他们合作! 当然,问题涉及到现在的时候,鼬鼠先生是非常谨慎的。

《马克思恩格斯全集》第1版第30卷第91页

第405页:1860.9.15.恩格斯:在意·大·利·问题上同拉·萨·尔的分歧。"我们本来应当同波拿巴和加富尔合作?"(恩格斯激愤地说),"甚至在意大利的**革·命·政·党**"现在正在攻击加富尔的时候!!

在意大利问题上同拉萨尔的分歧。

---

① 即斐·拉萨尔。——编者注

恩格斯,1860 年 10 月 1 日

第 **409** 页:(1860.
10.1.恩格斯:)
加富尔派＝"**卑
鄙的资产者**"。
(关于加里波第
的评论就在这
里。)

第 **409**—410 页:
‖革命的纲领(很好)

　　加里波第在军事方面看来已开始感到吃力。他把他的精锐部队分散在西西里和那不勒斯的各个营,这样一来他就再没有什么有组织的部队了。而且,他一遇到稍有防御的、筑有一个像卡普阿那样未被控制的要塞的河岸线,他就得停顿下来。情况暂时还不严重,因为 3 万那不勒斯军队在一个狭小的地带无法生存,在两个星期内势必瓦解或前进,而前进,他们是办不到的。但是如果不发生什么完全出乎意料的事件,加里波第几乎不可能很快到达奎里纳莱山[78]。而且现在还有加富尔派的叫嚣,这些卑鄙的资产者能够很快就让他阵地无法坚守,因此他在能够取得胜利以前,即使在最坏的情况下也应当进攻。除此之外,重要的是要尽可能迅速地打垮那不勒斯人,然后在维克多-艾曼努埃尔到来之前就与皮蒙特人结盟,否则就晚了,他们就会依然效忠于维克多-艾曼努埃尔。但是,最重要的是,加里波第已公开地把在罗马的法国人[79]看做是在威尼斯的奥地利人,他是否现在马上行动将他们驱逐出去,这已不怎么重要了。

　　奥地利的形势看来非常好。民族联盟的一个庸人,一个住在巴伐利亚(法兰克尼亚)

的莱茵普鲁士人说,不久前到维也纳参加铁路节的慕尼黑人,对奥格斯堡《总汇报》[80]关于奥地利情况的报道是信以为真的,回来后感到很懊丧,他们觉得完全不是那么回事。奥地利人对他们说,那都是骗人的,那里的状况令人再也无法忍受。奥地利的资产者似乎也已经有了治疗财政困难的特效药:**奥地利全部地产的 20%属于教士,应该予以没收**。能够设想更好的革命形势吗? 跟这样的纲领相比,普鲁士人的全部自作聪明连同他们的民族联盟还有什么价值呢?

读了弗里德里希-卡尔亲王和瓦德西先生的著作,我现在终于确信,普鲁士人那样奇妙地编制和训练自己的军队,导致他们必然不可避免地被打败。为了克服 45 年来缺乏作战经验这个弊端,他们以演习的形式为自己制造了一种人为的、程式化的战争,那里的一切都跟实战中完全不同,而且明确地教士兵和军官学会以各种借口采取撤退行动,并如此给他们灌输一些完全错误的概念和东西。例如,在演习中,士兵当然不可以闯入住宅并将其占领;所以就把士兵分布于住宅的四周,以此来**假装**住宅已被占领。一个普鲁士上尉在石勒苏益格的一次**战斗中**奉命占领一个农庄时,竟像在演习中一样把士兵整整

——在奥地利就是:**没收教士的土地**。他说,请与可怜的普鲁士和"**民族联盟**"比较!!(410)

"奥地利全部地产的 20%属于教士,应该予以没收。"(409)

第 410 页:

我终于确信(恩格斯),普鲁士人会被打败——军队不行(**1860**)。?

齐齐地布置在篱笆墙的四周！这是瓦德西亲眼见到的。不过,弗里德里希-卡尔亲王作为一个士兵还是不错的,他憎恨普鲁士的机械训练。但是他配不配当一个指挥官,那就不好说了。

《马克思恩格斯全集》第 1 版第 30 卷第 98—100 页

马克思,1860 年 10 月 2 日

第 411 页:
《泰晤士报》(无耻地)说:加里波第得到信任,是因为他被认为是拿破仑第三的秘密意图的代理人。

（昨天的)《泰晤士报》真是无耻到了极点,竟断言加里波第之所以能够这样久地得到"信任",是因为"他或许被认为是**拿破仑第三的秘密意图的代理人**"。**81**

《马克思恩格斯全集》第 1 版第 30 卷第 102 页

马克思,1860 年 12 月 19 日

10/
达尔
文和
马克
思

第 426 页:达尔文——
"为我们的观点"提供的
自然史基础(在信末)(马克思)。
1860. 12. 19. 马克思:达尔文——《自然选择》。"虽然这本书是用粗率的英文写的,但是它为我们的观点提供了自然史基础。"

在我经受折磨的时期——最近一个月——我读了各种各样的书。其中有达尔文的《自然选择》①一书。虽然这本书是用粗率的英文写的,但是它为我们的观点提供了自然史基础。……

几星期以前我接到拉萨尔的一封信,他

---

① 查·达尔文《根据自然选择即在生存斗争中适者保存的物种起源》(«On the origin of species by means of natural selection, or the Preservation of favoured races in the struggle for life»)1859 年伦敦版。——编者注

病得很厉害。他得的不是痛风,而是骨炎？
他在信中告诉我,正在布罗克豪斯那里分两
卷出版一本"大部头的重要著作"**82**。他卧床
17 个小时,下床 3 小时,正忙于校对"大部头
的重要著作"。我想,我寄给他的那本反对福
格特的书,对于减轻他的病痛未必适宜。但
是,既然他是柏林的"理想政治家",又有什么
办法呢？

《马克思恩格斯全集》第 1 版第 30 卷第 130—131 页

第 427 页:拉萨
尔是"柏林的现
实政治家"①。

---

① 在原信中是"Idealpolitiker"("理想政治家")。1913 年出版《通信集》时,这个
　词被改为"Realpolitiker"("现实政治家")。——编者注

第 四 卷
1868—1883 年

11/

> **第四卷**
>
> ？ 序言，X（和 XI）——马克思（在策略上）"更接近施韦泽"，而不是李卜克内西（和 XI）
>
> ？‖ XII 在下方的署名是：(B-n?)（伯恩施坦？）
>
> 注　意‖ XV：马克思**谴责的**只是琼斯同自由派联盟的**方式**。

马克思，1868 年 1 月 8 日

辩证法注意	**辩　证　法对？"死板的三分法"**（施泰因的）

第 5 页：杜林（他是柏林大学编外讲师）的文章[83]倒是颇为大方，尤其是在我那样猛烈地抨击了他的老师"凯里"的情况下[84]。有许多东西杜林显然理解错了。最可笑的就是，他把我跟施泰因相提并论，其实我是搞辩证法的，而施泰因则使用一些死板的三分法，并以某

些黑格尔范畴为外壳,把各式各样毫无意义的东西不加考虑地拼凑起来。[85]

《马克思恩格斯全集》第 1 版第 32 卷第 9—10 页

> 见本笔记第 65 页[①]

马克思,1868 年 1 月 11 日

在博物馆里,我只翻了翻目录,就这样我也发现杜林是一个伟大的哲学家。这是因为他写了一本《**自然辩证法**》来反对黑格尔的"非自然"辩证法。"原来这就是痛哭流涕的原因"。[②]德国的先生们(反动的神学家们除外)认为,黑格尔的辩证法是一条"死狗"[86]。就这方面而言,费尔巴哈是颇为问心有愧的。

> 第 10 页:费尔巴哈错在不懂黑格尔的辩证法。

> **注意费尔巴哈和辩证法。**

> 见本笔记第 66 页[③]

《马克思恩格斯全集》第 1 版第 32 卷第 18 页

恩格斯,1868 年 1 月 16 日

给你寄去附有专门说明的普鲁士报告[87]。实际上,只要看一下报告里列出的 7 月 28 日晚的兵力配置略图,就可确信:贝奈德克曾在两平方英里的地区内集中了六个军(不包括骑兵),而王储却只有第五军和第六军的一个旅与之对峙。如果贝奈德克在 29

日攻击施泰因梅茨（第五军），那么后者就可能被击退到山那边，投奔第六军，贝奈德克在 30 日则可以用至少四个军放心大胆地去进攻并击退近卫军与第一军；在这以后，谨慎的弗里德里希-卡尔当然不敢贸然行动。弗里德里希-卡尔有五个军，而与他对峙的至少有六个军。如果王储的三个独立的纵队被击溃，弗里德里希-卡尔一定会接到撤退命令，那时整个战局的性质就会完全不同。当然，只要普鲁士人谨慎一些，奥地利人终究会被击败，这从兵力对比上已经看得出来。但是，在这种情况下普鲁士的无赖们就会被迫抛弃自己坏透了的制度，那时胜利的就不是改组和俾斯麦，而是人民。

克吕泽烈（他在伦敦也扮演过芬尼社社员）搞了一个民军计划，他比德国人还要疯狂。美国内战[88]（战争双方都有民军）证明，民军制度之所以空前耗费财力和人力，正是因为这种组织只是一纸空文。如果北方佬所面临的不是南部民军，而是几十万人的常备军，那他们的情形会怎样呢？在北部组织起来之前，这些常备军可能已进入纽约和波士顿，并靠民主党人的帮助迫使媾和，接着西部就可能玩弄分离把戏。这个家伙有一点讲得好：最主要的是要有优秀的军官和人们对军官的信任，—— 而在民军制度下，这两点都

第 12 页：那时胜利的就不是俾斯麦，而是人民（**1866**）—— 如果奥地利人不是白痴的话。

12/　　　　注意

民军?

注意

第 12 — 13 页：民军（瑞士那样的）不适用，或者是介乎普鲁士制度和民军制度之间的东西。

组织是一纸空文（反对克吕泽烈）。

是完全办不到的！至于民军制度到处都受到
欢迎，那是由于能够一下子弄到一大批人，并
且比较易于训练，特别是在面临敌人的时
候。不过，后一种情况并不新奇；老拿破仑也
曾把经过三个月训练的新兵编为团队拉去打
仗；但是，为此要有优秀的基干人员，并且还
要有某种不同于瑞士和美国民军制度的东
西。直至内战末期，北方佬的基干人员仍然
不能令人满意。自从采用了后装枪，纯粹的
民军便真的完了。这就是说，任何一种合理
的军事组织不能不是介乎普鲁士制度和瑞士
制度之间的东西，——但究竟是什么呢？这
取决于各种不同的情况。只有以共产主义方
式建立和**培育**起来的社会，才能十分接近民
军制度，但即使这样也还不能完全达到。

　　　　　　《马克思恩格斯文集》第 10 卷第 277—278 页

恩格斯，1868 年 2 月 2 日

　　李卜克内西的小报[89]令我感到极其厌
恶。除了遮遮掩掩的南德意志联邦主义之
外，什么也没有。根据**格律恩**（卡·）发表在
《欧洲联邦》上的文章改写的关于瑞士和普鲁
士的军事情况一文[90]，几乎一个字就是一个
错。而且小报简直毫无价值，他十分亲近汉
诺威的分立主义者和南德意志的蠢货，同时

第 17 页：
李卜克内
西的小报
很糟糕：
**联邦主
义**。空洞。

| 反对联 |
| 邦主义 |

却对柏林《未来报》**91**的人加以攻击，真见鬼，这些柏林人至少和那帮无赖是一路货色。顺便提一下，我只收到过三号。

《马克思恩格斯全集》第 1 版第 32 卷第 29 页

马克思，1868 年 2 月 4 日

第 18 页：维也纳不成熟（1868）。

（奥地利的落后。）占统治地位的是金融，而不是大工业。农业。

附上福克斯从维也纳寄来的东西（阅后请寄还）。你看一看你发表在《行市报》**92**上的文章起了什么作用。或许最好是对维也纳听之任之。我的书**93**在那里已引起注意，这就够了。全部活动是极其幼稚的。如果考虑到农业在整个帝国依然占据着十分明显的优势，那么观看这些把戏就可笑了。在维也纳占统治地位的是金融而不是大工业。不过，这场戏作个发酵剂倒也无妨。

《马克思恩格斯全集》第 1 版第 32 卷第 31 页

马克思，1868 年 3 月 16 日

资本和工人的农奴化。

第 26 页：阿尔萨斯的多尔富斯和把工人变成农奴。

在爱尔兰政治犯所受的

奇怪的是，多尔富斯（阿尔萨斯）竟会赢得虚假的声誉！这个骗子，比布里格斯等这样一些英国人低级得多，竟跟他的工人们签订了这样的合同（这样的合同只有堕落的无赖才能接受），使工人们实际上成了他的农奴群体，他也确实完全把他们"**当做农奴**"对待，而且对他们的剥削丝毫不亚于任何人。正因

为如此,这个畜生不久前在立法团里提出关于"私生活应予严加保护"的一项令人作呕的新闻出版法条文。[94]问题在于,有的地方已将他的慈善把戏戳穿了。

英国人现在在爱尔兰对待政治犯,或者哪怕是嫌疑犯,或者甚至只是被判普通徒刑的人(如《爱尔兰人报》的皮戈特和《新闻》的沙利文)[95],其做法确实比大陆(俄国除外)的所有做法都高明。这些狗东西!

《马克思恩格斯全集》第1版第32卷第46页

马克思,1868年3月25日

关于毛勒:他的书是非常有意义的。不仅是原始时代,就是后来的帝国直辖市、享有豁免权的地主、公共权力以及自由农民和农奴之间的斗争的全部发展,都获得了崭新的说明。

在人类历史上存在着和古生物学中一样的情形。由于某种判断的盲目性,甚至最杰出的人物也会根本看不到眼前的事物。后来,到了一定的时候,人们就惊奇地发现,从前没有看到的东西现在到处都露出自己的痕迹。对法国革命以及与之相联系的启蒙运动的第一个反应,自然是用中世纪的、浪漫主义的眼光来看待一切,甚至像格林这样的人也

待遇。

狗东西。

13

第29页:在人类历史上就和在古生物学中一样。人们看不到眼前的事物(成见造成的盲目性)。

对法国革命

人类历史同古生物学相提并论。

不能摆脱这种看法。第二个反应是越过中世纪去看每个民族的原始时代,而这种反应是和社会主义趋向相适应的,虽然那些学者并没有想到他们和这种趋向有什么联系。于是他们在最旧的东西中惊奇地发现了最新的东西,甚至发现了连蒲鲁东看到都会害怕的平等派……

黑格尔及其缺点。

第30页:黑格尔没有看到,抽象概念产生于我们的交往(往来)。

（见本笔记第66页①）

不过,要是老黑格尔有在天之灵,他知道德文和北欧文中的 *Allgemeine*[**一般**]不过是公有地的意思,而 *Sundre,Besondre*[**特殊**]不过是从公有地分离出来的 Sondereigen[私人财产],那他会说什么呢? 真糟糕,原来逻辑范畴还是产生于"我们的交往"!

第30页:**弗腊斯**。(1847)《各个时代的气候和植物界,二者的历史》。在历史上气候的变化:资本主义耕作业使土地变为荒漠(如

在历史上气候的变化

弗腊斯的《各个时代的气候和植物界,二者的历史》(1847年)一书十分有趣,这本书证明,气候和植物在**有史**时期是有变化的。他是达尔文以前的达尔文主义者,他认为**物种**甚至产生于有史时期。但是他同时是农学家。他断定,农民非常喜欢的"湿度"随着耕作的发展(并且与耕作的发展程度相适应)逐渐消失(因此,植物也从南方移到北方),最后形成了草原。耕作的最初影响是有益的,但是,由于砍伐树木等等,最后会使土地荒芜。这个人既是化学家、农学家等等,又是知识渊

① 见本卷第468页。——编者注

博的语言学家(他曾经用**希腊文**著书)。结论是：耕作——如果自发地进行，而不是**有意识地加以控制**(他作为资产者当然想不到这一点)——会导致土地荒芜，像波斯、美索不达米亚等地以及希腊那样。可见，他也具有不自觉的社会主义倾向！

果不是有意识地加以指导)。

《马克思恩格斯文集》第 10 卷第 283—284、285—286 页

恩格斯，1868 年 4 月 10 日

小威廉的小报第 4—14 号我昨天寄给你了。这个报纸蠢得要命。一个如此久居英国的人，又有你我的著作[96]，本该切实对工人提供给他的材料善加利用，而不是简单地把这些材料原封不动地照搬过来。可笑的是，给我们提供的那几段反联邦主义的内容，同这个报纸的整个司徒卢威联邦主义性质密不可分。

第 32 页：李卜克内西搞联邦主义，而我们**反对联邦主义**。 注意

《马克思恩格斯全集》第 1 版第 32 卷第 56 页

马克思，1868 年 4 月 21 日

顺便说一下，威廉现在也把他的小报寄给我了。此人是多么忠于自己的信念，他说我的《福格特先生》是本"**有价值的书**"，而不说它里面有许多不好听的挖苦话。其次：普鲁士人正在迫害"忠于自己国王"的汉诺威

第 36 页：李卜克内西要把"一切可敬的人们"联合起来对付普鲁 注意

| 士人。 | 人！再其次:针对埃德加·鲍威尔关于收买南德意志报刊一事指出,如果这样下去,那么,"**一切**"可敬的人们(土容克、神职人员、民主派、黑森选帝侯[97],等等)就会联合起来对付普鲁士人。[98]可怜的威廉! |

《马克思恩格斯全集》第 1 版第 32 卷第 64 页

马克思,1868 年 5 月 4 日

| 第 46 页和第 47 页:德国能够承受取消关税。(恩格斯)马克思主张**暂时**(在调查之前)**保留**关税。 | 　　我的看法是:德国人对于降低生铁的保护关税是能够承受的,而对于其他商品,工厂主们就要大喊大叫了。这种看法是根据英国和德国向中立市场的出口对比得出来的。附上向比利时出口的一览表为例①。 |

关税

　　但与此同时,我认为现在应当为了党的利益而充分利用这个问题,同时不给英国人以任何新的可乘之机。

　　因此,我建议如下:

　　(1)在国会没有调查德国的铁矿生产和制铁业情况以前,**决不降低关税**。但是,这种调查不能像资产者先生们所希望的那样,仅限于商会和"专家",而是要同时扩展至上述部门的**工人状况**,更何况工厂主先生们"要求"保护关税仅仅是"为了保护"工人,并且他

---

①　参看《马克思恩格斯全集》第 1 版第 32 卷第 77 页。——编者注

们还发现"**铁的价值**"仅仅"**由工资和运费**"所构成。

(2)在没有调查**铁路**怎样滥用垄断权以前,在没有通过法律规定调整铁路货运(和客运)运价以前,**决不降低关税**。

很想**尽快**知道你的看法,附上的东西也请尽快退回。

《马克思恩格斯全集》第 1 版第 32 卷第 76—78 页

恩格斯,1868 年 5 月 6 日

从事情的实质来看,我毫不怀疑,德国的制铁业并不是非要有保护关税不可,因此也就是说,即使每公担生铁的关税从 7.5 格罗申降到 5 格罗申(即每吨从 15 先令降到 10 先令),它也能承受,再往下降也没关系。铁的输出每年增加,而且不仅是向比利时输出。个别在 50 年代投机热时期建立起来的制铁厂,远离煤产区,加上矿山藏量不足,质量不好,有可能会倒闭。不过,所有这些工厂大都已经**破产**。如果它们一般还能生存下来,那是由于靠近铁路使它们得到的好处,胜过任何保护关税。(在恩格斯基兴,离我兄弟的工厂 500 步远,有一家这样的工厂,它用的煤不得不从 2.5 德里以外的锡格堡用兽力车运来——这家工厂停工是不足为奇的。

这类工厂大声疾呼保护关税，并且会被用来作为必须实行保护关税的证明。)

埃尔伯费尔德—巴门商会是现有的最可恶的保护关税机构，而且因此**臭名昭著**。此外，当地的主要工业就是依靠**输出**！不过那里总是有许多日趋没落的行业，所以，一片叫苦声。

此外，你关于调查的计划很好，我很赞成。至于铁路，德国的运价率比其他地方都**低**，因为货物周转在德国是**主要业务**，不这样不行。运价率可能还要降得更多，各邦政府都有权这样做。但是，现在最需要对管理和运价率实行更大的集中和均衡，而依照宪法，这是属于国会权限的事。因此，铁厂厂主大叫运费高昂，是毫无根据的。

《马克思恩格斯全集》第 1 版第 32 卷第 79—80 页

恩格斯，1868 年 7 月 2 日

第 64 — 65 页：《土地和自由》是一本书。**交换价值渗入**俄国公社。

我已写信给波克罕，要他买一本俄文新书：《土地和自由》，在这本书中，一个德意志血统的俄国地主证明，自从提倡给予农民自由以来，俄国农民的**公社所有制遭到毁灭**，俄国农业——小农业以及大农业——也是这样。书中据说有许多统计材料。交换价值已经深深渗入这些原始公社，以致农奴制废除

以后,原始公社看来无法再保持下去了。

《马克思恩格斯全集》第1版第32卷第107页

马克思,1868年7月7日

你会记得,将近18年来,这里的德意志工人教育协会每年都纪念六月起义。[99]只是最近几年,法国人(他们在这里的团体,现在是作为国际的法国人支部而存在的)才参与这个活动。而那些老的首领们——我指的是那些渺小的大人物——则一直与这样的活动保持距离。

可是今年皮阿先生却出席了公众集会,并宣读了一篇所谓的巴黎公社(这是用来代替皮阿本人的一种**婉转说法**,皮阿在这方面丝毫不亚于布林德)的致词,他在致词中鼓吹刺杀波拿巴,就像在他的《致大学生的信》中早就鼓吹过的那样。法国人支部对此鼓掌欢呼,他们得到了其他空谈家的支持。韦济尼埃把它刊登在比利时的报刊《蟋蟀报》和《淘气报》[100]上,并把皮阿说成是"国际"的领导人。[101]

在此以后我们收到布鲁塞尔委员会的来信[102],布鲁塞尔委员会正是在目前困难日益加重的情况下(沙勒罗瓦事件[103])开展大规模宣传的。这封信的内容是:这次示威使大

\14
第66页:皮阿(Pyat)的盲动主义——要把他们赶出国际!!

陆上的整个协会面临覆灭的危险。难道法国人支部永远摆脱不了陈腐的蛊惑人心的空话之类的吗？等等,想想吧,这个时候我们的人正在巴黎坐牢呢[104]。**我们昨天发表了声明**(将在布鲁塞尔刊印),宣布皮阿这个人与国际没有任何关系。[105]

事实上,我认为整件事(当然是以法国人支部幕后所干的大量蠢事为依托)是旧党派即1848年的共和派蠢驴们,特别是在伦敦代表他们的那些渺小的大人物的阴谋。我们的协会是他们的眼中钉。在他们企图反对协会而未能得逞以后,现在自然退而求其次,竭力诋毁它。皮阿正好是诚心诚意地干这种事的家伙。因此更聪明的人把他推到了前面。

这个不怀好意的闹剧作家和1848年以前的《喧声报》[106]撰稿者,这个1848年的宴会演说家,现在扮演布鲁土斯了,不过却是在安全距离以内,有什么比他更可笑呢!

如果这里的法国人支部不停止它的愚蠢行为,就必须把它赶出国际。正当国际协会由于大陆上的种种事件而开始成为重要力量的时刻,我们不能容许50个蠢材(各国的空谈家在这种公开场合都聚集在他们的周围)危害国际协会的存在。

恩格斯,1868 年 7 月 10 日

但愿你们确实能使法国人支部平静下来。看来,这个民族再度处于十分混乱的状态,一旦爆发革命,肯定会再一次把它断送掉。你看这帮家伙,净干蠢事。

（同上,第 67 页,恩格斯）

《马克思恩格斯全集》第 1 版第 32 卷第 111 页

马克思,1868 年 7 月 29 日

关于小威廉和施韦泽之间的私人谈判,除了前者信中所写的之外我别无所知。不过我从另外的来源得知,随着小威廉由于同南德意志分立主义者结成过于密切的联盟而在工人中丧失威信,施韦泽这个狡猾的狗东西的影响却相应地增长了。**因此威廉可能不得不同目前正在坐牢、并且曾经十分巧妙地迫使普鲁士法庭以"欺君罪"取消了他的贵族称号的施韦泽结成某种联盟。**至于我——我是指我作为总委员会的委员——,那么我必须在各个**有组织的**工人团体之间采取公正的态度。谁当他们的领袖,是他们的事,不是我的事。作为德国书记,我必须回答所有以工人团体的主席等正式身份向我求助的人提出的问题。本着这种精神,我也给施韦泽写过信(我始终考虑到书信有可能全文发表)。不

第 72 页:李卜克内西同南德意志**分立主义者**结成**过于密切的联盟**而使自己丧失威信。

(在施韦泽和李卜克内西之间采取公正的态度。**作为国际的委员。**)

过,面对 1848 年老民主派在这里耍的阴谋,如果能在德国显示一下对德国工人的影响,那正是恰逢其时。

《马克思恩格斯全集》第 1 版第 32 卷第 121—122 页

马克思,1868 年 8 月 4 日

附言:现在正值德国人大批加入国际工人协会,因而该组织一时至少会遍及该国的主要地区——虽然各处都还薄弱——,我的计划是,明年将**总委员会**迁到日内瓦[107],我们在这里只作为英国委员会进行工作。我认为由我们提出这个建议是明智之举。同时也向巴黎等地的蠢驴们表明,我们决不担心失去那可爱的独裁。你对此有什么想法?

《马克思恩格斯全集》第 1 版第 32 卷第 125 页

恩格斯,1868 年 8 月 6 日

艾希霍夫的小册子[108]证明他能客观地报道事实,我几乎无法相信他竟然能做到这一点。当然,你也为他减轻了任务。这个小册子会产生很好的效果。至于谈到迁往日内瓦,这使我回想起中央委员会迁往科隆的事[109]。我要**十分认真地**考虑这一突然提出的计划。第一,几头蠢驴是否值得你们为了他们而采取这样的步骤,并且把这事委托给

那些固然心地善良、本质也可靠但却没有能力领导这样一项行动的人？第二，伦敦仍然是流亡者的麦地那，人们对它怀着神圣的敬意，而对日内瓦则没有多少敬意，如果开始迁移，以后者代替前者，那么谁能担保，在这种情况下蒲鲁东主义者不会设法按照国际礼节有朝一日把组织迁往布鲁塞尔或巴黎呢？最后，只要有一个安全的地方，就决不应该将这类中央机关设置在可能**遭遇驱逐**的地方。

组织的规模越大，**你把它掌握在自己手里就越重要**，现在它在德国也开始扩展起来，我也不相信贝克尔有能力管理它。

《马克思恩格斯全集》第 1 版第 32 卷第 125—126 页

马克思，1868 年 8 月 26 日

我接到了出席全德工人联合会代表大会（8 月 22—25 日在汉堡举行）的邀请书[110]，邀请书由主席施韦泽和德国各个地区的 20 多个工人（**理事会理事**）签署。我在答复①中不得不考虑到后面这些人。我解释说，我不能出席大会是由于国际工人协会中央委员会的工作繁忙，并且表示很高兴看到他们的代表大会**议程**中突出强调了任何"严肃的"工人

第 78 页：给施韦泽的答复——"严肃的工人运动"＝为争取（**完全的**）**政治自由**，规定工作日和实现**工人阶级**的

严肃的工人运动的任务

---

① 见马克思《致全德工人联合会主席和理事会》(《马克思恩格斯全集》第 1 版第 16 卷第 358 页)。——编者注

国际合作而进行鼓动也就是反对拉萨尔。注意

运动都会坚持的出发点：为争取完全的政治自由、规定标准工作日以及实现工人阶级的国际合作而进行鼓动。换句话说就是，我祝贺他们放弃了**拉萨尔纲领**。他们是否懂得其中的奥妙，还有待观察。施韦泽是整个拉萨尔集团中唯一有头脑的人，他肯定会感觉到这一点。但是，他是认为最好指明这一点，还是觉得以装傻为宜，我们以后会看到的。

《马克思恩格斯全集》第 1 版第 32 卷第 134 页

马克思，1868 年 9 月 16 日

把报告只寄给《泰晤士报》的策略证明是正确的。除了大为不满的莱维[111]外，已迫使伦敦的所有报纸说了话。《泰晤士报》没有采用埃卡留斯来自纽伦堡的通讯。一收到我的报告[112]它就接受了。昨天的《晨报》[113]刊登了一篇拥护**国际**、反对《泰晤士报》的头版社论（这使布林德很伤心）。《星报》宣称代表大会获得"**成功**"。[114]起初攻击过我们的《旗帜报》[115]也在昨天的一篇社论中向工人阶级匍匐献媚。它对资本家加以嘲讽，现在甚至还会在土地问题上装腔作势一番。《辩论日报》[116]感到遗憾的是，英国人、德国人和比利时人，正如他们关于土地所有制的决议所表明的那样，是属于"共产主义派"的，而另一方面，法国人却总

是重复"蒲鲁东的可笑的演说词"。

　　大家对埃卡留斯很不满,下星期二将爆发一场对他有益的风暴。[117]对他的指责有以下几点:

　　他几乎**根本没有参加**代表大会,事后在《泰晤士报》上却把自己描绘成代表大会的领导者。

　　他在这家报纸上把**总委员会的建议**当做私人财产攫为己有,而且还将人们给予这些建议的掌声也记在自己名下。他千方百计避而不谈**别人的演说**,而且为了讨好《泰晤士报》编辑部,竟**歪曲**了杜邦的闭幕词。此外,列斯纳抱怨说,他(列斯纳)引用了我的书,埃卡留斯在《泰晤士报》上对这一点却只字未提[118],关于该书的决议[119]也只是在强大的压力下才写进了他的通讯稿,最后他还歪曲了德国人关于战争的**决议**[120]。他说欧洲战争将是一场内战,而不按德国人的决议说"法国和德国之间的战争将是一场**有利于俄国的内战**"。他把有利于俄国这一点完全删去了。然而他却把比利时人**用罢工反对战争**的荒谬主张强加于德国人和英国人。

《马克思恩格斯全集》第 1 版第 32 卷第 142—143 页

马克思,1868 年 9 月 19 日

亲爱的弗雷德:

第 82 页:

荒谬主张＝用罢工反对战争

(1868.9.16.马克思反对埃卡留斯在《泰晤士报》上向德国人和英国人推荐比利时人"用罢工反对战争"的荒谬主张……

第 85 页 :"狡猾的施韦泽"。**拉萨尔的纲领**——(国家贷款)——**毕舍的天主教社会主义的翻版。**

附上施韦泽的信以及一封寄自埃森的信和六号《社会民主党人报》[121]。所有这些东西我必须在**星期二**以前收回。我该怎么答复狡猾的施韦泽呢?从**全德工人联合会代表大会**的辩论(载于《社会民主党人报》)中你可以看出,"真正的"拉萨尔分子已觉察到,他们的主席先生利用筹划召开旨在成立工会和制定罢工规则的代表大会[122]之机,正在脱离拉萨尔的轨道。只是在他以辞职相威胁以后,才获准从事这种不受德国工人联合会约束的鼓动。他的目的当然是为了抢在李卜克内西等人的前面。此外,他也明白,随着在工会基础上建立起来的**真正的**工人组织在德国的发展,他拼凑起来的那个宗派联合会马上就会化为乌有。现在他在一篇社论(第 104 号)中称之为拉萨尔的全部发明的东西——"用国家贷款来建立生产合作社"——是从路易-菲力浦时代毕舍在《工场》[123]上所倡导的法国**天主教**社会主义纲领中逐字逐句抄来的。我得用外交方式答复他,我很想知道你的意见。

《马克思恩格斯全集》第 1 版第 32 卷第 147 页

马克思,1868 年 9 月 23 日

从附信中你可以看出,李卜克内西也想通过我除掉施韦泽,就像施韦泽想通过我除掉李卜克内西一样。我给威廉回信说:不要着急嘛! 如果他处置得当,施韦泽就会自己把自己约束在比较有节制的"范围"之内,否则就会自取灭亡。随着全德工人联合会的解散,拉萨尔主义自身的可怕末日到了,虽然这个宗派还可以再苟延残喘一段时间。**124**

《马克思恩格斯全集》第 1 版第 32 卷第 151 页

\15

第 88 页:对反对施韦泽的李卜克内西说:**不要着急,这个宗派会自取灭亡。**(1868)

恩格斯,1868 年 9 月 24 日

亲爱的摩尔:

这就是**为什么施韦泽给你写那封阿谀奉承的信的原因**! 这家伙在给你写信的时候,显然知道他面临着什么情况。从一个方面讲,能够抛弃严格的拉萨尔戒律,对他也许并非十分不愉快。但从主要方面讲,失去"严密的"组织和不能再扮演独裁者,对他无疑是个不幸。拉萨尔宗派大言不惭地说,只有**它**才是德国的"党",这种吹嘘现在自然已经破灭了,这个宗派将逐渐灭亡;在贝格区这个宗派的真正诞生地,它的垂死挣扎将拖得最长。

第 89 页:拉萨尔宗派。

不过,威廉正确地预感到,他的联合会也要受到打击。那更好。这些家伙的小资产阶级的、人民党的、联邦主义的丑态,同样一文不值。如果政府看到不能利用工人来反对资产者,就真的煽动工人闹

第 89 页:‖联合会(李卜克内西的?)所具有的"小资产阶级

的、人民
党的、**联
邦主义
的**"特征。

事,这倒也好。这肯定会以某种形式表现
出来。

　　　　《马克思恩格斯全集》第 1 版第 32 卷第 152 页

马克思,1868 年 9 月 26 日

第92页:**自助**——
独立活动,对于
德国工人阶级
(受官僚主义陶
冶的)来说,**是最
需要的**。

　　对于德国工人阶级来说,最需要的是停止
搞上层官僚机构恩准的鼓动。一个通过这种官
僚主义方式训练出来的民族,必须读完"自助"的
全部课程。另一方面,他们无疑具有这样的优越
性,即同英国人相比,他们是在发展程度高得多
的时代条件下开始搞运动的,而且作为德国人,
他们有善于总结的头脑。埃卡留斯对笼罩着纽
伦堡代表大会[125]的议会式的客套和礼节——特
别是同布鲁塞尔的法国人相比——极为赞赏。

　　　　《马克思恩格斯全集》第 1 版第 32 卷第 157 页

马克思,1868 年 9 月 29 日

亲爱的弗雷德:

　　寄上艾希霍夫的信,连同两号《社会民主
党人报》及《公民报》[126]。

　　你从中可以看出,"酒鬼"舒尔采-德里
奇使得施韦泽的把戏无法长时间耍下去,施
韦泽的整个代表大会**只是**由拉萨尔派组成的

(12人除外),施韦泽以为能用很简单的方法把他对全德工人联合会的独裁换成对德国工人阶级的独裁。这是十分天真的。

对我们来说实际上只有一个问题:我要不要**现在就**发出呼吁?总委员会就其地位来讲,应该采取中立态度。因此,是否再等一下更好?即等到:第一,施韦泽的表演毫无成果这一点暴露得更明显的时候;第二,李卜克内西等人真正有所组织的时候。

我觉得,总委员会的威力在很大程度上取决于它能否始终避免在没有成功把握时过早地束缚自己的手脚,它倒是应当在自己的行动中仿效俄国外交的榜样。

《马克思恩格斯全集》第1版第32卷第158—159页

恩格斯,1868年9月30日

亲爱的摩尔:

既然你以德国书记的身份同施韦泽发生了联系,我看,你在他和小威廉之间除了保持完全中立——至少在正式场合时——外,不能有别的做法。据我所知,拉萨尔派在汉堡接受了你们的纲领,所以不能指望更多了。目前就是要让施韦泽自己毁掉自己;如果我们自己在德国,那情况就不同了。

从上一号《社会民主党人报》里我已经看

第93页:总委员会应当仿效**俄国**外交。

第93页:施韦泽的

独裁。

第 94 页：现在"**威廉（李卜克内西）的组织**"究竟怎么样，**不清楚。**

出他想把"严密的组织"移植到工会中来；现在倒要看看他能否成功，我是不相信这一点的。工会的事是钱的事，在那里独裁会自行结束。而以此代彼远不像这个庸人所想的那么简单。

委员会只有在自身直接或间接地受到攻击，或者协会的原则遭到破坏的情况下，才可以并且应该站到某一方面。委员会过去对巴黎人就是这样做的。

此外，到现在为止小威廉的组织究竟是怎么一回事，纽伦堡决议的结果如何？协会真的加入了吗？会费交了没有？如此等等**127**，这些我都一无所知。威廉针对施韦泽的罢工组织打算做什么？他还想组织什么？这一切我目前很不清楚。

其次，假如你和总委员会发出反对拉萨尔派的呼吁，实际效果会怎样呢？我认为，非常之小，至多是使这个宗派本身结合得更加紧密。而指责他们什么呢？说他们不听从威·李卜克内西的指挥吗？当这些家伙还信任施韦泽的时候，当李卜克内西和施韦泽还互相争吵的时候，任何关于联合的说教都是十足的愚蠢。

在**报刊**上抨击拉萨尔的货色，这完全是另一回事。但是所谓要把他革出教门，那只能使正在瓦解的宗派重新巩固起来。

　　如果你终于要给施韦泽写信，那么，我也要顺便对他的独裁欲开导几句。他本来是打算事先把草案寄给你的。

《马克思恩格斯全集》第 1 版第 32 卷第 160—161 页

马克思,1868 年 10 月 4 日

　　我的意见是:约·狄慈根如能用**两个印张**概述自己的全部思想,亲自署名刊出,强调自己是制革工人,那就最好不过了。如他按自己所设想的篇幅发表,就会因缺少辩证的阐述和重复过多而损害自己的声誉。读后请告知你的意见。

《马克思恩格斯全集》第 1 版第 32 卷第 164 页

第 95 页:狄慈根（压缩）——重复过多,缺少辩证的阐述。

狄慈根

见本笔记第 66 页①。

恩格斯,1868 年 10 月 8 日

　　同施韦泽打交道不那么简单。这家伙比他的所有对手加在一起还要狡猾和有能量,虽然这一次他无疑是狡猾**过度**了——据《科隆日报》[128]报道,目前到处举行的真正的工人会议,都拒绝接受"代表大会"硬塞给他们的主席。这些自己选举自己的家伙,甚至包括施韦泽本人在内都会发觉,一旦碰到真正的事情,那些想把自己那个宗派的领导强加给真正的运动的诡计和企图都绝不会得逞……

16

第 97 页:施韦泽比他所有的对手更狡猾,更有活动能力。

---

　　① 见本卷第 469 页。——编者注

第97页:(1868):威廉·李卜克内西出于金钱上的考虑同联邦主义者保持联系。革命行动的时刻即将到来;我(恩格斯)已告诉他,普鲁士和奥地利之间的全部矛盾是一种偏见。

1868

小威廉也不坏。至于士瓦本人,他和他的人抓住联邦主义者不放看来只是出于**金钱上的**考虑。这个情况必须更详细地弄清楚,往后这一切会弄到我们头上来的。我已经提醒他注意,在革命事件即将到来的时刻,如果我们的人死死抓住大普鲁士和奥地利联邦制大德意志之间本来就并非真实可信的对立不放,而采取有利于一方的行动,那是完全**违反**我们党的利益的。这个不幸的畜生仍然不能明白,这两者之间的整个对立纯粹是一种偏见;我本以为西班牙革命会稍微擦亮他的眼睛,但他毫无长进。

《马克思恩格斯全集》第1版第32卷第166—167页

马克思,1868年10月10日

寄上施韦泽的信和他随信寄给我的一号《社会民主党人报》[129]。请务必在星期二以前把信退回,并附上你的意见。不能再拖下去了。为了使你准确地了解情况,现告知如下:

我暂且写信告诉李卜克内西说,我不能采取任何行动;施韦泽在此以前没有给人以采取行动的任何正式借口;我的干预只会加强拉萨尔派等等。

至于施韦泽,他的上一封信我还没有答复,现在他可能正在为寄出那封信而咒骂自己。由于他的工会代表大会即将召开,我过去认为最好是等等"事态的发展"和看看他的行动。现在我当然得打破沉默了。

说到施韦泽的信,很明显,他觉得不很自在。他以"宣战"相威胁是很愚蠢的,尽管这话"表面上"只是针对李卜克内西等人。他断言是别人首先发难,这根本不符合事实。他所谓的和国际工人协会一致,同纽伦堡事件后他在《社会民主党人报》上暗示他的联合会"不"加入国际工人协会,是有些矛盾的。但最主要的是,从他的整封信中可以看出,施韦泽还不能放弃要有"他自己的工人运动"的固执想法。另一方面,在德国现有的一切工人领袖当中,他无疑是最有知识和最有活动能力的人,而李卜克内西实际上只是在施韦泽的逼迫下才想到,还存在着一个独立于小资产阶级民主主义运动之外的工人运动。

我的计划是不采取任何外交手段,而开诚布公地向施韦泽说出我对他的活动的看法,并向他说明,他必须在"宗派"和"阶级"之间作出选择。如果他想同"纽伦堡多数派"达成**合理的**协议,那我愿意以"德国书记"的身份,按照我认为合理的条件,给予协助。如果他不愿意这样做,那我只能答应对他的鼓动保持必要的客观中立。但我不能答应在我认为必要时不以我个人的名义对拉萨尔派的偏

注意

第 98 页:施韦泽是最有知识和最有活动能力的人,而李卜克内西只是在施韦泽的提醒下才想到,还存在着一个**独立于小资产阶级民主主义运动之外的工人运动。**

见进行公开的抨击。

施韦泽的"两个组织只能有害"这个纯粹拉萨尔派的观念真是妙极了。因为他比别人先走了一步,所以别人就应该即使不是在法律上也似乎要在道义上为他所"吞并"……

第99页:爱尔兰农场主和地主之间为了地租而斗争。**政治经济学的基础是事实,而不是教条。**

你上次在这里逗留的时候,曾经看到关于 1844 — 1845 年爱尔兰土地关系的蓝皮书。我在一家小旧书店里偶然发现了关于 1867 年爱尔兰租佃者权利的报告和记述(上院)。这是一个真正的发现。当经济学家先生们围绕地租是因土地的自然差别而作的支出或仅仅是对土地所投资本的利息这个问题进行纯教条式的争论的时候,我们这里的农场主和大地主之间却在进行一场实际的生死斗争,这就是:**除**因土地的差别而作的支出**以外**,地租**还应当包括多少**不是由大地主而是由租佃者把资本投入土地而得的利息。只有抛开互相矛盾的教条,而去观察构成这些教条的隐蔽背景的各种互相矛盾的事实和实际的对立,才能把政治经济学变成一种实证科学。

《马克思恩格斯全集》第 1 版第 32 卷第 168—170 页

恩格斯,1868 年 10 月 22 日

《社会民主党人报》关于代表大会讨论情况的报道,我还没有来得及阅读,何况讨论又很枯燥。不过,施韦泽在这期间的所作所为表明,他认为自己的宗派意义重大。全德工人联合会不仅重新建立起来了(会址设在柏林,并有新的章程,不过这个章程同旧章程相比只是按照结社法的要求作了修改),而且从每个细节中可以看出,全德工人联合会在新的工会中(只是在公开的场合)应该起我们的老秘密同盟[130]在合法社团中起过的那种作用。工会只应该是唯一救世的拉萨尔派教会的公开的党,但唯一救世的始终是这个教会。如果艾希霍夫要在柏林成立一个单独的联合会[131],他将得到恩准,但条件是他的联合会要对全德工人联合会采取"友好"态度。不过施韦泽和他的联合会仍然是"**党**",而其他人可以前来加入,或者仍然做异教徒和分裂派教徒。

但是,这个家伙对整个政治形势和对其他政党的态度所持的观点,比所有其他的人明确得多,说得也巧妙得多。他声称"对我们说来,一切旧政党只是反动的一帮,它们的差别对我们几乎没有任何意义"。虽然他也承认1866年及其后果摧毁了小王国,破坏了正统原则,动摇了反动势力,推动了人民参加运动,但他现在仍然在猛烈抨击其他后果,如赋税压迫等等,并且对俾斯麦所持的态度,像柏林人所说的,例如比李卜克内西对前国王的

第 104 页:施韦泽
对**俾斯麦**的态度比

李卜克内西对前大公的态度"更有分寸"。

态度要"有分寸"得多。想必你已经看到,李卜克内西把黑森选帝侯的话当做历史方面的权威加以引用——在早已为人所共知的问题上——,并且在最近一号报纸上让一个效忠于自己王朝的汉诺威人为韦耳夫王朝大放悲歌。[132] 如果你能就最后这一点同威廉开诚布公地谈一谈就好了。他竟要求我们支持他那刊登如此下流东西的报纸,未免太过分了。

《马克思恩格斯全集》第 1 版第 32 卷第 175—176 页

恩格斯,1868 年 11 月 6 日

亲爱的摩尔:

艾希霍夫的信和狄慈根的手稿[133]一并寄还。由于女人们要收拾屋子,我把这份手稿放到一个**保险的**地方去了,因而就完全把它忘了。

要对这本书作出完全确定的评价是困难的;这个人不是天生的哲学家,而且一半是靠自学出来的。从他使用的术语上一下子就可以看出他的一部分知识来源(例如,费尔巴哈、你的书[134]和关于自然科学的各种毫无价值的通俗读物),很难说他此外还读过什么东西。术语自然还很混乱,因此缺乏精确性,并且常常用不同的术语重复同样的东西。其中

也有辩证法,但多半是星星点点,没有什么关联。关于自在之物是想象之物的描述,如果**能够肯定这是他自己的**创造,那么这种描述应当说是很出色的,甚至是天才的。他这本著作中有许多地方很机智,而且,尽管语法上有缺点,但是表现了出色的写作才能。总的说来,他有一种值得注意的本能,能够在这样缺乏基础性研究的情况下苦思冥想出这么多正确的东西。

如上面所说的,出现重复,部分是由于术语上的毛病,部分是由于缺乏逻辑修养。要把重复的地方完全删去是很困难的。如果这个人一定要把自己的东西印出来,我不知道把它压缩到两个印张对他来说是否是最佳方案;无论如何这对他来说是一项繁重的工作,因为他并没有意识到自己的重复,再说我也不知道,两个印张是否会引起什么注意。6—8个印张较好。但登在杂志上他肯定不愿意。

《马克思恩格斯全集》第 1 版第 32 卷第 182—183 页

马克思,1868 年 11 月 7 日

波克罕太自命不凡了,还真以为自己要去完成一项政治使命。他正在替我翻译一本

\17

第 107 页:恩格斯论狄慈根(很**混乱**)

> 说自在之物是**想象之物**,这种描述是**天才**的,如果这真是**属于他**的。①

狄慈根

---

① 见本卷第 469 页。——编者注

第 108 — 109 页:
俄国公社**不是封建的,而是原始的。**

论述以前的农业关系解体的俄文著作**135**的主要章节,并且还给了我一本俄国人谢多-费罗蒂论述这一问题的法文著作**136**。后者——总的来说是个非常肤浅的家伙——犯了一个大错误,他竟说,俄国公社的产生只是由于禁止农民离开土地。俄国公社里的一切,**包括最细微之处,**都同**古日耳曼**公社完全一样。此外,在俄国人的公社里还可以看到(在**一部分印度公社**里也可以看到,不是旁遮普的,而是南部的):第一,公社的管理机构的**性质不是民主制的,**而是**家长制的;**第二,向国家交税采用**连环保**的办法等等。从第二点可以看出,俄国的农民越勤劳,国家对他们的剥削就越**重,**他们不仅要交纳捐税,而且还要在军队经常调动时供给膳食、马匹等,并充当国家的驿卒等等。所有这些肮脏的东西正在走向崩溃。

【马克思论狄慈根】

第 109 页:狄慈根(同意恩格斯的意见)。**主要的是,狄慈根没有研究过黑格尔①……**

狄慈根的论述,除去费尔巴哈等人的东西,一句话,除去他的那些资料之外,我认为完全是他的独立劳动。此外,我完全同意你所说的。关于重复的问题,我将向他提一下。他恰恰**没有**研究过黑格尔,这是他的不幸。

《马克思恩格斯文集》第 10 卷第 297—298 页

① 见本卷第 469 页。——编者注

马克思，1868 年 11 月 14 日

伟大的**毕希纳**已将他的《**关于达尔文的理论的六次演讲**》一书寄给我。我在库格曼那里的时候，这本书还没有出版。但现在他（毕希纳）寄给我的已是**第 2 版**！这种书的写作方法很妙。例如，毕希纳说（即使他不说，每一个读过朗格的胡言乱语[137]的人也都知道），他**关于唯物主义哲学的一章**，大部分都是抄自朗格的著作。但正是这个毕希纳，却抱着怜悯的态度蔑视**亚里士多德**，而他对亚里士多德的了解显然只是来自道听途说！但特别使我发笑的是评论**卡巴尼斯**著作[138]（1798）时说的下面一段话：

第 110 — 111 页：轻蔑地谈到毕希纳。

> "人们读到（卡巴尼斯的）'**大脑管思维，正如胃管消化，或肝脏分离血液中的胆汁**'等等这类名言时，**几乎以为是在听卡尔·福格特说话**"。①

显然，毕希纳认为卡巴尼斯抄袭了卡尔·福格特。这位可敬的毕希纳竟然连对此事的过程作相反推测的批判能力也不具备。看来，他对卡巴尼斯本身的了解仅仅是从朗

---

① 路·毕希纳《关于达尔文的物种变异理论的六次演讲》（«Sechs Vorlesungen über die Darwin'sche Theorie von der Verwandlung der Arten»）1868 年莱比锡第 2 版第 374—375 页。——编者注

格的书中得到的！多么严肃的学者啊！

《马克思恩格斯全集》第 1 版第 32 卷第 189—190 页

马克思，1868 年 11 月 14 日

第 112 页："实践胜于一切理论"：

购买棉纱，银行家，等等。

　　实践胜于一切理论，因此，请你把你们同银行家等等进行业务联系的方法**完全准确地**(举例)告诉我。

　　如：(1)**购买(棉花等等)时的方法**，只注意**用钱购买的方式**；**期票**；期票发出日期，等等。

　　(2)**出售**时的方法。同你们的买主和你们的伦敦代理人的期票结算。

　　(3)与你们的曼彻斯特银行家的**结算情况**和业务活动(往来账目等等)。

你的　卡·马·

　　由于第 2 卷[139]的大部分理论性太强，因此，我要用论信贷的一章[140]去揭露现代的投机活动和商业道德。

《马克思恩格斯全集》第 1 版第 32 卷第 191 页

恩格斯，1868 年 11 月 18 日

英国工人＝资产阶级的尾巴。

第 113 页：英国的选举对于英国无产阶级——

　　你对工厂区的选举有何看法？无产阶级又大大丢丑了。曼彻斯特和索尔福德派出三个托利党人对抗两个自由党人，而且在后者当中还有一个软弱无力的贝兹利。博

尔顿、普雷斯顿、布莱克本等地选出来的几
乎全都是托利党人。在阿什顿,看来,米尔
纳·吉布森已经遭到失败。厄内斯特·琼
斯尽管受到欢呼,但在哪里都没当选。无产
阶级在各地都成了官方政党的可怜的尾巴,
如果有哪个政党因为增加新选民而壮大了
自己的力量,那就是托利党。小城市、"半衰
败城镇"则救了资产阶级自由主义,因此,角
色将要对调,托利党人将主张增加大城市的
代表名额;而自由党人将主张实行不平等的
代表制。

　　这里的选民人数已从 24 000 人增加到
近 48 000 人,而拥护托利党的选民已从
6 000 人增加到 14 000—15 000 人。自由党
人失去了许多选票,亨利先生的损失也不小,
而不可否认的是,托利党人由于获得工人选
票,他们选票的增加超过了他们通常的百分
比,他们的地位相对地改善了。总的来说,这
是好事。现在看起来,格莱斯顿将获得**微弱
的多数**,而且将不得不修改改革法,以便阻挡
滚滚的巨浪。他要是取得了压倒多数,就会
像往常一样高枕无忧。

　　但是,对于英国无产阶级来说,这一切仍
然是极度无能的证明。**神父**显示了出乎意外
的力量,也暴露了在达官贵人面前卑躬屈膝

**其他政党
的 尾 巴
——来说,
是极度无
能的证明。**

的丑态。没有一个工人候选人有当选的一线希望,而随便一个蠢人或趋炎附势的暴发户却心满意足地获得了工人的选票。

《马克思恩格斯全集》第1版第32卷第194—195页

恩格斯,1868年11月20日

| 英国工人和爱尔兰工人。 | 第114页:英国工人仇恨爱尔兰工人——这是工人在选举中失败的原因[141]。 |

兰开夏郡选举的秘密在于英国工人中间有仇恨爱尔兰人的心理。可恶的墨菲为托利党人开辟了道路。但是,爱尔兰的国教会还是垮台了。其他一切情况都正如我所讲过的一样。《曼彻斯特先驱报》已经宣称,虽然从表面上看,托利党人是少数,但实际上他们是多数,因为他们代表人民的多数。

《马克思恩格斯全集》第1版第32卷第196页

马克思,1868年12月12日

58/

第356页:赫胥黎最近的演讲更唯物主义了,但是……留下了一条通往休谟的后路,说因果范畴与自在之物没有共同之处。(马克思)

赫胥黎最近在爱丁堡所作的演讲[142],再次表现出比近几年更具有唯物主义精神,但他又给自己留了一条新的后路。只要我们真正观察和思考,我们永远也不能脱离唯物主义。但这一切只有运用在因果关系上才是正确的,而且"你们的伟大的同乡休谟"也已经证明,这些范畴与自在之物没有任何关系。因此,你们愿意相信什么就相信什么。这就是所要证明的。

祝好。

你的　卡·马·

《马克思恩格斯全集》第1版第32卷第213页

唯物主义——休
谟——赫胥黎——
客观因果关系。

见本笔记第63页①

马克思,1868年12月14日

泰诺的书(《巴黎》和《外省》)②和博丹审
讯材料**143**于星期六晚上收到。今天我给你
寄去泰诺的《巴黎》和关于博丹的材料。泰诺
的《外省》你过两三天就可以收到。这些东西
可等你来时带来还我,因为除我以外,我们这
里谁也没有读过。

在泰诺的《巴黎》(《外省》尚未读过)一
书中,除了某些细节以外,我发现新东西很
少。这本书在巴黎和整个法国所引起的强
烈反应,说明一个很值得注意的事实,即在
巴登格时期成长起来的一代,对他们生活在
其中的制度的历史毫无所知。这些家伙现
在如梦初醒,大吃一惊。如果可以以小比大

---

① 见本卷 第466页。——编者注

② 皮·保·欧·泰诺:《1851年12月的巴黎。政变的历史研究》(«Paris en
décembre 1851.Étude historique sur Ie coup d'État.»)1868年巴黎第4版;
《1851年12月的外省。政变的历史研究》(«La Province en décembre
1851.Étude historique sur Ie coup d'État»)1868年巴黎第9版。——编
者注

第 123 页:德国人
忘记了,**拉萨尔**只
是我们的追随者
之一,"**阶级斗争**"
不是他发现的。
"**追随者**"(拉萨尔)。

18/
第 125 页:
完全忘记革
命的因果关
系 —— 胜
利的**反动**的
结果。

反动和对革命因果关系的遗忘。

的话,我们这里的情况先前不是也同他们十
分相似吗? 德国现在流传着一个特别新闻,
说拉萨尔只是我们的追随者之一,"阶级斗
争"不是他**发现**的。

　　　　《马克思恩格斯全集》第 1 版第 32 卷第 216 页

恩格斯,1868 年 12 月 18 日

　　泰诺的著作和博丹审讯材料已收到,十
分感谢。后一本书一读完,我就把两本书一并
退还《外省》可留在你那里,我已向书商订购
了这两本书,因为这类东西自己还是需要有
的。把革命或反革命的因果关系遗忘得一干
二净,这是每一次获得胜利的反动所造成的必
然后果;在德国,年轻的一代对 1848 年简直毫
无所知,他们仅仅知道《十字报》[144]的哀鸣,而
其他各报从 1849 年到 1852 年则随声附和,
在那里历史随着 1847 年的结束而突然中断
了⋯⋯

　　日内瓦的文件很幼稚。老贝克尔总也改
不掉喜欢参与小集团鼓动的毛病;只要有两
三个人聚在一起,其中就必然有他。如果你
及时警告他,他当然会有所克制。现在他将
因自己的善良愿望竟然产生了不良效果而感
到吃惊。国际不能赞同这种欺骗行为,这是
显而易见的。否则,就会有两个总委员会,甚

至两个代表大会；这是国中之国，而设在伦敦的实践的总委员会和设在日内瓦的理论的即"理想主义的"总委员会之间，从一开始就会发生冲突。正如不能有两个总委员会一样，在国际内也不能有两个国际的（专门的）组织。再说，谁给你们权利，让你们承认一个没有得到授权的所谓中央局，而这个中央局的委员们属于同一个民族，由**自己**（章程第3节略去"**自己**"两字，并不是没有原因的！）组成本国的民族局！这些先生们，除了他们自己以外，没有得到任何人授予的权力，却想让国际授予他们这种权力。如果国际拒绝这样做，那么，有谁会承认"发起小组"或所谓"中央局"是自己的代表呢？国际的中央委员会至少接连经过了三次改选，大家都知道，它代表着广大工人群众，而这些"发起者"代表谁呢？

其次，如果我们把选举的形式问题撇开不谈，那么组成这个发起小组的那些人代表什么呢？这个发起小组断言，它认为"自己的特殊使命是研究政治问题和哲学问题等等"。毫无疑问，他们将代表科学。但我们能在他们当中找到以献身于这些问题的研究而著称的人吗？恰恰相反。在他们当中找不到一个迄今为止敢于觊觎科学家称号的人。他们既是冒牌的社会民主主义的代表,他们更是冒牌的科学的代表。

至于其他方面,你在自己的意见中已经谈到。我也同你一样,认为这个东西是个死胎,是纯粹的日内瓦地方产物。如果你们过于激烈地反对它,从而提高了它的身价,它反而会成为有生命力的东西。我认为,对这些妄图钻进国际的家伙,最好是冷静而坚决地加以拒绝;此外,既然他们已经为自己选定了特殊的场地,我们就拭目以待,看他们能搞出什么名堂来;再说,目前没有任何东西妨碍一个团体的会员同时是另一个团体的会员。由于这些家伙除了**讲废话**以外,没有任何其他活动领域,他们很快就会互相厌恶到极点,并且可以预料,他们(在**这种**情况下)不会有外来的拥趸,因此这堆破烂货肯定很快就会解体。但是如果你激烈反对这个俄国人的阴谋,那你就会无益地刺激工人(特别是瑞士工人)中数量极多的思想庸人,并会损害国际。同俄国人(这里有四个人[145],妇女除外)打交道,任何时候都不应该意气用事。

恩格斯,1869 年 1 月 29 日

老贝克尔无论如何也不会放弃"组织",他正是那种容易上圈套的人。我深信他还在干其他蠢事,但我只是希望,我们在这件事上能有一个比威廉更好的消息来源,因为他从来都看不清事情的真相。顺便说一下,威廉从新年起就不给我寄他的小报了;如果他以为我会去"买"它,那就错了。我很高兴,不必每周读那一套说教了,那一套说教宣称:在联邦议会、瞎子韦耳夫[146]和可敬的黑森选帝侯的地位没有恢复以前,在无法无天的俾斯麦没有受到严厉的法律惩处以前,我们不应当进行革命。

第 134 页:嘲笑李卜克内西的小报宣扬

正统主义?

巴塞尔事件很不错。总的来说瑞士的情况很好。当然,这件事之所以重要,仅仅是因为在那里可以公开进行一切在大陆其他地方或多或少要隐蔽进行的活动。但这已经很不错了。人民直接立法[147]在那里具有这样的意义,即有可能反抗资产阶级在各级立法委员会中的直接或间接统治。因为瑞士工人在日内瓦罢工[148]以前几乎没有作为独立政党而存在,只是充当激进资产阶级的尾巴,所以他们选进委员会的也仅仅是激进资产者,另一方面,当选的农民同样容易受到有教养的

反对"人民直接立法"(在无产阶级有力量的时候)。

资产者的控制。这种状况对于各个小州来说也许是十分好的,但是,只要大量无产阶级群众参加运动,并且开始在其中居统治地位,这一切自然会立即成为一种累赘和束缚。

巴塞尔罢工中的一件可喜的事,就是从整个奥地利直到泰梅什堡都送来了捐款。老贝克尔在他混乱的演说中竟没有很好地利用这件事,这是不可原谅的……

第 135 页:拉萨尔派比李卜克内西和倍倍尔更善于鼓动。

应当为拉萨尔派说句公道话,他们同我们勇敢的威廉及其人民党[149]的水牛们完全不一样,很善于进行鼓动。这种状况很令人尴尬,因为他们看来已经使威廉和倍倍尔黯然失色了,[群众极端愚昧,领袖则是些地道的坏蛋]。①

第 135 页:"厄·琼斯实际上站在我们一边。"

明天将要在鲁普斯长眠的那个墓地上为琼斯举行隆重的葬礼。这个人死得真可惜。他的资产阶级词句毕竟只是一种伪装,而在曼彻斯特这里,没有一个人能够取代他在工人心目中的地位。这些人又会完全陷入涣散状态,更容易跟着资产者走了。此外,他是政治家中实际上完全站在我们一边的唯一**有教养**的英国人。

《马克思恩格斯全集》第 1 版第 32 卷第 235—237 页

---

① 在 1913 年版的《通信集》中,方括号内的话漏掉了。——编者注

恩格斯,1869 年 3 月 3 日

在此期间,在埃森当选的是李卜克内西也支持的社会民主党人哈森克莱维尔,他获得的选票,比地方官和民族自由党候选人**获得的选票加在一起**还多 900 票,同时在汉诺威(好像是在策勒)也有选上一个候选人的希望。

总之,看来威廉现在开始有所进展,并在萨克森取得了成功。这头蠢驴如果抛掉他那南德意志联邦主义的和韦耳夫的愚蠢勾当,那么,在拉萨尔派首领们也普遍不信任施韦泽的情况下,即使他本人目光短浅,也能取得一些成就,因为当事情发展到极端的时候,施韦泽由于心虚理亏就会自己解除武装。但是,他靠他的人民党和他的复辟狂并不能把北德意志工人引诱到他这边来。

《马克思恩格斯全集》第 1 版第 32 卷第 253 页

第 141 页:李卜克内西的"南德意志联邦主义的愚蠢勾当"。

马克思,1869 年 3 月 5 日

亲爱的弗雷德:

附上的文件[150]是**昨天**收到的(虽然日期写的是 2 月 27 日)。阅后请立即退回,因为下星期二我要把它提交给委员会。"同盟"的先生们为了搞出这部作品可没少花时间。

事实上,我们倒乐意他们能在法国、西班牙和意大利为自己保住"无数的军团"。

巴枯宁以为:如果我们赞同他的"激进纲领",他就可以把这件事宣扬出去,从而在某种程度上败坏我们的名誉。如果我们表示反对,人们就会骂我们是反革命分子。此外,如果我们允许他们参加,他就会设法在巴塞尔代表大会上争取一些败类支持他。

我认为应当答复如下[151]:

根据章程第一条,接受"追求共同目标即**工人阶级**得到保护、发展和**彻底解放**"的一切工人团体。

因为同一个国家各行各业的工人的发展水平和不同国家的工人阶级的发展水平必然是极不相同的,所以,实际运动也必然以十分不同的理论形式反映出来。

国际工人协会所确定的行动一致,通过各国支部的各种机关报刊所进行的思想交流,以及在全协会代表大会上所进行的直接讨论,也将逐步为整个工人运动创造出共同的理论纲领。

因此,说到"同盟"的纲领,总委员会没有必要批判地审查它。总委员会无须研究这个纲领是不是如实地、科学地反映了工人运

注意 第144—145页:关于国际的纲领和策略讲得精辟而又通俗(反对巴枯宁)。

动。它只需要弄清楚,纲领的**总的方向**同国际工人协会的总的方向——工人阶级的彻底解放有没有相抵触的地方!

纲领中只有一句话是可以受到这种指责的,即第二条:"同盟首先力求实现**各阶级**在政治、经济和社会方面的平等"。"各阶级的平等",照字面上理解,不过是资产阶级社会主义者所鼓吹的"资本和劳动的协调"的另一种说法而已。国际工人协会力求达到的最终目标,不是违背常理的"各阶级的平等",而是历史地必然出现的"消灭阶级"。但是,从纲领中这句话的上下文可以看出,这纯粹是一个笔误。因此,总委员会完全相信,这句可能引起危险误解的话将会从纲领中删掉。

在此条件下,根据国际工人协会的原则,允许每个支部自己对自己的纲领负责。因此,没有任何障碍阻挡同盟各支部改变为国际工人协会的支部。

如果将这样做的话,那么,根据条例,必须把注明新加入的支部的国名、所在地和成员人数的登记表寄给总委员会。

《马克思恩格斯文集》第 10 卷第 300—301 页

恩格斯,1869 年 3 月 21 日

<table>
<tr>
<td>

荒谬的地球热寂论

</td>
<td>

第 151 页:

荒谬的地球 · · ·
热寂论。
(恩格斯)
注意‖

</td>
</tr>
</table>

自然力的转化,特别是热能转化为机械力等等,在德国成了一种最荒谬的理论的论据,这种谬论其实在某种程度上就是从旧的拉普拉斯假说中必然产生出来的,但现在据说从数学上得到了证明。这种理论认为,世界将会越来越冷却,宇宙中的温度将会越来越平均化,因此,最后将出现一个一切生命都不能生存的时刻,整个世界将由一些冰冻的球体组成,这些球体一个围绕着另一个旋转。完全可以预料,神父们将抓住这种理论,把它当做唯物主义的最新成就。再也想不出比这更为愚蠢的东西了。既然这种理论认为现在世界上转化为其他各种能的热能的数量日益超过可以转化为热能的其他各种能的数量,那么,作为冷却的起点的最初的**炽热状态**自然就绝对无法解释,甚至不合乎情理,因此,就必须设想有上帝存在了。牛顿的第一推动力变成了第一炽热。尽管如此,这种理论却被认为是唯物主义的精巧绝伦的最高成就。这些先生们宁愿为自己构造一个以荒谬开始和以荒谬告终的世界,而不愿把这些荒谬结论看成是他们迄今对他们所谓的自然规律只是一知半解的证明。但是,这种理论目

前在德国极为流行。

《马克思恩格斯全集》第 1 版第 32 卷第 267—268 页

恩格斯,1869 年 4 月 2 日

　　威廉真是愚蠢至极。倍倍尔发来的警告实在令人感动。[152]

　　你从《未来报》上可以看到,威廉在汉诺威的朋友们,即那些分立主义分子在吕讷堡的选举中投票**反对**约克(拉萨尔分子),而**赞成**一个民族自由党人。所有这些坏蛋都一致反对工人,但是这并没有使李卜克内西感到难堪。我正十分焦急地等待着这场可怕的舌战。

\19

第 153 页:李卜克内西一伙投票反对工人候选人!!!

《马克思恩格斯全集》第 1 版第 32 卷第 272 页

恩格斯,1869 年 4 月 7 日

亲爱的摩尔:

　　现寄还杜西和小威廉的信。小威廉仍然信守他那极端蔑视一切事实的原则。谁如果总是认为事实具有某种重要的意义,总要对事实"加以考虑",谁就是成功的崇拜者,就是俾斯麦主义者。因此,即使施韦泽的"卑鄙行为"如蘑菇丛生,他也不会把这方面的任何事实告诉我们,因为按照人民党的原则,在所有这些事实中只有一件是重要的,那就是威廉宣布它们为"卑鄙行为"。由此而产生的结果

第 156 页:李卜克内西认为,谁对事实加以考虑(成功的崇拜者),谁就是俾斯麦主义者。

是,施韦泽的卑鄙行为越是变本加厉,与之斗争的尝试就越是软弱。这个家伙的逻辑,和他始终抱有的那个希望——希望你宣布他是光明的天使而施韦泽是魔鬼——同样可笑。

《马克思恩格斯全集》第1版第32卷第277—278页

恩格斯,1869 年 7 月 1 日

第 172 页:李卜克内西应当读一读《宣言》关于工人政党的态度的论述。

艾希霍夫的信寄还。看来,威廉现在躲在他的后面来求饶了。在此期间施韦泽和威廉之间又宣战了,而全德工人联合会内部发生了叛乱。而他想得倒好,竟想让**我们**公开出面维护威廉和人民党。如果读书或别的什么事情还能对威廉有所帮助的话,倒应该推荐他读一读《宣言》①中关于工人政党的态度的论述。我很想知道这场争论的进展情况,它总要引起一些有趣的流言的。施韦泽的胃口真不小,竟想让他那一伙人像一群绵羊似的任他买卖。

《马克思恩格斯全集》第1版第32卷第310页

马克思,1869 年 7 月 3 日

第 172 页:他是个

我们的威廉是个乐天派和幻想者②。所

---

① 马克思和恩格斯《共产党宣言》。——编者注
② 在 1913 年版的《通信集》中,Lügner(说谎者)一词被换成 Phantast(幻想者)。——编者注

以在描述对施韦泽的胜利时他又言过其实了。不过这里总还有些东西是符合实际的。如果施韦泽在自己的联合会中的地位没有动摇,他是不会回到哈茨费尔特派教会去的。另一方面,他荒唐地发动了最近的政变[153],从而加速了整个分裂。但愿德国工人运动通过这一事件将最终脱离拉萨尔的幼稚病阶段,这种幼稚病的残余则将由于宗派主义者完全遭到孤立而被铲除。

《马克思恩格斯全集》第1版第32卷第312页

恩格斯,1869年7月6日

威廉必须坚决使他的组织同人民党划清界限,或者顶多由他自己同那些人保持松散的盟友关系,否则和他一切都无从谈起。他打算把国际的名字刊在他的小报的报头上,这也很妙。这样他的小报就同时成了人民党和国际工人协会的机关报!成了德国庸人和欧洲工人的机关报!

威廉认为,不仅不能接受"现在这个国家"对工人的让步,甚至不能迫使它作出这种让步,这种论调也很妙。他将因这种观点而在工人当中获得了不起的成功……

特里东的小册子[154]使我感兴趣的主要是它的第二部分,因为我还没看到过有关第

乐天派和幻想者。

第175页:李卜克内西应当同**人民党分手**(改为更加松散的盟友关系)。

第175页:说李卜克内西讲得好:**工人不能从现在这个国家争得成果!!**

第 175 页：第一次革命毁于巴黎对法国的独裁。

一次革命的最新著作。第一部分确实很混乱，特别是关于集权和分权的问题；好在《文艺复兴》暂时延期了[155]，不然人们会很快互相殴打起来。令人感到可笑的是这样一种想法，即认为把第一次革命葬送掉的巴黎对法国的独裁，现在会简单地重演，不过结果不同而已。

《马克思恩格斯全集》第 1 版第 32 卷第 315—316 页

恩格斯，1869 年 7 月 21 日

第 178 页：李卜克内西**荒唐地颂扬资产阶级共和国**。

从施韦泽不敢公布得票的准确数字这点可以看出，他在广大群众中也失去了许多拥护者。[156]不过他作为**辩论家**，仍然超过他的所有对手。他关于"红色"共和国所讲的那些俏皮话就很不错，同样，他利用威廉的"人民党"来证明威廉把工人的利益出卖给资产阶级民主派，这一点也很不错。对于这两点威廉避而不答，总的来说，在这次论战中，他表现得比往常更加软弱无力。他真是荒唐，例如，**恰恰在现在**，他竟然从士瓦本人迈尔的《民主通讯》[157]上转载了借太平洋铁路颂扬美国**资产阶级**共和国的文章[158]！

《马克思恩格斯全集》第 1 版第 32 卷第 321—322 页

马克思，1869 年 7 月 22 日

20

亲爱的弗雷德：

威廉竟然用国际总委员会的名义下达革出教门令,真是无耻到了极点。我早就写信对他说过,我个人不介入这场争吵(老娼妇哈茨费尔特最希望把我牵扯进去),何况我无论对人民党还是对拉萨尔集团都是坚决反对的。我附带说过,威廉可以指出(这是针对施韦泽的),在巴塞尔只有**真正的**会员的代表(根据布鲁塞尔代表大会的决议)才准出席。他在**上一号**的一篇短评中把这话也给端了出来。

《马克思恩格斯全集》第1版第32卷第323页

第 179 页:我(马克思)无论对人民党还是对拉萨 注意尔派都是坚决反对的。

马克思,1869 年 8 月 10 日

登在附刊上的威廉的这部分演讲(在**柏林**作的[159])虽然是荒谬的,但仍表明他善于用不可否认的巧妙手法把事情说得娓娓动听。而这是很妙的! 因为只能把国会当做**鼓动工具**,所以**决不能**在那里为某种合理的东西和直接涉及工人利益的东西**进行鼓动**! 勇敢的威廉的幻想实在令人神往:因为俾斯麦"喜欢"使用工人爱听的词句,所以他就不会反对**真正符合工人利益的措施**!"好像"——如布鲁诺·鲍威尔所说的——瓦盖纳先生没有在国会中宣布他在理论上**赞成**工厂法,而**在实际上**反对工厂法,"因为这些法律在普鲁士的条件下是

第 188 页:李卜克内西(1869)关于议会鼓动的蠢见。

李卜克内西的蠢见(抵制)

没有用处的"!"好像"俾斯麦先生如果真正愿意并且**能够**替工人做点什么的话,那他就不会**在普鲁士本国强迫实行**现存的法律!仅仅因为在普鲁士会这样做,所以自由主义的"萨克森"等地区就**不得不**跟着学。威廉并不了解,现在的各国政府尽管向工人谄媚,但是它们清楚地知道,它们唯一的支柱是资产阶级,因此它们**可能**利用工人爱听的言辞去恐吓资产阶级,但是决不**可能**真正反对它。

《马克思恩格斯文集》第 10 卷第 302 页

马克思,1869 年 8 月 18 日

罢工和对民族偏见的胜利。	第 192 页:在波森,**波兰**工人在**柏林**工人帮助下取得了罢工的胜利。对**民族偏见**的胜利比空谈好。		据扎比茨基报告,在波森,波兰工人(木工等)在他们的柏林同行的帮助下胜利地结束了罢工 **160**。这种反对资本老爷的斗争——即使是采取较低层次的形式,即罢工的形式——将会铲除民族偏见,它与资产者老爷的和平空谈是完全不同的。**161**
		注意	

《马克思恩格斯全集》第 1 版第 32 卷第 348 页

恩格斯,1869 年 9 月 5 日

第 193 页:在爱森纳赫代表大会上关　　　参看一下爱森纳赫代表大会上关于社会民主工党,民主社会工党,或社会民主加民主社会工党的辩论吧。里廷豪森是这次辩论的先知！[162]

《马克思恩格斯全集》第 1 版第 32 卷第 350—351 页

马克思，1869 年 9 月 25 日

在这次旅行路过比利时期间，通过在亚琛的逗留和溯莱茵河而上的游览，我深信必须同神父进行坚决的斗争，特别是在天主教地区。我将通过国际进行这方面的工作。这群狗东西（如美因茨的主教凯特勒、杜塞尔多夫代表大会上的神父等等）在他们觉得适宜的地方空谈工人问题。[163]我们在 1848 年实际上是为他们做了工作，只有他们在反动时期享受了革命果实。

《马克思恩格斯全集》第 1 版第 32 卷第 352 页

恩格斯，1869 年 10 月 24 日

关于弗列罗夫斯基——这不是斯拉夫人的姓，更不是俄罗斯人的姓，除了 Flügelman，Flotte，Flankirowat 等等之外，没有一个俄文词是以 fl 开头的。你恐怕只好去找戈迪萨尔帮忙，因为尽管在三个月之内可以把俄文学到能读这种书的程度，但你现在毕竟没有这个时间。让戈迪萨尔把它浏览一下，如果其中有什么有意思的东西，我也许能在

于社会民主党还是民主社会党的争论！！！

21

第 194 页："我们在 1848 年为神父做了工作"（马克思）（神父利用了在工人中的鼓动）。

第 198 页：从爱尔兰到俄国只有一步之差。

((对一个民族来说，奴役其他民族是巨大的不幸))[165]

明年夏天，一旦结束了对爱尔兰的研究之后，就利用它来重新着手研究点俄语。从爱尔兰到俄国只有一步之差。

附上你从汉诺威寄来的第二封信[①]的信封，上面保留着普鲁士人审查的痕迹，但我不明白，既然你是在邮局关门前十分钟才发出这封信，他们怎么来得及干这种事。不过从那时到火车开出之前他们也许还能挤出一点时间来干这种好事。

从爱尔兰的历史中可以看到，如果一个民族奴役了其他民族，那对它自己来说是多么的不幸。英国的一切丑恶现象都可以从爱尔兰的佩耳[164]找到它们的根源。关于克伦威尔时代，我还得下功夫研究，不过有一点在我看来是确定无疑的：假如没有必要在爱尔兰实行军事统治和形成新的贵族，那么连英国也会呈现另一种局面。

《马克思恩格斯全集》第 1 版第 32 卷第 358—359 页

马克思，1869 年 10 月 30 日

第 199 页：李卜克内西反对地主时软弱无力。应该问问自由派，

要想完全理解戈克和邦霍尔斯特的信，你就必须知道，瑞士、奥地利和德国的一些地方的庸人(或更正确些说，是他们的代表)，由于巴塞尔代表大会关于**土地所有制**的决

---

① 参看《马克思恩格斯全集》第 1 版第 32 卷第 355—356 页。——编者注

议[166]而大喊救命。

威廉一伙人在回答士瓦本的迈尔及其在人民党中的其他不怀好意的拥护者的叫嚣时所表现出来的愚蠢和软弱(已被较为聪明的施韦泽所利用)真是令人震惊。直到现在,这些蠢驴中还没有一个哪怕只是想到要去问问那些自由派的叫嚣者:难道在德国除了小农所有制以外就不存在构成过时的封建经济的基础的大土地所有制吗? 哪怕只是为了终结现存的国家经济,难道不应当在革命中铲除这种大土地所有制吗? 难道能够用 1789 年的过时的方式[167]来实现这一点吗? 不能! 这些蠢驴相信士瓦本的迈尔,认为土地问题只是对英国才有直接的实际的利害关系!

应当把土地和劳动同盟的成立(况且是直接由总委员会建立的)[168]看做巴塞尔代表大会的结果之一,这将使工人政党完全脱离资产阶级,而且出发点是土地国有化。埃卡留斯被任命为执行书记(同时布恩被任命为名誉书记),

注意 难道德国没有过时的封建经济的基础——大土地所有制吗? **哪怕只是为了对付当前的国家经济,难道不应当在革命时铲除这种大土地所有制吗? 难道能够用 1789 年的过时的方式来实现这一点吗?**

本笔记第 **67** 页①。

注意 马克思论 1869 年的德国和带封建残余的大土地所有制。

同上,马克思论土地国有化 **重要**

———

① 见本卷第 470 页。——编者注

并将因此获得报酬。

《马克思恩格斯全集》第1版第32卷第360—361页

恩格斯,1869年11月1日

亲爱的摩尔:

注意对土地问题极为重要

第199—200页:恩格斯论农民所有制。不同的农民:大部分同所有制无利害关系(佃农);反动的是大农(反对他们的是无产阶级,即雇农)。

本笔记第68页①。

　　关于土地所有制的决议创造了真正的奇迹。自拉萨尔开始他的鼓动以来,这个决议第一次迫使德国的那些家伙们思考问题,而在此以前这一直被认为是完全多余的。从邦霍尔斯特的信里可以清楚地看到这一点。我感到这封信还不坏,尽管它逢迎谄媚和知识浅薄,但是其中却有某种健康的民间幽默,而且在抵押问题上讲得正中要害。[169]不过,人们忘记了,除了大土地所有制这个主要问题外,还存在着各种类型的农民:(1)佃农,对于他们来说,土地属于国家还是属于大地主都是一样的;(2)土地所有者:第一是大农,应当唤起短工和长工反对他们的反动本质,第二是中农,他们也会是反动的,他们的人数不是很多。第三是负债的小农,他们由于抵押可能被吸引。此外,可以说,无产阶级目前对于提出小土地所有制的问题不感兴趣。

《马克思恩格斯全集》第1版第32卷第362页

---

① 见本卷第470—471页。——编者注

恩格斯,1869 年 11 月 9 日

＼22

施韦泽立刻抓住巴塞尔关于土地所有制的决议并且装腔作势,似乎他和拉萨尔一直是鼓吹这一点的,这种随风转舵的做法是极端无耻的,但是用来对付威廉之类的头脑简单的人,毕竟是很巧妙的……

我没有想到凯里先生的书[170]读起来会这么有趣。我发现,他关于自然科学的无稽之谈读起来很轻松,而且包含许多笑料。但我原来毕竟没有想到他会这样愚昧无知。他居然把碳分解开了,说它是由碳酸和灰构成的! 水也被分解成蒸气。地质学证明,在出现任何动物之前,植物甚至蕨类早就存在了! 金属的分解对他来说是不值一提的小事——利用伏特电池就能把它们"分解"成它们所由以构成的锡和铜。还能举出上百个类似的例子。他对历史的阐述同样叫人忍受不了。这个家伙认为,兰开夏郡南部以及罗森代尔森林(人口密集的工业区)的地租之所以这样高,完全是因为这里土地的粮食产量特别高! 我在书页边上给你做了很多评注,只要一读完地租理论,我就写信告诉你我对它的意见并且把书寄还给你。对地租的产生,他自然是用和李嘉图同样荒谬的虚构的

第 203 页:施韦泽这个狡猾的骗子**在理论上有分寸**(赞成巴塞尔决议),而"我们的人"却是些**头脑简单的人!!**

第 203 页:**凯里和李嘉图**。两人对于地租**如何**产生都有一种庸俗的观念。

注意

故事来解释,而他关于**这在实际上是怎么发生的**设想,也和所有经济学家们设想类似事情的做法同样荒唐。但是这和地租理论本身无关。凯里所认为的"最好的土地"是什么,你可以从他所说的情况中看出,据他自己说,甚至现在在北方各州耕种所谓最好的土地**仅仅在例外的情况下才能获利**。

邮局要关门了。向大家问好。

你的　弗·恩·

《马克思恩格斯全集》第 1 版第 32 卷第 366—367 页

马克思,1869 年 11 月 18 日

在本星期二,我宣布开始讨论第一个问题:**不列颠政府对爱尔兰人大赦问题的态度**。在热烈的掌声中我讲了约 1 小时 15 分钟的话[171],然后就这个问题提出了如下决议案:

决定:

第206—207页:马克思关于爱尔兰的决议案。

注意妙!

格莱斯顿先生在答复爱尔兰人要求释放被囚禁的爱尔兰爱国人士时(这一答复见格莱斯顿先生给奥谢先生的信,等等),有意地侮辱了爱尔兰民族;

他提出的实行政治大赦的条件,无论对于弊政的受害者还是对于这些受害者所属的人民,都是一种侮辱;

格莱斯顿曾经不顾自己身居要职,公开地和热烈地为美国奴隶主的暴动叫好,[172]而现在却向爱尔兰人民宣传消极服从的学说;

格莱斯顿先生在爱尔兰人大赦问题上的全部做法,是他忠实地履行他先前曾慷慨激昂地加以揭露从而把他的托利党政敌赶下台的那种"**征服政策**"的结果;[173]

国际工人协会总委员会对爱尔兰人民在要求大赦的运动中所表现出的勇敢、坚定和高尚的品格表示敬佩;

本决议应传达至**国际工人协会**欧美各国所有支部以及所有同它有联系的工人组织。

注意

《马克思恩格斯全集》第1版第32卷第373—374页

恩格斯,1869年11月19日

侯里欧克的事很讨厌[174],这个家伙纯粹是一个在激进派资产者和工人之间随风转舵的人。问题在于,总委员会的组成怕不怕这类家伙大量渗透进来?如果你们允许侯里欧克参加,那么另外一些人也会来,而如果出现这种情况,那事情立刻会变得严重起来。在更加动荡的时刻到来的情况下,这些先生无疑也会出席会议,并力图把领导权掌握在自己手里。据我所知,侯里欧克先生从来没有为工人阶级**本身**做过任何一点事情。本来是

第209页:侯里欧克——**在激进派资产者和工人之间**[175]。

有一切理由不接受他的,但是如果拒不承认他的候选人资格会造成委员会的分裂,而答应他也许实际上只会使总委员会的组成发生微小的变化,那就只好同意吧! 不过我还是有些不能想象工人的委员会中有这样的家伙……

现在来谈谈**凯里**。

在我看来,整个争论问题同真正的经济学根本没有直接关系。李嘉图说,地租是比较肥沃的土地的收入和最贫瘠的土地的收入之间的差额。凯里说的也完全是同一个意思……

总之,在什么是地租这个问题上,他们是一致的。争论仅仅在于,地租是怎样产生和由于什么产生的。而李嘉图对地租产生过程的描述(凯里,第 104 页)同样是非历史的,就像经济学家们的一切诸如此类的历史叙述一样,像凯里自己关于亚当和夏娃的伟大的鲁滨逊故事(第 96 页及以后各页)一样。对于以前的经济学家,包括李嘉图,这在一定程度上还可原谅;他们根本没想掌握历史知识,他们自己的整个世界观也是非历史的,就像 18 世纪的其他启蒙学者一样,而启蒙学者的这种所谓的历史补论从来只不过是一种可以用来合理地说明某一事物的产生的表达方式,在他们那里,原始人的思考和行动从来都是

注意
第 209—218 页:恩格斯和马克思论凯里。**对地租问题很重要**。

同 18 世纪的启蒙学者一模一样的。凯里则奢望创立自己的历史理论,当他在我们面前把亚当和夏娃描绘成居住在原始森林里的美国佬时,他就不能要求别人相信他,对他就不能这样原谅了。

假如李嘉图没有出于幼稚而把提供收入较多的土地简单地叫做"肥沃的"土地,那么,整个争论问题就不存在了。按照李嘉图的看法,**最肥沃**的和**位置最有利的土地**首先耕种。一个生活在已经耕种数百年的土地上的有头脑的资产者想必也正是这样考虑问题的。于是凯里抓住"肥沃的"一词,硬说李嘉图认为首先耕种的是**本身**能够提供最多收入的土地。然后凯里断言:不,与此相反,**本身**最肥沃的土地(亚马孙河谷、恒河三角洲、热带非洲、婆罗洲和新几内亚等地)甚至迄今还没有耕种;最初的移民总是先去开垦**自动排水的**土地,即处于高地和斜坡的土地,因为他们不能不这样做,而这些土地天然是**比较贫瘠的**。当李嘉图说肥沃的和**位置最有利的土地**的时候,他说的是一回事,可是他没有注意到,他的表述是不严谨的,在这两个用"和"字连接起来的定语中可能含有矛盾。但是,凯里(第 138 页)却描绘出一幅图画,硬说李嘉图把他的最初的移民安置在河谷,而凯里则把他们安置在高地上（从他描绘的图画来看，是安置在光秃的岩顶和实际上不宜耕种的45度坡地上），这纯粹是诽谤李嘉图。

凯里书中唯一有价值的东西是从历史方面举出的实例，因为这些例子是和**美国**有关的。他作为一个美国佬有可能亲身经历殖民过程并从一开始就关注这一过程，因此他熟悉情况。虽然如此，这里想必也有许多应首先予以分析的非批判性的东西。但是只要一谈到欧洲，他就开始任意虚构，大出其丑。凯里在美国的事情上也并非没有偏见，这表现在他热衷于千方百计地证明，未耕地不仅没有任何价值，而且甚至有**负**价值（土地的价值据说一英亩为负十美元），因而他称赞那些以自己的完全破产为代价来使荒地变为可供人类利用的土地的人的自我牺牲精神。在一个盛行大规模土地投机的国家里说这种话，岂不令人发笑。此外，这里没有一处提到**大草原土地**，而且在别处也只是轻描淡写地一带而过。其实，关于荒地的负价值的整个故事和他的全部数据，用美国本身作例子就能最好不过地予以驳斥。如果确实是那样的话，那么美国必然不仅是最穷的国家，而且会变得一年比一年**相对地**贫穷，因为对这种没有价值的土地上花费的劳动会越来越多。

现在来看看他给地租下的定义："以地租形式取得的金额是所花费劳动的价值的利息，**扣除**(付租土地的)生产力和较新的土地的生产力之间的差额，而后一种生产力是在使用与投入已耕种土地同等数量的劳动的情况下才能达到的"(第165、166页)。他下的这个定义，在某些地方，在一定的范围内，可能是正确的，特别是在美国。但是，即使在最好的情况下，地租也是一种复杂的东西，它受到许多其他条件的影响，所以即使在这类情况下，这个定义也只有在其他条件相同时才可能是正确的，即只有对两块**并列的**土地来说才可能是正确的。至于地租中还包含有"所花费劳动的价值的利息"，这一点李嘉图了解得并不比凯里差。如果凯里说土地本身比没有价值的东西还要糟，那么地租自然**必定**是"所花费劳动的价值的利息"，或者像第139页上所说的那样，是盗窃。当然，盗窃是怎样变为利息的，凯里并没有向我们说明。

我觉得，在不同的国家里，甚至在同一个国家里，地租的**产生**决不像李嘉图或凯里所想象的那样是一个简单的过程。在李嘉图那里，正如我已经说过的，这是情有可原的，这不过是关于农业领域里的渔夫和猎人的故事。这甚至不是经济学的**信条**；而凯里则想把自己的理论当做信条,并把它当做信条向全世界证明,为此当然就需要进行与凯里先生完全不同的历史研究。甚至可能在有些地方,地租是按照李嘉图的说法产生的,可能在另一些地方,地租是按照凯里的说法产生的,还有一些地方,地租产生的方式又是完全不同的。还可以向凯里指出,在必须考虑到热病而且是热带的热病的地方,经济学就几乎不再起作用了。除非他这样来解释他的人口理论:随着人口的增长,过剩人口不得不去耕种最肥沃的即位于最不利于身体健康的地区的土地,这些人在那里或者是成功,或者是灭亡;这样他也就幸运地使自己跟马尔萨斯一致起来了。

在北欧,地租既不是按照李嘉图的说法,也不是按照凯里的说法产生的,而完全是从封建赋役产生的,这种封建赋役后来通过自由竞争达到了适当的经济水平。在意大利则又不一样,请看罗马。要算出在那些老的文明国家中地租有多少是本来的原始地租,有多少是所投入劳动的利息,是不可能的,因为这在每个场合都各不相同。况且,这也无关紧要,因为已经证明,即使不向土地投入劳动,地租也会增加。住在曼彻斯特附近的老特拉福德的汉弗莱·德·特拉福德爵士的祖父曾经债台高筑，一筹莫展。可是，他的孙子在还清全部债务以后，每年还有 4 万英镑的收入。如果从这里扣除建筑地段上所得的大约 1 万英镑，那么每年还有 3 万英镑来自田庄，而田庄在 80 年前的收益大概是 2 000 英镑。如果再假定 3 000 英镑是投入的劳动和资本的利息（这是很高的），那么收入的增长额为 25 000 英镑，或为包括改良费用在内的从前价值的五倍。凡此一切并不是因为向这块土地投入了劳动，而是因为向近旁的其他东西投入了劳动，因为田庄紧挨着曼彻斯特市，在那里，牛奶、油类和蔬菜等能卖上好价钱。在大的范围内情况也是这样。自从英国成为粮食和牲畜的输入国时起，甚至更早一些，人口密度已成为确定地租额或者说提高地租增长额的因素之一，而完全不以整个投入英国土地的劳动为转移。李嘉图在提到"位置最有利的土地"时，还考虑到它们**同市场**的联系。凯里则忽视这一点。如果他说土地本身只有负价值，而它的**位置**有正价值，那么这正好是承认了他所否认的东西，也就是说，土地正是因为它可以被垄断才具有或**可能**具有不以投入的劳动为转移的价值。可是关于这一点，凯里却只字未提。

在文明国家里投入土地的劳动是否经常

有报酬，这同样是无关紧要的。我在20多年以前就提出过一个论点：在现今社会中，没有任何一种生产工具能够使用60—100年，没有任何一个工厂、任何一座建筑物等等到其存在的终点时能够抵偿它的生产费用。我现在仍然认为，整个说来这是完全正确的。但是，如果凯里和我都是对的，那么，这不论在利润率方面或在地租的产生方面都是什么也没有证明，而只是证明，资产阶级生产即使是用它自己的尺度来衡量也是腐朽的。

关于凯里的这些粗略评论对你来说是足够了。这些评论写得很凌乱，因为我没有作摘录。至于谈到历史的唯物主义的自然科学的边饰，那它的全部价值同凯里在他的天书中栽种的两棵树即生命树和知善恶树的价值完全一样，的确，凯里栽这两棵树不是为了他的亚当和夏娃——他们不得不汗流浃背地在茂密的原始森林中劳动——，而是为了他们的后代。这里的无知和浅薄只有他发表诸如此类的胡说八道时的无耻能比得上。

你大概不会要求我读其他各章。那是十足的胡言乱语，文法错误多到无以复加的程度。我在星期一或星期二进城时把书寄给你,因为这里没有一个信箱放得进这本书。

《马克思恩格斯全集》第1版第32卷第376—382页

马克思,1869年11月26日

亲爱的弗雷德:

这个星期我感到不太舒服,臂下的毛病总还是一个累赘。因此,我没有及早地对你寄来的关于凯里的评论表示感谢,他的书我昨天也收到了。

在我还完全接受**李嘉图的**地租论时所写的反对蒲鲁东的著作[176]中,我就已经分析了其中即使从他的(李嘉图的)观点看来也是错误的东西。

"尽管李嘉图已经假定资产阶级的生产是规定租的必要前提,但是他仍然把他的租用于一切时代和一切国家的土地所有权。这就是把资产阶级的生产关系当做永恒范畴的一切经济学家的通病。"蒲鲁东先生当然立刻把李嘉图的理论转变为平等的道德词句,并因此在李嘉图所确定的地租里看到:

"所有者和租佃者……为了更高的利益而从相反的角度编成的一份巨大的**地籍册**,其最终结果将是土地使用者和产业家平均占有土地。"

在这个问题上,除了其他方面,我还

指出：

　　"只有在当代社会的条件下，租所造成的某种地籍册才可能有实际意义。但是，我们已经指出：租佃者向土地所有者交纳的**租金**只是在工商业最发达的国家里才多少正确地表现为租。而且这租金里面往往也还包含向所有者支付的投入土地的资本的**利息**。土地的位置、靠近城市以及其他许多情况都影响着租金，使租发生变化……　另一方面，租不能作为表明**一块土地肥力程度的固定**指标，因为化学在现代的应用不断改变着土质，而地质科学目前又在开始**推翻过去对相对肥力的估价**。……肥力并不像人们所想的那样是一种天然素质，它和当前的**社会关系**有着密切的联系。"

　　至于美国本身的耕作的进步，凯里先生忽略了人所共知的事实。例如，英国农业化学家约翰斯顿在他的关于美国的札记中分析道：新英格兰的农业移民迁往纽约州，是离开较坏的土地去找较好的土地（所谓较好，不是指凯里所说的那种尚待开发的较好的土地，而是在化学意义上，同时也是在经济学意义上较好的土地），纽约州的农业移民最初是住在大湖的彼岸，例如住在密歇根，他们是离开较好的土地去找较坏的土地的，如此等等。

弗吉尼亚的移民由于滥用无论**从位置上或土地肥力上**来说都是对他们的主要产品即烟草最有利的土地,以致不得不迁到对于同一种产品(虽然不是对于小麦等等)来说土地要坏一些的俄亥俄州去,如此等等。移民的国籍在他们定居的问题上也是起作用的。来自挪威和我们的高山森林地区的人们选择威斯康星的未开垦的北方森林地带,而美国北方人却住在同一个地区的大草原上,如此等等。

大草原,无论是美国的或澳洲的,实际上都是凯里的肉中刺。按照他的意见,一块不完全布满森林的土地,是天然不肥沃的,所以一切自然草原也都是这样。

最妙的是,凯里的两大结论(关于美国的)是与**他**的信条直接矛盾的。**第一**,因为这些人是受了英国的恶魔般的影响,他们不在新英格兰优良的开发好的土地上去从事社会性的耕作,却分散到西部较坏的(!)土地上去。这样就出现了从较好的土地向较坏的土地的转移(此外,附带说一句,凯里的与协作相对立的分散完全是从韦克菲尔德那里抄袭来的)。**第二**,在美国南部,不幸的是,奴隶主(凯里先生是个和谐论者,在他过去的一切著作中总是替他们辩护的)过早地把较好的土地拿去耕种,而把较坏的土地抛开不管。就是说,不应该从较好的土地开始！既然凯里根据这个例子确信,真正的耕种者(在这里是奴隶)的活动既不是由经济原因也不是由他们本身的其他原因决定的,而是由**外界的强制**决定的,那么,他不费吹灰之力就能证明,这种情况在其他国家中也存在着。

根据他的理论,欧洲的耕作应该从挪威的山地开始,从那里再扩展到地中海各国,而不是从相反的方向进行。

凯里企图用一种极端荒谬的和幻想的货币论来驱除这样一种使人不愉快的经济状况:同其他一切经过改良的机器相反,在他看来,**不断改良的**土地机器没有使自己的产品——至少在某个一定时期——**降低价格**,反而**使价格提高了**(这是左右了李嘉图的一种状况;他所看到的也不过是大约 1780—1815 年的英国谷物价格史)。

作为和谐论者,凯里首先证明,在资本家和雇佣工人之间没有什么对抗。第二步是证明土地所有者和资本家之间的和谐,并且是这样做的:在土地所有权**还没有**发展起来的地方就把它**看做正常的现象**。在殖民地和古老的文明国家之间的巨大的、有决定意义的区别是,文明国家的民众因为**土地所有权**而被排除在土地之外,不论这种土地是否肥沃,是否耕种过,而殖民地的土地,相对说来还能为耕种者自己所有——这种情况在凯里看来根本不该提及。这种情况根本不该在殖民地的迅速发展中起什么作用。这种令人不愉快的**"所有权问题"**(而且它还具有令人极不愉快的形式)会破坏和谐。

另外,在生产发达的国家中,土地的自然肥力对于剩余价值的生产是一个重要的情况(或者像李嘉图所说的,影响利润率),而凯里却由此反过来得出结论说,在天然最肥沃的地带,也必定有最丰富的和最发达的生产,例如墨西哥的生产一定高于新英格兰,关于这种有意的歪曲,我已经在《**资本论**》第502页及以下几页[177]中作了答复。

凯里的唯一功绩是,他同样片面地主张从较坏的土地向较好的土地转移,李嘉图则与此相反,而实际上肥沃程度不同的各种土地总是同时被耕种的,因此,在日耳曼人、斯拉夫人、凯尔特人当中,各种小块土地都很细心地分配给公社成员,这种分配给后来公有地的划分带来了许多困难。至于说到耕作在历史进程中的发展,有时——根据各种不同情况——是同时沿着两个方向发展,有时是一个时期这个方向占优势,一个时期那个方向占优势。

投入土地的资本的**利息**之所以成为**级差地租**的组成部分,正是由于土地所有者得到了不是由**他**,而是由**租佃者**投入土地的资本的利息。这种整个欧洲都知道的事实,凯里竟想把它说成在经济学上是不存在的,因为在**美国**租佃制度**还没有**发展起来。可是,这种事情已经在那里以另外一种形式发生了。不是租佃者,而是土地投机者最后在土地**价格**中取得租佃者消耗掉的资本。美国的开拓者和土地投机者的历史的确常常使人想起那些例如在爱尔兰发生过的最丑恶的事情。

《马克思恩格斯文集》第 10 卷第 309—313 页

恩格斯,1869 年 11 月 29 日

亲爱的摩尔:

真妙,原以为凯里在合众国殖民史这个唯一的领域中**必定**会有点知识,可他也是瞎说一通。可见这个家伙实际上毫无可取之处。

选举及其革命性。注意

第 219 页:选举好像是更合法了,实际上却比(芬尼社社

蒂珀雷里的选举是一件大事。[178]它促使芬尼社社员不再去搞无效的密谋活动,不再策划那些小规模的袭击活动,而转向另一种活动,这种活动尽管表面上是合法的,但是比起他们起义失败[179]以来的所作所为要革

命得多。实际上他们正在采用法国工人的行动方式,这是一个很大的进步。事情只要朝着预计的方向继续发展就好。这种新的转变使市侩们胆战心惊,使整个自由派报刊尖声号叫,这再好不过地证明,这一次他们击中了要害。《律师杂志》[180]就很典型,它惶惶不安地指出,在不列颠帝国选举一个政治犯**是没有先例的**!更糟糕的是,**除英格兰外**,哪一个国家不经常发生这种事情!可敬的格莱斯顿一定要暴跳如雷了……

員)(无效的)密谋和小规模的袭击行动更加革命。

〔1869.11.29.恩格斯评爱尔兰的选举。〕

我在这里的公共图书馆和切特姆图书馆(这个图书馆你是熟悉的)还找到了大批极其珍贵的资料(使用第二手材料的书籍除外),但可惜,既没有杨格的书,也没有普伦德加斯特的书[181],也没有英国政府出版的英文版布里恩法规[182]。韦克菲尔德的书[183]倒是找到了。老配第的各种东西也找到了。上星期我仔细研究了老约翰·戴维斯爵士(詹姆斯时期爱尔兰首席检察官)的论文[184]。不知你是否读过这些论文,这是主要资料,但它们的引文你想必成百次地见到过了。糟糕的是,并非到处都能弄到第一手材料,可以从中搞到比从编者那里得到的要多得多的东西,因为编者把原来简单明了的地方都弄糊涂,弄混乱了。从这些论文中可以清楚地看出,早在

第 220 页：爱尔兰
重分土地的公社
（1600 年）（注意）

1600 年，在爱尔兰土地公共所有制就**完全有**
效地存在了。戴维斯先生在关于没收阿尔斯
特失去占有权的土地的辩护词中，引做证据
的是：土地并不属于个别占有者（农民），因
此，要么属于失去土地占有权的贵族，要么一
开始就属于国王。我从未读过比这个辩护词
更妙的东西。土地每两三年重新分配一次。

《马克思恩格斯全集》第 1 版第 32 卷第 388—389 页

马克思，1869 年 12 月 4 日

为了向你说清楚附上的阿普尔加思的
信，我再作补充如下：

在上次会议（他在会上表现得很好）结束
以后，他把我拉到一边，告诉我说：下院的一
位著名议员写信给他说，上院的一位著名议
员（利奇菲尔德勋爵！）委托他向阿普尔加思
打听一下，他在巴塞尔是不是投票赞成完全
废除私有制[185]？他的回答对于阿普尔加思
的议会保护者同他的关系来说，将是决定性
的。他（阿普尔加思）想给这些人以果断的回
答，而我必须给他简略地写出"**理由**"，而且第
二天就要写好。当时我很忙，腋下还在疼，加
上星期二晚上开完会以后，浓雾弥漫，伤风更
厉害了。因此星期三我写信告诉阿普尔加
思，我搞不出来了，但是我准备在他收到回复

时帮助他。他有着英国人的执拗脾气,不同意这样,便写来了附上的信。这样一来,不管愿意不愿意,我不得不在昨天给他写了密密麻麻的八页纸,谈了土地所有制及其废除的必要性,他得花点时间咀嚼玩味一番。这个人很重要,因为他是议会两院正式承认的英国工联的代表。

《马克思恩格斯全集》第 1 版第 32 卷第 392 页

恩格斯,1869 年 12 月 9 日

　　《爱尔兰人报》的事情,有一半我已预料到。爱尔兰毕竟还是一个圣岛,决不应该把它的热望同其余罪恶世界的世俗阶级斗争混淆起来。这里有一部分无疑是这些人的真诚的狂热,但是有一部分同样无疑是代言人为了维持他们对农民的统治而打的小算盘。此外,一个农民国家总是不得不从城市资产者及其意识形态家中选择自己在著述领域的代表人物,而在这一方面,都柏林(我指的是**天主教的都柏林**)对爱尔兰来说,大致就像哥本哈根对丹麦一样。但是,在这些先生们看来,整个工人运动都是纯粹的异教,而<u>爱尔兰农民甚至不应当知道社会主义工人是他们在欧洲的唯一同盟者</u>。

　　总之,《爱尔兰人报》本周的做法是很可

23

第 **221 — 222** 页:马克思给阿普尔加思写了一封**长信**,**谈消灭土地私有制。**

注意

第 222 页:"一个农民国家总是不得不从城市资产者及其意识形态家中选择自己的代表人物"。人们不让爱尔兰农民知道,**社会主义工人是他们在欧洲的唯一同盟者。**

无产阶级和农民

鄙的。如果该报一受到人身保护法[186]暂停生效的威胁就**这样**准备退却,那么过去的剑拔弩张的做法就更加不适当了。现在竟然害怕甚至政治犯也可能当选! 一方面警告爱尔兰人,让他们不要上圈套去采取非法行动,这是完全正确的;而另一方面又阻止他们去做唯一合法的事情,而这种事情是必要的和具有革命性质的,因为只有它才能有效地打破那种选举追名逐利的律师们的陈规陋习,并赢得英国自由派的尊重。在这点上,皮戈特显然害怕别人超过他。

第 223 页:"选举追名逐利的律师们的**陈规陋习**"(1869)。

|（爱尔兰）| 第223页:在宪章派的旗帜上写着**取消合并** | 此外,你会记得奥康奈尔一向是怎样唆使爱尔兰人反对宪章派的,虽然,或更正确些说,因为宪章派在自己的旗帜上也写上了取消合并的要求。 | 注意 |

《马克思恩格斯全集》第 1 版第 32 卷第 393—394 页

马克思,1869 年 12 月 10 日

第 225 页:英国工人阶级的利益在于**同爱尔兰分离**。[187]

下星期二我将把这个问题用下列形式提出来:完全撇开**替爱尔兰主持公道**的各种"国际主义的"和"人道主义的"词句——这一点在**国际委员会里**是不言而喻的——,指出**英国工人阶级直接的绝对的利益**,是要它摆脱现在同爱尔兰的关系。我确信这一点,至于　　　注意

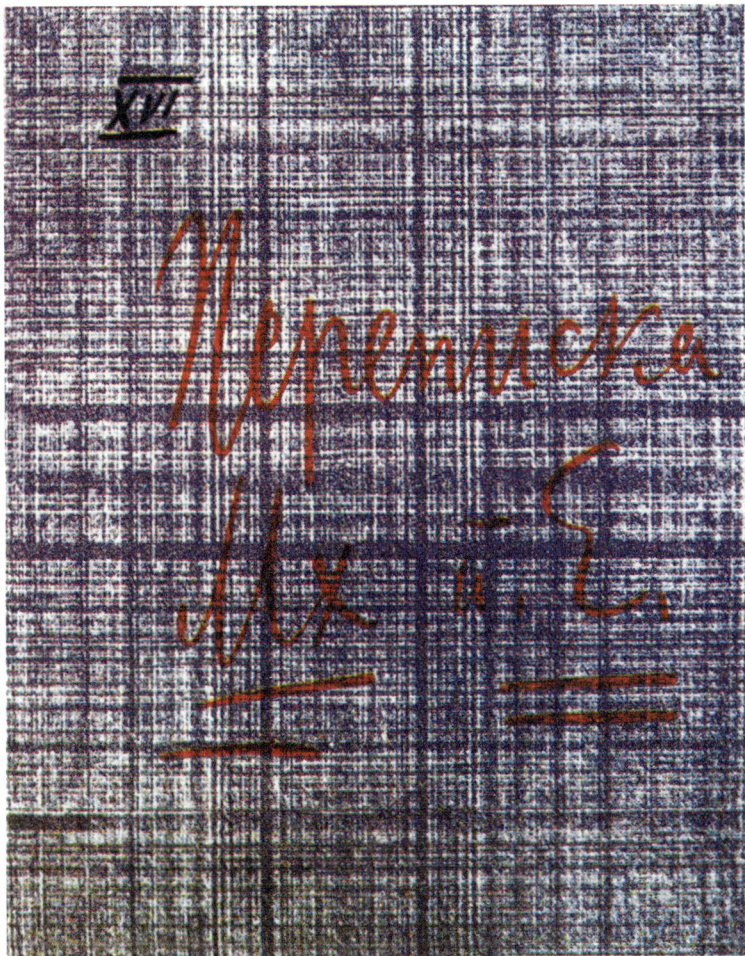

1913 年列宁作《马克思和恩格斯通信集》提要的笔记本的封面

（按原件缩小）

1913 年列宁所作《马克思和恩格斯通信集》提要的第 4 页

（按原件缩小）

1913 年列宁所作《马克思和恩格斯通信集》提要的第 21 页

1913 年列宁所作《马克思和恩格斯通信集》提要的第 49 页

其理由,有一部分我是**不能**向英国工人说明的。我长期以来认为可以借**英国工人阶级的崛起**来推翻统治爱尔兰的制度。我在《纽约论坛报》上总是维护这种观点[188]。但是我更加深入地研究了这个问题以后,现在又得出了相反的信念。只要英国工人阶级没有摆脱爱尔兰,那就**毫无办法**。杠杆一定要安放在爱尔兰。因此,爱尔兰问题才对整个社会运动有这样重大的意义。

戴维斯的书我读过很多摘要。原书我只是在博物馆里粗略地浏览了一遍。因此,你如果把有关**公有制**的部分抄下来给我,我将感激不尽。你**一定要搞到一本戴维斯编的《柯伦的演说》(伦敦天父巷 22 号詹姆斯·达菲)**。你在伦敦的时候,我本想让你把这本书带走。现在它正在中央委员会的英国委员中传阅,天知道什么时候才能回到我手中。该书对于 **1779 — 1800 年**(合并)的这一时期具有非常重要的意义,不仅**因为这是柯伦的演说**(特别是**在法庭上的**;我认为**柯伦**是 18 世纪**唯一的伟大律师**——人民律师,他具有**极高贵的品质**,而**格拉顿**则是一个议会中的流氓),而且因为你能够从书中找到关于**爱尔兰人联合会的全部史料**。

这个时期在科学上和戏剧上都非常值得关注。第一,1588—1589 年英国人的卑鄙行为又在 1788—1789 年重演(也许还变本加厉);第二,从爱尔兰的运动本身能够容易地看到阶级运动;**第三**,皮特的无耻的政策;**第四**,使英国老爷们感到非常恼火的,就是证明了爱尔兰的失败,因为实际上从革命的观点看来,**爱尔兰人对于拥护英国国王和教会的乌合之众来说是太先进了**,而另一方面英国内部的英吉利反动势力(像在克伦威尔时代一样)根源于对爱尔兰的奴役。**这一时期至少要用一章的篇幅来叙述**[189],这是把约翰牛拿来示众! ……

> 第 226 页:英吉利反动势力的根源是**对爱尔兰的奴役**。

注意

《马克思恩格斯文集》第 10 卷第 316—317 页

恩格斯,1869 年 12 月 16 日

该死的坎布里亚的吉拉德的著作[190]像鬼火一样地躲着我。我必须得到它,因为这是关于英国人入侵时爱尔兰状况的第一部外国的因而也是可靠的资料,我从自己看到的许多引文推测,还可以找到一些材料。《被征服的爱尔兰》一书什么地方都找不到,但我所感兴趣的第一部分却收在卡姆登的**法兰克福**(!)版的《不列颠》一书里。该书有无其他版本,我不知道。法兰克福版这里当然**没有**;在公共图书馆收藏的英文版本中没有吉拉德的著作;在收费图书馆收藏的另一种版本中,**有可能**包含这一材料的第3卷已经遗失;所以,我唯一的希望寄托在明天要去的切特姆图书馆。不过,这种对资料的追求,总比过去在该死的交易所里对买主的追求使人愉快得多。

第 228 页:对资料的追求比对买主的追求要愉快。

《马克思恩格斯全集》第1版第32卷第402—403页

恩格斯,1870 年 1 月 19 日

皮埃尔·波拿巴事件是巴黎新时代的一个绝妙的开幕式。[191]路易确实倒霉。对资产者说来,这一事件最粗暴地破坏了他们这样一个幻想:似乎18年来好不容易地慢慢建立起来的营私舞弊和卑鄙龌龊的整个基础,在大权一旦落入高贵的奥利维埃之手时就会立刻消失。这个波拿巴、这些将军、地方行政长官、警察和十二月帮的立宪政府啊!这些家伙,这些资产者的恐惧,最突出地表现在普雷沃-帕拉多尔星期一发表在《泰晤士报》的一封信中。[192]

第 234 页:"这个波拿巴等等的立宪政府",奥利维埃。　注意

这次事件令人不愉快的只有一点:罗什弗尔从中获得了过分的荣誉。不过,那些正式的共和主义者也的确是一群废物。

《马克思恩格斯全集》第1版第32卷第410—411页

恩格斯,1870 年 2 月 1 日

第 239 页:幸好在巴黎给努瓦尔送葬时**没有出事**。还不到时候,不然会被打垮的。(1870.2.)

　　真是幸运,不管古·弗路朗斯怎样,在给努瓦尔送葬时**没有**出事。《国家报》[193]狂怒,暴露了波拿巴分子的极端失望①。他们想得倒是再好不过了,**在巴黎城外**,**在**只有几条通道的**要塞墙外**,在开阔地上当场逮捕巴黎所有革命群众。6 门大炮架在要塞围墙门口,一个步兵团以散兵队形作战,一个骑兵旅进攻和追捕,这样,不出半小时,这些赤手空拳的群众——几个人的兜里可能有几只手枪,这不算数——就会被驱散,被砍杀,或者被抓住。而且由于有 6 万士兵,甚至可以把人群引进要塞围墙里面,然后再占据它,并在香榭丽舍大街的空地上和讷伊大街旁用霰弹扫射他们,用骑兵冲垮他们。妙极了! 20 万赤手空拳的工人居然要通过开阔地去夺取被 6 万士兵占领的巴黎!

　　法文报纸今天早晨来了。非常感谢。

《马克思恩格斯全集》第 1 版第 32 卷第 418 页

马克思,1870 年 2 月 10 日

第 240 页:**弗列罗**
　　　　　　　　·　·　·

　　弗列罗夫斯基的书[194]我看过开头的

---

① 参看《马克思恩格斯全集》第 1 版第 32 卷第 696—697 页。——编者注

150页（这些篇幅是论述西伯利亚、俄罗斯北部和阿斯特拉罕的）。这是第一部说出俄国经济状况真相的著作。这个人是他所谓的"俄罗斯乐观主义"的死敌。对于这种共产主义的黄金国，我从来不抱乐观的看法，但是弗列罗夫斯基的书的确完全出乎意料。这样的东西能在彼得堡出版，实在令人惊奇，无论如何是一种转变的标志。

夫斯基（看了150页）。十分称赞。

"我国的无产者并不多，但是我国的工人阶级群众是由命运比任何无产者还要坏的劳动者组成的。"

这种阐述方法完全是独具一格的，其中有些地方最能使人想起蒙泰伊。可以看出，这个人曾亲自到各地作过旅行和观察。对地主、资本家和官吏有强烈的仇恨。没有社会主义的说教，没有土地神秘主义（尽管赞成乡镇所有制形式），没有虚无主义的过激情绪。有时也有些善意的空谈，但这是适合于读这一著作的那些人的发展水平的。无论如何，这是自你的《工人阶级状况》这一著作问世以后最重要的一本书。对俄国农民的家庭生活，如骇人听闻地把老婆往死里打，酗酒，蓄妾，也有出色的描写。所以如果你把公民赫尔岑虚构的谎言寄给我，现在正是时候。

公民赫尔岑虚构的谎言。

《马克思恩格斯全集》第1版第32卷第421页

恩格斯，1870 年 2 月 11 日

24／

第 243 页：公开的
斗争比个人中伤
和妨碍工作强（巴
枯宁，等等）

　　培列的信也附还。巴枯宁搬到泰辛去
了，很好。在那里他干不出很多坏事，而且这
恰恰证明他在日内瓦的好运已完。既然每次
运动中都有这样一些野心勃勃、爱慕虚荣的
无能之辈，那么他们按照自己的方式纠集在
一起，然后把他们震撼世界的奇想暴露出来，
这其实是很好的。这样，全世界很快就会清
楚，所有这一切，连一个屁都不值。这总比围
绕个人中伤进行斗争强，在这种斗争中，有正
事要干的人永远斗不过那些整天拉帮结派的
人。但应该注意这帮家伙，不要让他们在任何
地方不受抵抗就夺得地盘。固然，西班牙和意
大利至少在目前大概得让给他们。

　　如果尊敬的罗什弗尔，或者像莉希说的
拉什弗斯①现在在监狱里蹲一个时期，那就
很好。**195** 小报挺不错，但当它排斥其他一切
东西的时候，我就对它毫无兴趣了。在所有
这类书刊中，仍然有其脱胎于没落帝国 **196** 的
印记可寻。而当罗什弗尔鼓吹资产者与工人
团结的时候，他是非常可笑的。但另一方面，

---

　①　双关语："罗什弗尔"（"Rochefort"）是姓；"拉什弗斯"（"Rushforth"）同它谐音，
　　　意思是"急速前进"（由"rush"——"突击"、"压制"、"急速运动"和"forth"——
　　　"前进"、"继续前进"构成）。——编者注

运动的"严肃的"领袖的确十分稳重。这实在叫人吃惊。从其他阶级向无产阶级输送**首脑人物**，一直进行到 1848 年，看来，从那时以后就完全停止了，而且在所有国家都停止了。显然，工人愈来愈要指靠**自己**。

《马克思恩格斯全集》第 1 版第 32 卷第 425—426 页

第 243 页：从其他阶级向无产阶级输送首脑人物停止了。(1870)

不再从资产阶级向无产阶级输送首脑人物。

马克思，1870 年 2 月 12 日

你的序言[197]很好。我没有什么可修改或补充的。你对 1866 年的论述我完全同意。进行双重打击，既击中人民党的威廉，又击中施韦泽和他那一伙坏蛋，太好啦！……

恩·弗列罗夫斯基的书的名称是：

《俄国工人阶级的状况》。1869 年圣彼得堡尼·彼·波利亚科夫出版社版。

弗列罗夫斯基的书使我非常开心的一点，就是他针对农民**直接税**的论战。这完全是沃邦元帅和布阿吉尔贝尔的作品的翻版。他也感到，农民的状况和过去法国帝制时代（从路易十四时期以来）相似。像蒙泰伊一样，他很了解每个民族的性格特点——"卡尔梅克人爽直"，"莫尔多瓦人尽管很脏，然而富有诗意"（他拿他们和爱尔兰人相比），"鞑靼人机灵，活泼，崇尚享乐"，"小俄罗斯人富有才华"，等等。他作为一个善良的大俄罗斯

第 243 页：马克思赞扬在恩格斯的《农民战争》序言中给李卜克内西和施韦泽以双重打击。

注意

第 244 页：俄国的费列罗夫斯基。农民的状况和 1789 年前的法国相似。

"可怕的社会革命"迫在眉睫。

人,教训自己的同胞怎样才能把所有这些民族对他们的**仇恨**扭转过来。同时,他还引用一个真正**俄罗斯**的移民区从波兰迁移到西伯利亚的事件作为仇恨的例子。这些人只懂俄语,不会说一句波兰语,然而都认为自己是波兰人,并对俄罗斯人怀着波兰人的仇恨,等等。

从他的书中可以得出无可争辩的结论:俄国的现状再不能维持下去了,解放农奴自然只是加速了瓦解的进程,可怕的社会革命迫在眉睫。从这里也可以看到现在俄国大学生等等中间风行一时的学校青年虚无主义的现实基础。顺便提一下,在日内瓦成立了一个新的俄国大学生流亡者的侨民团体,他们在自己的纲领中宣布要同泛斯拉夫主义进行斗争,并代之以"国际"。**198**

《马克思恩格斯全集》第1版第32卷第426—428页

马克思,1870年4月14日

| 斯特林辩证法和赫胥黎 | 第266页:斯特林(英国黑格尔主义者——**唯心主义者**)懂得黑格尔的辩证法,正确地指出了**赫胥黎的弱点**。见本笔记第69页①。 |

顺便说一下,斯特林(爱丁堡)——黑格尔《逻辑学》**199**的译者,英国黑格尔纪念碑征集捐款主持人——写了一本反对**赫胥黎和他的原生质**的小册子。这个家伙作

① 见本卷第471—472页。——编者注

为苏格兰人,自然采纳了黑格尔的错误的宗
教上和观念上的神秘主义(因此也促使卡莱
尔公开宣布自己转向黑格尔学说)。但是,斯
特林对黑格尔辩证法的知识,使他能够揭示
赫胥黎从事哲学研究时的那些弱点。他在这
本小册子里反对达尔文的论据,归结起来就
是柏林人(旧派黑格尔主义者)纨袴子弟舒尔
采几年前在汉诺威自然科学家代表大会上说
过的那些东西[200]。

《马克思恩格斯全集》第1版第32卷第463页

恩格斯,1870年4月29日

巴枯宁的信真是幼稚极了。[201]说
什么在俄国有4万名革命的大学生,
他们没有无产阶级,或者甚至没有革
命的农民作后盾,他们面临的是要么
流放西伯利亚,要么亡命西欧,没有
别的出路可走。这要不是弥天大谎,
那对世界来说,是多么不幸的事啊!
要说有什么东西能够毁掉西欧的运
动的话,那就是输入这4万名或多或
少有知识、有野心、饿肚子的俄国虚
无主义者;他们全都是没有军队的
候补军官……

第 275 页:
在俄国有4
万名革命的
大学生,他
们**没有无产
阶级**,甚至
没有**革命的
农民**。没有
军队的军
官。

> 俄国的
> 大学生、
> 农民和
> 工人。

注意

《马克思恩格斯全集》第1版第32卷第475页

马克思,1870 年 5 月 7 日

《旗帜报》昨天和前天刊登了两篇反对**国际**的卑鄙文章,这些文章就像伦敦的法文小报《**国际报**》[202]上的文章一样,是在法国公使馆的直接指使下炮制的。

伦敦各报都接到**普鲁斯**的指示(自然,它们像天生的走狗一样听从这个指示),关于**英国警察**当局一周来对**弗路朗斯**和**国际总委员会**(把两者搞混了)偷偷采取的措施,报纸各栏不得透露一个字。[203]

上面提到的《**旗帜报**》,送往法国 **1 万份**。这也是一种酬报的方法,或许十二月十日会[204]突然学会了英语?

星期二伦敦谣传我们在开会的地方被捕了。因此一反常规,在我们这里出现了一些猎奇的报馆记者……

刺杀巴登格的阴谋,如果不光是警察局的捏造,那无疑是人们所能干出来的最大蠢事。幸好帝国本身已不再能因自己敌人的愚蠢而得救了。

《马克思恩格斯全集》第 1 版第 32 卷第 480—483 页

马克思,1870 年 5 月 10 日

库格曼在我的生日给我寄来莱布尼茨工

25/
第 279 页:刺杀波拿巴的阴谋是最大蠢事。

作室里的两条壁毯,使我非常高兴。事情是这样的,莱布尼茨旧居去年冬天拆掉了,愚蠢的汉诺威人本来可以用这些遗物在伦敦做一笔好生意,他们却把所有的东西都扔了。这两条壁毯上的画面取材于神话,一条上面是尼普顿在波浪中等等;另一条上面是维纳斯、阿穆尔等等,都带有路易十四时代的恶劣风格。但是当时的手工,质量(耐用性)比现在的要好。我已把这两样东西挂在我的工作室里。你知道,我是佩服莱布尼茨的……

第 283 页:"我是佩服莱布尼茨的"(马克思)。[205]

法国的选举——就其意义而言——结果很不错。共和派像往常一样,重复了最愚蠢的事,即诱使可怜的士兵投反对票。为了什么呢?为的是政府能够重演故技,把不纯分子辨认出来并加以清洗。这 4 000 名投反对票的士兵很快将被赶出巴黎,一部分发配到阿尔及尔,一部分送进边远省份的惩戒营!

第 284 页:要士兵去投票(在拿破仑第三的统治下),是愚蠢的——是为了放逐他们!!

(马克思)

《马克思恩格斯全集》第 1 版第 32 卷第 489—490 页

马克思,1870 年 5 月 18 日

我们的法国委员们以实际行动向法国政府证明了政治性的秘密团体和真正的工人联合会之间的差别。法国政府还没有来得及拘禁巴黎、里昂、鲁昂和马赛等地的委员会的全

第 290 页:法国人证明了政治性的秘密团体和真正的工人运动之

间的差别：一批委员会被拘禁，另一批又产生了。

问题：**是帝国还是共和国**。

体委员（他们中间有一部分人逃到瑞士和比利时去了），就有**数量多一倍的**委员会在报刊上发表最勇敢、最强硬的声明，宣布自己是它们的继承者（而且还有先见之明地附上了自己的**私人地址**）。法国政府终于做了我们希望已久的事情——把是帝国还是共和国这样一个政治问题变成工人阶级的生死存亡问题！

《马克思恩格斯全集》第 1 版第 32 卷第 502 页

马克思，1870 年 7 月 5 日

拉法格通知我，将有一位年轻的俄国人洛帕廷带着他的介绍信来访。洛帕廷已于星期六来看了我，我邀请他星期日再来（他在我家从 10 点待到晚上 12 点）。他星期一返回布赖顿，他住在那里。

他还很年轻，被监禁了两年，之后在高加索一个要塞监禁了 8 个月，并从那里越狱逃跑了。他是一个穷贵族的儿子，在圣彼得堡大学以教书为生。现在靠搞俄文翻译工作维持生活，很穷。他定居布赖顿，因为那里（离正式海滨浴场不远）每天可以免费进行两三次海水浴。

他头脑很清醒，**有判断力**，性格开朗，像一个事事知足的俄国农民一样恬淡寡欲。<u>弱点就是**波兰问题**</u>。他对于这个问题所说的

话,同英国人——例如英国老宪章派——谈论爱尔兰所说的话完全一样。[206]

《马克思恩格斯全集》第1版第32卷第505—506页

马克思,1870年7月20日

亲爱的弗雷德:

附上库格曼的信,它很能向你说明现时战争的政治秘密。他对不伦瑞克大会呼吁书的批评是正确的,现将该呼吁书寄上几份。[207]另外,寄上《觉醒报》[208]。你从报上可以看到布卢瓦死罪法院起诉书的前半部分[209];法国的密谋家无缘无故地变为暗探,这和芬尼社社员比较起来,是多么可怜啊!而有意思的是该报刊登了老德勒克吕兹的社论。他虽然也对政府持反对立场,却充分体现了沙文主义,说什么"因为法国是唯一有理念的国家"(即这是它自身所具有的理念)。这些共和派沙文主义者所恼怒的,无非是他们的偶像的现实化身——长鼻子的路·波拿巴和交易所的投机行径——不符合他们的幻想罢了。法国人是该挨揍的。如果普鲁士人取胜,那么国家权力的集中将有利于德国工人阶级的集中。此外,如果德国人占优势,那么,西欧工人运动的重心将从法国移到德国。只要把1866年以来两国的运动加以比较,就可以看

第296页:**普法战争**。德国人的胜利意味着德国工人阶级的集中。德国工人阶级在理论上和组织上都超过法国工人

注意

阶级。

第 296 页：**在哲学上是胡说八道**，而政治经济学被**法律概念**所取代！！（参看康德主义等等）

出，德国工人阶级在理论上和组织上都超过法国工人阶级。它在世界舞台上对于法国工人阶级的优势，同时也就会是**我们的**理论对于蒲鲁东等人的理论的优势。

最后，附上**希尔德布兰德**的经济和统计杂志对我的书的批判[210]。我的身体状况很少使我感到愉快，但是这篇作品却使我笑出了眼泪，真是笑出了眼泪。随着德国反动势力的猖獗和哲学的英雄时代的结束，具有德国市民天性的"**小资产者**"又重新抬头——在**哲学**上是一片不亚于莫泽斯·门德尔松的空谈，是一片自作聪明、抑郁不满和自命不凡的抱怨之声。而现在，连**政治经济学**也蜕化为关于**法律概念**的无稽之谈！这甚至比"刺激对数"[211]还要高明。正如这方面的权威评判者席勒早就指出的，小市民在解决一切问题时，总是把它们归之于"良心"。

《马克思恩格斯全集》第 1 版第 33 卷第 5—6 页

马克思，1870 年 7 月 28 日

在法国唱《马赛曲》就像整个第二帝国一样，也是一场滑稽的模仿剧。但是，这只狗[212]至少感觉到，《向叙利亚进发》[213]现在是不宜唱了。与此相反，在普鲁士则用不着耍这种把戏。威廉一世同右边的俾斯麦和左边的施梯

26

第 301 页："**阶级斗争**"（术语）。在德国，除了施韦泽的公开信徒外，工人中间的民族主义

伯一起唱着《耶稣保佑我》[214],这就是德国的马赛曲! 就像 1812 年的情形一样。德国的庸人看来真是欣喜若狂,他们现在可以毫无拘束地表现他们天生的奴性了。谁能想到,1848 年后经过 22 年,德国的民族战争竟会有**这样的**理论表现!

幸而所有这些表演都来自中等阶级。除了施韦泽的公开信徒外,工人阶级都没有参与这件事。幸而法德两国国内的阶级斗争已发展到如此程度,以致任何对外战争都不能真正使历史的车轮倒转。

《马克思恩格斯全集》第 1 版第 33 卷第 12—13 页

恩格斯,1870 年 8 月 10 日

亲爱的摩尔:

今天是 8 月 10 日。难道巴黎人完全忘记了这个日子吗? 根据《派尔-麦尔新闻》今天的晚刊看来,似乎没有忘记。[215]没落帝国看来正在垮台。巴登格离开了军队,并且不得不把军队交给巴赞(!!),这个人现在是那些还没有被打败的人当中最优秀的一个。实际上这意味着巴登格将完全引退。看来革命会轻而易举地发生,一切都在自行崩溃,正像人们所期待的那样。无疑,最近几天就可见分晓。

在工人中间没有民族主义。

我认为,奥尔良派(没有军队)没有足够的能力立即冒险复辟。因为他们现在是唯一可能的王朝,所以他们自己大概宁愿再有一个共和政体的空位时期。在这种情况下,前《马赛曲报》会不会掌权呢?**216**

第 316 页:德国人会同共和国缔结体面的和约。**引起1793—1794 年的局面,是不利的!!!**……但是要有不同于1793年的人……

我认为,普鲁士人会同共和国缔结一般说来是体面的和约。重新引起 1793 年和 1794 年的局面,对他们是不利的。威廉①的整篇演说指望用革命进行投机,并表白不想把事情弄到极端地步。与此相反,从那时起德国的民族狂潮大大高涨,对阿尔萨斯和洛林的叫嚷甚嚣尘上。甚至威廉也是不能指望的。不过我现在还依然认为,他们只要得到一点也就会满足的。看来法国恐怕不得不让出一部分领土。而要使 1793 年的热潮重现,而且是**完全**的重现,还需要有 1793 年的**敌人**,同时你说得对,还需要和那些刚刚摆脱没落帝国的法国人不同的另外一种法国人。

《马克思恩格斯全集》第 1 版第 33 卷第 36—37 页

恩格斯,1870 年 8 月 15 日

亲爱的摩尔:

　　三天来,我的肚子一直痛得很厉害,偶尔

---

① 威廉一世。——编者注

还有点发烧。在这种情况下,即使病情开始好转,我也不会有很大兴趣详细谈论威廉①的政策。但是,既然你一定要把这些乱七八糟的东西收回,那就这样吧。

实在软弱不堪的白拉克对民族热情究竟迷恋到什么程度,我不知道,同时,由于我两个星期至多只收到一号《人民国家报》[217],所以,除了以邦霍尔斯特给威廉的信(这封信总的说来是冷静的,但暴露了理论上的不坚定性)作为根据,我就无法判断委员会在这方面的态度。比较起来,李卜克内西那种死守原则的狭隘的坚定性一般说来倒显得好些。[218]

我看情况是这样:德国已被巴登格卷入争取民族生存的战争。如果德国被巴登格打败了,那么,波拿巴主义就会有若干年的巩固,而德国会有若干年、也许是若干世代的破产。到那时,就再也谈不上什么独立的德国工人运动了,到那时,恢复民族生存的斗争就将占去一切,德国工人充其量也只能跟在法国工人后面跑。如果德国胜利了,那么,法国的波拿巴主义就肯定要遭到破产,关于恢复德国统一的无休止的争论就将最

第319—320页:恩格斯对德法战争的估计。**转到另一种情况:**"本来可以指望这一工作由无产阶级革命来做,但是现在**战争已经做了这一工作。**"

注意

---

① 李卜克内西。——编者注

终平息，德国工人就能按照与过去截然不同的全国规模组织起来，同时，不管法国出现什么样的政府，法国工人无疑将获得比在波拿巴主义统治下要自由一些的活动空间。包括各个阶级在内的德国全体人民群众已经认识到，问题首先正是在于争取民族生存，因此，他们立即投入了这场斗争。在这种情况下，一个德国的政党要按照威廉的那一套去宣传全面抵制，并把形形色色的次要的考虑置于主要的考虑之上，我认为是不行的。

此外，如果没有大批法国人的沙文主义，即资产者、小资产者、农民以及由波拿巴在大城市中所创造出来的、怀有帝国主义情绪的、欧斯曼的、出身于农民的建筑业无产阶级的沙文主义，巴登格是无法进行这场战争的。这种沙文主义不遭到打击，而且是彻底的打击，德国和法国之间就不可能实现和平。本来可以指望这一工作由无产阶级革命担负起来；但是战争既已开始，德国人只好自己来做这一工作，并且立即就做。

现在来谈谈次要的考虑。这场战争是在列曼和俾斯麦之流指挥下进行的，如果他们有幸打赢了这场战争，那他们必然会赢得暂

这种情况已无法改变。光有"反俾斯

时的荣誉,这一点,我们要归因于德国资产阶级的软弱无力。这种情况确实非常讨厌,然而是无法改变的。但是,由此就把反俾斯麦主义提高为唯一的指导原则,那是荒谬的。首先,现在俾斯麦同 1866 年一样,总是在按照**他自己**的方式给我们做一部分工作,虽然他并不愿意做,然而还是在做着。他在给我们创造比过去更宽阔的活动场地。此外,现在已经不是 1815 年了。现在,南德意志人必然要参加国会,从而就将产生一种与普鲁士主义相抗衡的力量。而且,落在俾斯麦身上的民族责任,正如你所写的,从一开始就不允许同俄国结成同盟。总之,像李卜克内西那样,因为不喜欢 1866 年以来的全部历史,就想让这段历史倒退回去,那是愚蠢的。但是我们了解我们的典型的南德意志人。同这些蠢材是什么事也办不成的。

我认为我们的人可以:

(1)参加民族运动——这种运动强大到什么程度,你从库格曼的信中可以看到[220]——,只要这一运动是保卫德国的(但这并不排除在缔结和约以前在某种情况下的进攻);

(2)同时强调德国民族利益和普鲁士王朝利益之间的区别;

(3)反对兼并阿尔萨斯和洛林的一切企

麦主义"在这里无济于事。

现在俾斯麦同 1866 年一样,**在给我们做一部分工作:**
像李卜克内西那样,想使 1866 年以来的全部历史倒退回去,那是愚蠢的。[219]

图——俾斯麦现在暗示,他打算把这两个地方并入巴伐利亚和巴登;

(4)一等到巴黎由一个共和主义的、非沙文主义的政府掌握政权,就力争同它达成光荣的和平;

(5)不断强调德国工人利益和法国工人利益的一致性,他们过去不赞成战争,现在也不彼此交战;

(6)至于**俄国**,就像国际的宣言[221]中所说的那样。

威廉的下列说法很有趣:因为俾斯麦过去是巴登格的同谋者,所以正确的立场是保持中立。如果这是德国人的普遍意见,那么马上又会出现莱茵联邦[222],而高贵的威廉总有一天会看到,他在这个联邦中会扮演什么角色,工人运动会变成什么样子。一贯受到拳打脚踢的人民,才是真正能够实现社会革命,而且是在威廉所喜爱的无数小邦里实现社会革命的人民! ……

此外,你知道,糟糕的威廉怎样继续同反动的分立主义者——武尔斯特、奥伯弥勒等等一道进行欺骗,并使党陷入窘境。

威廉显然指望波拿巴获胜,只想这样一来他的俾斯麦就会彻底完蛋。你记得他总是用法国人去威胁俾斯麦。当然,**你也是站在**

威廉一边的！

《马克思恩格斯文集》第 10 卷第 339—342、343 页

马克思,1870 年 8 月 17 日

亲爱的弗雷德:

我衷心地感谢你(马克思夫人也感谢你给她的来信)在这样困难的情况下所付出的辛劳。你的来信和我已考虑好的答复方案是完全一致的。但是,在这样重要的事情上,没有事先和你商量,我是不愿采取行动的,因为它不是关系到威廉,而是关系到**对德国工人行动的指导**。[223]

威廉得出他同我观点一致的结论:

(1)是根据**国际**的宣言,当然,他事先已经把它译成威廉的语言了;

(2)是根据我赞成他和倍倍尔在国会中发表的声明[224]。这是死守原则成了勇敢行为的"时机",但是决不能由此得出结论说,这个时机继续存在,更不能得出结论说,德国无产阶级在这场已经变成民族战争的战争中的态度,集中表现为威廉对普鲁士人怀有的那种厌恶情绪。这种情况就好像我们既然在适当的时机大声反对过意大利的"波拿巴式的"解放,于是就要反对意大利在这次战争中获得的相对独立一样。

\27

第 322 页:马克思同意:战争已变成**民族战争**。对普鲁士人怀有的那种厌恶情绪现在是没有用的。

注意

对阿尔萨斯和洛林的贪欲看来在两种
人中占优势,一种是普鲁士的宫廷奸党,一
种是南德意志的啤酒店中的爱国主义者。
这将是欧洲,尤其是德国所能遭遇到的最大
的不幸。你大概已经看到,大多数俄国报纸
已经在谈论:为了保持欧洲的均势,欧洲的
外交干涉是必要的。

库格曼把防御性的战争和防御性的军
事行动混为一谈。这就是说,如果有一个家
伙在街上袭击我,我只能挡开他的拳头,而
不能把他打倒,因为我如果这样做,就会变
成一个**进攻者**! 从所有这些人的每一句话
中都可以看出他们是缺少辩证法的。

《马克思恩格斯全集》第 1 版第 33 卷第 45—46 页

恩格斯,1870 年 9 月 4 日

寄还白鹦鹉的信,谢谢。这封信非常
有趣。如果城里不发生特殊事件,巴黎的
防御将会是一个有趣的插曲。法国人由于
害怕最终会出现不能不加以正视的局面,
因而老是处于惶恐不安的境地,从这里我
们可以更好地理解什么是恐怖统治。我们
通常把恐怖统治理解为造成恐怖的那些人
的统治,实际上恰恰相反,这是本身感到恐
惧的那些人的统治。恐怖多半都是无济于

事的残暴行为，都是那些心怀恐惧的人为了安慰自己而干出来的。我深信，1793 年的恐怖统治几乎完全要归罪于过度恐惧的、以爱国者自居的资产者，归罪于吓破了胆的小市民和在恐怖时期干自己勾当的那帮流氓。目前的小恐怖也正是这些阶级造成的。

《马克思恩格斯全集》第 1 版第 33 卷第 56 页

第 329 页：**恐怖 = 吓破了胆的小资产者干的勾当。**｜注意

恩格斯，1870 年 9 月 7 日

亲爱的摩尔：

（续前）①。由于德国庸人取得意外的、同时也是不配取得的胜利，沙文主义骇人听闻地冲昏了他们的头脑，现在正是采取某种行动来反对这一点的时候了。但愿《人民国家报》不是那么可怜！但这也没有办法。在我为《农民战争》的单行本撰写的那篇序言还没有刊印发表的时候，事变早就把它抛在后头了。因此国际的新宣言（**你**这一次必须把**德文本**也准备好）就更有必要了……

这整个共和国，如同它的产生没有经过斗争一样，直到现在仍然是一场纯粹的滑稽

第 332 页：法兰西的共和国是向奥尔

① 参看《马克思恩格斯全集》第 1 版第 33 卷第 53—56 页。——编者注

良派执政的过渡（散见前面各处）。特罗胥之流＝奥尔良派。策略：组织力量，等等。

戏。正如我两星期前就早已料到的，奥尔良派需要一个临时共和国来签订屈辱的和约，以便使日后将要复辟的奥尔良王朝不承担责任。奥尔良派拥有实权：特罗胥管军事司令部，凯腊特里管警察局，而左派先生们则只有清谈的职位。奥尔良王朝是现在唯一可能的王朝，所以他们可以静候适当的时机真正上台执政。

《马克思恩格斯全集》第 1 版第 33 卷第 58—59 页

马克思，1870 年 9 月 10 日

第 334 页：德国人发表马克思的信是不恰当的。这些信和信中直言不讳的语句不是供出版用的……

你知道，我给不伦瑞克写过指示信。当时设想（但这种想法并不确当），打交道的不是不懂规矩的黄口小儿，而是一些有教养的成人，他们应当知道，信中那些直言不讳的语句不是"供出版"用的，此外在指示信中必定有一些**秘密的暗示**是不能公开大声地**泄露出去**的。好了！这些蠢驴不仅把我信中的话"一字不差地"刊印出来，而且简直是手执干草叉指明**我**就是那个写信的人。他们还**刊印**了这样一些话，如关于"大陆的工人运动的重心从法国移到德国"等等，这本来是对他们的鼓励，但**目前**无论如何不应公布。[225]或许我还得感谢他们，因为他们至少**没有**把我对法国工人的批评刊印出来。这些家伙还把他们的有损声誉的拙劣作品火速寄往**巴黎**！（更不

用说布鲁塞尔和日内瓦了。)

《马克思恩格斯全集》第 1 版第 33 卷第 62 页

恩格斯,1870 年 9 月 12 日

　　假如人们在巴黎能做点什么,那就应当阻止工人在缔结和约之前采取行动。俾斯麦不久就会缔结和约,这或者是在占领巴黎之后,或者是由于欧洲的局势迫使他结束战争。不管和约如何,它必然会在工人们有所行动之前就缔结。如果工人们现在为保卫国家效劳而取得胜利,那他们就不得不继承波拿巴和当前这个满目疮痍的共和国的遗产,他们将无谓地遭到德国军队的镇压,又会倒退 20 年。如果他们等待,则什么也不会失去。边界可能会有某些改变,但这只是暂时的,将来又会被取消。为了资产阶级去同普鲁士人作战,那是荒谬的。不管是什么样的政府缔结和约,仅仅由于这一点它就不可能长期维持下去,而被俘释放回来的军队在发生内部冲突时也就不那么可怕了。对工人来说,在缔结和约以后,一切条件都将比任何时候更有利。但是,他们是否会在外国进攻的压力下陷入迷津,并在攻打巴黎前夕宣布成立社会共和国呢? 假如德国军队要以对巴黎工人进行街垒战作为最后的战争行动,那是

第 **335**—**336** 页:
对法国形势的估计(根据国际九月宣言的精神)。

很可怕的。这会使我们倒退 50 年,而且会造成十分混乱的局面,以致所有的人和事都会陷入迷误的境地,**那时**法国工人中将会滋长民族仇恨和盛行空谈的风气!

《马克思恩格斯文集》第 10 卷第 344—345 页

恩格斯,1873 年 5 月 30 日

亲爱的摩尔:

今天早晨躺在床上,我脑子里出现了下面这些关于自然科学的辩证思想。

自然科学的对象是运动着的物质,物体。物体是离不开运动的,各种物体的形式和种类只有在运动中才能认识,处于运动之外,处于同其他物体的一切关系之外的物体,是谈不上的。物体只有在运动之中才显示出它是什么。因此,自然科学只有在物体的相互关系之中,在物体的运动之中观察物体,才能认识物体。对运动的各种形式的认识,就是对物体的认识。所以,对这些不同的运动形式的探讨,就是自然科学的主要内容。

1.最简单的运动形式是**位置移动**(是在时间之中的——为了使老黑格尔高兴)——**机械**运动。

(a)**单个**物体的运动是不存在的;但是相对地说,可以把**下落**看做这样的运动。向着

注意

第 **344**—**346** 页:
1873.5.30.恩格斯:自然科学中的辩证法。(恩格斯。参看《反杜林论》)

像是《反杜林论》的草稿

许多物体所共有的一个中心点运动。但是，只要单个物体不是向着中心而是向着**另外的**一个方向运动，那么，虽然它还是受**落体**运动定律的支配，但是这些定律已经变化成为

(b)抛物线运动定律并直接导致几个物体的相互运动——行星等等的运动，天文学，平衡——在运动本身中的暂时的或表面上的平衡。但是，这种运动的**真正**结果最终总是运动着的诸物体的**接触**，一些物体落到另一些物体上面。

(c)接触的力学——相互接触的物体。普通力学，杠杆、斜面等等。但是**接触的作用并不就此穷尽**。接触直接表现为两种形式：摩擦和碰撞。二者都具有这样一种特性：在一定的强度和一定的条件下产生**新的**、不再仅仅是力学的作用，即产生**热**、**光**、**电**、**磁**。

2.**本来意义上的物理学**——研究这些运动形式的科学，它逐一研究了每种运动形式之后确认，在一定的条件下这些运动形式**互相转化**；并且最后发现，所有这些运动形式在一定的强度(因不同的运动着的物体而异)下就产生超出物理学范围的作用，即物体内部构造的变化——**化学**作用。

3.**化学**。过去，对于研究上述运动形式来说，无论研究的是有生命的物体或无生命

的物体,都没有多大关系。无生命的物体所表现出来的现象甚至是最**纯粹**的。与此相反,化学只有在那些从生命过程中产生的物质身上才能认识最重要的物体的化学性质;人工制造这些物质越来越成为化学的主要任务。它构成了向关于有机体的科学的过渡,但是,这种辩证的过渡只是在化学已经完成或者接近于完成实际的过渡的时候才能实现。

4.有机体——在这里,我暂时不谈任何辩证法。

由于你那里是自然科学的中心,所以你最有条件判断这里面哪些东西是正确的。

你的　弗·恩·

如果你们认为这些东西还有点意义,请不要对别人谈起,以免被某个卑鄙的英国人剽窃,加工这些东西总还需要很多时间。

《马克思恩格斯文集》第 10 卷第 385—389 页

恩格斯,1874 年 9 月 21 日

第 368 页:黑格尔（大逻辑和小逻辑）和现代自然科学。在英国比在德国更认真。

我正埋头研究关于本质的理论。从泽西岛回来后,我在这里找到了丁铎尔和赫胥黎在贝尔法斯特的演说[226],其中再次暴露出这些人在自在之物面前完全陷入困境,因而渴求一种

解救的哲学。这促使我在排除了头一个星期的各种干扰之后，重新投入辩证法的研究。虽然大《逻辑》在真正辩证法的意义上更加深刻地触及事物的本质，但自然科学家有限的智力却只能利用它的个别地方。相反，《全书》[227]中的论述似乎是为这些人写的，例证大都取自他们的研究领域并极有说服力，此外由于论述比较通俗，因而唯心主义较少。我不能也不想使这些先生们免遭研究黑格尔本身的惩罚，可以说这里是真正的宝藏，况且老头子给他们提出了现在也还很伤脑筋的难题。不过，丁铎尔的开幕词是迄今为止在英国的这类会议上所发表的最大胆的演说，它给人以强烈的印象并引起了恐惧。显然，海克尔的远为坚决的姿态使他坐立不安。我这里有一份**一字不差地**登在《自然》[228]上的演说全文，你可以读一读。他对伊壁鸠鲁的推崇会使你发笑。可以肯定的是，就回到真正思考问题的自然观而论，在英国这里要比在德国认真得多，在这里人们不是到叔本华和哈特曼那里去，而至少是到伊壁鸠鲁、笛卡儿、休谟和康德那里去寻求出路。对他们说来，18 世纪的法国人当然依旧是禁忌。

《马克思恩格斯文集》第 10 卷第 400—401 页

见本笔记第 70 页①。

---

① 见本卷第 472—473 页。——编者注

恩格斯,1876 年 5 月 24 日

亲爱的摩尔:

　　刚刚收到两封信[229],附上。在德国,一批受雇佣的煽动家和浅薄之徒①大肆咒骂我们党。如果这样继续下去,那么,拉萨尔分子很快就会成为头脑最清晰的人,因为他们接受无稽之谈最少,而拉萨尔的著作又是为害最小的鼓动材料。我倒想知道,这个莫斯特到底向我们要求什么,我们怎么做才合他的意。有一点是清楚的:这些人以为,杜林对你进行了卑鄙的攻击,就使我们对他无可奈何,因为倘若我们讥笑他在理论上的无稽之谈,那就会显得是对他的人身攻击进行报复!结果是,杜林越蛮横无理,我们就应该越温顺谦让;莫斯特先生真是大发慈悲,他还没有要求我们不仅要善意地私下向杜林先生指出他的失误(似乎问题仅仅是一些失误),以便他在下一版[230]里纠正,而且还要拍拍他的马屁才好。这个人(我指莫斯特)竟能够既给整卷《资本论》写出概述[231],而又对此书一窍不通。这一点从他的信中可以看得很清楚,这也是他的自我写照。如果报纸不是由威廉,

28/
第 374 页:莫斯特(和杜林)是极其愚蠢的人。(恩格斯)

---

①　原文用的是柏林方言"Halbjebildeten"。——编者注

而是由一个多少有点理论水平的人主持,那么,一切诸如此类的无稽之谈就不会出现,此人不会欣然发表各种胡言乱语(越荒谬越好),也不会以《人民国家报》的全部权威向工人加以推荐。总之,这件事把我气坏了,试问,难道不是认真考虑我们对待这些先生的态度的时候了吗。

《马克思恩格斯全集》第1版第34卷第13—14页

马克思,1876年5月25日

我的意见是:"我们对待这些先生的态度"只能通过对杜林的毫不留情的批判来表示。他显然在崇拜他的那些舞弄文墨的不学无术的**钻营之徒**中间进行了煽动,以便阻挠这种批判;他们那一方面把希望寄托在他们所熟知的李卜克内西的软弱性上。顺便指出,李卜克内西有义务(这一点必须告诉他)向这些家伙说清楚:他一再要求进行这种批判;几年来(因为事情是从我第一次自卡尔斯巴德回来时[232]开始的),我们把这看做是次要的工作,没有接受下来。正如他所知道的和他给我们的信件所证明的那样,只是在他多次寄来各种不学无术之徒的信件,使我们注意到那些平庸思想在党内传播的危险性的时候,我们才感到这件事情值得花力气去做。

第375—376页:(马克思:)对"调和主义"和**否定论战**所作的**出色的批判**。批判杜林是次要的工作。

马克思和"调和主义"

特别是莫斯特先生,不用说,他必定认为杜林是一个卓越的思想家,因为后者不仅在向柏林工人的演讲中,而且后来还在出版物[233]中白纸黑字地写道,他发现唯有莫斯特使《资本论》成为某种合理的东西。杜林经常阿谀奉承这些不学无术之徒,他们这类人在我们这里是吃不开的。莫斯特之流对于你用以**迫使**士瓦本的蒲鲁东主义者**缄默**的那种方法[234]感到恼怒,这是很能说明问题的。这个具有警告意义的先例使他们畏惧,于是他们就想利用流言蜚语、气味相投的情分、同仇敌忾的义气来使这种批判永不能进行。

其实,根源就在于李卜克内西缺少稿件,而且今后也仍将如此。总之,从这里就可以看出他的编辑才能。可是他心胸狭窄,对于贝克尔的《法国公社史》竟然绝口不讲一句赞许的话,或者至少从其中摘选一些内容,这就表明,缺少稿件也不是压倒一切的原因。

《马克思恩格斯全集》第 1 版第 34 卷第 15—16 页

恩格斯,1876 年 5 月 28 日

亲爱的摩尔:

你说得倒好。你可以躺在暖和的床上,研究具体的俄国土地关系和一般的地租,没有什么事情打搅你。我却不得不坐硬板凳,喝冷酒,

突然又把一切都搁下来去收拾无聊的杜林。但是，既然我已卷入一场没完没了的论战，那也只好这样了；否则我是得不到安宁的。此外，友人莫斯特对杜林的《哲学教程》的吹捧已明确地给我指出，应当从哪里进攻和怎样进攻。这本书一定要仔细读一读，因为它在许多关键问题上更明显地暴露了《经济学》[235]中所提出的论断的弱点和基础。我将立即订购这本书。实际上，该书根本没有谈到真正的哲学——形式逻辑、辩证法、形而上学等等，它倒论述了一般的科学理论，在这里，自然、历史、社会、国家、法等等都是从某种所谓的内部联系方面加以探讨的。该书还有一整章描写未来社会或所谓"自由"社会，其中从经济方面说得极少，却为未来的初等学校和中等学校拟定好了教学计划。所以，这本书暴露出的平庸性比他的经济著作更直截了当，把这两本书放在一起看，就能同时从这一方面来揭露这个家伙。对于评论这位贵人的历史观（即认为杜林之前的东西全都没有价值），这本书还有一个好处，这就是可以从中引证他自己说的尖刻话。无论如何，他现在已经落到我的手里。我的计划已经订好——j'ai mon plan。开始时我将纯粹就事论事地、看起来很认真地对待这些胡说，随着对他的荒谬性和庸俗性这两个方面的揭露越

注意

第 377 页：真正的**哲学**——形式逻辑、辩证法、形而上学等等。（（顺便提到））

来越深入,批判就变得越来越尖锐,最后给他一顿密如冰雹的打击。这样一来,莫斯特及其同伙就没有借口说什么"冷酷无情"等等了,而杜林则受到了应得的惩罚。要让这些先生们看到,我们用来对付这种人的不只是**一种**办法。

《马克思恩格斯文集》第 10 卷第 414—415 页

恩格斯,1876 年 7 月 25 日

此外,我在这里姑且以杜林的哲学自娱——还从来没有人写过这样荒诞透顶的胡言乱语。通篇都是浮夸的陈词滥调,其间夹杂着十足的谬论。但是,这一切都是经过一番精心炮制的,以便迎合作者所十分熟悉的读者,这些读者想依靠施给乞丐的稀汤[236]毫不费力地迅速学会谈论一切。这个人好像是特意为几十亿赔款[237]时期的社会主义和哲学而创造出来的。

《马克思恩格斯全集》第 1 版第 34 卷第 22 页

马克思,1877 年 7 月 18 日

亲爱的弗雷德:

首先,对于**维德**,我将这样答复他:由于我目前的健康状况(事实上也确是如此),我不能担任任何杂志的撰稿人。

第 394 页:暗指

假如出现一种真正科学的社会主义杂志,

那的确是很好的事。它将提供进行批评或反批评的可能性,并且我们还可以阐明一些理论问题,揭露教授和讲师们的绝顶无知,同时澄清广大公众(既包括工人,也包括资产者)的思想。可是,维德的杂志[238]只能是伪科学的;它的主要撰稿人必然是那些把《新世界》和《前进报》[239]等等弄得摇摆不定的缺乏教养的无知之徒和浅薄的文人。毫不留情——这是一切批判的首要条件——在这伙人当中是做不到的;此外,还要经常照顾到通俗性,也就是要向没有知识的读者作解释。请设想一下,一种经常把读者不懂化学作为基本前提的化学杂志是什么样子的。姑且撇开这一切不说,单是考虑到维德必然要聘任的那些撰稿人在杜林事件中所采取的手法,我们也必须小心谨慎,在党的政治状况允许的条件下尽可能远地同这些先生保持距离。看来,他们的准则是:谁用谩骂去批判自己的对手,谁就富有情感,而谁用真正的批判痛斥对手,谁就是有失尊严的人。

《马克思恩格斯全集》第 1 版第 34 卷第 48—49 页

关于"论战"

同杜林"论战"遭到的谩骂:谁用真正的批判痛斥对手,谁就是有失尊严的人。(马克思)

马克思,1877 年 7 月 23 日[240]

　　希尔施一说到《前进报》就大发脾气,既由于杜林事件,也由于《打倒共和国》一文[241]。关于这两件事,他给

第 397 页:德国党水平降低了(由于合并)——由于杜

注意|||林,由于《打倒共和国》一文。

29/

第398页:马克思生怕**有人要他们同杜林"凑在一起"**。(1877)

执行委员会(盖布等等)写了极其尖锐的信。他现在也看到,合并无论在理论方面还是在实践方面都降低了党的水平……

附上《未来》杂志编辑部寄来的信,以防你没有收到这封信。[242]阅后请把它寄还给我,以便作复。

"公民"、"思想家"和"未来的社会主义者"莫斯特想得美妙而又狡诈。总之,准备第二次合并;我们将同杜林先生凑在一起,因为那里没有他是不行的;同时,在莫斯特一伙人主编之下,他们将利用我们的名字把他们的一切卑鄙无耻的东西强塞给公众,而我们还得万分感激!在这种情况下,我倒一百个愿意帮维德的忙①。不过莫斯特也帮了我一个小忙,他使我有机会拒绝他。这些家伙以为,他们是在同"驯良的小羊羔"打交道。多么无耻!

《马克思恩格斯全集》第1版第34卷第54—55页

马克思,1877年8月1日

我认为,李卜克内西(由于推荐糊涂人阿科拉和吹牛大王拉克鲁瓦而再次大显身手)关于赫希柏格所说的或能够说的一切,都不如赫希

---

① 参看本卷第168—169页。——编者注

柏格的信能更好地刻画出他这个人。赫希柏格是第一个——在我看来他怀有最良好的意图——捐资入党并想按照自己的面貌改造党的人。他显然极其不了解或根本不了解他想"以国际的方式"网罗在自己周围的那些"国外的"党员和作家。对可敬的贝·马隆，这个连比利时的《自由报》**243**都斥之为浅薄文人的人，他也殷勤接待！至于新教牧师的儿子**埃利泽·勒克律**，赫希柏格无论如何应当知道，他和他的哥哥波吕克斯，用我们过去的《新莱茵报》发起人**244**的话来说，是瑞士《劳动者》杂志**245**的"灵魂"（这个杂志的其他撰稿人是：茹柯夫斯基、勒弗朗塞、拉祖阿之流）。该刊发动了一场疯狂反对德国工人运动的战斗，虽然它在方式上比不幸的吉约姆所能做的更伪善、更精巧。它特别对德国工人运动的领袖（自然没有**提李卜克内西等人的名字**）横加指责，说这些人损害工人利益，什么事也不干，而实际上却在阻碍运动发展并把无产阶级力量消耗于臆造的战斗和议会的阴谋活动之中的人。而为了对此表示感谢，赫希柏格想把他从柏林请来当撰稿人！

　　快活的小驼子韦德几天前来到这里，很快就要返回德国。他受盖布的重托，要拉你和我为《未来》杂志撰稿。我丝毫没有隐瞒我们拒绝的意思，并陈述了我们关于这一点的理

第 404—405 页：赫希伯格深受"现代神话"（正义、真理、自由）的毒害——受杜林的影响。

由,这使他感到十分遗憾。同时我向他说明,如果我们的时间允许或情况需要我们重新出面宣传,我们作为国际主义者绝不受对德国的义务的约束,绝不"归依亲爱的祖国"[①]。

他在汉堡见到赫希柏格博士和维德。他把后者描绘成有点肤浅的、柏林式妄自尊大的人;他喜欢前者,但觉得此人还深受"现代神话"的毒害。事情是这样,这家伙(韦德)第一次到伦敦时,我用了"现代神话"这种说法来形容那些又风靡一时的"正义、自由、平等及其他"女神,这对他产生了深刻的印象,因为他自己就曾为这些高贵的神灵效过不少劳。他觉得赫希柏格受到了杜林的某些影响,可见他的嗅觉比李卜克内西敏锐……

第 406 页:(1877. 8.1. 马克思:)政治经济学中的**价值**。**考夫曼的评述**(在《价格波动论》一书中):**人们没有把它同其余概念联系起来,贯彻到底。**(马克思指出,这说得对,人们没有在整

关于"**价值**",考夫曼在其《价格波动论》一书的第 1 章(这一章很不好,甚至是完全错误的,但总还不是没有趣味的)中,在评论了当代德国、法国和英国的学究们发表的各种毫无新意的奇谈怪论之后,对"价值"作了如下完全正确的评述:

"在我们概述各种价值学说时……我们看到政治经济学家们非常理解这个范畴的重要性……　尽管如此……一切研究经济科学的人都知道这一事实,即人们在口头上把价值的意义提得极高,而实际

上，一旦他们在序言中或多或少谈过它之后，就尽可能迅速地把它忘记。举不出来**任何一个例子**，其中对价值的论述同其他问题的论述是存在着有机联系的，表明序言中关于价值的阐述对以后的论述是有某种影响的。当然，我在这里指的只是和**价格**分离的纯粹的'价值'范畴。"①

　　这确实是一切庸俗政治经济学的特征。开此先河的是亚当·斯密；他对价值理论的为数不多的、深刻而令人惊喜的运用是偶然表现出来的，对他的理论本身的阐述没有产生任何影响。李嘉图的很大过错在于，他企图利用那些同他的价值理论看上去极其矛盾的经济事实来证明他的价值理论的正确性，这从一开始就把他的学说弄得令人费解。

《马克思恩格斯全集》第 1 版第 34 卷第 64—66 页

个政治经济学中把价值概念贯彻到底。亚当·斯密就有这个毛病。）

恩格斯，1879 年 8 月 20 日

亲爱的摩尔：

　　寄还希尔施的信并附上一封李卜克内西的信，我刚刚给他写了回信。**246**我提请他注意他那些令人惊讶的矛盾："你写信对希尔施说，报纸的后盾是'党加赫希柏格'；如果说赫希柏格是一个什么正数的话，那么指的就是他的钱袋，因为否则他就是一个负数。现在

①　见伊·伊·考夫曼《价格波动论》(《Теория колебания цен»)1867 年哈尔科夫版第 123 页。——编者注

第 418 — 419 页：
赫希柏格的杂志：
乱糟糟(Konfusion)
（并且看来靠不住）
("高贵的《年鉴》")。

你却写信对我说，赫希柏格没有出过一文钱。这件事谁能解释就让谁去解释吧，反正我无法解释。"同样地，说什么希尔施"更愚蠢地误解"了伯恩施坦的信，那是荒谬的，因为这封信使人没有误解的余地，伯恩施坦在信中是公然以编辑部领导人的身份说话的。他，即李卜克内西，自然认为一切都是安排得极好的。但是，希尔施有权亲眼看看一切，何况李卜克内西不向他提供了解情况的材料。假如希尔施因此拒绝建议，那么，这要归咎于他——李卜克内西。"至于我们，毫无疑问，如果希尔施不接受建议，我们将极其慎重地考虑，我们该怎么办，而在没弄清楚究竟谁是作为报纸后盾的'党'之前，我们不上这个圈套。"因为，我对他说，恰恰是现在，当各种腐朽分子和好虚荣的分子可以毫无阻碍地大出风头的时候，就该抛弃掩饰和调和的政策，只要有必要，即使发生争论和吵闹也不怕。一个政党宁愿容忍任何一个蠢货在党内肆意地作威作福，也不敢公开宣布不承认他，这样的党是没有前途的。例如，凯泽尔事件[247]……

　　伯恩施坦的充满不安情绪的来信也一并附上。我还**没有**回信。你最好暂时把所有这些材料保存起来，伯恩施坦的事不必着急，而那本高贵的《年鉴》，在我回来以前，可以让它安安稳稳地留在伦敦。[248]

《马克思恩格斯全集》第 1 版第 34 卷第 89—91 页

恩格斯,1879 年 8 月 25 日

希尔施在巴黎被捕并拘留两天后,已被
迫离开法国。他如今在伦敦,住在列斯纳那
里。昨天,我收到他寄来的一大包有关报纸
问题的信件,非常有意思。我认为他的行动
完全正确……

我刚刚收到两封信,一封是赫希柏格从
斯海弗宁恩寄来的,一封是倍倍尔的[249],这
两个人都想拉我们写稿。不必急于回信,因
为请来代替希尔施当编辑的福尔马尔还必须
坐三个星期的监狱!……

这些人在他们相互之间再一次造成的混
乱已到了不可收拾的地步。李卜克内西、倍
倍尔、菲勒克、赫希柏格、施拉姆、伯恩施坦,
每个人在来信中的说法各不相同,然而都是
含糊不清和矛盾百出的。因此,我们唯一的
办法就是等着瞧。

《马克思恩格斯全集》第 1 版第 34 卷第 92 页

恩格斯,1879 年 9 月 9 日

赫希柏格从斯海弗宁恩给希尔施写了一
封信,似乎想从他那里得到来这里的邀请并

确保自己能受到良好的接待,希尔施对此根本没有回答。对于赫希柏格随后寄来的明信片,希尔施也以明信片回复他说:你还没有回来,而希尔施他自己也打算到海边去。这样,想必此人就不会来打搅我们了。

在这期间,要是你能把材料给我寄回来,那就太好了。我终究还得给倍倍尔回信,首先,由于希尔施希望将他个人的事情向倍倍尔解释清楚,他为此事有些急躁,其次,因为柯瓦列夫斯基给你捎去的那本《**年鉴**》使我们幸而可以直截了当地和毫不含糊地向这些人说明,为什么我们决不能给哪怕会受到赫希柏格最微小影响的机关报撰稿。我指的是下列文章:

(1)署名**(赫希柏格,大概还有伯恩施坦和吕贝克)的《德国社会主义运动的回顾》**250**;

(2)署名卡·吕(吕贝克)的几篇短评,特别是对**科恩**的小册子《**什么是社会主义**》的评论的结语**251**;

(3)署名马·施·(布雷斯劳的马克西米利安·施莱辛格)的寄自德国的第一篇报道**252**。

赫希柏格直截了当地宣称,德国人犯了错误,他们把社会主义运动变成了纯粹的**工人运动**,并且由于**毫无必要地向**资产阶级**进**

关于赫希柏格

||第422页:《**年鉴**》的批评——不是**纯粹的工人政党,改良性质,**等等。(赫希柏格)

注意

行挑衅而给自己招来了反社会党人法！他还说什么运动应当由资产阶级分子和有教养的分子来领导，它应当具有完全和平的改良性质，等等。你可以想象，莫斯特在多么起劲地攻击这些卑劣言论，并再次以德国运动的真正代表自居。

简言之，在这件事以后，至少对莱比锡人，我们最好是明确表示我们的立场，我想，这一点你也是会同意的。如果党的新机关报和赫希柏格唱一个调子的话，那么，我们也许还不得不公开地这样做。

《马克思恩格斯全集》第 1 版第 34 卷第 101—102 页

马克思，1879 年 9 月 10 日

我完全同意你的意见，不能再浪费时间。要**尖锐地**和**不客气地**说出我们对《年鉴》的胡言乱语的意见，即暂且把一切都明白无误地"奉告"莱比锡人。[253] 如果他们仍旧这样对待他们的"党的机关报"，我们就必须**公开**宣布不承认他们。在这类事情上应当不留情面。

同上，马克思（第424 页）。

《马克思恩格斯全集》第 1 版第 34 卷第 105 页

恩格斯，1881 年 8 月 11 日

昨天早晨我通知希普顿先生说，他再也不能从我这里得到社论了。[254] 考茨基给我寄

过一篇关于国际工厂立法的软弱无力的作品,译文很糟,我对译文作了修改并寄给了希普顿。昨天收到了校样和希普顿的信,有两处他觉得"太激烈了",并且对其中一处他还有误解;他问我是否同意把它们改得缓和些。我已作了修改并答复如下:

(1)星期二①建议我作修改(信是星期三收到的),而我的答复要到星期四,即**在**报纸出版**之后**才能寄到伦敦,这有什么意思;

(2)如果**这**对他来说太激烈,那么对于我的还要激烈得多的文章他更该觉得是这样了,所以如果我停止供稿,对我们双方都会更好一些;

(3)我的时间不再允许今后每周定期写社论。此事我本来打算**在**工联代表大会(9月份)^{255}**之后**通知他的。但是在目前情况下,如果我现在就停止供稿,也许他在这次代表大会面前的处境会有所改善;

(4)他本来确实应当**在**那篇关于麦克斯·希尔施的文章^{256}排印**之前**把它拿给我看看。我不能继续担任报纸的撰稿人了,因为该报极力颂扬某些德国工会,而这些工会只能与被资产阶级收买了的,或至少是领取

---

① 8月9日。——编者注

资产阶级报酬的人所领导的最坏的英国工联相提并论。另外我祝他一切幸运等等。这封信他今天早晨已经收到了。

最主要的原因我没有告诉他:那就是我的文章对该报的其他内容没有产生任何影响,对读者也没有产生任何影响。如果说有一点影响的话,那就是来自自由贸易的秘密信徒方面的不显露的反应。而该报依然是各种可能的和不可能的幻想的混合物,而在具体政治问题上或多或少地——毋宁说是更多地——倾向于格莱斯顿。在一期或两期报上似乎出现过的反应又不见了。不列颠工人就是不想再继续前进,他们只有通过事变,通过工业垄断权的丧失,才能振作起来。而暂时也只能是这样。

《马克思恩格斯全集》第1版第35卷第18—19页

恩格斯,1881年8月18日

昨天,我终于鼓起勇气,没用参考书便研究了你的数学手稿,我高兴地看到,我用不着参考书。为此我向你表示祝贺。事情是这样清楚,真是奇怪,为什么数学家们要那样顽固地坚持把它搞得神秘莫测。不过这是那些先生们的思想方法的片面性造成的。肯定地、直截了当地令 $\dfrac{dy}{dx}=\dfrac{0}{0}$,这是他们难以理解

第432—433页:只要工业垄断地位(英国的?)还没有破坏,对不列颠工人就毫无办法。[257]

不列颠工人和垄断。

第434—436页:微分,马克思和黑格尔。

30

微分和黑格尔。[258]

的。但是很明显,只有当**量** x 和 y 的最后的痕迹消失,剩下的只是它们的变化过程的表示式而不带任何量时, $\dfrac{dy}{dx}$ 才能真正表示出在 x 和 y 上已经完成了的过程。

你无须害怕在这方面会有数学家走在你的前面。这种求微分的方法其实比所有其他的方法要简单得多,所以我刚才就运用它求出了一个我一时忘记了的公式,然后又用普通的方法对它进行了验证。这种方法很值得注意,尤其是因为它清楚地表明,通常的方法忽略了 $dx\, dy$ 等是**完全错误的**。特别值得注意的是,只有当 $\dfrac{dy}{dx} = \dfrac{0}{0}$ 时,而且**只有那时**演算在数学上才是绝对正确的。

所以,老黑格尔猜得完全正确,他说,微分法作为一个基本条件要求两个变量都有不同的幂,并且至少其中的**一个变量是二次或二分之一次幂**①。现在我们也知道为什么了。

当我们说在 $y = f(x)$ 这个公式中 x 和 y 是变量时,如果我们只停留在这一步,那么这只是一个没有任何进一步结果的论断,而 x 和 y 暂时实际上仍然是常数。只有当它们真正地变化时,也就是**在函数内部**变化时,它们

① 见乔·威·弗·黑格尔《逻辑学》第 1 编第 2 篇第 2 章的一条注释:《微分计算从它的应用所引导出来的目的》。——编者注

才真正成为变量,而且只有那时,才能显示出隐藏于最初的方程式中的不只是两个量本身的关系,而是它们的可变性的关系。最初的微商 $\frac{\Delta y}{\Delta x}$ 表示在实际变化过程中,即在每一**特定**的变化当中,这种关系是如何发生的;最后的微商 $\frac{dy}{dx}$ 才表现出它的普遍的、纯粹的关系,因此我们可以由 $\frac{dy}{dx}$ 得出任何的 $\frac{\Delta y}{\Delta x}$,而 $\frac{\Delta y}{\Delta x}$ 本身永远只适应于个别场合。而为了从个别场合得出一般关系,个别场合本身应当予以抛弃。所以当函数完成由 x 到 x' 的过程,并带着该过程的全部结果之后,可以放心地把 x' 重新取作 x;这已不是原来的 x,只是按名称来说还是变量 x,它已经过了**真正的变化**,而且,即使我们把它本身再度抛弃,变化的**结果**仍保留着。

最后,这里一下子弄清了许多数学家早就断言过、但未能提出合理论据来加以论证的一点,即微**商**是最初始的,而微分 dx 和 dy 是推导出来的:推导出这个公式本身要求,这两个所谓无理因子首先构成方程的一方,只有等到使方程回到它的这一本来的形式 $\frac{dy}{dx} = f(x)$)的时候,才能用它来做点什么,才能消除无理式,而代之以有理式。

这件事引起我极大的兴趣,以致我不仅考虑了一整天,而且做梦也在考虑它:昨天晚上我梦见我把自己的领扣交给一个青年人去求微分,而他拿着领扣溜掉了。

《马克思恩格斯文集》第 10 卷第 464—466 页

马克思,1882 年 1 月 5 日

| 狄慈根 | 第 440 页:狄慈根**倒退地**发展。无可挽救!(1882)

1882.1.5. **马克思**(第 440 页):"从附上的狄慈根的信中你可以看出,这个不幸的人倒退地'发展了',并正好'走到了'《现象学》那里。我认为这件事情是无可挽救的。"…… | 从附上的狄慈根的信中你可看出,这个不幸的人倒退地"发展了",并正好"走到了"《现象学》①那里。我认为这件事情是无可挽救的。

《马克思恩格斯全集》第 1 版第 35 卷第 28 页 |

恩格斯,1882 年 1 月 13 日

| 第 444 页:**盖得和拉法格**急躁而且不机灵。

对**私下的**造谣中伤进行了公开的和过早的回击。 | 我们的巴黎朋友现在自食其果了。我们两人对他们所作的预言,丝毫不差地全都应验了。他们由于急躁,把只要他们能够克制和善于等待就可以利用的大好形势给弄糟了。他们像小学生(以拉法格为首)一样陷入了马隆和布鲁斯为他们设下的圈套——马隆和布鲁斯完全采用旧同盟**259**的手法,只是 |

① 即乔·威·弗·黑格尔《精神现象学》(«Phänomenologie des Geistes»)。——编者注

用暗示来造谣中伤,从来不公开指名,而是秘密地口头说破这些暗示——他们进行了**指名**的公开回击,现在他们将被加上和平破坏者的罪名。此外,他们的论战也是幼稚的;这一点,只要读一下对手的回答,就马上可以看出。例如,盖得把若弗兰极其重要的地方放过去了,因为他讨厌这些,并且对下列事实**保持沉默**,即尽管他持反对立场,全国委员会[260]还是通过决定,认为若弗兰的纲领比最低纲领[261]要**激进一些**,因此,若弗兰获得了党所**授予的权力**。若弗兰自然以胜利者的姿态向盖得指出了这一点。[262]拉法格则把文章写得使马隆有可能这样来回答他:我们只是断定中世纪乡镇居民反对封建贵族的斗争是**阶级斗争**,仅此而已,而您,拉法格先生,对这一点有争论么? 现在,从巴黎寄来一封接一封的抱怨信,说他们无可挽回地被打败了,而且在最近的全国委员会会议上他们肉体上也要挨打;盖得极端绝望,正如他一个月前极端自信一样,除了分裂之外,他找不到别的拯救少数派的办法。**现在**,当他们惊奇地发觉他们必须自食其果的时候,他们就作出值得称赞的决定,把所有的个人恩怨放在一边!

马克思，1882 年 4 月 8 日

第 452 页：海德门
厚颜无耻（??）

彭普斯的家庭使命大有希望，而海德门的政治使命，相反地应当认为大有问题。你的短信使他懊丧，那是这个青年人自作自受，何况他对我耍无赖时，只是预计到我自己出于"宣传上的考虑"不会公开损害他的名誉。[263]他确实了解这一点。

《马克思恩格斯全集》第 1 版第 35 卷第 52 页

马克思，1882 年 11 月 11 日

亲爱的弗雷德：

《无产者报》[264]奉还。很难说谁更伟大，是向马隆和布鲁斯倾吐自己预言家灵感的拉法格呢，还是马隆和布鲁斯这两位英雄，一对明星。这两个人不仅有意撒谎，而且甚至自我欺骗，仿佛外部世界除"阴谋"反对他们以外，没有别的事可做，仿佛实际上所有人的大脑结构同这一对贵人的一模一样。

拉法格具有黑人部落的坏特征：**毫无羞耻之心**；我指的是那种显得可笑的羞耻之心。

如果不是有意毁灭这家报纸[265]，如果没有**打算**（这是难以置信的）让政府提出起诉把这家报纸**埋葬**掉，那么已经是时候了，是拉法

格停止幼稚地吹嘘他的未来革命中令人震惊的举动的时候了。这一次他自己把自己大大愚弄了一通。某家告密报纸摘登被查禁的《革命旗帜报》[266]上的可怕的、违警的无政府主义言论,这自然让他感到害怕。要知道这家《革命旗帜报》比保尔·拉法格这个享有专利权的科学社会主义预言家"走得更远"。由于害怕这种革命的竞争,拉法格就引证自己的话来证明(近来他有一个坏习惯,不仅听任自己的预言在世界上流传,而且还通过自我引证来"肯定"这些东西),《革命旗帜报》——也就是**无政府主义**——仅仅是抄袭了拉法格等人的深奥哲理,只不过在时机不合适、不成熟的时候准备把它付诸实现而已。预言家有时有这样的情形:他们视为自己灵感的东西,相反地常常只是留在他记忆中的过去的回音。而拉法格所写的东西和他自己所"引证的东西",实际上无非是巴枯宁处方的回音。其实,拉法格是巴枯宁的最后一个学生,他是笃信巴枯宁的。他该重新看看他和你合写的关于"同盟"的小册子[267],这样就会明白,他的最新武器是从哪里借来的。是的,他花费了很多时间才理解了巴枯宁,而且是错误地理解了巴枯宁。

龙格是最后一个蒲鲁东主义者,而拉法

第 486 页:**拉法格——巴枯宁主义者。**

格是最后一个巴枯宁主义者！让他们见鬼去吧！

《马克思恩格斯全集》第1版第35卷第105—107页

马克思，1882年11月22日

伯恩施坦关于普鲁士铁路"国有化"的消息很有意思。

第489页：法国真正的工人党的第一个组织是从马·赛·代·表·大·会·开·始·建·立·的·。（马克思）

我不同意他认为马隆—布鲁斯组织[268]规模庞大的看法；盖得当时对圣艾蒂安代表大会上的那个"人数众多的"（!）代表团所作的分析并没有被驳倒；不过这已是无谓的争论了。法国真正的工人党的第一个组织是从马赛代表大会[269]开始建立的；马隆当时在瑞士，布鲁斯还是一个无名小卒，而《无产者报》——以及它的工团——则采取了否定的立场。

《马克思恩格斯文集》第10卷第491页

恩格斯，1882年11月23日

31①

第491—492页：
自·然·辩·证·法·：电能。一种能转化为另一种能。电阻（电流的）和质量。

注意

我在电学方面获得了一个小小的胜利。你可能还记得我对笛卡儿—莱布尼茨关于 mv 和 mv^2 作为运动量度争论所发表的意见[270]；这些意见归结为：mv 是机械运动在传递机械运动**本身**时的量度，而 $\dfrac{mv^2}{2}$ 是其运动

---

① 原稿第32页是空白的。——俄文版编者注

形式改变时的量度,按照这种量度,它转化为热、电等等。而对于迄今为止只有实验室的物理学家才有发言权的电学来说,被看做电能代表的电动势的量度是伏特(E)——电流强度(安培,C)乘电阻(欧姆,R)的积。

$$E = C \times R。$$

当电能在传递中不变为另一种运动形式时,这是正确的。但是西门子在不列颠协会最近一次会议上以主席身份发表的演说中,还提出了一个新的单位——瓦特(称之为W),它应表示电流的实际的能(即区别于其他运动形式,俗称能),它的值等于伏特×安培,$W = E \times C$。

但 $W = E \times C = C \times R \times C = C^2 R。$

电气中的**电阻**和机械运动中的**质量**是一回事。因此,无论在电的运动中还是在机械运动中,这种运动在量上可以测量的表现形式——一种是速度,一种是电流强度——在**不**变换形式的简单传递中,作为一次因数发生作用,反之,在变换形式的传递中——作为**平方**因数发生作用。可见,这是运动的普遍自然规律,是由我首先表述出来的。但是现在必须尽快地结束自然辩证法。

《马克思恩格斯全集》第 1 版第 35 卷第 114—115 页

恩格斯，1882 年 12 月 19 日

第 501 页：波多林斯基作了不成功的尝试，他想为**社会主义**找到**自然科学的**论据（"因而把体力的和经济的东西混为一谈"）。

（（1882.12.19. 恩格斯））

　　波多林斯基的东西[271]我是这样看的：他的真正发现是，人类劳动能够使太阳能比在没有人类劳动的情况下更长久地保留在地球表面并起作用。他由此得出的经济方面的全部结论都是错误的。我手头没有这个东西，但我不久前还在意大利文的《平民报》[272]上看过。问题在于：包含于一定数量的食物中的一定的能量如何通过劳动变为比其本身更多的能量；这个问题我是这样解决的：假设一个人每天所必需的生活资料为 1 万个热量单位的能量。这 1 万个热量单位永远等于 1 万个热量单位，而且如大家知道的，在转化为其他形式的能时，实际上由于摩擦等等要损耗一部分，这一部分不能变为有用的能。在人体内甚至要损耗很大一部分。因此，在经济劳动过程中所用的**体力**劳动任何时候也不可能等于 1 万个热量单位，它总是要少一些。

　　由于这个缘故，体力劳动还远远不是**经济**劳动。这 1 万个热量单位所完成的经济劳动，绝不是这 1 万个热量单位本身整个地或部分地，在这种或那种形式下的**再生产**。相反地，它们的大部分耗费于人体热量的增加和散发等等上，它们所留下来的有用的东西，

只是排泄物的肥效。更确切地说,人通过耗费这1万个热量单位所完成的经济劳动,就在于把他从太阳那里获得的**新的**热量单位固定一个或长或短的时间,这些新的热量单位和最初的1万个热量单位的联系仅仅在于这种劳动。**新的**热量单位,即由于耗费包含于一天食物中的1万个热量单位所固定下来的单位,究竟是0.5万、1万、2万或100万个热量单位,这完全取决于生产资料的发展水平。

而要用数字把这一点表示出来,只有在最原始的生产部门,即狩猎业、渔业、畜牧业和农业中才有可能。在狩猎业和渔业中,甚至不固定新的太阳能,而只是利用已固定的太阳能。并且很明显,如果一个人摄入的是正常的营养,那么他通过狩猎或捕鱼所获得的蛋白质和脂肪的数量,并不取决于他所消耗的这些物质的数量。

在畜牧业中,能之所以固定下来,是因为通常很快就枯萎、死亡、腐烂的那部分植物被有计划地转化成牲畜的蛋白质、脂肪、皮肤和骨头等等,也就是说,被固定一个较长的时间。这里的计算就很复杂了。

在农业中,计算更为复杂,这里要把包含于辅助资料、肥料等等中的能量也加进去。

在工业中,这种计算是完全不可能的:投入产品中的劳动,大部分是完全不能用热量单位来表示的。例如对一磅棉纱也许还可以勉力为之,因为它的韧性和抗拉力还勉勉强强可以用力学公式表示出来,不过,这样做似乎完全无益且显得学究气十足了,而对于一块未加工过的布,那就是荒谬的了,对于经漂白、染色、印花的布,则尤为荒谬。一把锤子、一枚螺丝钉和一根针里所包含的能量,其大小是无法用生产费用来表示的。

我看,用体力量度来表示经济关系是完全不可能的。

波多林斯基完全忘记了这样一个事实,即一个劳动的人,不仅是**现在**的太阳热的固定者,而且在更大的程度上是**过去**的太阳热的消耗者。能的储备——煤炭、矿山、森林等等方面的浪费的情况,你比我知道得更清楚。从这个观点来看,狩猎和捕鱼也并不是固定新的太阳热,而是利用并已开始消耗原先积累起来的太阳能。

其次,人通过劳动所做的是有意识的,而植物所做的则是无意识的。植物是变换了形式的太阳热的巨大吸收体和贮藏体,这是早已尽人皆知的。既然劳动可以固定太阳热

（这在工业和其他部门中绝不是时时都能做到的），所以，人通过自己的劳动能够把动物消耗能和植物贮藏能的天然机能结合起来。

波多林斯基离开自己的一个很有价值的发现而走入歧途，因为他想为社会主义的正确性寻找一个新的自然科学的论据，因而把体力的和经济的东西混为一谈。

《马克思恩格斯全集》第1版第35卷第127—129页

第 一 卷
1844—1853 年

恩格斯,1844 年 10 月初

我在科隆逗留了三天,对我们在那里所开展的非凡的宣传工作感到很惊奇。那里的人非常活跃,但也非常明显地表现出缺少必要的支持。只要我们的原则还没有从以往的世界观和以往的历史中逻辑地和历史地作为二者的必然继续用几部著作阐发出来,那就一切都还会处于半醒半睡状态,大多数人还得盲目地摸索。后来,我到了杜塞尔多夫,在那里我们也有一些能干的小伙子。不过我最喜欢的还是我的那些埃尔伯费尔德人,人道观念的确已经深入他们的心灵。他们确实在着手搞自己家族经济的革命化,每当他们的父母敢用贵族的态度对待仆役和工人时,他们就要教训自己的父母,而这样的事在我们宗法制的埃尔伯费尔德已经屡见不鲜。除了这些人,在埃尔伯费尔德还有一些人也很好,不过有点糊涂。在巴门,警察局长是个共产

"全是‖第 1 页:警察

主义者。前天有一个老同学、中学教员[273]来访，尽管他从来没有接触过共产主义者，但他也受到了强烈的感染。如果我们能够直接地去影响人民，那我们很快就会取得优势……

自从我离开以后[275]，伍珀河谷在各方面的进步比最近 50 年都要大。社会风气变得比较文明了，参与政治和进行反抗活动成了普遍的现象，工业取得了巨大进步，新的城区兴建起来了，整片整片的森林被伐光了，现在这里的一切可以说是高于而不是低于德国文明的水平，而在四年前还大大低于这一水平。一句话，这里正在为我们的原则奠定良好的基础，如果我们能先发动我们粗犷而热情的染色工和漂白工，那么，伍珀河谷还要叫你吃惊呢。近几年来，工人们已经处于旧文明的最后阶段，他们通过迅速增多的犯罪、抢劫和凶杀来反对旧的社会制度。晚间，街上很不安全，资产者遭到殴打、刀刺和抢劫；如果这里的无产者按照英国无产者那样的规律发展，那他们不久就会明白，作为**个人**和以暴力来反对旧社会制度的这种方法，是没有用的，他们就会作为具有自己整体能力的**人们**通过共产主义来反对它……

我写完上面几段以后，去了一趟埃尔伯费尔德，又遇到了几个素不相识的共产主

局长是共产主义者[274] 共产主义者"！！

第 3 页："**到处都可以碰到共产主义者**"。

者。不管你走到哪里，转到哪里，到处都可以碰到共产主义者……

　　德国人都还很不清楚。为了解决这种小问题，我要写一本小册子，说明在这方面的实际情况，并通俗地叙述当前英国和美国的共产主义实践。[276]这将占用我三天左右的时间，但是对于这些人一定很有启发意义。这一点我在和本地人谈话时已觉察到了。

《马克思恩格斯文集》第 10 卷第 17—18、19、20 页

恩格斯，1844 年 11 月 19 日

　　几天前我到科隆和波恩去了。科隆的情况很好。格律恩想必已经把那里人们的活动情况告诉你了。两三个星期后，赫斯如果能得到足够的资金，也打算到巴黎去。毕尔格尔斯现在也在你们那里，这样一来，你们就可以聚集相当一批人。你们那里越不需要我，我就越有必要留在这儿。很明显，我现在还不能去；否则就会同全家闹翻。另外我在恋爱。这件事我也得先有个了结。况且，现在我们确实需要有一个人留在这里，因为这里的人都还需要鼓励，以继续从事必要的工作，而不致去胡言乱语和走上邪路。例如，现在还无法使荣克和其他一些人相信，

我们和卢格之间存在着原则分歧[277]，他们还总是认为，这只不过是一种私人纠纷。如果有人对他们说，卢格不是共产主义者，他们是不大相信的，而且会认为，轻率地抛开一个像卢格这样的"著作界权威"，终究是很可惜的！这时对他们有什么好说的呢？我们一定要等待，等卢格有一天再干出一件天大的蠢事来，那时这些人就能亲眼看看他是怎么回事……

目前，我正埋头钻研英国的报纸和书籍，为我写那本关于英国无产者状况的书搜集材料。我想，到1月中或1月底就可脱稿，因为最近一两个星期已完成了整理材料这项最困难的工作。我将给英国人编制一份绝妙的罪行录。我要向全世界控诉英国资产阶级所犯下的大量杀人、抢劫以及其他种种罪行，还要写一篇英文序言[278]，打算单独印行，并分别寄给英国的政党领袖、著作家和议员们……

施蒂纳的《唯一者及其所有物》[279]一书，即使你还没有见到，想必也已经听说了吧。维干德把这本书的校样寄给了我，我把它带到科隆，放在赫斯那里了。这位高贵的施蒂纳（你知道柏林的施米特吧，就是那个在布尔的集子[280]里评述过《秘密》的那个人）的原则,就是边沁的利己主义,只不过从一方面看贯彻得比较彻底,而从另一方面看又欠彻底罢了。说施蒂纳比较彻底,是因为施蒂纳作为一个无神论者,也把个人置于上帝之上,或者更确切地说,宣称个人是至高无上的,而边沁却让上帝在朦胧的远处凌驾于个人之上;总之,是因为施蒂纳是以德国唯心主义为基础,是转向唯物主义和经验主义的唯心主义者,而边沁是一个单纯的经验主义者。说施蒂纳欠彻底,是因为他想避免边沁所实行的对分解为原子的社会的重建,但这是办不到的。这种利己主义只不过是现代社会和现代人的被意识到的本质,是现代社会所能用来反对我们的最后论据,是现存的愚蠢事物范围内一切理论的顶峰。

因此,这个东西是重要的,例如比赫斯所认为的,还重要。我们不应当把它丢在一旁,而是要把它当做现存的荒谬事物的最充分的表现加以利用,在我们**把它颠倒过来之后**,在它上面继续进行建设。这种利己主义已是如此登峰造极,如此荒谬,同时又具有如此程度的自我意识,以致由于其本身的片面性而不能维持片刻,不得不马上转向共产主义。首先可以轻而易举地向施蒂纳证明,他的利己主义的人,必然由于纯粹的利己主义

而成为共产主义者。这就是我们应当给这个
家伙的回答。其次必须告诉他：人的心灵，从
一开始就直接由于自己的利己主义而是无私
的和富有牺牲精神的；于是，他又回到他所反
对的东西上面。

　　《马克思恩格斯文集》第 10 卷第 22—24 页

恩格斯，大约 1845 年 1 月 20 日

　　使我感到特别高兴的是：共产主义文献
传入德国，在目前已经是既成事实。一年
前，这种文献是在德国以外，在巴黎开始流
行的，实际上，那时它们刚刚问世，而今它们
正在纠缠德国佬。报纸、周刊、月刊、季刊以
及正在向前推进的重型火炮预备队，统统都
已安排得井井有条。事情发展得极其迅
速！秘密的宣传也并不是没有收获：每当我
到科隆去的时候，每当我走进这里的某一家
小酒馆的时候，总能发现新的进展、新的拥
护者。科隆的集会已经创造了奇迹：一个个
共产主义小组正在逐渐出现，这些小组都是
未经我们直接协助就悄悄发展起来的。**281**

　　……一个人身为共产主义者如果**不从事
写作**，或许还可以在表面上充当资产者和做
生意的牲口，但是，如果他既要从事大量的共
产主义宣传，同时又要做生意和搞工业，那就

第 14 页：要把共产
主义和做生意结合

起来，——那就不行了。我已经受够了，复活节我要离开这行了。我会变成一里。还有这个彻头彻尾地信仰基督教的普鲁个庸人，并把庸人士家庭里的沉闷生活，我再也不能忍受下去习气带入共产主义了；长此下去我可能会变成一个德国庸人，并运动。**282**　　　把庸人习气带入共产主义运动。

《马克思恩格斯文集》第 10 卷第 28、30 页

恩格斯，1845 年 2 月 22 日——3 月 7 日

我一听到你被驱逐出境[283]的消息，就认为有必要立即进行募捐，以便让我们按共产主义方式大家分担你因此而支出的额外费用。这件事办得很顺利。3 星期前，我给荣克寄去了五十多个塔勒，也向杜塞尔多夫的人提出了要求，他们也已经筹到同样数目的款子；我还委托赫斯在威斯特伐利亚发起这方面的必要的宣传。这里的募捐尚未结束，画家克特根把事情延误了，因此现在我还没有得到全部应收的款子。但愿过不几天能全部收齐，然后我就把汇票给你寄到布鲁塞尔去。另外，我不知道，这些钱够不够使你在布鲁塞尔安顿下来，所以不言而喻，我万分乐意把我的第一本关于英国的书的稿酬交给你支配；但愿我不久至少可以拿到这本书的一部分稿酬，而这笔钱目前我不是非要不可，我的老头儿一定会借给我的……　你收

到这封信时,克利盖恐怕已经到你那里了。这家伙是一个出色的鼓动家,他会告诉你许多关于费尔巴哈的事。就在他离开这里的第二天,我收到了费尔巴哈的一封信(因为我们给他写过信)。费尔巴哈说,他首先要彻底清除宗教垃圾,然后才能好好研究共产主义,以写文章来捍卫共产主义;他还说,他在巴伐利亚与全部生活完全隔绝,以致无法做到这一点。另外他又说,他是共产主义者,因此对他来说,问题只在于如何实现共产主义而已。今年夏天他可能到莱茵省来,然后他也应该去布鲁塞尔,届时我们要设法劝他去。——

第 15 页:给费尔巴哈的信。

埃尔伯费尔德这里正在出现奇迹。昨天,我们在这个城市一个上等饭店的大厅里召开了第三次共产主义者大会。第一次大会有 40 人参加,第二次大会有 130 人参加,第三次大会至少有 200 人参加。整个埃尔伯费尔德和巴门,从金融贵族到小店主都有代表参加,只有无产阶级例外……

第 15 — 16 页:巴门的共产主义者大会。哪个阶级都有,——唯独没有无产阶级!!!

《批判的批判》**还是没有收到!** 新的书名《**神圣家族**》肯定会使我和我家虔诚的、现在本来就已十分恼火的老头儿发生争吵,这一点你自然不会知道。我从出版广告上看到,你把我的名字写在前面了,为什么这样?我

可是几乎什么……①也没有写,而且[你的]①
文风确实是每一个人都能看出来的。

　　　《马克思恩格斯全集》第 2 版第 47 卷
　　　第 342 — 343、346 页

恩格斯,1845 年 3 月 17 日

恩格斯
和他的
家庭。

第 21 页:
恩格斯在家
中的不幸。
父亲是资产
者和教徒,
等等。

　　告诉你,我现在过的完全是不堪忍受的
生活。集会的事情和本地的一些共产主义者
(我自然同他们时有交往)的"不轨行为",又
激起我家老头儿的宗教狂热;而我宣布绝对
不再做生意,更加剧了他的宗教狂热,我以共
产主义者的身份在公开场合露面还附带激发
了他那十分引人注目的资产阶级狂热。我的
处境你现在可以想象得到。由于两星期左右
我就要离开,我不想引起争吵了,我闷着头忍
受一切。他们对此却不习惯,因而更增长了
他们的气焰。我接到的信,他们在给我之前,
从各方面都嗅遍了。因为他们知道那全都是
共产主义者的来信,所以每当他们给我信时,
都摆出一副笃信宗教的难受面孔,叫人看了
简直要发疯。我外出,他们也摆出那副面
孔。我坐在自己房间里工作——当然是从
事共产主义的工作,这他们知道——他们还
是摆出那副面孔。我吃也好,喝也好,睡觉也

────────────

① 手稿此处残缺。——俄文版编者注

好,放个屁也好,都不能不面对那种令人讨厌的圣徒的面孔。不管我做什么——不管外出或在家,沉默或讲话,读书或写字,笑或不笑,我的老头儿总是摆出那副难看之极的哭丧相。而且我的老头儿又这样愚蠢,他把共产主义和自由主义都看成是"革命的";例如,他不管我怎样争辩,硬要我对英国**资产阶级**在议会里的丑事永久负责!此外,这里现在正是家中的敬神季节。一星期前,我的弟弟和妹妹二人接受坚信礼,今天全体亲族都要吃圣餐,——圣体发生了效力,今天早上全都是一副难受的面孔。

而且更糟的是,昨天晚上我和赫斯在埃尔伯费尔德宣传共产主义直到深夜两点。由于我的晚归,今天他们自然又都拉长了脸,意思是说我大概是进监狱了。最后他们终于鼓起勇气,问我,昨天晚上到哪里去了。——"在赫斯那里"。——"在赫斯那里! 天呀!"停顿片刻,脸上露出了基督教式的越发绝望的神情。——"看你都交了些什么朋友!"——唉声叹气,等等。简直叫人发疯。对我的"灵魂"进行的这种基督教式的征讨是多么刁恶,你是无法想象的。而且我的老头儿要是发现还有《批判的批判》这本书,他就会把我赶出家门。同时,经常使人生气的是,看到这些人已无可救药,他们简直是**甘愿**用他们对地狱的幻想来折磨和虐待自己,以致连最乏味的公正原则都无法跟他们讲通。

我的母亲是个很好的人,只是在我的父亲面前一点儿也不能自主,我很爱她;要不是为了我的母亲,我一刻都不想对我那个狂热而专横的老头儿作**丝毫**的让步。但是我母亲一忧伤就要生病,每当她特别为我而生气时,马上就要头痛一个星期。我再也不能忍受了。我必须离开这里,但是还得住几个星期,我真不知道该怎么忍受。不过这种日子快结束了。

此外这里就没有什么新闻了。资产阶级侈谈政治,到教堂去做礼拜;无产阶级在干什么,我们不知道,而且几乎无法知道。

《马克思恩格斯全集》第 2 版第 47 卷第 351—353 页

恩格斯致布鲁塞尔共产主义通讯委员会

致委员会。第二号(1846 年 9 月 16 日)

第 31 页:批判**蒲鲁东**(还在出书以前)和劳动市场等等。**284**

(2)现在讲一件滑稽的事。蒲鲁东在一本尚未出版的新书里(该书由格律恩翻译),提出一个宏伟的计划,即凭空弄到钱,使所有工人都能进入天堂。**285**没有人知道这是怎么回事。格律恩也严守秘密,但却极力吹嘘他的点金石。大家都在紧张地期待着。终于,上星期艾泽曼老爷子来到细木工中间,当时我也在场,这个装模作样的老家伙带着极为天真而神秘的神情把这个计划一点一点地泄露了出来。格律恩先生出于信任,把全部计划告诉过他。现在请听听这个拯救世界的宏伟计划是什么吧:这不折不扣是在英国早已尽人皆知并且破产了十次的 labour-ba-zars 或者 labour-markets[286],是各行业全体手工业者组成的协作社,是大货栈;在那里,由协作社社员提供的全部产品都严格按照原产品费用加上劳动费用来议价,并用其他以同样方式议价的协作社的产品来支付。超出协作社需要量的那部分产品,就在世界市场上出售,所得收入付给生产者。聪明的蒲鲁东以为,这样一来,他和他的协作社的其他社员,就可以免除中间商人的利润了。可是这个聪明人却没有想到,这样一来他连**他的协作社的资本**的利润也免除了,这种资本及其利润同被他免除了的中间商人的资本及其利润**恰好是一般多**,因此,他把他用左手得到的东西,又用右手扔掉了。他也完全忘记了:他的工人永远也无法筹集到必要的资本,否则他们就能同样成功地独自创业了;协作社所能带来的费用上的节约,与巨大的风险相比根本不算一回事;整个这一套办法无非是希望用魔术把利润从世界上清除而把利润的所有生产者保留下来；这一切完全是施特劳宾人[287]的田园诗，它一开始就排斥所有的大工业、建筑业、农业等等；这些生产者只能承担资产者的**亏损**，却不能分享资产者的利润，所有这一切，以及其他成百个明摆着的异议，他都由于沉醉于自以为是的幻想中而完全忘记了。这一套真是可笑之极！家长格律恩自然是相信这个新的救世办法，他心里已经认为自己是一个拥有两万工人的协作社的领袖了（他们想马上就开始**大干一场**），而且他的整个家族自然将免费得到衣食和住宅。但是，当蒲鲁东把这一套办法公开说出来的时候，他就使自己，使所有法国的社会主义者和共产主义者在资产阶级经济学家面前永远丢尽了脸。这也就是他抱怨和攻击革命[288]的原因，原来他心里藏着一个和平的药方。蒲鲁东正好和约翰·瓦茨一模一样。瓦茨认为自己的使命是：尽管自己相信不可敬的无神论和社会主义，但在资产阶级眼里，却要成为一个可敬的人；蒲鲁东也想竭尽全力做到：尽管同经济学家论战，自己却要成为一个公认的大经济学家。**宗派分子就是这样**。而且这一套又是如此陈旧！

恩格斯,1846 年 9 月 18 日

我在那份工作汇报中所讲的实在太冤枉蒲鲁东了。① 因为上次那封信的篇幅不够,所以我必须在这封信里加以纠正。我原来以为他是做了一件小小的荒唐事,一件常理范围内的荒唐事。昨天这件事又一次提出来详细讨论,我才弄清楚,这一新的荒唐事的确是一件**极为荒唐的荒唐事**。你想想看:要无产者**积蓄**小额的股份。用这些小额股份(在少于1 万—2 万工人的情况下,自然是决不可能着手进行的)首先在一种或几种手工业行业里设立一个或几个作坊,让一部分股东在那里工作;产品(1)以原料加劳动的价格卖给股东(这样他们就不必支付任何利润了),(2)可能剩余的部分则按照现行价格在世界市场上出售。协作社的资本一旦因新股东的加入或老股东的新储金而增加,就可用来设立新的作坊和工厂,如此继续下去,直到**所有的无产者**都有工作做,国内**所有的**生产力都被收购过来,从而资产者手中的资本就丧失了支配劳动和获取利润的权力! 这样一来,资本就被废除了……

第 37 页:同上。工人**将赎买**资本!!!

(第 38 页)

《马克思恩格斯文集》第 10 卷第 37—38 页

---

① 见上一封信。——编者注

恩格斯，大约 1846 年 10 月 18 日

第 50 页：又一个晚上：表决。他们要求我温和、宽厚等等。问题是：共产主义还是人类的幸福。

这里的施特劳宾人对我掀起了可怕的叫嚣。特别是三四个"有教养的"、曾经被艾韦贝克和格律恩传授了"真正人性"的奥秘的工人。但是由于耐心对待，再加上一点威胁，我还是取得了胜利：大多数人都跟我走了。格律恩已经宣布放弃共产主义，而这些"有教养的"家伙也非常想追随他。但是我直接投入战斗，把艾泽曼老爷子吓得再也没有露面，并且我直截了当地提出了**赞成共产主义**还是**反对共产主义**的问题让大家讨论。今天晚上就要进行表决：集会是共产主义的呢，还是像那些"有教养的"人所说，是"为了人类的幸福"的。我有把握获得多数。我已宣布，如果他们不是**共产主义者**，那就不必同我打交道，我以后也不再来了。今天晚上格律恩的门徒们将被彻底击败，然后我得完全从头开始。

这些有教养的①施特劳宾人向我提出的要求，你根本无法想象。"温和"，"宽厚"，"热烈的博爱"。不过我狠狠地训斥了他们，每天晚上我总要使 5、6、7 个家伙组成的整个反对派（因为最初是整整一伙人都反对

---

① 原文是柏林方言："jebildeten"。——编者注

我)哑口无言。下次我将把全部经过写得更详细些,因为它清楚地暴露了格律恩先生的本来面目。

《马克思恩格斯全集》第2版第47卷第420—421页

恩格斯致布鲁塞尔共产主义通讯委员会

给委员会的第三封信(1846年10月23日)

对于蒲鲁东的协作社计划争论了三个晚上,最初差不多所有的人都反对我,到最后只剩下艾泽曼和其余三个格律恩分子。我所要做的主要就是证明暴力革命的必要性,同时说明:在蒲鲁东的万应灵药中找到了新生命力的格律恩的"真正的社会主义"是反无产阶级的、小资产阶级的和庸人的东西,从根本上驳倒了它。最后,我因我的对手们老是重复同样的论据而发火了,并且直接攻击了这些施特劳宾人,这激起了格律恩分子的极大的恼怒,但是我借此迫使高贵的艾泽曼对共产主义进行了**公开的攻击**。于是我就把他痛骂一顿,使得他再也没有露面。

我当时紧紧抓住了艾泽曼给我的把柄——对共产主义的攻击,尤其是因为格律恩在继续捣鬼,奔走于各个作坊之间,每个星期天都把人召到他家里去,如此等等,而在上面说过的那次会议以后的星期天,**他自己做**

第41页:同所有的格律恩分子争论了三个晚上,要证明蒲鲁东主义是*小资产阶级的*,*反无产阶级的*。[289]

\34
同蒲鲁东派的斗争。注意

了一桩天大的蠢事:当着 8—10 个施特劳宾人的面攻击共产主义。因此,我宣布,在我继续参加讨论以前,必须先表决,我们在这里是不是以共产主义者的身份来集会的。如果是,那就必须注意不让像艾泽曼攻击共产主义那样的事情再度发生;如果不是,如果这里只是随便什么人在随便讨论某个问题,那我就不必和他们打交道,以后也不再来了。这使格律恩分子大为震惊,他们就辩解起来了,说他们是"为了人类的幸福",为了自己弄清问题来这里集会的,他们都是进步的人,并不是片面的空谈家,等等,像这样正直的人无论如何是不能称为"随便什么人"的。此外,他们**首先想要知道**,共产主义究竟是什么……

我给他们下了一个最简单的定义,这个定义恰好涉及当时争论的各点,它用主张财产共有**排斥**了对资产者和施特劳宾人采取和解、温情和体谅的态度,最后也**排斥了**蒲鲁东的股份公司及其所保留的私人**财产**以及与此有关的一切。此外,这个定义中没有任何东西可以让他们作为借口来离题发挥和回避所提出的投票表决。就是说,我把共产主义者的宗旨规定如下:(1)实现同资产者利益相反的无产者的利益;(2)用消灭私有制而代之以

巴黎

第 42 页:恩格斯**对共产主义下定义:**

(1846)

(1)维护无产阶级利益,反对资产阶级

(2)消灭私有制而代之以公有制

财产共有的手段来实现这一点;(3)除了进行暴力的民主的革命以外,不承认有实现这些目的的其他手段。

这个问题争论了两个晚上。到第二个晚上,三个格律恩分子中最好的一个觉察到大多数人的情绪,完全转到我这方面来了。其余两个老是自相矛盾,而自己却对此毫无觉察。好些还从来没有发过言的人突然开了口,宣布坚决拥护我。在这以前只有云格这样做过。这些新人中有那么几个,虽然因为害怕得发抖而说不清,但是都说得非常好,看来他们具有相当健全的头脑。一句话,在表决的时候,以13票对两票宣布集会是共产主义的,是遵守上述定义的。至于投反对票的那两个依然忠实的格律恩分子,其中的一个后来也宣称他有改邪归正的最大愿望。……

写完这些以后,我又去施特劳宾人那里,在那里查明了下面的事实:格律恩本事不大,奈何不了我,于是就让人在城门口公然谴责我。艾泽曼在城门口的公开集会上攻击共产主义,参加这种集会的有密探,会上自然没有人会反击他,否则就要冒被驱逐的危险;云格曾经十分愤怒地反击过他,不过我们昨天已经警告了云格。于是艾泽曼就说云格是某个第三者(自然是指我)的传声筒,说这个第三

（3）除了暴力的民主的革命以外,不承认其他手段

（这个问题争论了**两个晚上**）

结果:＋13

　　　－2!!!

((在蒲鲁东的书之前。第43页。))

注意

第45页:格律恩在警察面前攻击共产主义:告密——卑鄙……

者像一颗炸弹似的突然出现在这些人中间，还说这个人很懂得怎样教会人们在城门口的集会上进行辩论，等等。总之，他所说的这些话，简直就是**不折不扣地**向警察**告密**。因为那家店主(事情就是在他的店里发生的)4个星期以前就说过：你们中间始终有密探，同时警官也来参加过集会。艾泽曼直截了当攻击云格是"革命者"。格律恩先生始终都在场，使劲教艾泽曼该怎样说。

《马克思恩格斯全集》第2版第47卷
第422—423、423—424、427页

恩格斯，大约 1846 年 10 月 23 日

我想我是能够对付这里的施特劳宾人的。这些家伙真是无知透顶，他们的生活状况使得他们毫无觉悟，他们当中根本没有竞争，工资一直停留在同一水平上，同师傅的斗争根本不是为了工资，而是为了"帮工自尊心"等等。目前服装店正对裁缝起着革命性的作用。假如它不是这样一种没有希望的行业就好了。

格律恩已经造成了严重的危害。他把这些人脑子里一切明确的东西都变成了朦胧的幻梦、人类的追求等等。他以反对魏特林的和其他空谈的共产主义，并以此为幌子，给这些人的脑袋塞满了意义含混的美文学家和小

注意

第 40 页：格律恩把事情搞坏了。空谈，朦胧的幻梦，没有任何明确的东西，仇视

资产阶级的辞句,而把其余的一切都指责为空谈学理。甚至那些**从来就不**是或者只有个别人是魏特林信徒的细木工,对"粗鄙的共产主义"①也怀有迷信人怕鬼般的恐惧,并且至少在通过决议**之前**宁肯赞同极其荒唐的梦呓、为人类造福的和平计划等等,而不赞同这种"粗鄙的共产主义"。这里的情况混乱不堪。

《马克思恩格斯全集》第 2 版第 47 卷第 429—430 页

恩格斯,1847 年 3 月 9 日

你看见了路·勃朗的《革命史》②了吗?这是一个大杂烩,既有正确的猜想也有极端荒诞不经的议论。我只在萨塞勒看了第一卷的一半。它给人一种古怪的印象。它刚刚以其新颖独特的观点令人惊异,马上又以其荒唐透顶的议论使人莫名其妙。但是路·勃朗的嗅觉很灵敏,不管他怎样胡说,推测都很正确。但是他已不能再前进一步,他已经被意识形态"这种妖术束缚住"。

你知道去年出版的阿希尔·德·沃拉贝尔所著《帝国的没落,两次复辟的历史》这本

---

① 原文是:"Löffelkommunismus",直译是:"汤匙的共产主义"或"暴食的共产主义"。——编者注
② 路·勃朗《法国革命史》(《Histoire de la Révolution francaise》)1846 年版第 1 卷。——编者注

35/

第 62 页:路易·勃
朗——**好东西不
多,破烂货一大堆**。
沃拉贝尔——梯叶
里、米涅等人以前
的旧学派史学家。

书吗？作者是《国民报》[290]的共和派,并且具
有编年史的风格,属于(梯叶里、米涅等人以
前的)旧学派。作者完全不了解最通常的关
系——甚至卡普菲格的《一百天》这本书在
这方面也要比他的描写强得多。但是,由于
书中历数了波旁王朝和神圣同盟的种种卑鄙
行为,对事实作了相当准确的述评(在其民族
的和政治的利益不妨碍他这样做的范围内),
这本书是有意义的。然而,总的说来,正是由
于没有总揽全局,所以这本书写得枯燥无
味。《国民报》是拙劣的历史学家,而沃拉贝尔
据说是马拉斯特的朋友。

　　　　《马克思恩格斯全集》第 2 版第 47 卷第 462 页

恩格斯,1847 年 9 月 28—30 日

　　近几天这里出了一件很怪的事。这里的
德国人中间所有对我们和我们的表现怀有不
满的分子组成了一个联盟,为的是推倒你、我
和一切共产主义者,并与工人协会[291]竞争。
伯恩施太德极为不满。奥特贝格说我们利用
了伯恩施太德,这种说法得到了赞德库尔的传
播与支持,并被克吕格尔和莫拉斯所利用,这
一切使伯恩施太德对我们大家充满了怨气。
莫拉斯和**克吕格尔**,到处诉苦,说我们对他们
态度傲慢,更是给他火上加油。**载勒尔**发火,

是因为，在成立工人协会时他遭到了不可原谅的忽视，同时还因为协会顺利的发展，与他的全部预言背道而驰。**海尔贝格**正在设法进行不流血然而却是有力的报复，因为他觉得自己遭到了、而且每天都在遭到粗暴的对待。伯恩施太德发火的原因也是如此，他赠了书和地图，竟没有能为自己弄到一个有影响的民主派的地位，也没有搞到荣誉会员资格，使协会陈列他的半身雕像；相反，他的排字工人明天晚上将要把他当做一个平平常常的人来投票表决。使他发火的原因还有，他，一个高贵的绝顶聪明的人，在工人中间找到嘲弄人的机会要比他原来期望的少得多。至于莫拉斯，则是因为他没有能够把《布鲁塞尔报》[292]争取到海因岑那边去而感到恼火。总之，所有这些五花八门的分子联合起来向我们出击，是想把我们贬低到与安贝尔和比利时民主派相比的次要地位，并且建立一个比我们微不足道的工人协会更了不起、更广大的团体。所有这些先生们都渴望有朝一日也发明点什么东西，而且这些胆怯的坏蛋们认为，干这种事最恰当的时机是你不在这里的时候。但他们完全打错了算盘。

因此，他们决定偷偷摸摸地举行一次世界主义民主派的晚宴，并且在晚宴上完全出人意外地建议组织一个"民主派兄弟协会"之类的团体,包括举行工人大会,如此等等。他们建立了一个什么委员会,为了装装样子还把对他们不构成危险的安贝尔拉入了委员会。在听到各种不确定的传闻后,星期日晚上我才在协会里从伯恩施太德那里得到这件事情的一些确实的消息,晚宴已经定在星期一举行。详细的情况从伯恩施太德那里打听不出来,只听说要来参加晚宴的有若特兰、梅利奈将军、阿道夫·巴泰尔斯和卡茨等人,以及波兰人、意大利人等等。虽然关于整个这个联盟我一点也没有料想到(星期一早晨我才知道,伯恩施太德有些恼怒,莫拉斯和克吕格尔满腹牢骚,正在搞阴谋诡计;而载勒尔和海尔贝格怎么样,我一点都不知道),但我觉得这件事有可疑之处。然而,为了比利时人,为了在小小的布鲁塞尔不致发生任何没有我们参加的民主主义的事情,还是得去。

《马克思恩格斯全集》第 2 版第 47 卷第 471—472 页

恩格斯,1847 年 9 月 28—30 日,星期四

会议开始了。伯恩施太德用手托着脑袋,带着一种特殊的必胜信心看着我。我也看着他,等待事态的发展……

第 70—71 页:恩格斯战胜了**伯恩施**

这时我就起来发言,揭露了涉及协会的全部阴谋,逐条驳斥了伯恩施太德的遁词,最

后,我声明:"伯恩施太德阴谋反对我们,要和我们竞争,但是,我们胜利了,因此,现在我们可以允许他入会。"在讲话时——这是我所作的最好的一次讲话——我的话常常被掌声打断;特别当我说到,这些先生以为已经赢得一切,因为我,你们的副主席,要离开这里了,但是他们没有想到,在我们之中有一个人,他有充分理由占据这个位置,只有这个人才能够在布鲁塞尔这里代表德国民主主义者,这就是马克思——这时响起了热烈的掌声。总之,在我以后没有人再发言,这样一来,伯恩施太德就没有得到被驱逐的光荣……

他别无他法,只能在布鲁塞尔奔波,到处诉说自己蒙受的耻辱——这是他垮台的最后一个梯级。他愤怒地回到会场,但是无精打采,当我向协会告别,并且带着一切应有的荣誉而被欢送离去的时候,他生气地溜走了。在讨论他的时候,毕尔格尔斯在场,他是前天晚上来到这里的。

我们的工人们在这个事件的整个过程中表现得**十分出色**；……他们对待伯恩施太德极其冷淡无情,所以当我发言并作出结论时,我手中已掌握足以使他落选的绝大多数票。连瓦劳本人也承认这一点。当然,我们

太德。

对他很厉害,把他羞辱一通后吸收了他。这
事给协会留下了一个很好的印象;工人们第一
次起了作用,击破种种阴谋而控制了大会,从
而使那个想在他们中间扮演头面角色的人有
所收敛。只有几个办事员之类的人仍然不满,
群众是热情拥护我们的。他们感到,一旦他们
联合起来,他们就会成为怎样的一种力量。

《马克思恩格斯全集》第 2 版第 47 卷
第 476、477—479 页

恩格斯,1847 年 10 月[25—]26 日

第 73 页:恩格斯访
路易·勃朗。说党
的(即最先进的民
主派的)领袖是**马
克思**,纲领就是他
那本反对蒲鲁东
的书。路易·勃朗
很友善。

我今天才给你写信,因为我今天才得以
见到小个子路易·勃朗(经过同看门的女人
的剧烈斗争之后)。我同他进行了长时间的
交谈,结果是这个小个子对一切都表示同
意。他十分客气,十分友善,而且看起来他最
大的愿望就是要同我们建立最密切的联系。
他也完全没有那种以保护人自居的法国人派
头。我曾经写信告诉他,我将正式受伦敦、布
鲁塞尔和莱茵地区民主派的全权委托,同时
也是以宪章派代表的身份去拜访他。他详细
地打听了各种情况;我对他描述说,我们党目
前的状况非常好,谈到了瑞士、雅科比和我们
的同盟者巴登人等等。

我说你是领袖:"您可以把马克思先生看

做我们党(就是说,德国民主派中最先进的一派,我在他面前就是这一派的代表)的领袖,把他最近出版的反对蒲鲁东先生的著作²⁹³看做我们的纲领。"他对此十分注意。最后他答应在《改革报》²⁹⁴上发布关于你这本著作的消息。他告诉我很多目前在工人中开展的地下运动的情况;说工人们已经把他的《劳动组织》这本书廉价印了 3 000 册,而且两星期以后不得不重印了 3 000 册;他说,工人们现在比任何时候都更革命,不过,他们已经学会了等待适当的时机,不搞暴动,只进行**有把握**获得成功的决定性打击等等……

我同样在积极地做弗洛孔老爷子的工作。我先是以英国人代表的身份同他见面,并且以哈尼的名义问他,为什么他对《星报》²⁹⁵那样冷淡。他说,是的,他很遗憾,他很愿意谈谈这件事,只是编辑部里没有人懂得英文!我自告奋勇每星期给他写一篇文章,他乐意地接受了。当我告诉他,我是《星报》的通讯员时,他大为感动。只要我们继续这样干,一个月之后我们就能把整个这一派争取过来。弗洛孔想让我写一篇关于宪章运动的文章,他自己用,他对于宪章运动丝毫不了解……

我还没有见到卡贝。他似乎为离开这里　第 75 页:我(恩格斯)还没有见到**卡贝**。

恩格斯访**弗洛孔**。

而高兴。他觉察到,这里的局面已开始变得动摇不定。弗洛孔想动手,而路·勃朗不愿意,这是完全正常的,虽然路·勃朗也经历过各式各样的事件,并且事先就高兴地想到,资产阶级会在突然爆发的革命面前突然失去自己的安全。

────

我到弗洛孔老爷子那里去了一次。这个老实人对我极为诚恳,我向他叙述我同《工场》的来往经过时那种老实真诚的态度,几乎使他感动得热泪盈眶。我从《工场》谈到《国民报》:"当我们在布鲁塞尔讨论我们应该去找法国民主派中哪一派的时候,我们一致的意见是,必须首先同《改革报》建立联系,因为在外国对《国民报》存在着强烈的和完全有根据的成见。首先,这个报纸的各种民族偏见妨害它同别人接近。"──是的,是的,一点不错,弗洛孔说,这甚至就是《改革报》创办的原因;我们从第一天起就声明:我们不挤占别人。──而且,我继续说道,如果说我可以相信我的先行者(因为我从未到《国民报》去过)的话,那些先生们老是装出一种愿意保护外国人的样子,而这同他们的民族偏见也是完全一致的;但是我们不需要他们的保护,我们不要任何一个保护者,我们要的是同盟者。——对呀,但是我们完全不同,我们没有想过这一点。——这是确实的,因此我对《改革报》的先生们的这种态度表示赞扬……

我对路·勃朗说,我们同他们在一切实际问题和时局问题上是一致的;在纯理论问题上我们也正朝一个目标走;他的著作[296]第一卷中所阐述的那些原则,在许多方面同我们的原则是一致的;至于其他的问题,他可以在你的著作中找到比较详细的叙述。关于宗教问题,我们认为是完全次要的问题,这个问题在任何时候都不应该成为同一党派内的人们互相争执的理由。尽管如此,对于理论问题进行友好的讨论是完全可行的,甚至是值得欢迎的,对此他表示完全同意……

唉,我的天,我差点儿忘记了伟大的海因岑从阿尔卑斯山顶上向我倾泻的脏水[297]。真幸运,这些东西密密麻麻地刊登在一期上,没有一个人能看到底,连我自己也有好几次不得不停下来喘一口气。这样的蠢材!如果说,我先前曾经说他不会写,那么,现在必须再加一句:他也不会读,而且看来他连四则运算也学得不扎实。

《马克思恩格斯全集》第2版第47卷第484—490页

第77—78页:我(恩格斯)对**路易·勃朗**说,我们在实际问题上是一致的,在理论方面也正朝一个目标走。说不应该在宗教问题上发生争执。(第78页)

恩格斯,1847 年 11 月 14—15 日

路特希尔德从新公债中赚得 1 000 万法郎——纯利 4%……

海涅让我向你问好。他非常虚弱,看来有些颓唐。到底是谁把你的文章寄给路·勃朗的? 他说,信是由一个完全陌生的人署名的。他把文章压了很久,也许这也是一个原因。

《马克思恩格斯全集》第 2 版第 47 卷第 496、497—498 页

恩格斯,1847 年 11 月 23—24 日

第 84 页:**恩格斯**写了《**共产主义宣言**》的草稿。[298]

注意

请你把《信条》考虑一下。我想,我们最好不要采用那种教义问答形式,而把这个文本题名为《共产主义宣言》。因为其中或多或少要叙述历史,所以现有的形式完全不合适。我把我在这里草拟的东西[299]带去,这是用简单的叙述体写的,时间十分仓促,还没有作仔细的修订。我开头写什么是共产主义,接着写什么是无产阶级——它产生的历史,它和以前的劳动者的区别,无产阶级和资产阶级之间的对立的发展,危机,结论。其中也谈到各种次要问题,最后谈到了共产主义者的党的政策中应当公开的内容。这里的这个东西还没有提请批准,但是我想,除了某些小

小不言的地方,要做到其中至少不包含任何
违背我们观点的东西。

《马克思恩格斯文集》第 10 卷第 55—56 页

恩格斯,1848 年 1 月 21 日

亲爱的马克思:

　　我终于逮到路·勃朗了,并且知道了
为什么我总找不到他的原因。你看,这个
矮小的著作界大老爷仅仅在星期四而且只
是午后才接见客人! 关于这点他从没有直
接对我说过,也没有让他的看门人告诉过
我。在他那里,当然有许多蠢驴,拉蒙·
德·拉萨格拉就是其中的一个;此人给了
我一本小册子[300],我现在随信一起寄上。
这本小册子我还没有看过。后来,我终于
能够同路易·勃朗谈了几分钟我们的事
情。他吞吞吐吐地承认,还没有时间读你
的书[301]…… 我浏览了一下,发现蒲鲁东
先生在这本书里受到相当厉害的攻
击……——好啦,我问道,您现在能写您曾
经答应为《改革报》写的那篇文章了
吧? ——文章? 哎呀,我的天,不行,我的
出版商都正在围着我要稿子呢! 这样办
吧:文章您自己写,我把它登在《改革报》
上。事情就这样商定了。其实,这样做于

第 85 页:**路易·勃
朗**只是**浏览了一下**
马克思的书。

你无损。由我来叙述我们的观点,起码要比他叙述得正确。我将直接拿我们的观点去对照他的观点——这就是能够做到的一切,在《改革报》上是不能做**反对**《改革报》的结论的。文章我马上就动手写……

第86页:路易·勃朗应该受到惩罚:要批评他一下。

至于路·勃朗,他理当受到惩罚。你要就他的《革命》写一篇评论给《德意志—布鲁塞尔报》,切实向他表明我们比他高明得多——在形式上要友好,但是在内容上要坚决地肯定我们的优势。这一点有人会告诉他的。应该让这个小苏丹稍稍知道一点厉害。遗憾的是,目前我们唯一的长处还是理论方面,但是,这些社会科学的捍卫者们,充足生产律等等的捍卫者们,对这一点却是非常看重的。这些人追求这个无人知晓的定律真是太妙了。他们想要找到一个定律,用这个定律使生产增加到10倍。他们像寓言里的马车夫一样,到处寻找一个能替他们把社会马车从泥泞中拉出来的海格立斯。而海格立斯就在他们自己的那双手臂之中。充足生产律就在于人们充足地生产。如果他们做不到这点,那么任何符咒都帮助不了他们。这些取得特许证的发明家们对充足生产所作的贡献,比绞尽脑汁追求科学的整个路·勃朗要多得多。

　　　　　　《马克思恩格斯全集》第 2 版第 47 卷
　　　　　　第 509—510、511 页

恩格斯,1848 年 3 月 8—9 日

　　德国别处的消息都很好。在拿骚,是一次成功的革命;在慕尼黑,大学生、画家和工人正在全力进行起义;在卡塞尔,革命一触即发;在柏林,是极度的恐慌和动摇;在整个西德意志,已宣布新闻出版自由和建立国民自卫军。目前这样已经足够了。

　　就让弗里德里希-威廉四世仍然顽固下去吧!那时万事俱备了,过几个月就会发生德国革命。就让他紧抓着自己的封建形式不放吧!不过鬼才知道这个可笑而疯狂的家伙会干出什么来。

　　第90页:1848年3月:要是弗里德里希-威廉四世再顽固下去,我国过两个月就会发生革命!注意 注意

　　科隆的整个小资产阶级都主张加入法兰西共和国;目前那里正盛行回忆 1797 年[302]。

　　特德斯科还在坐牢。[303]我不知道他何时受审。

　　关于你的事件,已经给《北极星报》寄去了一篇万分激愤的文章[304]。

　　星期日晚上,民主协会的会议开得异常平静。会上决定向两院提出一份请愿书,要求两院立即解散,并根据新的人口普查进行新的

选举。政府是不愿意解散两院的，但是它将不得不这样做。请愿书明天晚上将被通过，并且在会上签名。若特兰向市长和市政府递交的请愿书得到了一个非常客气的否定的答复。

你想象不到这里是多么平静。昨天晚上举行的狂欢节，和往常完全一样；关于法兰西共和国，几乎不再有人谈论了。在咖啡馆里几乎不用费力、不用等候就可以得到法国报纸。如果人们不知道他们不管愿意不愿意都**必须**这样，那么就会以为，这里一切都完了……

没有什么新闻；你的文章[305]我在《改革报》上已经看到了。在英国也闹起来了，更好。

注意

如果你在接到这封信之前还没有写信给我的话，请马上就写。

《马克思恩格斯全集》第 2 版第 48 卷第 5—6、7 页

马克思，1848 年 3 月 16 日于巴黎

这里资产阶级又变得极端无耻和反动了，但是有一天会够它受的。

《马克思恩格斯全集》第 2 版第 48 卷第 9 页

恩格斯，[1848 年 3 月 18 日于布鲁塞尔]

这里正处于空前的金融、交易所、工业和商业的危机之中。商人闲着没有事干，在

"瑞士"咖啡馆里直叫苦;考韦茨、劳夫一帮先生们垂头丧气地东游西荡;工人们举行集会和递交请愿书;食品普遍严重匮乏。谁也没有现金,就这样还要搞6 000万的强制公债! 在这里,交易所硬要给他们制造一个共和国……

注意

德国的情况确实非常好;到处起义,而普鲁士人并不让步。这就更好。希望我们在巴黎不会停留太久。

你们把伯恩施太德赶出去,好得很①。这家伙已经证明太不可靠,确实必须把他开除出盟。他和维尔特现在联合起来了,而维尔特在这里到处装出狂热的共和主义者的姿态。

\36

拉马丁一天比一天更恶劣了。这个人在他的所有的演说中只是面向资产者,并且竭力安慰他们。临时政府的选举宣言也完全是给资产者准备的,以便使他们安心。这些家伙厚颜无耻是毫不奇怪的。

第94页:拉马丁只是面向资产者(而不是面向工人)。

无耻。

《马克思恩格斯全集》第2版第48卷第10—11、12页

恩格斯,1848年4月25日

亲爱的马克思:

---

① 参看《马克思恩格斯全集》第1版第27卷第137页。——编者注

第 96 页:激进的资产者(**1848.4.**)怕我们(恩格斯):我们会把他们的武器掉转过来**反对他们**。(父亲什么都不给——宁愿叫我们吃子弹。)

我刚刚接到计划书,连同你的信。认股的事,在这里希望极其渺茫。我曾经就此事给布兰克写信,他还是众人里最好的一个,现在实际上已经变成一个资产者;其余的人,自从他们办起企业,开始同工人发生冲突以来,就更是资产者了。这些人都像害怕鼠疫一样害怕讨论社会问题,他们把这叫做蛊惑人心。我费了不少唇舌,使用了各种各样的外交手腕,但答复依然是不肯定的。现在我再做一次最后的尝试,如果失败,那么一切都完了。结果怎样,过两三天你会得到确实消息。问题的实质是,在这里甚至这些激进的资产者都把我们看成是他们未来的主要敌人,不愿意把武器交到我们手里,因为我们很快会把武器掉转过来反对他们自己。

从我的老头儿那里根本什么也弄不到。在他看来,《科隆日报》已经是叛逆到了顶点,他宁愿叫我们吃 1 000 颗子弹,也不会送给我们 1 000 塔勒……

艾韦贝克请人在巴黎将《宣言》译成意大利文和西班牙文,请求给他寄去为此目的他答应支付的 60 法郎。这又是他搞的一个阴谋诡计。这些译文一定是妙得很。

现在我正在搞英译文,这比我原来想象的要困难。但是大半已经弄好了,不久即将全部完成。

如果我们的十七条[306]哪怕有一份在这里被传播出去，我们在这里都会失去一切。资产者的心地确实卑劣。工人们正开始有些活动；还很不成熟，但已经是群众性的。他们立即组成了团体。<u>但是这恰好对**我们**有妨碍</u>。埃尔伯费尔德的政治俱乐部发表告意大利人书，主张直接选举，但是坚决拒绝对社会问题进行任何讨论；虽然这些先生们私下都承认这种问题现在**已经提到**日程上来了，但是却又宣称，我们不应该过早地提出这种问题！

再见。快来信，写详细点。是否已经写信去巴黎，有什么结果吗？

《马克思恩格斯全集》第 2 版第 48 卷第 24—25、26 页

恩格斯，**1848 年 5 月 9 日**

亲爱的马克思：

随信寄上：

（1）截至目前为止的认股单，共 14 张；

（2）给你的委托书[307]；

（3）给德斯特尔的委托书（博恩施太特是他的熟人）；

（4）给毕尔格尔斯的委托书。

博恩施太特和黑克尔把委托书给了自己的熟人，这是无法避免的。

注意

第 97 页：工人（巴门的）组成了团体。但是这恰好对**我们**有妨碍。

　　许纳拜恩将代表自己和两名当地人亲自去那里出席。

　　认股单还没有完。尽管多次拜访,我仍然没有遇见拉韦里埃和布兰克。楚劳夫负责去说服前者。

　　另外两个我没有做通工作的人,将由黑克尔去说服。

　　楚劳夫今天去龙斯多夫,在那里他有成功的希望。

　　最难办的是这两种人:第一种,是戴羔羊皮手套的年轻的共和主义者,他们为自己的财产担心,害怕共产主义;第二种人,是当地的名流,他们认为我们是竞争者。无论诺尔还是布拉赫特都无法说服。博恩施太特是法学家当中唯一可以交往的人。总之,我们做了不少徒劳无益的事情。

《马克思恩格斯全集》第 2 版第 48 卷第 27—28 页

马克思,1848 年 10 月 29 日或 30 日前后

亲爱的恩格斯:

　　因为你的信今晚才到,我已没有时间去询问期票的事。甚至没有时间回一趟自己的家。现在我尽手头所有给你寄去,此外还有一张舒尔茨给日内瓦一个公民的 50 塔勒汇票,从这位公民那里你还能够得到另一些

资助。

很久以前我就向巴黎寄过 50 塔勒给你和德朗克，并且同时把你的通行证寄给了布鲁塞尔的日果。

《马克思恩格斯全集》第 2 版第 48 卷第 38 页

马克思，1848 年 11 月上半月

亲爱的恩格斯：

你还没有收到我寄去的钱，的确使我惊讶。**我**（不是发行部）很早以前就已经装在信封里按照指定的日内瓦地址给你寄去了 61 塔勒——11 塔勒纸币和 50 塔勒期票。因此，你查问一下并立即来信。我有邮局收条，可以把钱要回来。

此外，我曾给日果寄去 20 塔勒，稍后又给德朗克寄去 50 塔勒，供你们使用都是我自己的钱，共约 130 塔勒。

明天我再寄一些给你。但是你要查问一下那笔钱。同时在期票里附有一封介绍信，介绍你去见一个有钱的洛桑庸人。

我的钱很紧。我这次旅行带回 1 850 塔勒：从波兰人那里得到 1 950 塔勒[308]，旅途中用了 100。预支给报纸 1 000 塔勒（包括我付给你和其他流亡者的预支金）；这个星期还要付机器费 500。剩余 350。同时，我还没有从

报纸得到一文钱。

至于你们的编辑职务,(1)我在第 1 号上就立即指明,编辑委员会原有成员不变;(2)我向愚蠢而反动的股东们声明,他们可以随意把你们不再看做编辑部的人员,但我**有权随意付出我所要给的稿费**,所以,他们在金钱上将丝毫占不了便宜。

本来我可以更理智些,不为报纸投入这样一大笔款子,因为我被三四起违反出版法的诉讼案所纠缠**309**,每天都可能被捕,那时我就会像鹿渴求清水那样渴求金钱了。但是问题在于,在任何情况下都要坚守这个**堡垒**,不放弃政治阵地。

你在洛桑办好钱的事情之后,最好去伯尔尼,完成你预定的计划。此外,你可以写些你愿意写的东西。你的信一直都到得相当准时。

第 100 页:我是你的最知心朋友,反之亦然。(马克思1848 年)

要我丢开你不管,哪怕是一分钟,都是纯粹的幻想。你永远是我的最知心朋友,正像我希望自己是你的最知心朋友一样。

《马克思恩格斯全集》第 2 版第 48 卷第 39—41 页

马克思,1848 年 11 月 29 日

也要写一写抨击联邦共和国的文章,瑞

士为此提供了最好的机会。[310]

卡·海因岑把他那篇反对我们的陈旧的臭文章[311]发表出来了。

我们的报纸一直站在支持叛乱的立场，尽管多次受到法院传讯，但每次都避开了刑法典。它现在非常受欢迎。我们每天还出附页。[312]

革命在前进。你努力写文章吧。

《马克思恩格斯全集》第 2 版第 48 卷第 44—45 页

恩格斯，1848 年 12 月 28 日

亲爱的马克思：

怎么回事？现在哥特沙克和安内克已被宣判无罪，我还不能在最近回去吗？普鲁士的恶狗现在会很快就不再愿意同陪审员打交道了。我已经说过，如果有充分的根据表明没有审前羁押的危险，我就马上动身。他们以后可以把我交付陪审法庭一万次，但是在审前羁押中禁止吸烟，这我不能接受。

不管怎样，整个九月事件[313]毫无结果。人一个接一个地都回去了。那就请你写信来吧。

顺便提一下，到 1 月中我非常需要一些钱。到那时你们肯定是会收到一大笔款子的。

《马克思恩格斯全集》第 2 版第 48 卷第 52—53 页

恩格斯,1849 年 1 月 7 [—8]日

如果我还不得不长期留在国外,那我就去卢加诺,特别是在意大利看起来要发生什么事情的情况下,就更是这样。

但是我总觉得,我很快就能回去。像这样无所事事待在国外,什么正经事都不能干,完全处于运动之外,简直令人难以忍受。我很快就会产生这样的看法:即使在科隆遭到审前羁押也比待在自由的瑞士好。请来信告诉我,我是否完全没有希望受到与毕尔格尔斯、贝克尔等人同等的厚遇。

《马克思恩格斯全集》第 2 版第 48 卷第 56 页

马克思,[1849 年]6 月 7 日于巴黎

这里是保皇主义反动派进行统治,比在基佐时代更无耻,只有 1815 年以后的时期能与之相比。巴黎是一片阴沉。而且霍乱异常猖獗。尽管如此,革命火山口的大爆发从来没有像目前的巴黎这样逼近。关于这一点以后再详谈。我正同全体革命派会晤,过几天我就将掌握所有的革命报刊……

《科隆日报》上有一篇注明寄自哈尔特山下的迪克海姆的关于普法尔茨运动的小品文,其中有这样一段话:

"人们不满意《新莱茵报》编辑马克思先生。似乎他曾向临时政府声明，他的时机尚未到来，他将暂时退居一旁。"

这中间有什么联系呢？这里的可怜的德国人(顺便说一下，我尽量避免同他们见面)会尽力把这事传遍整个巴黎。所以我认为，你们最好在给《卡尔斯鲁厄日报》或《曼海姆晚报》[314]的通讯中直截了当地说明，我是作为**民主主义者中央委员会**[315]的代表去巴黎的。我认为这样做有利，还因为目前在这里还不能直接取得任何成果，必须使普鲁士人相信这里正在进行一场可怕的阴谋。必须使贵族感到恐怖。

卢格在这里等于零。

德朗克在干什么？

此外，你务必**设法在什么地方给我弄些钱**；你知道，我为了履行《新莱茵报》的义务已经把最近的收入用光了，而在目前情况下我不能闭门不出，更不能陷于经济困境。

《马克思恩格斯全集》第 2 版第 48 卷第 75、76—77 页

恩格斯,1849 年 7 月 25 日

亲爱的马克思夫人：

您和马克思想必都会感到奇怪，我这么久没有给你们一点音信。原因在于：就在我

第105—106页:恩格斯记述他参加战争(革命的)时情况:**我和金克尔**(**第106页**),要不然人家会说,《新莱茵报》里尽是些**胆小鬼**。

从凯撒斯劳滕给马克思写信的那一天,传来消息说,霍姆堡已被普鲁士人占领,因而同巴黎的联系被切断了。当时我不能再发信,就到维利希那里去了。在凯撒斯劳滕,我本来没有参加任何所谓的革命活动[316];但是当普鲁士人到来时,我就情不自禁地参加了战斗。维利希是唯一有些才干的军官,于是我就到他那里去,做了他的副官。我参加了四次战斗,其中有两次,特别是拉施塔特会战[317],是相当重要的;我发现,备受赞扬的冲锋陷阵的勇敢是人们能够具备的最平常的品质。子弹飞鸣简直是微不足道的事情;在整个战役中,虽然有不少胆怯行为,但我并没有看到有多少人**在战斗中**畏缩不前。而更多的却是"蛮勇举动"。总之,我幸运地摆脱了各种危险,不管怎样,《新莱茵报》方面有一个人参加了战斗是件好事,因为所有的民主派无赖都在巴登和普法尔茨,而目前他们正在吹嘘他们所没有干过的英雄业绩。否则,又会有人叫嚷什么《新莱茵报》的先生们胆子太小,不敢参加战斗。可是,在所有的民主派先生们当中,除了我和金克尔,没有一个人参加过战斗。金克尔加入我们的军团当了火枪手,他干得很出色;他在第一次参加战斗时头部被枪弹擦伤,并被俘。

在我们的军团掩护巴登的军队撤退以后,我们比其他所有部队都晚 24 小时进入瑞士,于昨天到达沃韦这里。**318**

《马克思恩格斯文集》第 10 卷第 59—60 页

马克思,[1849 年]8 月 17 日

我不知道,你在瑞士是否有机会研究英国的运动。英国人正是从那个因二月革命而中断的地方重新开始了自己的运动。正像你知道的那样,和平派无非是自由贸易派的一种新伪装。不过,工业资产阶级这一次表现得比在反谷物法同盟**319**的鼓动时期还要革命些。这有两个方面:(1)由于取消谷物法和航海条例**320**而在对内政策方面受到严重打击的贵族,在它的对外政策方面,即在它同欧洲的关系方面,也将被摧毁。这与皮特的政策完全相反。反对俄国、奥地利、普鲁士,一句话,支持意大利和匈牙利。科布顿认真地以发动抵制来威胁那些要给俄国贷款的银行家,从而对俄国的财政展开了真正的征讨。(2)进行争取普选权的鼓动,以便在政治上使佃农完全脱离土地贵族,让城市在议会中占绝对多数,使上院不起任何作用;进行财政改革,以便限制教会和减少贵族的政治收益。

在这两种鼓动中,宪章派和自由贸易派

第 109 页:在英国资产阶级(1849)反对**封建制度**。(马克思)

都是联合在一起的。哈尼和帕麦斯顿看起来友好相处。在伦敦的最近一次群众大会上，奥康瑙尔和汤普森上校完全一致。

这次对封建制度和神圣同盟的经济征讨，其结果是难以预料的。

匈牙利好极了。但是，这个卑鄙的普鲁士呢？你对它有什么可说的呢？这些"苍白的恶棍"①现在在萨克森、巴登和普法尔茨养得肥肥的。如果他们派军队去援助奥地利人，那他们自己就会停留在波希米亚②，在那里让人家养着。而这个可怜的普鲁士——我只怕它太胆小——只要一参与这个无论如何都要变成一场普遍战争的匈牙利事件，就会完蛋。

《马克思恩格斯全集》第 2 版第 48 卷第 91—92 页

马克思,1850 年 11 月 23 日

亲爱的恩格斯:

你的信对我的妻子起了很好的作用。她处于非常危险的激动和疲惫状态。她亲自为这个孩子哺乳，并且在极困难的条件下为了他的生存作出极大的牺牲。想到这个不幸的孩子是家庭生活困难的牺牲品，更加使她难

---

① 引自德国诗人亨·海涅《德国——一个冬天的童话》第 8 章。——编者注
② 即捷克。——编者注

过……

《马克思恩格斯全集》第 2 版第 48 卷第 137 页

马克思,1851 年 1 月 7 日

亲爱的恩格斯:

今天写信给你,是想和你研究一个理论上的小问题,自然是政治经济学性质的。

现在从头说起,你知道,根据李嘉图的地租理论,地租不过是生产费用和土地产品的价格之间的差额,或者,按照他的另一种说法,不过是最坏的土地的产品为补偿它的费用(租佃者的利润和利息总是算在这种费用里面的)所必需的出售价格和最好的土地的产品所能够得到的出售价格之间的差额。

依照他自己对他的理论的解释,地租的增加表明:

(1)人们不得不耕种越来越坏的土地,或者说,连续使用于同一块土地的同量的资本获得的产品不一样。一句话:人口对土地的要求越多,土质就变得越坏。土地变得相对地越来越贫瘠了。这恰恰为马尔萨斯的人口论提供了现实基础,而他的学生们现在也在这里寻求最后的靠山。

(2)只有当谷物价格上涨时,地租才能提高(至少**在经济学上是合乎规律的**);当谷物

\\37

第 121—124 页:马克思论地租。揭示李嘉图的错误。

地租
李嘉图

价格下跌时,地租必定降低。

(3)**全国的地租总额**如果增加,这只是由于很大数量的较坏的土地被耕种了。

可是,这三个论点处处都是和历史相矛盾的。

(1)毫无疑问,随着文明的进步,人们不得不耕种越来越坏的土地。但是,同样毫无疑问,由于科学和工业的进步,这种较坏的土地和从前的好的土地比起来,是相对地好的。

(2)自 1815 年以来,谷物的价格从 90 先令下降到 50 先令,而在谷物法废除以前,降得更低,这种下降是不规则的,但是不断的。而地租却不断地提高。英国是这样。大陆上到处也有相应的变化。

(3)我们在各个国家都发现,像配第曾经指出的:当谷物价格下跌时,国内地租的总额却增加了。

在这里,主要问题仍然是使地租规律与整个土地肥力的提高相符合;只有这样,才能解释历史事实,另一方面,也才能驳倒马尔萨斯关于不仅劳动力日益衰退而且土质也日益恶化的理论。

我想,这个问题可以简单地解释如下:

假定在农业的某种状况下,1 夸特小麦

的价格为 7 先令,而 1 英亩地租为 10 先令的最好的土地生产 20 蒲式耳。那么,1 英亩的收益＝20×7 即 140 先令。在这种情况下,生产费用是 130 先令。因此,130 先令就是最坏的耕地的产品价格。

假定农业现在普遍地改良了耕作。我们以此为前提,就要同时假定科学在进步,工业在发展,人口在增长。由于改良耕作而获得的土地肥力的普遍提高,就以这些条件为前提,这和仅仅因为偶然碰到一个好年景而获得的肥力是不同的。

假定小麦的价格从每夸特 7 先令跌到 5 先令;从前生产 20 蒲式耳的最好的、头等的土地现在生产 30 蒲式耳。那么,现在得到的就不是 20×7 即 140 先令,而是 30×5 即 150 先令。这就是说,地租现在是 20 先令,而不是从前的 10 先令了。不负担地租的最坏的土地必须生产 26 蒲式耳,因为按照我们上面的假定,它的必需的价格为 130 先令,而 26×5＝130 先令。如果耕作的改良,即和整个的社会进步、人口增长等等步调一致的科学的普遍进步,还没有达到使必须耕种的最坏的土地能够生产 26 蒲式耳那样普遍的程度,那么谷物价格就不可能跌到每夸特 5 先令。

和以前一样,20 先令的地租表现着最好

的土地上的生产费用和谷物价格之间的差额,或最坏的土地的生产费用和最好的土地的生产费用之间的差额。相对地说,一种土地和另一种土地比起来,仍然像以前那样贫瘠。但是**肥力普遍地**提高了。

这里只是假定:如果谷物价格从 7 先令跌到 5 先令,消费、需求也按同一比例增加;或者说,生产率没有超过价格为 5 先令时所能期望的需求。如果说,在价格由于年景异常好而从 7 先令跌到 5 先令时,这个假定是完全错误的;那么,在肥力由于生产者自己的努力而逐渐提高的情况下,这种假定则是完全必要的。无论如何,这里所涉及的只是这种假设的经济学上的可能性。

由此得出结论:

(1)虽然土地的产品的价格下跌,地租却能提高,**而李嘉图的规律仍然是正确的**。

(2)李嘉图用一个最简单的命题提出来的地租规律(撇开从它引申出来的结论不谈),不是以土地肥力的递减为前提,而仅仅是以(**尽管随着社会的发展土地肥力普遍地日益提高**)土地肥力**各不相同**或连续使用于同一土地上的资本所产生的结果各不相同为前提。

(3)土地的改良进行得越普遍,被改良的

土地的种类就越多,虽然谷物的价格普遍下跌,全国的地租总额却能够增加。拿上面的例子来说,这里的关键只是在于:生产 26 蒲式耳(每蒲式耳 5 先令)以上但不一定是恰好生产 30 蒲式耳的土地数目有多少,也就是说,介于最好和最坏之间的土地的质量有多少种。这和最好的土地的地租率没有关系。这和地租率根本没有直接的关系。

你知道,地租问题的根本实质就在于:地租是由于不同的生产费用所得到的产品的价格平均化而产生的,但是这种市场价格规律不过是资产阶级竞争的规律而已。此外,即使在资产阶级的生产被废除以后,仍然会存在这样的问题:土地相对地越来越贫瘠,连续使用同样的劳动所创造的东西越来越少,虽然那时和在资产阶级制度下不同,最好的土地所提供的产品将不会和最坏的土地所提供的产品一样贵了。可是依照上面所说,这种顾虑就消除了。

请把你对这个问题的意见告诉我。

《马克思恩格斯文集》第 10 卷第 63—66 页

恩格斯,[1851 年]1 月 29 日

无论如何,你关于地租的新观点是完全正确的。李嘉图关于土地肥力随着人口的增

第 127—128 页:
恩格斯,同上。

加而递减的看法,我始终是不信服的,同样他关于谷物价格不断上涨的论点,我也从来没有找到论据。但是,由于我在理论方面的众所周知的怠惰,我只满足于良好的自我在内心的不满,从来不去深究问题的实质。毫无疑问,你对问题的解决是正确的,这使你有新的理由获得地租问题经济学家的称号。如果世间还有公理和正义的话,那么至少一年的全部地租现在应该归于你,这还只是你有权要求的最低数目。

我怎么也不理解李嘉图的那个简单的命题,他把地租说成是各类土地的生产率之间的差额,但他在论证这个命题时,(1)除了说人们要去耕种越来越坏的土地,没有举出任何别的因素;(2)完全忽视了农业的进步;(3)最后几乎完全抛开了人们要去耕种越来越坏的土地的说法,而始终强调这样一种论点:连续投入一定的土地上的资本,使收益增加得越来越少。需要论证的命题本身是很清楚的,而在论证中举出的理由与这个命题却是毫不相干的。你也许会记得,我在《德法年鉴》上早已用科学耕作法的进步批驳过肥力递减论[321],——当然那是很粗浅的,缺乏系统的论述。你现在把这一问题彻底弄清楚了,这就更是使你必须赶快完成并出版经济

学著作的一个理由。如果能够把你的论述地
租的文章发表在英国的一家杂志上,那将会
产生巨大的影响。

《马克思恩格斯文集》第 10 卷第 67—68 页

马克思,1851 年 2 月 3 日

我的新地租理论目前只是使我获得了任
何一个正直的人所必然追求的自信心。不
过,无论如何,你对新地租理论表示满意,我
是高兴的。土地肥力和人的生殖能力成反
比,这不免使像我这样多子女的父亲很受触
动。尤其是,我的婚姻比我的工作更多产。

现在,我只是向你说明一下通货理论。
黑格尔派会把我对这个理论的研究说成是对
"异在","异物"的研究,总之,对"圣物"的
研究。

从李嘉图开始,劳埃德先生和其他一切
人的理论如下:

假定实行纯金属通货。如果这里货币
流通过多,物价就会上涨,因此商品出口就
会减少。国外的商品进口就会增加。进口
就要超过出口。因此,就出现贸易逆差和不
利的汇率。就要输出硬币,通货就会减少,
商品价格就会下降,进口就会减少,出口就
会增加,货币就重新流入,总之,重新恢复原

第 129—134 页:
通货论。[322]

来的平衡。

在相反的情况下,也是同样的,不过有相应的变化。

由此人们得出的教训是:因为纸币必然重复金属通货的运动,因为在这种情况下人为的调节必将取代在另一种情况下起作用的自然规律,所以每当贵金属流入时英格兰银行就要增加银行券的发行(例如,通过收购国家证券、国库券等手段),而贵金属减少时,它就要通过缩减自己的贴现业务或抛售国家证券的办法来减少银行券的发行。而我却认为,银行应当做的恰好相反,也就是说,当贵金属**减少**时,应当**扩大**自己的贴现业务,而当贵金属增加时,贴现业务仍应照常进行,以避免不必要地加剧即将到来的商业危机。不过,这个问题下次再谈。

我在这里要谈的是有关这个问题的基本原理。我断定,除了在实践中永远不会出现但理论上完全可以设想的极其特殊的情况,**即使在实行纯金属通货的情况下,金属货币的数量和它的增减,也同贵金属的流入或流出,同贸易的顺差或逆差,同汇率的有利或不利,没有任何关系。**图克提出了同样的论断,但是我在他的《价格史》有关 1843—1847 年的论述中没有发现任何论证。

　　你知道,这件事情是重要的。第一,这样一来,从根本上推翻了整个的流通理论。第二,这证明,**信用制度**固然是危机的条件之一,但是危机的过程所以和**通货**有关系,那只是因为国家政权疯狂地干预通货的调节,会使当前的危机进一步加剧,就像 1847 年那样。

　　应当指出,在下面的论述中,我的设想是:贵金属的**流入**是同商业繁荣,物价虽不高但在上涨,资本过剩,出口超过进口等现象相联系的。而黄金的流出则同相反的条件相联系,不过有相应的变化。那些同我论战的对手也是从这个前提出发的。他们根本无法反驳这一点。其实,可以举出一千零一个例子来说明,在输出黄金的国家,虽然其他商品的价格大大低于那些输入黄金的国家,但是其黄金仍然外流。例如,在 1809—1811 年和 1812 年英国就是这种情况,等等。不过,**总的前提**,第一,抽象说来是正确的,第二,通货学派是可以接受的。因此在这里暂时不必争论。

　　现在我们假定**在英国纯金属通货**占统治地位。但并不由此假定**信用制度**已经不复存在。另外,假定英格兰银行成为既可以**存款**又可以**借贷**的银行,不过它的贷款完全用现金发放。如果不作这样的假定,这里**英格兰银行的存款就会成为私人钱财的积聚,而银行的贷款就会成为私人的贷款。因此,为了不使过程分散,而集中到焦点上,在这里关于英格兰银行的存款要谈的**,只是一个**概要**。

第一种情况。贵金属的流入。在这里问题很简单。闲置资本多,存款就增加。为了使存款投入周转,银行就要降低它的**利率**。这就造成国内营业扩大。**只有在**营业迅速发展,需要更多的通货来进行这些营业的**情况下,货币流通**才会增加。否则,流通中的过剩的货币就会以到期票据等形式作为存款等流回银行。因此,**通货**在这里不是**原因**。通货的增加归根到底是投入使用的资本的增长的**结果**,而不是相反。可见,在这种情况下,**直接**结果就是**存款**即闲置资本的**增加**,而不是货币流通的增加。

第二种情况。在这里问题实际上只是刚开始。假定:**输出贵金属**;货币紧迫期开始;汇率不利;同时由于收成不好等等(或者工业原料涨价),需要越来越多地进口商品。假定在紧迫期开始时英格兰银行的平衡表是下面的情形:

(a)

资本·································· 14 500 000 英镑
储备金······························ 3 500 000 英镑
存款································ 12 000 000 英镑
　　　　　　　　　　　　　　　 30 000 000 英镑

国家证券·························· 10 000 000 英镑
票据······························ 12 000 000 英镑
贵金属或铸币······················ 8 000 000 英镑
　　　　　　　　　　　　　　　 30 000 000 英镑

假定没有**银行券**,银行的债务只有 1 200
万**存款**。按照这个银行的原则(存款银行和
发行银行的共同原则是,只用三分之一的现
款偿付自己的债务),800 万贵金属比需要的
多一倍。为了增加利润,银行就要**降低利率**
和扩大比方说 400 万的贴现业务,这 400 万
要输出国外,支付粮食等用款。这样,银行的
平衡表就是如下的情形:

(b)

资本·································· 14 500 000 英镑
储备金······························ 3 500 000 英镑
存款································ 12 000 000 英镑
　　　　　　　　　　　　　　　 30 000 000 英镑

国家证券·························· 10 000 000 英镑
票据······························ 16 000 000 英镑
贵金属或铸币······················ 4 000 000 英镑
　　　　　　　　　　　　　　　 30 000 000 英镑

从这个表中可以看出：

既然商人要输出**黄金**，他们**首先**就要影响**银行的贵金属储备**。输出这些黄金会使它的(银行的)储备**减少**，但是**丝毫不影响通货**。这400万无论放在银行的地下室或放在开往汉堡的轮船上，对通货来说**都是一样的**。最终表明，**贵金属**可能出现相当大的**流出**，在这里是流出400万英镑，但对通货和国内的营业毫无影响。这种情况正是发生在整个这样一个时期：与债务相比**数量过大的贵金属储备**将减少到同债务形成**适当的比例**。

(c)但是假定：使银行金属现金必须流出400万的情况继续存在，粮食缺乏，原棉价格上涨等等。银行就会担心自己的保证金。它就**提高利率和限制自己的贴现业务**。因此，商业界就出现货币紧迫。这种货币紧迫会产生什么影响呢？存户要求从银行提取**存款**，银行的贵金属相应减少。如果存款下降到900万，即存款减少300万，银行的贵金属储备也要减少300万。这样一来，贵金属储备就降到100万(400万减300万)，而存款是900万，这个比例对银行来说是危险的。所以，如果银行想要把它的贵金属储备保持在存款的三分之一的水平上,它就必须把它的贴现业务缩减 200 万。

这样,银行的平衡表就是如下的情形:

资本··································	14 500 000 英镑
储备金·······························	3 500 000 英镑
存款··································	9 000 000 英镑
	27 000 000 英镑
国家证券····························	10 000 000 英镑
票据贴现····························	14 000 000 英镑
贵金属或铸币························	3 000 000 英镑
	27 000 000 英镑

由此可以看出:一旦金属现金流出过多,使贵金属储备不能保持其同存款的适当比例,银行就要提高利率和缩减贴现业务。可是这样一来就开始**影响存款**,而由于存款减少,贵金属储备也要减少,不过票据贴现要以更大的比例缩减。但是**通货**却丝毫不受影响。失去的贵金属和存款有一部分会**填补**由于银行贷款减少而在国内流通中造成的真空,另一部分则流到国外。

(d)假定:继续进口粮食等等,存款减少到 450 万;那么银行为了保持贵金属储备同它的债务的适当比例,还要把它的贴现业务缩减 300 万,这样,平衡表就是如下的情形:

资本·························	14 500 000 英镑
储备金·························	3 500 000 英镑
存款·························	4 500 000 英镑
	22 500 000 英镑
国家证券·························	10 000 000 英镑
票据贴现·························	11 000 000 英镑
贵金属或铸币···················	1 500 000 英镑
	22 500 000 英镑

在这种前提下,银行就要把票据贴现从
1 600 万降低到 1 100 万,即降低 500 万。货
币流通的必不可少的需要由取出的存款来弥
补。但是同时就会出现资本缺乏,原料价格
高涨,需求缩减,因而营业缩减,**最后**,货币流
通,即必要的**通货**缩减。通货的多余部分以
贵金属的形式流出国外以支付进口。通货**最
后**才会受到影响,并且只有在贵金属储备减
少到其对存款的最必要比例以下的时候,才
会**减少**到必需的数量以下。

就以上所述,还必须指出:

(1)银行可以不缩减自己的贴现业务,而
抛售它所掌握的国家证券。这在既定的前提
下是不利的,但结果是一样的。银行不缩减
它本身的储备金和贴现业务,而缩减把货币
换成国家证券的私人的储备金和业务。

(2)我在这里假定银行的金属现金流出
650 万英镑。1839 年曾经流出 900—1 000 万。

（3）以纯金属通货为条件所假定的过程，和以纸币流通为条件一样,可能造成支付的停止。18 世纪在汉堡曾经两度发生过这种情况。

请早日回信。

你的　卡·马·

《马克思恩格斯文集》第 10 卷第 68—74 页

恩格斯,[18]51 年 2 月 5 日于曼彻斯特

这里的自由贸易派正在利用繁荣或半繁荣，来收买无产阶级，而在其中充当经纪人的是约翰·瓦茨。你知道,科布顿的新计划就是:通过全国免费学校协会，来实施一项法案,规定城市当局有权征收地方税,用于创办学校。这件事人们正大力推进。此外,在索尔福德已经建立了一所免费图书馆和一所博物馆——借出图书和在阅览室阅读都是免费的。在曼彻斯特,一个委员会用公开募捐所得的款项(总计大约 7 000 英镑)买下科学宫,也将用做免费图书馆;正如曼彻斯特市长先生好心承认的,瓦茨实际上是此事的经纪人。图书馆将在 7 月底开幕——开始先投放 14 000 册图书。在为此目的而召开的所有大会和会议上都是一片对工人的赞扬声,特别是赞扬现在同曼彻斯特主教有良好关系

注意

第 136 页：繁荣——资产者（自由贸易派）力图"收买无产阶级"——免费图书馆等等。(137)[323]

注意

的正直、谦逊而有用的瓦茨。我早已高兴地
期待着，那种由于工人不知感恩而产生的愤
怒情绪将在第一次震动下全面爆发出来。

《马克思恩格斯全集》第 2 版第 48 卷第 183—184 页

马克思，1851 年 2 月 11 日

我刚才听说，今晚在托登楠大院路举行
了追悼**贝姆**的集会。坐在讲台上的有**主席**沙
佩尔等，还有路易·勃朗和新的各国人民同盟
委员会的其他成员。哈尼和其夫人坐在大厅
的前排。追悼会的基本群众是大磨坊街[324]那
帮人。沙佩尔在掌声中用英语发表了他那照
例必有的讲话:决一死战! 路易·勃朗讲的也
不比他好。战争万岁! **陶森瑙**也出席了，讲了
些关于贝姆的事情。**哈尼**发表了长篇的，据说
是成功的说教，在结尾时把布朗基、巴尔贝斯，
最后还有路易·勃朗吹捧为社会主义救世主。

对此你有什么看法?

假如你参加托·克拉克阁下主持的会
议，并且只是由于你的出席和讲话**才真正使**
这个会议**具有**重要意义，难道朋友哈尼会认
为这是忠诚吗?

于是，他不仅在他的《人民之友》[325]上吹
捧卢格，而且他还要间接地吹捧沙佩尔—维
利希。

上星期日，他捎信请我到他那里去。目的是要劝说琼斯同意《人民之友》这个名称。我没有去。让他找路·勃朗、朗道夫、沙佩尔或维利希去办这件事吧。对于哈尼不倦地向渺小的大人物们表示的这种公开的阿谀奉承，我感到厌倦。

尽管有这个插曲，尽管可以说，布鲁土斯（哈尼），你也在内，如果你不反对我们的话，你至少可以当一个无党派人士，同时恩格斯正在曼彻斯特为你出力，埃卡留斯正在为你的报纸撰稿，而我有时也替你劝说琼斯——尽管如此，我却很喜欢你我二人目前所处的公开的真正的离群索居状态。这种状态完全符合我们的立场和我们的原则。那种互相让步、出于礼貌而不得不容忍折中的做法，以及必须在公众面前同所有这些蠢驴一起对党内一些可笑的事情分担一部分责任，现在必须抛弃这些。

第 141 页：我们处于**离群索居状态**。这样更好。不用迁就、让步等等。（马克思）

对这封信我也请你尽快回复。我在这里几乎只和皮佩尔交往，过的完全是与世隔绝的生活。因此你可以理解，我在这里是多么想念你，需要和你说说心里话。

《马克思恩格斯全集》第 2 版第 48 卷第 189—190 页

恩格斯，1851 年 2 月 12 日

人们越来越看出，流亡是一所学校，在

第 139 页：流亡

注意

是一所学校,在这里,一个人如果不彻底脱离流亡生活,不愿处于同**所谓"革命党"**毫无瓜葛的独立著作家的地位,他就必然成为傻瓜、蠢驴或者卑鄙的无赖。

这里,一个人如果不彻底脱离流亡生活,不满足于同所谓"革命党"毫无瓜葛的独立著作家的地位,他就必然会成为傻瓜、蠢驴或者卑鄙的无赖。这是一所真正的卑鄙和下流的学校,在这里最蠢的蠢驴会成为祖国的头号救主。

《马克思恩格斯全集》第 2 版第 48 卷第 191 页

恩格斯,[18]51 年 2 月 13 日

革命是一种纯自然现象,与其说受平时决定社会发展的规律支配,不如说在更大程度上受物理定律的支配。或者更确切地说,这些规律在革命时期具有大得多的物理性质,必然性的物质力量表现得更加强烈。只要你作为一个党的代表出现,你就要被卷到这个不可抗拒的自然必然性的漩涡里去。只有保持独立自主,**实质上**比其他人更革命,才能至少在一段时间对这个漩涡保持独立,当然最后还是要被卷到漩涡里去。

在最近的事件中,我们能够而且必须采取这种立场。不仅不担任正式的**国家**职务,也尽可能不担任正式的**党内**职务,不参加各种委员会等等,不替蠢驴们承担责任,对一切人进行毫不留情的批判,同时使这批蠢材的全部密谋都不能破坏我们的愉快心情。我们

可以做到这些。实际上,我们总是要比这些空谈家更革命,因为我们学到了一些东西,而他们却没有,因为我们知道自己想干什么,而他们却不知道,因为经历了最近三年的所见所闻,我们对待一切会比任何同这一切有利害关系的人冷静得多。

目前,主要的问题是使我们的东西能够出版;或者我们在一家季刊上发起直接的攻击,针对具体的**人物**来捍卫我们的立场,或者写成厚厚的书来做同样的事情,而根本不需要提及这些恶毒的人中的任何一个。依我看,这两种办法都可以;从长远考虑,在反动势力越来越嚣张的情况下,我看,前一种办法似乎可能性越来越小;而后一种办法看来将越来越成为我们要采取的唯一手段。如果你用经济学加以答复,全体流亡者败类对你散布的一切流言蜚语还能起什么作用呢?

明天寄出给哈尼的信。顺致敬礼。

你的　**弗·恩·**

《马克思恩格斯全集》第2版第48卷第194—195页

马克思,1851年2月23日

路·勃朗的事就谈到这里。现在讲一讲我们的"亲爱的"[326]!

他决不满足于参加这些人举行的会议。

第 143 页:实际上,我们比**空谈家**更革命。

不。他把他们 2 月 24 日的宴会——没有他，这个宴会就会彻底垮台——变成了**伦敦的事件**。在西蒂区举行的这次宴会，已经出售了上千张入场券。据琼斯前天告诉我，**大部分入场券**是哈尼推销的。奥康瑙尔、雷诺，数百名宪章派都要出席。他们是哈尼召集的。哈尼整天为完成路·勃朗的委托而奔走。这也是琼斯告诉我的。

哈尼甚至对琼斯耍了一个小小的手腕：哈尼让他翻译路·勃朗之流的宣言，然后问他，如果作为译者署上他的名字，是否有什么不同意见。这是星期三的事情。而当时哈尼已经收到你的信，但这点他却对琼斯守口如瓶。因此琼斯认为哈尼提这个问题，只不过是诉诸于他自己的"社会主义"信念，自然就回答说，没有什么不同意见。

琼斯对我说，经我解释以后，他可能不去参加宴会，他不能说得很肯定。使他犹豫不决的原因是很有道理的。他如果不去，名声就会有所损失，因为由于"亲爱的"的努力，这次宴会变成了宪章派的事情。他还担心雷诺可能在他背后捣鬼。

对于"亲爱的"（我"没有再见到过"他）的所作所为，琼斯是不赞成的。他竭力要原谅"亲爱的"，是由于考虑到如果宪章派连两场宴会中的一场都不参加,人们就会指责他们对外国革命者采取政治上冷淡或厌恶的态度。我回答他说,哈尼等人本应举行一次宪章派集会,来纪念可怜的 2 月 24 日,而不应该使自己成为一个矮子或半打庸人的垫脚石。这个矮子最多只能封哈尼一个"好小伙子"的头衔。如果明天伦敦爆发运动,这个矮子或者在一年以后或者在 20 年以后就会拿出真凭实据证明,是他把贫困的英国人推上了进步的道路,这件事是发生在 1688 年和 1851 年 2 月 24 日之间,那一天路易·勃朗听到全伦敦都在向他热烈欢呼,就像当年有 5 万工人涌进了容纳不下 50 人的《改革报》院子里一样。为了这个从来还未实现的事件,他在纸上流下了多少虚伪的眼泪!

哈尼之所以被卷入这件事情中去,首先是由于对那些我们早就经常嘲笑的官方大人物的崇拜之情驱使了他。其次,他喜欢有戏剧效果的场面。他肯定是喜欢取宠于人的,但我不愿说他是爱虚荣的。他自己无疑被空话主宰着,并且大放其慷慨激昂的臭气。他陷入民主派泥坑的程度比他愿意承认的还要深。他有两重精神,一是弗里德里希·恩格斯灌输给他的,一是他自己固有的。前者对他来说是一件约束疯人的紧身衣。后者是他的本性。不过还要加上一个第三：家神，这就是他的可尊敬的夫人。她非常喜欢朗道夫和路易·勃朗之类的戴羔羊皮手套的人。她憎恨比如像我这样的人，认为我是一个对她"要看守的财产"具有危险性的冒失鬼。我有确凿的证据可以证明，这个女人把两只卑贱的长手伸进了这个事件。哈尼受这个家神束缚到什么程度，这个女人又是用何种无聊的狡猾手段来实施她的阴谋的，你可以从下面的事实中看出：你还记得，她在除夕晚上当着我妻子的面侮辱麦克法林。后来，她笑嘻嘻地对我妻子说，哈尼那个晚上一直没有看到麦克法林。然后她又对哈尼说，她不想和麦克法林认识，因为大家，特别是我妻子，都害怕和嘲笑这个魁梧的女人。而哈尼竟是如此愚蠢和胆小，他不让麦克法林雪耻，并且以最不足取的方式同他的吹牛小报的这个唯一真正有思想的撰稿人决裂了。他的小报的一个难得的人才……

第146页：哈尼（亲爱的）的脱离。脱离的一个例子。

又及，因为"亲爱的"一旦把这出大型政治历史剧演完就会立即设法回来，现在必须对他采取十分轻蔑的态度，使他感到自己已经"失身"。

顺便说一下：哈尼已让人把他选进派往教堂街的宪章派代表团；一开始他将在那里登场，然后将到西蒂区去，在西蒂区安家。

此外，他同"美男子"一起**背着我**干了这

一切,而**对你也只字不提**,只此一点,足见他
这样做并不是出于天真。

《马克思恩格斯全集》第 2 版第 48 卷
第 199—201、202 页

恩格斯,1851 年 2 月 27 日

亲爱的马克思:

　　刚刚<u>看到了你的第二封信。我立刻给哈
尼写了</u>第二封信,如果你同意,请你马上把信
寄给他。这种卑劣行径太可恶了,必须让他
感觉到这一点。如果他和别人结成联盟,那
对他来说就更糟糕,见鬼去吧。

《马克思恩格斯全集》第 2 版第 48 卷第 212—213 页

恩格斯,[18]51 年 7 月 17 日

　　看到《科隆日报》现在每天宣传"必须渡
过红海"并承认 1848 年立宪主义者的一切错
误,真令人感到好笑。的确,当克莱斯特-雷
措被任命为科布伦茨的省长,而无耻的《十字
报》在它的庸俗的笑话和歪诗中表现得越来
越无礼的时候,有教养的和沉着的立宪反对
派还能做些什么呢!可惜我们这里没有《十
字报》。我看到的是它的各种各样的摘录。
这家小报现在竟以这种像狗一样地卑鄙、像
流氓一样地恶劣而且蠢得发臭的普鲁士方式

\38
反动派
对
自由派

**对 1848
的态度**

第 201 页:
《十字报》如
此恶毒地攻
击立宪自由
派,如果他
们还有一点
自尊心,他
们会百倍地
欢迎赤色
恐怖。**他们
罪有应得,**

因为他们曾攻击过《新莱茵报》。

来攻击温文尔雅的、富有的、体面的立宪派"巨头",这是无法想象的。如果贝克拉特这一帮人还有一点点自尊心和反抗力的话,那他们与其现在每天受容克和《十字报》的那种待遇,一定宁愿忍受莱茵平民的《度申老头》[327]的虐待和辱骂以及全部赤色恐怖。

> "接着蠢驴发了言:
> 这就是韦瑟尔的市镇参议员。
> 我若不是一头蠢驴,
> 我也想当韦瑟尔的市镇参议员。"

《十字报》现在用这种讽刺诗挨个嘲笑全体立宪派名流,而这些家伙却心平气和地忍受着。不过,这群畜生罪有应得,他们过去把《新莱茵报》上的最好的文章诬蔑为"卑鄙的谩骂";现在就让这些胆小鬼去切身体验一下差别吧。对《新莱茵报》上与此相反的非常文雅的嘲笑,他们是会深深怀念的。

《马克思恩格斯全集》第 2 版第 48 卷第 318 页

恩格斯,[1851 年 7 月 20 日前后]

亲爱的马克思:

文件随信寄还。我喜欢米凯尔的信。这个人至少会考虑问题,如果到外国来住些时候,他一定会成为一个很能干的人。他担心现在公布的我们的文件[328]对民主派的影响不好，就他那个地区而言，这种担心的确是有道理的；这个下萨克森土生土长的中农民主派（《科隆日报》新近在拍他们的马屁并提议同他们联合）的情况也正是这样，它远不如较大城市中的小市民民主派，并且还受着他们的支配。虽然这种典型的小资产阶级民主派显然会因这一文件而异常恼怒，但是，由于自身极受限制和压抑，它不得不和大资产阶级一起承认"渡过红海"的必要性。这些家伙将越来越被迫承认无产阶级暂时的恐怖统治的必要性，但是深信这种统治不能长久继续下去，因为文件的实际内容是这样荒谬，根本谈不到这些人的永久统治和这些原则的最终实现！另一方面，汉诺威的大农和中农除了土地一无所有，鉴于各家保险公司即将破产，他们的房屋、农场和谷仓等等面临各种各样的危险，而且自恩斯特-奥古斯特那时以来，他们已经尝到了合法抵抗的种种甜头——这些强健的德国自耕农在被迫投红海之前是会加倍当心的……

再回过来说说我们的文件对民主派的影响问题：米凯尔应当考虑到，我们曾在或多或少等于党的宣言的一些著作中连续不断地斥责这些先生们。对一个只是以非常平和的、特别是绝不牵涉个人的方式来概述一些早已发表的东西的纲领，现在为什么竟大喊大叫起

第203—204页：

注意：

注意

中农可以归附共产党人——"渡过红海"——不过是暂时的。

（1851）

中农和共产党人。

来？是我们的大陆上的青年们背弃了我们吗？是他们同民主派的交往超出了党的政策和党的荣誉所允许的限度了吗？如果民主派正好是由于没有反对意见而这样叫嚷革命，那么究竟是谁使他们没有反对意见呢？决不是我们，至多只是在德国的德国共产党人。这似乎确实就是症结之所在。任何一个明智的民主主义者必定从一开始就知道他从我们党那里期望什么——文件不能给他们很多新东西。他们如果暂时同共产党人联合，那他们对于联合的条件和期限是完全清楚的，只有汉诺威的中农和律师才会相信，共产党人自 1850 年以来已经抛弃了《新莱茵报》的原则和政策。瓦尔德克和雅科比肯定决不会梦想这样的事情。无论如何，所有这类出版物，用施蒂纳的话来说，对"事物的本质"或"关系的概念"是不会起什么长久作用的，而民主派的叫嚷和煽动会很快再次兴盛起来，而且他们会和共产党人携手并进。至于这些家伙在运动过后的第二天就会卑鄙地愚弄我们，这我们老早就知道了，而且这也不是任何外交手腕所能阻止的。

第 204 页:认为共产党人自 1850 年以来已经抛弃了"《新莱茵报》的原则和政策"，是愚蠢的。

另一方面，如我所预见的，到处都有共产主义小组在《宣言》①的基础上建立起来，这

第 205 页:谈革命的组织问题。

① 马克思和恩格斯《共产党宣言》。——编者注

使我非常高兴。这正是我们由于迄今的总参谋部软弱无力而缺乏的。士兵自然可以找到,只要局势发展到这种程度就行,但是,总参谋部将不是由施特劳宾人组成,而且它可以比现在只有受过某种教育的 25 人有更大的选择,这一前景是非常令人高兴的。最好是普遍建议到处在办事员中开展宣传。一旦要组织管理机构,这些人是不可缺少的——他们习惯于埋头的工作和做清晰的簿记,而商业就是这些有用的办事员唯一的实习学校。我们的法学家等等不适于做这种工作。我们需要的是从事簿记和会计的办事员,编写电报、书信、文件的有才能、受过良好教育的人。我用六个办事员组织一个管理部门,可以比用 60 个政府顾问和财政学家所组织的要精练实用一千倍。后者甚至写不出通顺可读的文字,只会把所有簿记都弄得一塌糊涂,连鬼都不晓得里面记的是什么。由于我们越来越不得不对这种可能性做准备,所以这件事并不是不重要的。此外,这些办事员习惯于做连续不断的机械的工作,要求不高,不大会偷懒,当不适用的时候,也容易更换。

《马克思恩格斯文集》第 10 卷第 81—84 页

共产党人的作用。

\39

第 203—205 页：关于无产阶级在**资·产·阶级革·命**中对待·民主派的态度问题很重要（但不十分清楚）。

注意

恩格斯,[1851 年 8 月 11 日前后]

亲爱的马克思:

我对蒲鲁东的看法昨天没有谈完,今天继续谈。我暂时撇开他的药方中的许多缺陷,例如,看不出,工厂将通过什么方法从工厂主的手中转入工人协会的手中,因为废除的是利息和地租,而不是利润(要知道竞争仍然存在);其次,没有谈到利用雇佣工人经营土地的大土地占有者的情况将会怎样,此外还有其他类似的缺点。要对这一切作为一个理论整体作出判断,手里就必须有这本书[329]。因此,我现在只能就我对各个措施在实行时是否行得通所作的分析,以及我对这些措施是否适合于集中全部生产力所作的研究,谈谈自己的意见。其实,就是为了这一点,也必须有这本书,以便看到他发挥自己论点的全部情况。

第 221—226 页:恩格斯和马克思关于蒲鲁东及其理论的见解很有意思。

蒲鲁东先生终于认识到,实行或多或少是隐蔽的没收是必要的,我已经说过,这是一种进步。不过要问,他所提出的实行没收的理由在实际上是否行得通;因为对于所有这些目光短浅的家伙(他们总是自欺欺人地认为这一类强制措施不是没收)来说,这个理由正是全部问题的关键。"利率将降低到 0.5

厘或 0.25 厘。"如何降低？关于这一点，你的摘要只是谈到，国家，或者是秘密地以其他名义同国家融合在一起的银行，必须按这种利息每年发放 5 亿法郎的抵押贷款。我补充一句，降低利率应当逐步实行。既然利率这样低，以每年支付 5% 或 10% 的办法来逐年偿还全部债务等等，当然是很容易的事情。但是，蒲鲁东先生并没有指出，通过什么途径来达到这个目的。这里就使我想起不久以前我们关于根据你的计划降低利率的讨论，你的计划是成立一个能够垄断纸币流通和停止金银流通的唯一享有特权的国家银行。我认为，任何想迅速地、恒久地降低利率的企图，都必然要遭到失败，因为在每一次革命爆发和营业停滞的时期，那些暂时手头拮据、处境困难，也就是说一时不宽裕的人对于高利贷和信贷的需求都不断增加。即使算做借款的实际报酬的那一部分利率可以借助于大量资本而减少，作为偿还贷款的保险的那一部分利率也仍然存在，而且恰恰在危机时期会大大地增长。在任何革命时期，即使政府不以 0.25 厘或 0.5 厘而以 **5 厘**的利率贷款给商人，商人们也会对政府感激不尽。请参看 1848 年的情况、信贷银行等等。但是，国家以及每个大的集中的国家银行，当它还没有在一切地方直到最偏僻的角落都设立自己的分支机构，而它的职员又没有获得丰富的商业经验时，只能贷款给大商业，否则它贷款出去就会一无所得。而小商业又不能同大商业一样，把自己的商品抵押给银行。这样一来，任何降低政府贷款利息的做法所导致的最直接的结果，都是大商人的利润的增加和这个阶级的普遍上升。

小商业被迫和过去一样只好求助于中间商人，中间商人从政府手里以0.5厘的利息借到贷款，再以5—10厘的利息贷出去。这是不可避免的，因为小商业拿不出保证品，拿不出抵押品。因此，从这方面看，结果也是提高大资产阶级——间接造成一个大高利贷阶级即次一级的银行家。

社会主义者和蒲鲁东想降低利息的全部永恒的迫切要求，依我看来，是资产者和小资产者的虔诚的美好愿望。只要利息和利润成反比例，这种要求只能导致增加利润。只要有不宽裕的、不能提供保证的、从而恰好非常需要钱的人存在，国家贷款就无法消灭私人贷款，因此也不能降低所有交易的利率。如果国家以0.5厘的利息贷出款项，那么相对于接受贷款的高利贷者，它所处的地位就会像1795年的法国政府一样，当时法国政府征收了 5 亿阿西涅币的税款,而后来又当做 300 万发放出去了;它纯粹为了维持自己已经一钱不值的"信用",在交纳税款时按票面额,即高于实际价值 200 倍的价额收回阿西涅币——总之,国家所处的地位就会像法国政府对于当时的土地投机者和证券投机者所处的地位一样。

蒲鲁东太天真了。"个人信贷是在或者应该在工人协会中采用。"这就是说,两者必须择一:或者是由国家对这些协会进行监督、最终管理并制定规则,而蒲鲁东是不愿意这样做的,或者是玩弄一场组织协会的绝妙的骗局,在无产阶级、流氓无产阶级和小资产阶级的基础上重演 1825 年和 1845 年的骗局。

用商业措施和强制措施来逐渐降低利率,以便使利息的支付变成债务的清偿,从而消灭一切债务等等,并把一切现实的财产都集中在国家或者公社的手中——想把这当做主要的事情,我认为是完全行不通的,第一,是由于前面所说的理由;第二,因为时间拖得太长;第三,因为在以国家证券形式保留信贷的情况下,唯一的结果就是国家必然会欠外国人的债,因为所有付还的钱都会流到国外;第四,因为即使在原则上有这样做的可能性,但是,认为法国即共和国能够顶着英国和美国而实现这一点,那是荒谬的;第五,因为国外的战争和当前时局的压力总的说来正在使这一类有系统的、缓慢的、打算在二三十年内实现的措施,尤其是货币支付,失去任何意义。

我认为,这种事情实际上只有一种意义,就是在革命发展的某一时刻,确实可以利用垄断的国家银行颁布如下的法令:第一条:取消利息,或者利率限制为 0.25 厘;第二条:利息照旧继续支付,并且具有清偿债务的作用;第三条:国家有权按照现行的估定价值收买全部不动产等等,以每年支付 5%的办法在 20 年内偿清。到某个时候也许**可能**需要类似的法令作为在实行公开的没收以前的最后措施,但是不切实际地考虑在什么时候,怎么样和在什么地方实行这种措施,那是纯粹的思辨。

无论如何,蒲鲁东的这本书,看来比他以前那些书是接近尘世得多了;——其至价值构成也具有了一种比较有血有肉的形式:小商贩的公平价格的形式。先生,四个法郎,这是最公平的价格! 至于废除关税和废除利息彼此有什么关系,讲得不清楚。蒲鲁东从 1847 年以来,非常彻底地完成了从黑格尔到施蒂纳的过渡,这也是一种进步。他研究德国哲学一直研究到了他自己尸体的最后腐烂阶段,还能说他不了解德国哲学!

请立即回信,并把你对上述意见的看法告诉我。

《马克思恩格斯文集》第 10 卷第 84—88 页

马克思,1851 年 8 月 14 日

亲爱的恩格斯:

我在一两天内把蒲鲁东的原书寄给你,不过你一旦看完就寄回来。因为我想——由于需要钱用——就这本书写两三印张的评论去发表。因此希望把你对此书的意见更详细地告诉我,而不要像你惯常所做的那样匆忙地写出来。**330**

蒲鲁东主义的实质——整个蒲鲁东主义首先是反对共产主义的一场论战,尽管蒲鲁东从共产主义中剽窃了许多东西,而且是通过卡贝—勃朗的改头换面来认识共产主义的——,我认为可以归结为以下几个论点:

必须反对的真正敌人是资本。资本的纯粹经济上的确认是利息。所谓利润无非是工资的一种特殊形式。把利息变成年金,即对资本的分年偿还,就可以废除利息。这样一来,将保证工人阶级——应读做**工业阶级**——永远占有优势,而资本家阶级本身则注定要逐渐消失。货币利息、房租、地租是利

息的不同形式。这样,资产阶级社会仍然保存,并获得了正当的理由,被铲除的只是其不良倾向。

社会清算只是重建"健全的"资产阶级社会的一种手段。是快还是慢,这对我们无关紧要。我想先听听你对这种清算本身的矛盾、不确切的地方和不清楚的地方是怎样看的。但是这种重新建立的社会的真正灵药是废除利息,即把每年支付的利息变为年金。这种不是当做经过改良的资产阶级社会的手段,而是当做它的**经济规律**提出来的措施,自然会造成两种结果:

(1)使小的非工业资本家变成工业资本家。

(2)使大资本家阶级永世长存,因为在实质上,如按平均计算,社会**总的说来**——工业利润不计在内——任何时候都只是支付年金。不然的话,普赖斯博士所计算的复利就成为现实了,而整个地球上的财富也不够用来**支付**从耶稣基督诞生以来就开始流通的最小的资本的**利息**。事实上,以英国,即最稳定最资产阶级化的国家为例,可以有把握地说,在最近 50 年或 100 年中,投入土地或其他方面的资本,从来没有产生过利息,至少按照价格说来是如此,而这里所谈的正是这个问题。比如说,英国的国民财富估计最多有

50亿。就算英国每年生产5亿,那么英国的全部财富仅仅等于年劳动产品的10倍。因此,资本不仅没有产生利息,而且按价值来说,甚至没有把它自身**再生产出来**。而这是由于一个简单的规律的缘故。

价值最初是由最初的生产费用,即根据生产该产品最初所必需的劳动时间来决定的。但是产品一旦生产出来,产品的价格便由该产品**再生产**所必需的费用来决定了。而再生产的费用在不断地下降,而且时代在工业方面越发展,这种下降就越迅速。因此,是资本价值本身不断贬值的规律,使地租和利息的规律失去作用,否则地租和利息的规律就会成为荒谬的东西。你提出一个论点,认为没有一个工厂能够抵偿它的生产费用,其原因也在这里。因此,蒲鲁东不能通过施行一种即使他不提出而社会实质上也在遵循的规律来改造社会。

蒲鲁东想赖以实现一切目的的手段就是银行。这里存在一种混淆。银行业务可以分为两部分:1.把资本**变成现金**。在这种场合我所给的只是**货币**而不是**资本**,其所以能这样做,当然只是考虑到生产费用,也就是考虑到0.5厘或0.25厘的利息。2.以货币的形式**贷出资本**,在这里利息要依资本的量而定。在这种场合,信用所能做的,只是通过积聚等等办法把现存的、非生产性的财富变成真正的、能动的资本。蒲鲁东把这第二项看得同第一项一样容易,然而最后他会发现,如果他依靠假想的一定量的货币形式的资本,在最好的情况下,也只是使资本的**价格**按资本的**利息**降低的比例提高。其结果无非是使他的证券失去信用。

至于关税同利息的联系,我想让你通过原文去玩味。这么美妙的东西是不应该由于删节而使它受到损害的。蒲鲁东先生既没有确切地说明,公社分享房屋和土地是怎么回事——而他为了反对共产主义者,无论如何是应该这样做的;也没有确切地说明,工人将怎样占有工厂。他虽然希望有"强大的工人协会",但是又十分害怕这些工业"行会",因此,他尽管没有让国家但却让社会具有**解散**它们的权利。作为一个地道的法国人,他只是把协会局限于工厂,因为他既不知道摩西父子公司,也不知道中洛锡安的农场主。在他看来,法国的农民和法国的鞋匠、裁缝、商人是自古以来就有的,必须承认他们的存在。我越是研究这种乌七八糟的东西,就越相信:改造农业,因而改造建立在农业基础上的所有制这种肮脏东西,应该成为未来的变革的核心。否则,马尔萨斯牧师就是对

第226页:改造农业,因而改造建立在农业基础上的所有制=未来　注意

的了。

同路易·勃朗等人的东西相比,这部著作是很可贵的,特别是对于卢梭、罗伯斯比尔、上帝、博爱以及诸如此类的荒唐东西作了大胆抨击。

至于《纽约论坛报》的事,我由于忙于经济学,现在需要你的帮助。请你写一组关于1848 年以来的德国的文章[331],要写得俏皮而不拘束。这些先生们在外国栏目中是非常**大胆的**。

《马克思恩格斯文集》第 10 卷第 88—91 页

的变革的核心。否则,马尔萨斯就是对的了。　注意

马克思,1851 年 8 月 25 日

你已经知道,在 8 月 8 日星期五那天,亲如兄弟的流亡者召开了第一次**正式**会议……

会议结束时,金克尔走到沙贝利茨面前(沙贝利茨在这里完全是作为我们的暗探进行活动的,而且是一个非常有用的暗探,因为他受到所有这些庸人的信任),称他为忠实的民主主义者,称巴塞尔的《国民报》[332]为出色的民主派报纸,并且询问该报的财政状况等。

《马克思恩格斯全集》第 2 版第 48 卷第 363、364 页

第 231 页:马克思:沙贝利茨是**我们的暗探**。

马克思,1851 年 9 月 13 日

意大利委员会[333]也分裂了。为数不小

的少数派退出了该委员会。马志尼在《人民之声报》³³⁴上伤心地谈到这件事。主要的原因似乎有这样几点。首先是上帝,他们不要上帝。其次,更重要的是,他们指责主子马志尼鼓动起义,就是说,仓促地发动起义,从而是为奥地利效劳。最后,他们坚决主张直接维护意大利农民的物质利益。但是要做到这一点,另一方面也就不能不触犯资产者和自由派贵族的物质利益,而马志尼的伟大队伍是由这些人组成的。最后这件事非常重要。如果马志尼,或者将要领导意大利宣传活动的别的什么人,这一次不是大胆地立即使农民从分成制佃农变为自由的土地所有者(意大利农民的状况是很悲惨的,对这种丑恶现象我现在已经作了认真的研究),那么,一旦爆发

农民和自由派。	第243页:部分意大利流亡者主张维护农民的**物质利益**,使他们从分成制佃农变为自由的所有者。马志尼反对,因为资产者和地主给他钱。他是"旧学派的蛊惑家"。	注意
农民和自由派。	**奥地利政府就可能采取加利西亚的办法。**	注意

革命,奥地利政府就会采取加利西亚的办法³³⁵。它已经在《劳埃德氏杂志》³³⁶扬言要"彻底变革占有形式"并"消灭不安分的贵族"。如果马志尼到现在还不睁开眼睛,那他就是一个糊涂虫。的确,这里涉及宣传活动的利益。如果他冒犯了资产者,那他从哪里能得到1000万法郎呢?如果他向贵族

宣布,首先要剥夺贵族,那他怎么能继续得到贵族的支持呢？这一切对这类旧学派的蛊惑家们来说都是困难。

《马克思恩格斯全集》第2版第48卷第387—388页

恩格斯,1851年9月23日

意大利人中间发生分裂真是太好了。狡猾的幻想家马志尼终于碰到了物质利益这个障碍,而且是在他自己国内,真是妙极了。意大利革命的优势就在于,它甚至把意大利最闭塞的那些阶级也都卷入了运动;而且,现在同老马志尼派的流亡者相对立,正在形成一个新的更加激进的党派,逐渐地排挤着马志尼先生。……环行世界的航运半年后将获得广泛的发展,我们关于太平洋将在世界航运中跃居首位的预言会实现得比我们预料的还要快。在这种情况下,英国人将要破产,而被流放的杀人犯、强盗、强奸犯和扒手的合众国将向全世界提供一个惊人的例子,表明一个由公开的恶棍聚居的国家能够创造什么样的奇迹。他们将大大超过加利福尼亚。在加利福尼亚现在仍然对恶棍使用私刑,而澳大利亚将对体面人使用私刑,于是卡莱尔将看到他的"骗子的贵族政治"显示出全部光辉。

《马克思恩格斯全集》第2版第48卷第390、392—393页

第244—245页:恩格斯:妙极了!一个更加激进的党派。 注意

\40

第245页:美国人(一个盗贼、强奸犯等等的国家)会干出一番什么样的事业。1851 !!

马克思,1851 年 9 月 23 日

对于这种计算,你有什么看法? 泰霍夫是从正规军的瓦解和革命的兵力有组织这个假定出发的。这是他的计算的基础。你对这种统计的判断肯定比我高明。

第 250 页:(马克思顺便提到):

> **革命**＝党派斗争、国内战争、阶级斗争。

但是,这篇文章的真正政治倾向(这一点在行文中可以看得更清楚),可以归结如下:在**战争结束**和俄国失败以前,绝不会爆发革命,也就是说,没有任何党派斗争,没有任何国内战争,没有任何阶级纷争。但是,为了组织这些军队去进行这场战争,需要**暴力**。这种**暴力**从何而**来**呢? 来自卡芬雅克将军或者像他那样的在德国和上意大利有自己的将军们的法国军事独裁者。这就是解决问题的办法,它同维利希的思想相差无几。世界战争,根据这个革命的普鲁士中尉的理解,就是军人对非军人的统治,至少是暂时的统治。但是,在没有先前的和同时进行的**内部**斗争,没有该死的"内部政治"的情况下,某一个将军——即使老拿破仑本人复生——用什么办法能够不仅得到这种手段,而且也得到这种影响,对此预言家只字不提。这里至少清楚地说出了这个未来的世界战争能手的"美好的愿望",这种愿望恰好在那些无阶级

的政治家和民主派身上找到了相应的政治
表现。

《马克思恩格斯全集》第 2 版第 48 卷第 400 页

恩格斯,[1851 年 9 月 26 日]

　　就泰霍夫的战争史[337]而言,从军事观点
来看它也是极其肤浅的,而且有些地方简直
就是错误的。撇开暴力只有用暴力才能对付
这样一个深刻的真理,撇开革命只有成为普
遍的革命的时候(按字面理解,就是当革命不
遇到任何反抗的时候,而按意义理解,就是当
革命是一种资产阶级革命的时候)才能取得
胜利这样一种乏味的发现,撇开由某一个至
今尚未被发现的军事独裁者(连卡芬雅克和
维利希也不算数)来压制注定要发生的"内部
政治"即真正的革命这样一种善良的意图,撇
开这些先生们对革命的看法的这种独具特色
的政治表达方式,从军事观点来看需要注意
下列几点:

　　1.唯一能够保证胜利的铁的纪律,恰好
就是"内部政治延期"和军事独裁二者的反
面。这样的纪律从哪里来呢? 这些先生们的
确应当从巴登和普法尔茨[338]取得一些教
训。军队的瓦解和纪律的完全松懈,既是迄
今发生的每次胜利的革命的条件,又是这种

注意 | 第 252 页:军队的瓦解＝每次胜利的革命的条件(和结果)。(恩格斯)

革命的结果,这是很明显的事实。法国花了从 1789 到 1792 年几年的时间才重新组织起一支约 6 万—8 万人的军队——杜木里埃的军队,但这支军队又垮掉了,在 1793 年年底以前法国可以说没有什么有组织的军队。匈牙利花了从 1848 年 3 月到 1849 年年中这段时间才有了一支组织正规的军队。而在第一次法国革命时期是谁在军队中建立了纪律呢? 并不是那些只是在革命的几次胜利以后才在临时组建的军队中具有影响和赢得权威的将军们,而是民政当局在内部政治方面所采取的恐怖手段。

《马克思恩格斯文集》第 10 卷第 95—96 页

马克思,[18]51 年 11 月 24 日

我在这里又读了一遍你的批判[339]。可惜不能出版。否则还能再添上一些我的废话,由我们两人一起署名出版,前提是不会给你的商号造成任何不便。

《马克思恩格斯全集》第 2 版第 48 卷第 432 页

恩格斯,[18]51 年 11 月 27 日

最重要的是,你要拿出一部巨著在公众面前重新亮相,最好是丝毫不伤人的东西,如历史。德国的平庸的蹩脚的著作家们都很清楚地知道,如果他们不能在一年之内有两三次把某种破烂货拿出来给公众看,他们就完蛋了。他们的坚韧精神拯救了他们;他们的书销路很差,或者只有一般的销路,但是书商们却以为,他们总还是些大人物,因为每份出版图书目录上他们总要出现几次。况且一定要打破由于你长期没在德国的书籍市场上露面和书商们后来的胆怯心理所造成的束缚。只要出版了你一两本富有教益的、学术性的、论据充分的,同时又很有趣的书,那么情况就完全不同了,如果书商们付的稿酬很低,你就可以不理睬他们。

《马克思恩格斯全集》第2版第48卷第434—435页

马克思,1851年12月1日

亲爱的恩格斯:

现附上:(1)克路斯给沃尔弗的信(寄自华盛顿)的摘要;(2)皮佩尔从布鲁塞尔寄来的信。

关于第一封信,鲁普斯还忘记谈两件你不会不感兴趣的事实。**第一件**:《德国的革命和反革命》一文已经**用德文**在《纽约晚报》[340]上刊登,并且经其他许多报纸转载,轰动一时。克路斯在信上没有说明这是不是从《论坛报》上翻译的,我为此事已直接写信给德纳……

附带说一下！我差一点把丑闻集锦中的一件重要的事情忘掉了。施泰翰、希尔施、居姆佩尔等人，一句话，从德国来的工人已表示要来访问我。我今天要接待他们。他们已经同沙佩尔和维利希闹翻了。

《马克思恩格斯全集》第2版第48卷第437、439页

恩格斯，1851年12月3日

法国的历史已经进入了极其滑稽可笑的阶段。一个全世界最微不足道的人物，在和平时期，依靠心怀不满的士兵，根据到目前为止能作出的判断并没有遭到任何反抗，就演出了雾月十八日的可笑的模仿剧，还能有比这更有趣的事情吗！所有老驴都被抓住了，这多妙啊！全法国最狡猾的狐狸老梯也尔、律师界最奸诈的讼师杜班先生都落入了由本世纪最著名的蠢材给他们设下的陷阱，他们就像具有固执的共和主义美德的卡芬雅克先生一样，像吹牛大王尚加尔涅一样轻易地落入了陷阱！为了完成这幅图画，搞了一个以奥迪隆·巴罗扮演"卡尔伯的勒韦"的残阙议会，而同一个奥迪隆鉴于这类破坏宪法的行为要求把他自己逮捕起来，但人家并没有把他送进万塞讷监狱！整个事件都似乎是特别

为红色沃尔弗制造出来的;从现在起就只有他才能写法国的历史了。世界上有哪一次政变曾发表过比这一次更荒谬的宣言呢？拿破仑的可笑的仪式、加冕纪念日、奥斯特利茨[341]纪念日,以及就执政府时代的宪法进行的煽动,等等——这类事情即使能够成功一天,也会使法国老爷们真正跌落到幼稚得举世无双的水平。

伟大的秩序党饶舌家们,首先是小矮子梯也尔和勇敢的尚加尔涅的被捕简直妙不可言。在第十区召开的有贝里耶先生参加的残阙议会的会议也是妙不可言,当时贝里耶先生朝着窗外大喊:共和国万岁,一直叫喊到全体都被逮捕起来并被拘禁在有士兵看守的一个兵营的院子里为止。而这时,愚蠢的拿破仑马上就收拾行李,以便搬到土伊勒里宫去。人们即使整整一年绞尽脑汁,也不可能想出比这更美妙的滑稽剧来。

晚上,当愚蠢的拿破仑终于倒在早就梦寐以求的土伊勒里宫的床上的时候,这个笨伯竟然还不知道,他的处境如何。没有第一执政的执政府时代! 没有比大约三年来所遇到的困难更大的内部困难,没有特殊的财政困难,甚至他自己的私囊也是如此,没有来自同盟国方面的边境威胁,没有必要越过圣伯纳德,没有必要在马伦戈获得胜利!这的确使人失望。现在甚至不再有什么国民议会可以破坏这个不被赏识的人的伟大计划了;不会有了,至少在今天,这头驴子像雾月十八日晚上的老拿破仑一样自由自在,一样无拘无束,一样绝对专制,他感到那样不受羁绊,以致不由得在各方面显出了驴子的本性。这是多么可怕的没有对立面的前景啊!

但是,人民啊,人民! ——人民对这一堆乱七八糟的东西毫不在乎,人民对赋予他们的选举权高兴得像小孩子一样,他们可能也要像小孩子那样去使用它。即使下星期天举行这种可笑的选举,那么从这种选举中能得到什么呢? 没有报刊,没有集会,有的是十足的戒严状态以及在两个星期内选出议员的命令。

但是,从这一大堆乱七八糟的东西中能得出什么来呢?"如果我们从世界历史观点出发"[342],那么我们就会得到一个很堂皇的演说题目。例如,现在必须弄清楚:以完全按军事方式组织起来的幅员辽阔的国家、人口稀少的意大利和缺乏现代无产阶级为前提的罗马帝国时期的近卫军制度,是否可能在法国这样一个地理上集中、人口稠密、拥有人数众多的工业无产阶级的国家中存在。或者例如:路易-拿破仑没有自己的政党;他曾经践踏奥尔良派和正统派,现在他必须向左转了。向左转就包含着大赦,大赦就包含着冲突,如此等等。又例如:普选权是路易-拿破仑政权的基础。他不能攻击普选权,但**现在**普选权已同路易-拿破仑不相容了。还有其他一些很容易发挥的类似的思辨的题目。但是,就我们昨天所看到的而言,对人民是不能抱任何希望了,真好像是老黑格尔在坟墓里作为世界精神来指导历史,并且真心诚意地使一切事件都出现两次,第一次是作为伟大的悲剧出现,第二次是作为卑劣的笑剧出现,科西迪耶尔代替丹东,路·勃朗代替罗伯斯比尔,巴泰勒米代替圣茹斯特,弗洛孔代替卡诺,畸形儿[343]和十来个负债累累的尉官代替小军士[344]及其一桌元帅。这样,我们终于来到了雾月十八日。

　　巴黎人民的举动就像小孩子一样愚蠢:"这同我们没有关系;总统和议会互相厮杀,这碍我们什么事!"但是,军队竟敢强迫法国接受一个政府,而且还是这样一个政府,这确实是同人民有关系的。这些无知的人们将会感到奇怪:"从1804年以来第一次"要实行的

注意

第 271 — 272 页:恩格斯提供了《雾月十八日》的第一个草稿,后来恩格斯又评述了 1851 年 12 月 2 日,参看《雾月十八日》。[345]

选举权,竟是这样一种普遍的、"自由的"选举权!

显然非常讨厌人类的世界精神还会使这出笑剧演多久,我们在一年之内是否将经历执政府、帝国、复辟等等,拿破仑王朝是否会在它无法在法国维持下去以前就在巴黎的街上被打垮,这一切都只有鬼才知道。但是,据我看来,事情似乎正在发生一个极其奇妙的转变,法国庸人们要遭到惊人的屈辱。

就算路易-拿破仑的政权能够暂时稳定下来,那么,即使法国人下沉到无法再深的地步,这类愚蠢的东西也不可能长久保持下去。但是以后会怎样呢?看来变红的希望非常小,这是相当清楚的,而如果勃朗先生和赖德律在昨天中午已收拾好他们的行李,那么他们今天又可能把行李打开。人民的雷鸣般的声音还没有把他们召回。

《马克思恩格斯文集》第 10 卷第 97—100 页

马克思,1851 年 12 月 9 日

现在,关于局势我应该给你写些什么呢?有一点是非常清楚的:无产阶级保全了自己的力量。波拿巴暂时取得了胜利,因为他在一夜之间就把公开投票变成了秘密投票。不管阿尔古事后怎样声明,波拿巴的确是利用从银行里窃取的 100 万英镑收买了军队。如果选举的结果对他不利,他还能再一次实行政变吗? 大多数人都会参加选举吗?

《马克思恩格斯全集》第 2 版第 48 卷第 451 页

恩格斯,1851 年 12 月 10 日

……不过,自从巴黎起义一无成就以来,我很高兴第一次风暴已经过去。无论我们已经变得多么迟钝,在这样的时刻,总还是多少激起一些旧日的政治热情,甚至总要对这类事件的结局产生一定的兴趣。当这次重大事变爆发的时候,我正在研究人种问题,现在至少又可以继续研究了。

尽管如此,这里或者利物浦都没有恢复信任。现在只有彼·欧门的忘形和信仰拿破仑的程度,同他在四天以前悲观和消沉的程度一样。一般说来,这里的资产者还是非常聪明的,他们对这出很快就会结束的拿破仑笑剧,是不抱信心的。但是整个这种丑事会有什么结果呢? 拿破仑当选,这是没有问题的;资产阶级没有选择的余地,而且谁去验证选票呢? 给这个冒险家多加票数的办法是非常有诱惑力的,而法国有产阶级的卑鄙无耻,对最微小的成就的奴性崇拜,对任何权力的

阿谀奉承,这一次暴露得比以往任何时候都更明显。但是这头蠢驴将怎样统治呢?他得到的选票将比 1848 年少,这是很明显的,也许总数只有 300 万到 350 万张选票;这在信誉上已经是一个危险的失败。任何财政改革和税收改革都是不可能的,一是因为缺少金钱,二是因为一个军事独裁者只有在胜利的对外战争中,在以战养战的情况下才能实行这种改革,而在和平时期,不仅没有任何富余的钱,而且还要把多得多的钱花在军队上,三是因为拿破仑太愚蠢。他还有什么办法吗?打仗? 打谁,打英国吗? 或者,干脆实行军事专制? 这种专制在和平时期必然会引起新的军事革命并会促使在军队中出现国民议会的各个党派。没有任何出路,这个笑剧必然自行垮台。如果再出现商业危机,那就不堪设想了!

《马克思恩格斯全集》第 2 版第 48 卷第 452—453 页

恩格斯,1851 年 12 月 16 日

亲爱的马克思:

　　附上今天中午收到的魏德迈的来信。到目前为止,消息还很不错。海因岑的报纸[346]已经奄奄一息。魏德迈现在就能够出版周刊了。[347]不过他要求在星期五晚上以前寄一篇

文章给他,这未免有点苛求,特别是在现在这种情况下。然而,恰好在目前,那里正渴望看到对法国事件的论证和阐述,如果能够对局势作一个出色的论述,那就能保证这一事业从创刊号开始就获得成功。但困难也就在这里,而<u>我又要像往常一样把重担压在你身上</u>;至于我,也打算写点东西,只是不写克拉普林斯基**348**的无耻行径。在这方面你至少可以为他写一篇外交式的、有回旋余地、有轰动效果的文章。我要做什么,现在还不知道,不过总想做点事情。

《马克思恩格斯全集》第2版第48卷第460—461页

恩格斯,1852年2月17日

亲爱的马克思:

　　我回信这样简短,你会生我的气,但是真见鬼,大量的工作和商务简直弄得我头昏脑涨。情况是这样:(1)查理去德国了,他不但把自己的全部工作,而且把大量有关年终结账的工作都留给我了;(2)去年结算的结果显示,我的老头儿遭受**纯亏损**,虽然这对他也非常有益,但是却给我带来了干不完的事情、计算和工作,等等;(3)欧门家族的一个人①宣

第 296 页:恩格斯咒骂"该死的生意"……

---

① 哥特弗里德·欧门。——编者注

布废除合同,随之而来的钩心斗角和信件来往你是可以想象到的。烦死了:今天晚上我要在商行坐到 8 点,然后也不能给你较详细地写信,却要给我的老头儿写一封信,并在夜里 12 点以前把信送到邮局;明天晚上我必须为琼斯写点东西,后天我要设法为《论坛报》写一篇文章。现在晚上七八点以前休想有什么空闲时间,而最令人讨厌的是,今后一段时间内,我必须把自己的全部注意力放在这该死的生意上,否则这里一切都会弄糟,我的老头儿会停止给我薪水。

两英镑你大概已经收到了。即使我没空详细答复你最近的来信,也请立即告诉我你的近况。

《马克思恩格斯全集》第 2 版第 49 卷第 44—45 页

马克思,1852 年 2 月 23 日

西蒙先生自我吹嘘的那号《论坛报》,我将找来给你寄去……

波拿巴什么也没有教会这些蠢驴。他们仍然相信"普选权"而且苦苦地算计着应如何再一次把他们的卑鄙人物钦赐给德国人民。当人们听到这些家伙无休止地老调重弹时,真会不相信自己的耳朵。这是真正的畜生,是顽固的蠢货。我很清楚,这个好

注意 第 298 页:(马克思):对这些蠢驴来说,拿破仑第三白活了一辈子,他们仍然相信"普选权"。"马

虚荣的小流氓是怎样混进《论坛报》的。大概福禄培尔公民是介绍人。他早就同德纳有联系……

　　你看了马志尼的愚蠢而卑鄙的演说词吗？

《马克思恩格斯全集》第 2 版第 49 卷第 54、55、57 页

> 志尼的愚蠢而卑鄙的演说词"。
> 　　（1852.2.）
>
> 注意

马克思，1852 年 2 月 27 日

　　这些癞蛤蟆真令人感到绝望。一般说来，他们的行径是讽刺短诗式的、真正戏剧性的艺术作品，这些家伙！天哪！

《马克思恩格斯全集》第 2 版第 49 卷第 63 页

> 41
>
> **第 301 页**：法国的历史是讽刺短诗式的，是真正戏剧性的艺术作品，这些家伙。
>
> 法国的历史

恩格斯，1852 年 4 月 20 日

亲爱的马克思：

　　得知我为你的小女儿的担忧竟很快成了事实，我很悲痛。但愿你和你的一家能够搬到比较卫生的地方、比较宽敞的住宅！

　　我很想寄些钱给你，但是我在伦敦花的钱比预计的要多得多，所以直到月底我自己在这里都得省吃俭用，而下个月我为还账和在德国订购的书籍一下子就得付出 12 英镑。但是，一有可能，我就设法在 5 月初为你弄一些钱。如果我早知道伦敦的情况，我会放弃这次实际上完全是多余的伦敦之行，那

样手头也会宽裕一些。

　　　　　　《马克思恩格斯全集》第 2 版第 49 卷第 100—101 页

恩格斯，1852 年 8 月 24 日

　　维利希—席利的闹剧想必欢快地演完了。可怜的维利希，也许非常渴望离开那些攻击他的庸人而回到红色沃尔弗的团体中去！

　　　　　　《马克思恩格斯全集》第 2 版第 49 卷第 203 页

马克思，1852 年 9 月 2 日

　　厄·琼斯是个彻头彻尾自私自利的家伙。两个月来，他以答应翻译这部著作（为他的报纸**349**）来愚弄我。而他从我这里得到的尽是帮助。尽管我自己经济困难，却连续数日同他一起从本丢到彼拉多，为他的报纸筹集资金四处奔走。他那可怜的小报所**特有**的国外消息，全都是我提供的……　最后，当他的报纸困窘不堪的时候，我用了几个星期的时间从编辑上给以帮助，而这个臭报纸确实在伦敦增加了好几百订户。

　　　　　　《马克思恩格斯全集》第 2 版第 49 卷第 217 页

马克思，1852 年 9 月 8 日

亲爱的恩格斯：

今天在非常紧张的气氛中收到你的信。

我的妻子病了,小燕妮病了,琳蘅像是患了伤寒。医生,我过去不能请,现在也不能请,因为我没有买药的钱。8—10 天以来,家里吃的是面包和土豆,今天是否能够弄到这些,还成问题。在现在的气候条件下,这样的饮食自然没有什么益处。给德纳的文章我没有写,因为我连看报用的便士也没有。不过,等你把第 19 篇寄来,我就去信把我关于第 20 篇的意见告诉你,这一篇是对当前臭事的概述。

我在你那里时,你曾告诉我,8 月底以前你能给我弄到一笔较大的款子,我把此事写信告诉了我的妻子,使她得到宽慰。你三四个星期前的来信表明,希望并不很大,但仍有一线希望。因此,我把向所有债主付款的期限推迟到 9 月初,你知道,对他们的债务,总是一小部分一小部分偿还的。现在,四面八方都在袭击我了。

我想尽了办法,但是都枉然…… 我给布罗克豪斯写信,向他提出给《现代》[350]写内容不得罪人的文章。他在一封很客气的信中谢绝了。最后,我在上星期同一个英国人[351]整天四处奔走,他想设法为我贴现在德纳名下开的期票。

《马克思恩格斯全集》第 2 版第 49 卷第 224—225 页

恩格斯,1852 年 9 月 24 日

> 第 350 页:工人们（法国的）现在看来彻底资产阶级化了。(1852)

癞蛤蟆们很好。总的看来,工人们由于现在的繁荣和对帝国的辉煌怀有希望而彻底资产阶级化了。要使他们**很快**又能有所作为,需要危机的严峻考验。如果下次危机不严重,波拿巴就能渡过难关。但是,看来危机将非常严重。危机最坏的形式是:生产中的过度投机活动发展缓慢,因此它的后果要若干年才能表现出来,正像它的后果在商品和有价证券的交易中需要若干月才能表现出来一样。

《马克思恩格斯全集》第 2 版第 49 卷第 246 页

马克思,1852 年 10 月 25 日

亲爱的恩格斯:

对我们的通信,应当采取一些别的措施。德比内阁里无疑有一个拆阅我们信件的人。此外,在我的家门口至少试探性地又设置了一个警卫(每天晚上)。因此,我认为现在不宜让普鲁士政府知道的事情,我绝对不能在信中给你讲。

《马克思恩格斯全集》第 2 版第 49 卷第 269 页

马克思，1852年10月27日

亲爱的恩格斯：

我写信告诉过你，我打算编一本关于"科隆案件"的"石印通告"。现在，"石印通告"成了一本大约三印张的抨击性著作[352]。现在石印这部著作不值得，原因有二：第一，石印这样厚的著作太贵，而且不会有**任何**收入，因为这种石印通告不便于出售。第二，没有一个人会去读——也不能要求人家读——有三印张厚的石印出版物。

所以这部著作除了铅印，没有别的办法。在德国不可能办到。伦敦是唯一可能的地方。只要我能预付一部分，我就可以**赊账**。请你同维尔特和施特龙商量一下这件事。但是一天也不能耽搁。如果这部著作现在出不来，以后就引不起任何兴趣了。我的小册子不是对原则进行辩护，而是根据对事实和案件进程的叙述来抨击普鲁士政府。我自己当然无力为这件事拿出哪怕是一分钱来。昨天我为了买书写纸，把从利物浦带来的一件上衣也当了。

《马克思恩格斯全集》第2版第49卷第275页

恩格斯，[1852年10月31日]

你们能不能通过伊曼特或别的途径从赖

辛巴赫那里弄到金克尔行骗的直接证据,并且把这些证据的抄件送到此地的《观察家时报》、《卫报》或《信使报》[353],以及布拉德福德的报纸? 当然要的是直接证据,以使这些人无需担心被指控犯有诽谤罪。你们也可以把这些证据送给曼彻斯特雅典神殿[354]的秘书J. W. 赫德森博士。

施特龙又到了布拉德福德,他有点小病,星期三或星期四将到这里来。我今天写信给他作了详尽的指示,你如果寄东西给他,就可以期望巧妙地完成委托,而与**我的**行动不矛盾。主要是一切商业地址都只能用**一次**。

我们应该做到使**施梯伯行为**将来永远被用做**偷窃行为**的同义词①。

《马克思恩格斯全集》第2版第49卷第291页

马克思,1853年2月23日

第389页:意大利(由于拉德茨基采取野蛮的暴力行动)=“**革命的火山口**”。反动派软弱,

尽管米兰事件[355]作为马志尼一贯搞密谋的结局非常悲惨,尽管我深信他自己害了自己,但我还是认为,这次事件对整个革命运动是有益的。特别是由于奥地利人在利用这次事件的好处时的那种野蛮行为。如果拉德

---

① 文字游戏:“施梯伯行为”的原文为“Stieberei”,是由施梯伯这个姓变来的,它同“偷窃行为”这个词的原文“Dieberei”谐音。 —— 编者注

茨基仿效施特拉索尔多的先例,如果他赞扬米兰市民的"遵纪守法",把整个事件说成是一些"坏蛋"的可悲的暴动,而且为了表示自己的信任,装样子稍微放松缰绳,那么革命政党就要在全世界面前丢脸了。可是现在,他施行了一整套掠夺制度,于是就把意大利变成了"革命的火山口",而这是马志尼靠高谈阔论的魔力做不到的。

　　还有一点。我们中间有谁会相信,反动派在经过四年的胜利、军事准备和大肆吹嘘以后,会感到自己极其软弱,以致他们一遇到暴动就发出真正的恐惧哀号呢?这些家伙对付革命的信心一直是不可动摇的。现在他们在全世界面前再次表露了他们的不安。在"流亡者"事实上已经完全失败而不能吸引任何人的时候,他们就借所有的政府报纸之口,到处宣扬流亡者的实力强大,使人以为:诚实的公民们被阴谋之网从四面八方笼罩住了。害怕已经"完全失败"的流亡者。(马克思)

《马克思恩格斯全集》第 2 版第 49 卷第 350 页

马克思,1853 年 3 月 22—23 日

　　维利希老爷子到了纽约。朋友魏特林为他举行了 300 人的宴会,维利希佩带红色大绶带出席,发表了长篇演说,大谈面包比自由

更可贵,接着魏特林向他赠送军刀。随后魏特林登台讲话,并证明耶稣基督是第一个共产主义者,而他的继承人不是别人,正是大名鼎鼎的威廉·魏特林。

《马克思恩格斯全集》第2版第49卷第369页

恩格斯,1853年4月26日

可见,只有法国这样一个国家:尽管美国的收获量极大,但今年得到的棉花却少于去年,而仅仅略多于政治上黯淡的1851年,那一年"社会主义的漩涡险些吞没了秩序和社会"。1852年的进口显示了政变的短时间的奇效,而1853年就显示了它的相反的作用。一部分货物像往常一样从利物浦转运到阿弗尔,但不像过去那么多。此外,法国的工业部门看来也说不上繁荣。这一次问题似乎的确很严重,主要原因就在于,法国商品在国外市场上受到当地产品的排挤。1851—1852年大批大批工人被驱逐出境,已开始发生影响;我深信,这一点特别促进了生产巴黎商品和青铜制品等的英美工厂的扩大和改进。为了秩序把无产者逐出国境而不受惩罚,在目前比从前更是上千倍地成为不可能的了。像这样不断地利用阴谋作为统治的手段,以及不停地把无产者逐

第403页:法国驱逐无产者(1851/2),损害本国的工业。

出国境,即使在全面和平的时期,也会让法国的工业大受其害;英国人和美国佬的确善于利用其中有用的部分!

《马克思恩格斯全集》第 2 版第 49 卷第 394 页

马克思,1853 年 6 月 2 日

在论述东方城市的形成方面,再没有比老弗朗索瓦·贝尔尼埃(他在奥朗则布那里当了九年医生)在《大莫卧儿等国游记》中描述得更出色、更明确和更令人信服的了。他还出色地记述了军事状况,以及供养这些庞大军队的做法等等。关于这两个问题,他写道:

"骑兵是主要部分,如果不把那些随军的全部仆役和商贩同真正的战斗人员混在一起,步兵并不像传说的那样多。如果把全部人员都算上,那么光是跟随国王的军队就足足有 20 万—30 万;有时,例如在预计国王要长久离开首都的时候,军队的人数就还要多。但是,所有这一切并不使人感到奇怪,因为随军队走的有令人难以置信的大量帐篷、炊具、服装、家具,甚至常常还有妇女,因此又有象、骆驼、牛、马、脚夫、粮秣采购员、各种商人和仆役;只要了解国家的情况和独特的管理制度,对所有这一切就不会感到奇怪,因为**国王是国中全部土地的唯一所有者**,由此必然产生的结果是,整个**首都**,如德里或阿格拉,几乎完全靠军队生活,因此当国王要在某个时期出征时,全城的人都得随同前往。这些城市一点也不像巴黎,**它们实际上是军营**,只不过比设在旷野的军营稍微舒适一些和方便

<table>
<tr><td>42/</td><td>一些而已。"</td></tr>
</table>

42/

注意

第413页:了解东方制度的"钥匙"——**不存在土地私有制**。(马克思)(第413页)全部土地＝国王的财产。(第411—412页)

贝尔尼埃完全正确地看到,东方(他指的是土耳其、波斯、印度斯坦)一切现象的基础是**不存在土地私有制**。这甚至是了解东方天国的一把真正的钥匙。

《马克思恩格斯文集》第10卷第111—112页

恩格斯,1853年6月6日

第**415**页:同上(恩格斯)。

不存在土地私有制,的确是了解整个东方的一把钥匙。这是东方全部政治史和宗教史的基础。但是东方各民族为什么没有达到土地私有制,甚至没有达到封建的土地所有制呢?我认为,这主要是由于气候和土壤的性质,特别是由于大沙漠地带,这个地带从撒哈拉起横贯阿拉伯、波斯、印度和鞑靼直到亚洲高原的最高地区。在这里,农业的第一个条件是人工灌溉,而这是村社、省或中央政府的事。在东方,政府总共只有三个部门:财政(掠夺本国)、军事(掠夺本国和外国)和公共工程(管理再生产)。在印度的英政府对第一和第二个部门进行了调整,使两者具有了更加庸俗的形态,而把第三个部门完全抛开不管,结果断送了印度的农业。在那里,自由竞争被看成极丢脸的事。土壤肥力是靠人工达到的,灌溉系统一旦遭到破坏,土壤肥力就立

即消失，这就说明了用其他理由难以说明的
下述事实，即过去耕种得很好的整个整个地
区（巴尔米拉，佩特拉，也门废墟，以及埃及、
波斯和印度斯坦的某些地区），现在一片荒
芜，成了不毛之地。这也说明了另一个事实，
即一次毁灭性的战争足以使一个国家在数世
纪内荒无人烟，文明毁灭。**356**

《马克思恩格斯文集》第 10 卷第 113—114 页

马克思，1853 年 6 月 14 日

美国国民经济学家凯里出版了一本新
著：《国内外的奴隶制》。这里所说的"奴隶
制"，是指各种形式的奴役、雇佣奴隶制等
等。他给我寄了一本他的著作，他一再引用
我的话（《论坛报》上的），时而把我称做"新近
的英国作家"，时而又把我称做"《纽约论坛
报》的通讯员"。**357** 我曾对你说过，此人在他
过去出版的全部著作中，都是论述资产阶级
社会的经济基础的"和谐"，并把一切祸患归
因于国家的多余的干涉。国家是他最憎恶的
东西。现在他却唱另一种调子了。一切祸患
都要归咎于大工业的集中化的影响。而这种
集中化的影响又要归咎于英国，因为它使自
己成为世界工厂，并使其他一切国家倒退到
野蛮的、脱离工场手工业的农业中去。而要

第 419—420
页：凯里——
在西斯蒙第的
博爱主义社会
主义的反工业
化的形式下，
发展美国的保
护关税制，即
美国的工业资
产阶级。

注意

注意

为英国的罪过负责的又是李嘉图—马尔萨斯的理论，特别是李嘉图的地租理论。无论是李嘉图的理论还是工业的集中化，其必然结果都将是共产主义。为了避免这一切，为了以地方化和散布在全国各地的工厂与农业的联盟来同集中化相对抗，我们这位极端自由贸易派终于建议实行**保护关税**。为了避免他认为应当由英国负责的资产阶级工业的影响，他这个真正的美国佬找到了一条出路，这就是在美国本土人为地加速这种发展。此外，由于他反对英国，因此他**像西斯蒙第那样**称颂瑞士、德国和中国等国的小资产阶级制度。而正是这个家伙，曾经由于法国和中国相似而不断地嘲笑法国。这本书里唯一真正有意思的地方，是把过去英国在牙买加等地的黑奴制同美国的黑奴制加以对比。他指出，牙买加等地的大部分黑人常常是新输入的野蛮人，因为在英国人的虐待下，黑人不仅不能维持他们原有的人口，而且每年新输入的黑人中总有三分之二死亡。而美国现在的一代黑人则是当地出生的，他们多多少少已经美国化了，会说英语，等等，因此**有能力求得解放**。

　　《论坛报》当然竭力替凯里的这本书吹嘘。它们二者确实有共同点，它们在西斯蒙第的博爱主义社会主义的反工业化的形式下,替美国主张实行保护关税的资产阶级即工业资产阶级说话。《论坛报》虽然大谈各种"主义"和社会主义的空话,却能够成为美国的"一流报纸",其秘密也就在于此。

你那篇关于瑞士的文章[358]当然直接打击了《论坛报》的"社论"(反对集中化等等)和它的凯里。我在第一篇论印度的文章[359]中继续了这场隐蔽的战争,在这篇文章中把英国消灭当地工业当做革命行为来描述。这会使他们很不高兴。然而,不列颠人在印度的全部统治是肮脏的,直到今天还是如此。

亚洲这一地区的停滞性质(尽管有政治表面上的各种无效果的运动),完全可以用下面两种相互促进的情况来解释:(1)公共工程是中央政府的事情;(2)除了这个政府之外,整个国家(几个较大的城市不算在内)分为许多村社,它们有完全独立的组织,自成一个小天地。

《马克思恩格斯文集》第 10 卷第 115—117 页

43

第 420 页:亚洲农村闭关自守,自满自足(自然经济）——亚细亚制度的基础＋中央政府的公共工程。

马克思,1853 年 9 月 2—3 日

今天给你写信,是有以下原因:

就我所知,你是不看《晨报》的。这家"联合的小酒店主"的报纸,刊载了一个"外国通

第 428—430 页:马克思维护巴枯宁。(反对赫尔岑

的造谣。)

讯员"(我猜是**戈洛文**先生)的一篇为巴枯宁辩解的文章。为回答这一点,某匿名作者**弗·马·**在这同一家报纸上怀疑巴枯宁是俄国间谍,说他现在过得很不错,等等。接着**戈洛文**和**赫尔岑**出来回答,他们说,早在1848年就有一家"德国报纸"传播过这种诽谤,"甚至敢于举乔治·桑的话作证"。

　　三天以前,"阿尔诺德·卢格博士"出场,说这家德国报纸就是《新莱茵报》,该报主编"马克思博士"也和所有其他的民主主义者一样确信这种诽谤是捏造的。

　　昨天我在《晨报》上刊登了下述声明[360]:

　　"戈洛文和赫尔岑先生想把我在1848和1849年编辑的《新莱茵报》卷入他们与弗·马·之间关于巴枯宁的论战,等等。对于赫尔岑和戈洛文先生的影射,我毫不在意。但是,……请允许我说明事情的实际情况。"接着是列举事实:

　　"1848年7月5日,我们收到两篇巴黎通讯,一篇是哈瓦斯通讯社的,另一篇是一位波兰流亡者的(我这样称呼艾韦贝克);在两篇通讯中都说,乔治·桑掌握了一些足以使巴枯宁声名扫地的信件,这些信件说明巴枯宁最近和俄国政府建立了联系";

　　"7月6日,我们发表了一篇通讯,不是

哈瓦斯通讯社的通讯,而是我们驻巴黎通讯员的通讯";

"巴枯宁在《新奥得报》上声明,在我们发表这篇通讯之前,类似的谣传就在布雷斯劳散布;这些谣传来自某些俄国使馆,他将写信给乔治·桑,这是驳斥这些谣传的最好方法";

"8月3日科斯策尔斯基先生转交给《莱茵报》①一封乔治·桑写给该报编辑的信,这封信当天就发表了,并加有下面的按语:"(接着是《新莱茵报》的一段话)**361**;

"8月底我途经柏林,在那里见了巴枯宁,和他恢复了我们之间过去的友谊";

"10月13日(或在此前后),《莱茵报》①谴责了普鲁士内阁驱逐巴枯宁出境";

"2月(1849年),《莱茵报》①发表了关于巴枯宁的社论,开头的话就是:'巴枯宁是我们的朋友'等等"**362**;

"在《纽约论坛报》上,我对巴枯宁参加我们的运动给予应有的称赞**363**,如此等等"。

我的声明是这样结束的:

"至于说到弗·马·,既然他顽固地认为大陆的革命有利于俄国的秘密阴谋,那么,如

---

① 《新莱茵报》。——编者注

果他想多少合乎逻辑的话,他就不仅应该谴责巴枯宁,而且应该谴责每一个大陆革命者都是俄国的间谍。在他看来,革命本身就是给俄国做间谍,巴枯宁又怎能不是呢?"

《马克思恩格斯全集》第 2 版第 49 卷第 446—448 页

马克思,1853 年 9 月 7 日

第 434 — 435 页:
反对赫尔岑的观点。

　　　完

可怜的俄国人无论在《论坛报》上,还是在伦敦的《晨报》上(尽管是不同的人,用不同的方式),现在都在大谈他们喜爱的话题,说什么俄国**人民**是彻头彻尾民主主义的,而官方的俄国(沙皇和官僚)只是一些德国人,贵族也是德国的贵族。

因此,应当同在俄国的德国斗争,而不是同在德国的俄国斗争。

关于俄国你比我知道得多,如果你能有时间来驳斥这种谬论(条顿的蠢驴们也完全同样地把弗里德里希二世等的专制主义归罪于法国人,好像落后的奴隶始终用不着文明的奴隶来进行必要的训练),我会非常感谢。自然是在《论坛报》上。

《马克思恩格斯全集》第 2 版第 49 卷第 453 页

第 三 卷
1861—1867 年

第 三 卷 ╲44

XII——德国革命的可能性(1866)。

XVIII——马克思和恩格斯反对拉萨尔,"并非始终都是正确的"(伯恩施坦?)。 ?

XXII—— "恩格斯采取的步骤(在《资本论》的通俗化和宣传方面)在正常情况下并不都是恰当的。"①
?

---

① 这是第 3 卷序言有关内容的摘录,在原笔记中已用红铅笔和黑铅笔划掉了。——俄文版编者注

马克思,1861 年 1 月 18 日

亲爱的弗雷德里克:

3 英镑已收到,到现在才告诉你,请原谅。星期一我的病又发作,由于星期二未见好转,只好又去求助艾伦,因此我现在正在治疗当中。写东西必须弯下身子,弯下身子我就感到疼痛,所以我也就迟迟没有写信。你看,我就像约伯[364]那样多灾多难,虽然不是那么怕上帝。

济贝尔——看来他很珍惜他的时间,因为他一行字也没有写给我——寄给我两号《科隆日报》,上面载有两篇赞扬我的书[365]的短评。书商的广告登在 1 月 1 日奥格斯堡《总汇报》的附刊上。

希望你给我寄来一篇用**英文写的**——因为遵照艾伦的嘱咐,我至少还得一星期不能从事任何写作——就是说用英文为《泰晤士报》写的批判普鲁士大赦[366]的短文,并且要强调下列要点:

(1)这种大赦是 1849 年以来任何一个国家(奥地利也不例外)颁布的大赦令中最可鄙

的(偏狭鄙吝的,真正普鲁士式的);

(2)"自由主义的"普鲁士报刊的状况,可以根据它们如何吹捧这种脏东西来判断;

(3)在普鲁士,每次新王即位时**总是**颁布对于某些小的违法行为——违抗宪兵,冒犯官长等等——的大赦令,而当前这次大赦实际上无非就是这一种大赦;

(4)**一切流亡者**——也就是 1848—1849 年革命的所有参加者——实际上被排除在大赦之外。对那些"**可能要被**我们的**民事法庭判罪**"和"获准自由返回"(就好像并不是任何人都有随时返回的"合法"权利似的)的流亡者,答应由司法部"按规定"为之提出"**赦免申请**"。事实上这种诺言得不到任何保障。据称,选择这种无聊的形式,是因为普鲁士是一个"法治国家",国王按照宪法不能中止任何审讯。对一个正如《普鲁士司法报》[367](柏林)所承认的那样已经有 10 年不存在任何法律的国家来说,这真是一出绝妙的滑稽剧。此外,要知道缺席判决是既可以宣布为有效又可以宣布为无效的。当施梯伯、格赖夫、戈尔德海姆跟西蒙斯、曼托伊费尔等人一样仍然逍遥法外的时候,这种卖弄"法律"的做法,是特别值得注意的。

(5)但是最卑鄙的是大赦令的第 4 条,按照这一条规定,凡"近期可能被军事法庭判罪"的人,必须先向威廉"请求恩赦",然后由他"根据我们的军法部门提出的报告作出进一步的决定"。

这里必须考虑到,按照普鲁士后备军条例,很少有哪一个普鲁士流亡者会不受"军事法庭"的管辖[368];"请求恩赦"是无条件规定的,而对这种屈辱却没有许诺任何肯定的补偿;最后,威廉比起任何一个流亡者来更需要"大赦",因为从严格的法制观点看来,他根本不该干预巴登等地的事情[369]。

《泰晤士报》肯定会非常乐意采用这种批判文章。我想把这篇文章同时也寄给其他报纸,当然,只署名:"一个普鲁士流亡者"。同时给编辑部写封私人信。

这是回敬普鲁士的狗东西们和那位率领他们的军士的唯一方法。

你的　卡·马·

《马克思恩格斯全集》第 1 版第 30 卷第 144—146 页

马克思,1861 年 1 月 29 日

科拉切克先生为了要评论《福格特先生》,昨天来信要求赠送一本。我已经寄给他了。这本书在彼得堡和里加销路相当好,但在科隆**没有什么销路**(大概卖出了 6 本)。

《马克思恩格斯全集》第 1 版第 30 卷第 149 页

马克思,1861 年 2 月 27 日

注意。我妻子对你寄来酒表示感谢的那封信（大约一星期以前寄出的），你想必收到了吧？她有点不放心,怕信落到别人手里。孩子们对你寄来酒也非常感激。他们大概继承了父亲对酒的喜好……

晚上为了休息,我读了阿庇安关于罗马内战的希腊文原本。一部很有价值的书。作者祖籍是埃及。施洛塞尔说他"没有灵魂",大概是因为他穷根究底地探索这些内战的物质基础。他笔下的斯巴达克是整个古代史中最辉煌的人物。一位伟大的统帅（不像加里波第）,高尚的品格,古代无产阶级的真正代表。

《马克思恩格斯全集》第 1 版第 30 卷第 158—159 页

第 13 页:1861.2.27.

马克思:我读了阿庇安关于罗马内战的原文本。

斯巴达克（加里波第不能与之相比）——"最辉煌的人物","高尚的品格,古代无产阶级的真正代表"。

马克思,1861 年 5 月 7 日

柏林盛行一种傲慢无礼而轻浮的风气。议院受到蔑视。我在剧院里亲自听到讽刺芬克的歌曲博得热烈掌声。大部分公众很不满意现在的报刊。在即将来临的第二议院改选时（秋季）,当过普鲁士国民议会议员的那些人大部分肯定会当选。这事之所以重要,不是由于他们本身,而是因为"美男子威廉"把他们看成是红色共和派。总之"美男子威廉"自当上国王以来，就受赤色幽灵的折磨。他把他的"自由主义者"的名声看做是颠覆党为他设下的陷阱。

第17页:**拉萨尔**——一贯自以为是，"思辨概念"，"受法国的自由主义感染"，不知分寸，等等。除非是当一名编辑（第16页:拉萨尔想同马克思和恩格斯两人相加的权利平等）。

在这种情况下，如果我们能从明年起在柏林（虽然我个人很厌恶这个地方）出版一份报纸，那确实是很合时宜的。如果和拉萨尔等人合作，有可能筹集两三万塔勒。但是这里有问题。拉萨尔直截了当地向我提出了这个建议。而且他对我说，他应当同我一起担任总编辑。我问他，恩格斯呢？"行啊，三个人如果不算多，恩格斯也可以担任总编辑。不过你们两个人的表决权不能比我一个人的大，否则我每次都将是少数。"至于他为什么参与领导，他给出的理由如下:(1)他在一般人看来比较接近资产阶级政党，因此可以比较容易地弄到钱,(2)他势必要牺牲自己的"理论研究"和从事这种研究所必需的安静，为此需要有某种补偿等等。他补充说:不过，如果你们不同意，"那我今后还会像现在一样，仍然准备在钱和写作方面帮助这个报纸;这对我甚至更有利，因为我可以从报纸那里得到好处，而不用为它承担任何责任……"　所有这些当然都是虚情假意的客套话。拉萨尔在几个由学者组成的圈子里由于他那本关于赫拉克利特的书[370]而受到尊重,在一个由寄生虫组成的圈子里则由于他的佳肴美酒而受到赞许,于是就被这些蒙住了眼睛,自然不知道他在广大公众中已是声名狼藉。此外,他自以为是,迷恋"思辨概念"(这家伙甚至梦想创造一种可与黑格尔哲学相媲美的新黑格尔哲学,并准备把它写成书),受法国的旧自由主义感染,文笔傲慢,还纠缠不清,不知分寸,等等。

拉萨尔可以在有严格纪律的条件下当一名编辑。不然他只会给我们丢脸。

《马克思恩格斯全集》第1版第30卷第162—165页

马克思,1861年6月19日

寄给你的第二个文件(请寄还,因为我必须答复)是哈茨费尔特的信。我一定要使她成为我在柏林的私人通讯员,因为她的政治见解(更不必说她的出色的社交资源)远远胜过"本身体现着系统的行走原则的步伐"(拉萨尔,[371]第2卷第545页)。(附带说一下!你和鲁普斯已经收到拉萨尔的这部巨著了吧?)为了你能够弄清她信里的两个地方,我告诉你以下的情况:关于布朗基事件,我转交给她一封从布鲁塞尔寄来的信(德农维尔写的)。首先说的是出版德农维尔那本关于可耻的布朗基案件的抨击性小册子（法庭辩论等等，以及相关的反应）的费用问题。布朗基本人通过德农维尔，非常热情地感谢我和德国无产阶级政党（在国外的[372]）对他的同情。[373]我们同法国坚定的革命党重新建立了直接联系，我认为这非常好。

第二点：我在给拉萨尔的信中说，关于报纸一事暂时不会有什么头绪，我还写道——这是为了把药丸裹上糖衣——今冬我可能到柏林去一趟。

《马克思恩格斯全集》第1版第30卷第178页

马克思，1861年7月5日

至于脱离问题，英国各报的报道完全不真实。除了南卡罗来纳以外，到处都有过对脱离的极其强烈的反抗。

首先：各边界蓄奴州。1861年冬天召开了各边界州代表大会。弗吉尼亚、肯塔基、阿肯色、马里兰、特拉华、田纳西和北卡罗来纳都被邀参加。因此，这些州都各自召开了代表大会，以便选出出席总的代表大会的代表。

特拉华甚至**拒绝**为这种目的召开代表大会。

田纳西也是如此。该州由民主党人组成的立法议会以**突然袭击**的方式使它退出联邦。诚然,在这以后进行了投票,以批准这一非法行动。这种投票是在恐怖的情况下进行的。有三分之一以上的公民根本没有投票。参加投票的人有三分之一反对脱离,其中包括整个东田纳西,该地现在正在武装起来反抗脱离运动。

肯塔基。有10万人投票拥护联邦;只有两三千人赞成脱离。

马里兰宣布拥护联邦,而且现在已经选出六个联邦派的人为国会议员。**374**

北卡罗来纳,甚至**阿肯色**,都选出了联邦派,而且前者是以相当大的多数票选出的。后来实行了恐怖。

弗吉尼亚。人民选出了联邦代表大会(根据多数票)。但是其中一部分人被收买了。在南部气焰最高时,即在萨姆特陷落时,以88票对55票**秘密**通过了脱离法令。这个法令还保密的时候,为夺取联邦的诺福克海军造船厂和哈珀斯费里军械库的其他一切步骤也是秘密采取的。但是这些步骤在实施以前,被泄露给了联邦当局。秘密地同杰弗逊·戴维斯政府缔结了联盟,于是南部同盟的大批军队突然开入该州。就是在这些军队的护卫下(纯粹是波拿巴式的),进行了赞成脱离的投票。尽管不断采取恐怖手段,但还是有 5 万票拥护联邦。正如你知道的那样，弗吉尼亚的西北部现在公开同脱离派分手了。

其次：墨西哥湾各州。真正的人民投票只在几个州里举行了。大多数的州里，为了决定南部各州对林肯当选的态度而选举出来的**代表大会**（后来通过**自己的**代表，还成立了蒙哥马利的国会[375]），不仅篡夺了决定脱离问题的权力，而且篡夺了承认宪法和杰弗逊·戴维斯等问题的权力。这种情况是如何发生的，你从下面引自美国南部几家报纸的摘录就可以看出。

得克萨斯，除南卡罗来纳以外，它拥有最强大的蓄奴党和最残暴的恐怖手段，但仍然有 11 000 票拥护联邦。

亚拉巴马，人民既没有就脱离问题举行投票，也没有就新宪法等问题举行投票。这里选出的代表大会以 61 票对 39 票通过脱离法令。但是几乎完全由白人居住的北部各县投的这 39 票比那 61 票代表了更多的自由人；因为根据**美国宪法**，每个奴隶主同时还可以替他五分之三的奴隶投票。

路易斯安那。在选举代表大会的代表时，投票赞成联邦的比赞成脱离派的多。但是这些代表倒过去了。

卡罗来纳的西部,田纳西的东部,亚拉巴马和佐治亚的北部,这些山区的利益同南部沼泽平原的利益很不相同。

关于整个脱离运动的策略具有"12 月 2 日"[376]的性质(因此这些家伙也就必须挑起战争,以便在"北部反对南部"的口号下使这个运动保持下去),你从后面的报刊摘录中可以看出。这种情况由于以下这一事实而变得更加明显,即领导这个运动的布坎南政府中的叛徒们(陆军部长弗洛伊德、海军部长图西、财政部长科布、内政部长汤普森),同南部参议员的头头一起,在**挥霍**公款问题上牵连很深,挥霍达数百万元之多,国会(众议院)曾在 1860 年 12 月把这个问题交给一个委员会进行调查。对这些家伙中至少一部分人来说,重要的是如何逃脱坐牢的厄运。因此他们成为 30 万奴隶主实行寡头统治的最顺从的工具。当然,这些奴隶主由于他们的集中、地位和资财,暂时还能压倒一切反对派。他们在一部分"白种贫民"[377]中找到了一群暴徒为他们充当朱阿夫兵[378]。

佐治亚。《格里芬联邦报》:

"正是那些在蒙哥马利制定了宪法的人,现在回到佐治亚又用州代表大会的名义批准这部宪法,这纯粹是笑话。"

《梅肯报》：

"完全为别的目的而召开的……各个州的代表大会……硬说它们就是人民，它们由于攫取了这种权利而可以不同人民商议就派遣代表去参加总的代表大会。**它们的同盟国会的一切法令，都是关着门秘密开会通过的，一切都是背着人民干的。**"

《奥古斯塔纪事和哨兵报》（佐治亚最大的一家报纸）：

"**整个脱离运动和新政府的成立——**至少就佐治亚来说〈而佐治亚是人口最多的一个蓄奴州〉——只不过是在**臆造的人民同意**下进行的，而且是在异常亢奋和狂暴的情况下以**虚假的多数**强加于人的。尽管使用了一切手段等等，但 1 月 4 日的选举表明丧失了几乎 3 000 票及 79 名当选代表的绝对多数。但是在代表大会开会的时候，由于采取哄骗、劝诱、**收买**和各种欺骗伎俩，出现 31 票的多数〈反对联邦〉…… **佐治亚代表大会**和同盟国会是在没有人民授权的情况下进行工作的，这一点谁也不能否认。"

亚拉巴马。《谋比尔纪事报》：

"代表大会代表亚拉巴马州批准了永久性的宪法…… 不容置疑的重要事实是，代表不是为这个目的选出来的。"

《北亚拉巴马人报》：

"代表大会急忙篡夺了人民的特权，批准了宪法…… 值得注意的事实是，这个国家坚实的物质力量，即一旦国家发出号召就得承担全部战争重担的双手长满老茧的劳动者，从一开始就反对脱离法令。"

密西西比。《杰克逊密西西比人报》和《维克斯堡辉格党人报》也对篡权同样表示不满。

路易斯安那。《新奥尔良真三角洲报》：

"这里的脱离所以成功，只是由于把选举结果隐瞒了……政府已变成了**专制机关**。"

1861 年 3 月 22 日，老**罗塞利乌斯**(美国最重要的政治家之一)在路易斯安那(新奥尔良)**州代表大会**的会议上说：

"蒙哥马利的文件[379]……并没有创立一个人民的政府，但是创立了一个**可憎的和绝对的寡头统治**。人民没有被许可参与这件事情。"

在肯塔基州**路易斯维尔**，参议员**格思里**(奴隶制的拥护者，皮尔斯的财政部长)于1861 年 3 月 16 日说，整个运动是"阴谋"和"篡权"。同时他说：

"在亚拉巴马，在全民投票时大多数人反对退出联邦，但是微弱的多数代表赞成脱离；他们使亚拉巴马脱离出去，不准人民对此事有任何发言权。路易斯安那也投票反对脱离，但是代表们隐瞒了这一点……"

你的　卡·马·

《马克思恩格斯全集》第 1 版第 30 卷第 186—190 页

（右侧旁注）

第 33 页：为了使南方各州脱离而篡改人民的决定。‖注意

马克思, 1861 年 9 月 28 日

从昨天的《泰晤士报》通讯中可以看出，维也纳《新闻报》[380]终于转过来反对施梅林了。因此现在也许可以同该报建立联系了。

《马克思恩格斯全集》第 1 版第 30 卷第 196 页

45╱

第 41 页：为巴枯宁获得自由而高兴。（1861）

恩格斯, 1861 年 11 月 27 日

巴枯宁的逃跑使我非常高兴。这个不幸的人想必受尽了苦难。他竟以这种方式作了一次环球旅行！[381]

《马克思恩格斯全集》第 1 版第 30 卷第 205 页

马克思, 1861 年 12 月 9 日

第 44 页：拉萨尔是"意识形态家"，辩证法也用得不对：（"把大量事例归纳成一个普遍原则，并不是辩证法。"）1861. 12. 9. 马克思："第 2 卷（拉萨尔的）至少由于拉丁文引文而更有趣一些。唯意识形态论贯穿全卷，而辩证方法则用得**不对**。黑格尔从来没有把归纳大量'事例'为一个普遍原则的做法称为辩证法……"

同意你对伊威希的批评（他从佛罗伦萨写信给我说，同加里波第进行了"**非常有趣的会晤**"等等）。第 2 卷[382]至少由于拉丁文引文而更有趣一些。唯意识形态论贯穿全卷，而辩证方法则用得**不对**。黑格尔从来没有把归纳大量"事例"为一个普遍原则的做法称为辩证法。

《马克思恩格斯全集》第 1 版第 30 卷第 209 页

马克思，1862 年 2 月 25 日

至于乌尔卡尔特的报纸[383]，我迄今为止未能收罗到。请写信告诉我，从哪一号开始，科勒特会做到需要做的一切。附上这个家伙对巴枯宁的诬告[384]，我没有见到巴枯宁。他住在赫尔岑那里。

《马克思恩格斯全集》第 1 版第 30 卷第 217 页

马克思，1862 年 3 月 15 日

亲爱的恩格斯：

由于你的文章没有寄来[385]，今天我不能给纽约写东西。现在我同《论坛报》的关系和以前不同了，那时我不寄续篇（它如果登载文章的话），而寄其他文章，它也会发表出来。我更相信，它又打算把我和欧洲其他所有通讯员一起解聘。它的版面缩小了。三篇文章它也许只登一篇，甚至连一篇都不登。这是要采取此类措施的通常标志。

《马克思恩格斯全集》第 1 版第 30 卷第 228 页

恩格斯，1862 年 5 月 23 日

新奥尔良的商人之所以狂热地拥护同盟，仅仅是因为这些家伙曾经不得不拿现金购买了大量由同盟发行的债券。我在这里知道不少这

第 65 页：把资产者束缚于革命的办法＝强制公债。

样的例子。这一点不应忘记。大量的强制公债是把资产者束缚于革命,以他们的个人利益来模糊他们的阶级利益的一种绝好办法。

《马克思恩格斯文集》第 10 卷第 183 页

马克思,1862 年 5 月 27 日

我现在——大概是由于绝望——认真埋头工作,拼命写作,我说的是政治经济学[386]的事。

《新闻报》每星期发表一篇文章。我按照弗里德兰德先生来信的要求,也只给他们寄一篇。

《马克思恩格斯全集》第 1 版第 30 卷第 246 页

恩格斯,1862 年 7 月 30 日

在美国,事情进行得可不大好。归根到底主要的错误要由斯坦顿负责,因为他在攻占田纳西之后,纯粹出于虚荣心而停止了征兵,这样一来,就使军队正当最需要增强,以便进行迅速的、坚决的进攻的时候,陷入了不断削弱的境地……

其次,当斯坦顿看到他无法解除麦克莱伦对波托马克河军团的指挥权时,他又做了另一件蠢事:为了削弱麦克莱伦,他赋予弗里蒙特、班克斯和麦克道尔以单独指挥权,**就这**

样为了罢黜麦克莱伦而分散了兵力。其结果
不仅麦克莱伦打了败仗，而且舆论都认为应
对失败负责的不是麦克莱伦，而是斯坦顿。
斯坦顿先生真是活该。

　　如果战争终于以革命方式进行的话，这
一切本来是无关紧要的，甚至可能有好处。
但是这一点恰恰没有做到。失败没有使北方
佬振奋起来，反而使他们畏缩了。如果为了
得到新兵竟然答应他们只服役 **9 个月**，那就
无异于承认：我们陷入了绝境，我们所需要的
只是一支装装门面的军队，以便在和平谈判
中作为显示力量的手段。这 30 万志愿兵原
是一块试金石，而北部拒绝提供这些兵员，也
就表明他们实际上把整个事业都不放在眼
里。况且政府和国会又是多么怯懦啊！他们
害怕征兵，害怕采取果断的财政措施，害怕触
犯奴隶制，总之，害怕做一切急切需要做的事
情；一切事情都听之任之，即使某种装装门面
的措施终于在国会通过了，可敬的林肯也要
附加许多保留条款，弄得它等于一纸具文。
这样萎靡不振，这样在失败（它使一支最优
良、人数最多的军队被消灭，并且实际上使华
盛顿暴露在敌人面前）的压力下像刺破了的
猪尿脬似地瘪了下去，以及在全体民众中间
这样完全缺乏任何坚韧精神——所有这些

第 74 页：（并散见
前面各处）；北方
人没有**以革命的
方式**行动。说从
人民到领袖都很
糟糕。人民无能
为力。

向我证明,一切都完了。几次群众大会等等算不了什么,甚至还达不到选举总统时的那种激昂程度。

加之完全缺乏人才。将军一个比一个蠢。没有一个人有点主动性或决断能力。三个月来,主动权重新完全落入敌人手中。其次,财政措施一个比一个轻率。除了普通士兵外,到处是束手无策和怯懦畏缩的景象。政客们也如此——同样荒唐,同样犹豫。而民众更是无能为力,即使在奥地利统治下闲荡了3 000年,也不至于这样。

《马克思恩格斯全集》第1版第30卷第256—258页

马克思,1862 年 7 月 30 日

第75页:拉萨尔爱虚荣。自命不凡。唐璜,"天才"等等。

犹太黑人拉萨尔,幸好在本星期末要离去,他在一次靠不住的投机买卖中又很走运地丢掉了5 000塔勒。这个家伙宁愿把钱扔在污泥里,也不愿借给"朋友",甚至保证还本付息也不行。同时,他总认为,他生活排场应该像个犹太男爵或者得到男爵封号(也许是通过伯爵夫人①)的犹太人。你想想,这个家伙,他知道美国事件等等,因而知道我所处的危机,竟厚颜无耻地问我是否愿意把我的一

---

① 索·哈茨费尔特。——编者注

个女儿给哈茨费尔特伯爵夫人当"女伴",甚至是否拜托他请求盖尔斯滕贝格对我庇护照拂(!)。这个家伙费了我不少时间。这个畜生以为,既然我现在"无事可做",只不过搞些"理论工作",那么我就可以像他那样欣然地同他消磨时间!而我的妻子为了在这个家伙面前保持一点体面,不得不把所有能拿得走的东西都送进当铺!

要不是我处于这种绝境,要不是痛恨这个暴发户炫示他的钱包,他倒会使我非常开心的。一年不见,他完全发疯了。在苏黎世住了一阵(和吕斯托夫、海尔维格等人一起),然后到意大利旅行,再加上他的《尤利安·施米特先生》等等,完全冲昏了他的头脑。他现在深信自己不仅是最伟大的学者,最深刻的思想家,最有天才的研究家等等,而且是唐璜和革命的红衣主教黎塞留。同时,用假装激动的声音不断地唠唠叨叨,装腔作势地做出各种动作来引人注意,讲起话来带着教训人的腔调!

《马克思恩格斯全集》第 1 版第 30 卷第 259—260 页

马克思,1862 年 8 月 2 日

亲爱的弗雷德里克:

10 英镑已经收到,非常感谢。

你为了我在钱的问题上作难,使我非常不安,但是有什么办法呢? 谁能经得住像美国这样的危机? 况且,我又特别倒霉,不得不同维也纳《新闻报》这类卑鄙的报纸打交道。否则,对我来说它至少可以在某种程度上代替《论坛报》。你是否认为,现在已经到了同比如《晚邮报》**387**(纽约一家主张废除奴隶制的报纸)接洽撰稿一事的时候了?

我还能像现在这样推进我的理论工作,简直是奇迹。我还是打算把地租理论放在这一卷作为增补,即作为对前面提出的原理的"例解"。我想把这个**详细叙述起来非常浩繁的问题**用几句话告诉你,希望你能**把你的意见告诉我**。

你知道,我把资本分成两部分,一部分是**不变资本**(原料、辅助材料、机器等),它的价值只是在产品价值中**再现出来**,另一部分是**可变资本**,即用来支付工资的资本,它所包含的对象化劳动比工人为换取它而付还的劳动要少。例如,如果日工资=10 小时,而工人劳动 12 小时,那么,他所补偿的就是可变资本+它的 1/5(2 小时)。我把这种余额称为**剩余价值**(surplus value)。

假定**剩余价值率**(即工作日的长度和超出工人为了再生产工资的必要劳动以外的剩

第 78—79 页:

1862.8.2.马 克

余劳动余额)为 50%。在这种情况下,工人在一个 12 小时的工作日中,8 小时为自己劳动,4 小时(8/2)为雇主劳动。还假定一切工业部门中的比例都是这样,那么,对平均劳动时间的各种偏离,不过是对劳动难易程度等等的补偿而已。

在**不同工业部门对工人的剥削程度相同**的情况下,**等量**的不同资本在不同的生产领域会提供极**不相同的剩余价值量**,从而提供**极不相同的利润率**,因为利润率正是剩余价值和全部预付资本的比率。这将取决于资本的**有机构成**,即取决于资本怎样分为不变资本和可变资本。

假定剩余劳动和上面一样为 50%。就是说,如果 1 英镑＝1 个工作日(把它设想为一个劳动周等等也是一样),1 个工作日＝12 小时,而必要劳动(再生产工资的劳动)＝8 小时,那么,30 个工人(或工作日)的工资＝20 英镑,而他们的劳动价值＝30 英镑;付给每个工人的可变资本(每日的或每周的)＝2/3 英镑,而他创造的价值＝1 英镑。100 英镑资本在不同工业部门中所产生的剩余价值量,会按 100 英镑资本分为不变资本和可变资本的比例而有极大的不同。用 c 代表不变资本,v 代表可变资本。例如,假使棉纺织业的

思:**资本的平均利润**(通俗、简短、明了)1862。**388**

资本构成是 c80, v20, 那么, 产品价值就＝
110(在剩余价值或剩余劳动为 50%的情况
下)。剩余价值量＝10, 利润率＝10%, 因为
利润率＝10(剩余价值) : 100(所耗费的资本
的总价值)。假设在大规模的裁缝业中资本
构成是 c50, v50, 那么, 产品＝125, 剩余价值
(在剩余价值率和上面一样为 50%的情况
下)＝25, 而利润率＝25%。假定另一工业
部门的比例是 c70, v30, 那么, 产品＝115,
利润率＝15%。最后, 还有一个工业部门的
资本构成是 c90, v10, 那么, 产品＝105, 而
利润率＝5%。

这里, 在对劳动的**剥削程度相同**的情况
下, 等量的资本在不同的工业部门中产生的
剩余价值量极不相同, 从而利润率也极不
相同。

但是, 我们把上述四类资本列在一起, 就
得出:

产品价值

1.	c80	v20	110	利润率＝10%	
2.	c50	v50	125	利润率＝25%	在所有情况
3.	c70	v30	115	利润率＝15%	下剩余价值
4.	c90	v10	105	利润率＝ 5%	率都＝50%

资本　　　400　　**利润**＝55

依此计算, 每 100 英镑的利润率是

$13\frac{3}{4}\%$。

如果从这个**阶级**的**总资本**(400)来考察,那么,利润率$=13\frac{3}{4}\%$。资本家们都是兄弟。竞争(资本的转移,或者说,资本从一个工业部门流入另一部门)会使**等量的**资本在**不同的**工业部门中提供**同一**的**平均利润**率,而不管它们的有机构成如何。换句话说,投入某个工业部门的比如 100 英镑资本所提供的**平均利润**,并不是这笔资本作为这种特定情况下使用的资本,因而不是按这笔资本本身产生的剩余价值的比例提供出来的,而是这笔资本作为资本家阶级总资本的**相应部分**提供出来的。这笔资本是一个股份,它的股息依据它的数量按比例从这个阶级的全部可变资本(支付工资的资本)所产生的剩余价值(或者说无酬劳动)的总数中支付。

在上例中,要使 1、2、3、4 类得到同样的**平均利润**,其中每一类都必须按 $113\frac{3}{4}$ 英镑出售自己的商品,1 和 4 类出售商品的价格**高于**它的价值,2 和 3 类**低于**它的价值。

这种经过上述调整的**价格**=已耗费的资本＋平均利润(例如 10%),这就是斯密所说的**自然价格**、**费用价格**[389]等等。这就是**平均**

第 80—81 页:
同上,地租

价格,不同工业部门之间的竞争(通过资本的转移或流出)使不同工业部门的价格转化为这种价格。所以,竞争**不是**使商品转化为它们的**价值**,而是转化为**费用价格**,这种价格按资本的有机构成或**高于**或**低于**或**等于**它们的**价值**。

李嘉图把**价值**同**费用价格**混为一谈。所以他认为,如果存在**绝对地租**(即与各类土地的不同肥力**无关的**地租),那么,农产品等等的出售价格就会由于**高于**费用价格(预付资本+平均利润)而经常**高于价值**。这就会推翻基本规律。所以,他否认绝对地租,只承认级差地租。

但是,他把商品的**价值**和**商品的费用价格**等同起来是根本错误的;这是同亚·斯密一脉相承的。

实际情况是这样:

假定一切**非农业资本**的**平均**构成是$c80,v20$,那么,产品(在剩余价值率为50%的情况下)=110,而利润率=10%。

再假定**农业资本**的平均构成=$c60,v40$(从统计材料看来,这个数字在英国是相当准确的;畜牧地租等等在这个问题上并没有意义,因为它不是由本身决定,而是由谷物地租决定的)。那么,在对劳动的剥削程度和上面相同的情况下,产品=120,而利润率＝20％。因此，如果租地农场主按**农产品的价值**出售农产品，那么，他就将按 120，而不是按它的**费用价格 110** 出售。但是**土地所有权**阻碍租地农场主像他们的资本家兄弟那样使产品的**价值**和**费用价格**相等。资本的竞争不能做到这一点。土地所有者出来干预，并攫取了**价值和费用价格之间的差额**。不变资本同可变资本的比例低，通常表明该生产领域的劳动生产力的发展水平低（或者是相对较低）。因此，如果农业资本的平均构成等于 c60，v40，而非农业资本的构成是 c80，v20，那就证明农业还没有达到和工业相同的发展阶段。（这是很容易解释的，因为撇开其他各方面不谈，工业的前提是比较老的科学——力学，而农业的前提是崭新的科学——化学、地质学、生理学。）如果农业中的比例是 c80，v20（在上述前提下），那么，**绝对地租**就会消失。剩下的只有**级差地租**，而我对级差地租的阐述，使李嘉图关于农业不断退化的假设显得极其可笑和武断了。

关于和**价值**不同的**费用价格**的上述规定，还应当指出，除了从资本的**直接生产过程**产生的不变资本和可变资本的区别，还有从资本的**流通过程**产生的**固定资本**和**流动资本**的区别。但是如果再把这一点考虑进去，这

46

第 81 页：土地肥力递减规律荒谬可笑。**390**

马克思（同上）：……我对级差地租的阐述，"使李嘉图关于农业不断退化的假设显得极其可笑和武断了……"

个公式就太复杂了。

这里你可以看到对李嘉图的理论的批判（粗略的，因为这个问题相当复杂）。无论如何你会承认，由于考虑到**资本的有机构成**，许多一向似乎存在的矛盾和问题都消失了。

顺便附一笔。为了某种目的（我在下一封信中告诉你），**非常希望**你能为我详细地从军事方面（政治方面由我来做）批判拉萨尔—吕斯托夫关于解放的谬论。

你的　卡·马·

问候女士们。

伊曼特已经通知说他要来。伊戚希将在星期一动身。

你看到，按照我对"绝对地租"的见解，**土地所有权**的确（在某种历史情况下）**提高了**原料的价格。从共产主义的观点来看这是很可以利用的。

如果上述观点是正确的，那么，根本**不必**在一切情况下或者对**任何一种土地**都支付**绝对地租**（即使农业资本的构成像上面所假定的那样）。凡是**土地所有权**（事实上或法律上）**不存在**的地方，就不支付绝对地租。在这种情况下，在农业中使用资本就不会遇到特殊的阻碍。资本在这个领域中就会像在其他一切领域中一样毫无拘束地运动。于是农产品就会像在许多工业品那里常见的那样按**低于**自己价值的**费用价格**出售。在资本家和土地所有者是同一个人的场合,**土地所有权**实际上也会失去意义,等等。

但是这里没有必要研究这些细节。

单纯的级差地租——它的产生不是由于资本仅仅投入土地而不投入其他任何部门——在理论上没有什么困难。这种地租不过是任何工业生产领域中经营条件优于平均水平的资本所具有的超额利润而已。不过它在农业中是固定的,因为它建立在不同种类的土地具有不同程度的自然肥力这样一个坚实而(相对地)牢固的基础上。

《马克思恩格斯文集》第 10 卷第 185—190 页

马克思,1862 年 8 月 7 日

伊戚希还告诉我,他 9 月回去的时候,也许会办一种报纸。我回答说,如果**报酬优厚**,我愿意担任英国通讯员,不承担任何责任,也不同他搞政治合作,因为我们在政治上,除了某些非常遥远的终极目的以外,没有任何共同之处。

你对美国内战的看法[①],我不完全同

第 83 页:1862.8.7. 马克思:"我们在政治上除了某些非常遥远的终极目的以外("als einigen weitabliegenden Endzwecken") (马克思)和拉萨尔没有任何共同之处"。

第 83—84 页:马克思

[①]　见本卷第 320—322 页。——编者注

论美国国内战争

> 战争应该按革命
> 方式进行,而他们
> 却按照宪法进行。

> 起初奴隶主占
> 优势。

意。我并不认为一切都完了。北部人从战争一开始就受各边界蓄奴州的代表的支配,布雷肯里奇的老党羽麦克莱伦也被他们捧为首领。相反,南部从一开始就行动一致。北部自己使奴隶制变成南部的军事力量,而没有使它转过来反对南部。南部把全部生产劳动交给奴隶去做,因而可以顺利地把它的全部作战力量投入战场。南部有统一的军事指挥,而北部却没有。从肯塔基军团占领田纳西以后的各次军事行动中已经可以清楚地看到,北军没有任何战略计划。据我看,这一切很快就会转变。北部终究会认真作战,采取革命的手段,并摆脱各边界蓄奴州的政客们的支配。只要有一个由黑人组成的团就会使南部大伤脑筋。

要获得 30 万人,其困难我看纯粹在政治方面。西北部和新英格兰[391]想要迫使、也一定会迫使政府放弃它一直采用的外交式的作战方法,而且它们现在正在创造能提供这 30 万人的条件。如果林肯不让步(但他是会让步的),那就会发生革命。

说到缺乏军事人才,迄今所采用的纯粹依靠外交计谋或党派的计谋来挑选将领的办法,是很难把军事人才选拔出来的。而波普将军在我看来是一个有毅力的人。

至于财政措施，那是不高明的，在一个至今实际上（就全国而言）不存在任何赋税的国家中，这种情况是意料之中的，但是还远不像皮特之流所实行的措施[392]那样毫无意义。目前货币贬值，我看不是出于经济上的原因，而纯粹是出于政治上的原因，即出于不信任。所以，这种情况将随着另一种政策而改变。

简单说来，我认为，这种战争必须按革命的方式进行，而北方佬至今却一直试图按照宪法进行。[393]

祝好。

你的　卡·马·

《马克思恩格斯全集》第 1 版第 30 卷第 272—273 页

恩格斯，1862 年 8 月 8 日

亲爱的摩尔：

我开列费用清单，根本不是要让你今后难于如你所说的那样来"榨取"我的钱包。相反，我相信只要能办到，我们今后还是要互相帮助的，完全不在于谁在某个时候是"榨取者"还是"被榨取者"，这种角色是会再调换的。这次计算开支的唯一目的，是向你表明目前我没有可能寄 10 英镑以上。……

我对拉萨尔的军事计划和你的地租理论

绝对地租你（马克思）应该进一步论证。

的意见，我日内就写给你，但是"绝对"地租的存在，我还很不明白——这一点你应该进一步论证。

《马克思恩格斯全集》第 1 版第 30 卷第 273—275 页

47

马克思，1862 年 8 月 9 日

第 86—87 页：马克思肯定绝对地租（注意）（很明确!!）。

注意

至于**地租理论**，我自然首先要等待你的来信。但是，为了使"辩论"（亨利希·毕尔格尔斯会这样说）简单些，说明以下几点：

一、我必须**从理论上证明**的唯一的一点，是绝对地租在不违反价值规律的情况下的**可能性**。这是从重农学派起直到现在的**理论论战**的焦点。李嘉图否认这种可能性；我断定有这种可能性。同时我还断定，他否认这种可能性，是基于一种理论上错误的、从亚·斯密那里继承下来的教条，即假设**商品的费用价格和价值**是同一的①。此外，我还断定，当李嘉图**举例**说明这个问题时，他总是以或者不存在资本主义生产，或者（事实上或法律上）**不存在土地所有权**为前提。而问题正是要在这些东西存在的条件下来研究这个规律。

二、至于绝对地租**存在**的问题，这是在每个国家都应当**从统计上**来解决的问题。但是

---

① 见本卷第 328—330 页。——编者注

纯粹从理论上来解决问题的重要性,是由下列情况造成的:35 年来统计学家和实践家全都坚持说有绝对地租存在,而(李嘉图派的)理论家则企图通过非常粗暴的和理论上软弱的抽象来否认绝对地租的存在。直到现在,我始终确信,在所有这一类争论中,理论家总是不对的。

三、我证明,即使假定绝对地租存在,也决不能由此得出结论说,在任何情况下最坏的耕地或最坏的矿山也都是支付地租的;相反,很可能它们不得不把自己的产品按市场价值、但**低于**其**个别**价值出售。李嘉图为了证明相反的主张,总是假定(这在理论上是错误的),不管市场条件怎样,在**最不利**的条件下生产出来的商品始终决定市场价值。你早在《德法年鉴》中就已经正确地对这一点作了反驳。[394]

以上是对地租问题的补充……

至于《晚邮报》,如果你为我拟一封信,那就好了,因为我用实用英语写东西还很不行。

1862

《马克思恩格斯全集》第 1 版第 30 卷第 276—277 页

马克思,1862 年 8 月 20 日

你能不能来这里逗留几天? 我在我的批判中要推翻许多旧东西,因此有几个问题我

第 89 — 90 页:积累率不取决于机

注意｜器的损耗和机器的分配吗？

想预先同你商量一下。这一切靠写信,你我都会觉得乏味的。

你是实践家,有一点必定知道得很清楚,这就是:假定某一个企业在开业时,它的机器价值等于 12 000 英镑,这些机器平均使用 12 年。如果每年附加到商品上 1 000 英镑,那么机器的价格在 12 年内就得到补偿。亚·斯密以及他的追随者都这样说。但是事实上这只是一个平均数,能使用 12 年的机器,和有 10 年生命或有 10 年役力的一匹马相似。虽然这匹马在 10 年以后要用新马来替换,但是如果说这匹马每年要死去$\frac{1}{10}$,这在事实上毕竟是不对的。相反地,内史密斯先生在他给工厂视察员的一封信中指出,机器(至少是某些机器)在第二年比第一年运转得更好。无论如何,在这 12 年中总不是每年都要以实物形式替换机器的$\frac{1}{12}$吧? 预定每年用来补偿机器$\frac{1}{12}$的基金将怎样办呢? 这笔基金实际上不就是用于扩大再生产的,同收入转化为资本的一切情况无关的积累基金吗? 这种基金的存在,不是**部分地**说明资本主义生产发达的国家,即固定资本多的国家,同还没有达到这种发展水平的国家,两者的资本积累率是**大不相同**吗?

《马克思恩格斯全集》第 1 版第 30 卷第 281—282 页

恩格斯,1862 年 9 月 9 日

　　在这种棉纺织品角逐中,地租理论①真的使我觉得太抽象了,等到稍微安静一点,我会好好考虑的。关于机器损耗也是这样,但是我几乎确信,在这个问题上你走入了歧途。要知道,损耗期并不是一切机器都相同的。但这个问题等我回来以后再详谈。

第 91 页:(恩格斯反对)。

　　《马克思恩格斯全集》第 1 版第 30 卷第 284 页

马克思,1862 年 9 月 10 日

　　谈到北方佬,我仍旧确信,北部终将取得胜利②;当然,内战可能还要经过各种周折,也可能会休战,并且可能拖得很久。据说南部只有在得到各边界蓄奴州的条件下才会媾和或者才能媾和。在这种情况下,加利福尼亚也会落入南部之手,而西北部也将步其后尘,于是整个联邦,也许只有新英格兰各州除外,将重新组成一个国家,不过这一回是在公认的奴隶主的统治之下组成的。这就是说要在南部力求达到的基础上重建合众国。然而这是不可能的,也是不会发生的。

　　就北部来说,只有同盟被限制在原来的

第 92 页:北部将取得胜利(马克思)。它作为**资产阶级**共和国(北方佬的诈骗)在战斗。革命可能发生?

注意

---

①　见本卷第 323—331、334—335 页。——编者注
②　见本卷第 320—322、331—333 页。——编者注

各蓄奴州的范围内,即闭锁在密西西比河和大西洋之间,它才会媾和。但在这种情况下,同盟很快就会完蛋。其间在维持现状的基础上实现休战等等,充其量只能算是战争进行中的暂时间歇。

北部进行战争的方法,正是一个长期以来欺骗成风的**资产阶级**共和国所能采取的方法。南部是一种寡头统治,更适应于进行战争,特别是因为它的寡头统治是一种生产劳动全部由黑人担负,而400万"白种废物"专以打劫为业的寡头统治。尽管如此,我还是愿意用脑袋打赌,不管他们拥有怎样的"石壁将军杰克逊",他们还是会很快被打败的。诚然,情况的发展很可能首先在北部爆发某种革命。

《马克思恩格斯全集》第1版第30卷第286—287页

马克思,1862年10月29日

谈到美国,我认为马里兰战役[395]具有决定性的意义,因为它表明,甚至在最同情南部的那些边界州,支持同盟派的也很少。而整个斗争又是以各边界州为转移的。谁掌握这些州,谁就能统治联邦。正当同盟军攻入肯塔基的时候,林肯发布了即将实行的解放法案[396],这同时也表明不再顾及各边界州的那些效忠的奴隶主了。奴隶主带着他们的黑奴从密苏里、肯塔基和田纳西向南迁移,现在已经具有很大的规模,如果战争再拖长一些时日(这是毫无疑问的),南部就会失去那里的一切支柱。南部为了领地[397]而发动战争。但战争本身却成了摧毁它在各边界州的势力的手段;而各边界州同南部的联系本来就一天天在削弱,因为不能再为繁殖奴隶和内部买卖奴隶找到市场。因此,据我看,南部现在只能进行防御。然而它只有进攻才有取胜的可能。据说,胡克担任波托马克河军团的实际指挥,麦克莱伦被"黜退"为"理论上的"总司令,而哈勒克则担任西线最高指挥,如果这些消息属实,这就意味着在弗吉尼亚的战事也会更加激烈。此外,对于同盟军说来,最有利的季节已经过去了。

毫无疑问,马里兰进军的失败在精神上的意义是非常大的。

至于财政状况,合众国从独立战争时期起就知道,而我们从奥地利的经验中也知道,纸币贬值能够达到什么程度。[398]事实上,北方佬向英国输出谷物从来没有像今年这样多,今年的收成又远远超过常年产量,而他们的贸易顺差从来没有像最近两年这样大。新税制(诚然是毫不新奇的,而且纯粹是皮特式的)一旦实行,则至今只是一直在**发行**的纸币也终将开始**回流**。按目前规模继续发行纸币,也就因此变成多余,于是纸币的进一步贬值将被制止。即使到目前为止的贬值,同在类似情况下在法国以至英国的贬值相比,其危险性也要小,因为北方佬从来不禁止**两种价格**——用黄金表示的价格和用纸币表示的价格。这一切所造成的实际灾害就是国债——从来没有换取过应有的等价物——和对证券交易及投机活动的奖励。[399]

英国人吹牛说,他们的货币贬值从来没有超过 11.5%(根据别的资料,这种贬值有时超过此数一倍以上),但他们忘记了,当时他们不仅继续交纳旧税,而且每年要增交新税,所以一开始就保证了银行券的回流,而北方佬最近一年半以来实际上是在**没有任何税收**(除了大为降低的进口税)的条件下对付过去的,而且完全依靠一再发行纸币来保证战争的进行。从这样一个过程(它现在已到了转折点)来看,贬值实际上还是比较小的。

南部人对于林肯法案[400]的狂怒证明了这些法案的重要性。所有这些法案,像是一个律师向对方律师提出的经过慎重考虑并附有但书的条件。但这并不降低这些法案的历史意义,而且当我把它们同法国人用来蒙盖最无关重要的东西的帷幄比较时,确实使我觉得有趣。

自然,我和大家一样,也看到了北方佬在运动形式上的令人厌恶的方面;但是,我认为对"资产阶级的"民主的本性说来,这是很自然的。然而那里发生的事件毕竟具有世界性的革命意义,而在整个事件中再没有比英国人对它的态度更可恶的了。

代我问候鲁普斯。祝好。

《马克思恩格斯全集》第1版第30卷第290—292页

恩格斯,1862年11月5日

至于美国,我自然也认为同盟派在马里兰出乎意料地受到一次意义重大的精神上的打击。我也确信,**最终地**占领各边界州将决定战争的结局。但是我并不相信,事情会以这种典型形式发展下去,而你似乎是这样想象的。尽管北方佬大叫大嚷,但还是没有任何迹象,表明他们把这件事真正看做民族存亡问题。相反,民主党在选举中的胜利倒是表明,厌倦战争的人越来越多了。[401]哪怕有一个证据或一点迹象能够表明北部的群众开始像1792年和1793年的法国那样行动起来,那就太好了。但是唯一可以指望的革命,看来倒不如说是民主党的反革命和一个包括分

第96页:同上。

↓

第97页:恩格斯:我不知道,在美国事情是否会以你(马克思)所设想的**那种典型形式**发展。

↘48

第97页:恩格斯:美国人民没有革命性(像1792—1793年那样的)。

割各边界州在内的糟糕的和约。事情绝不会就此结束，这我同意。但是很明显，一个民族在如此重大的问题上竟让自己四分之一的居民不断地打击自己，并且在进行了一年半的战争之后，唯一的成就是发现自己的将领全都是蠢驴，而文官全都是骗子和叛徒——对于这样的一个民族，我必须承认无法激起我的热情。事情终究应该发生转变，即使在一个资产阶级共和国里，只要它还没有完全陷入泥潭，也应该是这样。你说英国人对这件事的态度是卑鄙的，这一点我完全同意。

《马克思恩格斯全集》第1版第30卷第293—294页

恩格斯，1862年11月15日

第99页：为普鲁士内部的冲突而兴奋——"极端紧迫的革命的抉择关头"。

谈完大事谈小事——你对威武的威廉怎么看？这家伙终于又恢复了本性；他忏悔了他所犯下的自由主义的罪恶，并且向瘸子伊丽莎白说：母亲，我有罪了。为此，主就赐给他力量去打击患瘰疬病的自由派无赖，于是威廉就说道："为此我需要军队。"这个家伙如此狂暴，甚至连俾斯麦在他看来都不够反动了。沙佩尔，你是愚蠢的，这一点我们都知道，你自己也知道，但是，你为什么**这样愚蠢**呢，如此等等。情况好极了，在1848年过去14年之后，自由资产阶级现在为了区区600

万塔勒(约合85万英镑)又被推向极端紧迫的革命的抉择关头,能有什么形势比这更好呢。但愿这头老蠢驴不要又往后退缩。的确,他现在非常神气,但是对这些普鲁士人是一点也不能信赖的,就连他们的愚蠢也不能信赖。如果事情仍然这样发展下去,暴乱就完全不可避免,如果事情发展到极端,威廉就会由于"这些军人"发表意见的方式而感到惊奇,特别是普通士兵,他们将会为他们必须在三年而不是两年的服役期作战而对他感恩戴德。

《马克思恩格斯文集》第10卷第195页

马克思,1862年11月17日

因此,我并不把这些事情看得那么阴暗。在我看来更使我不安的,倒是兰开夏郡工人绵羊般的驯顺。这是人世间从来没有过的事情。尤其是,这帮工厂主甚至根本不想假装"作出牺牲"的样子,而是让英国的其余部分得到为他们供养他们的军队的光荣;这就是说,让英国的其余部分去承担维持这帮家伙的可变资本的费用。

英国在最近这个时期比任何其他国家都更丢脸:工人由于自己的基督教的奴性而丢脸,资产者和贵族由于疯狂地维护最露骨的

第100页:兰开夏郡工人"绵羊般的驯顺"(在美国战争问题上)。闻所未闻!(马克思)

第101页:工人由于自己的"基督教的奴注意

‖ **性**"而丢脸。

奴隶制度而丢脸。而这两种现象是互相补充的。

《马克思恩格斯全集》第 1 版第 30 卷第 299—300 页

马克思,1863 年 1 月 2 日

《**泰晤士报**》及其同伙对于在曼彻斯特、设菲尔德和**伦敦**举行的工人群众大会[402]恨得要死。用这种办法使北方佬看清真相,这很好。不过,奥普戴克(纽约市长和政治经济学家)已在纽约一次群众集会上说过:"我们知道,英国的工人阶级是赞成我们的,而英国的统治阶级是反对我们的。"

第 105 页:遗憾的是,德国没有反对美国蓄奴制的**示威**。

我觉得十分遗憾的是,德国没有举行这类示威。这并不费事,但从"国际"意义上来说却贡献很多。德国更有权利这样做,因为它在这场战争中为北方佬出的力,比法国在 18 世纪出的力更多。在世界舞台上不出头露面,也不强调实际所干的事——这就是德国老一套的愚蠢做法。

第 105 页:嘲笑拉萨尔在关于宪法实质的小册子中自吹自擂。

收到了伊戚希的信以及小册子[403]。信的内容是:我应当把罗雪尔的书[404]还给他。**小册子的内容**是:关于普鲁士宪法的报告[405]的续篇。**本质**是:拉萨尔是一切时代,特别是当代最伟大的政治家。无疑正是他拉萨尔发现了(而且是根据纯粹无条件的和无条件纯

粹的理论发现的)一个国家的真正宪法不是
成文宪法,而是取决于现实的"力量对比",等
等。甚至《新普鲁士报》、俾斯麦以及罗昂,都
像他用引文来证明的那样,是"他的"理论的
信徒。因此,他的听众都可以放心,既然他发
现了正确的理论,他对"当前"也就有正确的
解决办法。这种解决办法如下:

> "由于政府不顾议院的决议而继续支出军事费
> 用和其他费用,等等,并由于立宪政府因此而形同**虚**
> **设**,等等,所以议院停止开会,直到政府宣布它不再
> 支出那些费用为止。"

这就是"事实说话"的力量。

为了使议院节省点气力,他立即制订了
一个它应通过的法令。

《马克思恩格斯全集》第 1 版第 30 卷第 306—307 页

恩格斯,1863 年 1 月 7 日

亲爱的摩尔:

玛丽去世了。昨天晚上她很早就去睡
了,当莉希在夜里 12 点不到准备上床的时候,
她已经死了。非常突然:不是心脏病就是中
风。今天早晨我才知道,星期一晚上她还是好
好的。我无法向你说出我现在的心情。这个
可怜的姑娘是一心一意地爱着我的。

第 106 页:恩格斯
的妻子去世(1863.
1. 7.)。

《马克思恩格斯全集》第 1 版第 30 卷第 308 页

马克思,1863 年 1 月 28 日

在上一封信①中,我曾向你问过自动走锭纺纱机的事。问题是这样:在这种机器发明**以前**,所谓的纺纱工人是用什么方法操作的? 自动走锭纺纱机我明白,但是它以前的状况我就不清楚了。

注意 第 112—113 页:马克思论**机器的概念**——通俗易懂。注意

我正在对论述机器的这一节作些补充。在这一节里有些很有趣的问题,我在第一次整理时忽略了。为了把这一切弄清楚,我把我关于工艺学的笔记(摘录)**406**全部重读了一遍,并且去听威利斯教授为工人开设的实习(纯粹是实验)课(在杰明街地质学院里,赫胥黎在那里也讲过课)。我在力学方面的情况同在语言方面的情况一样。我懂得数学定理,但是需要有直接经验才能理解的最简单的实际技术问题,我理解起来却十分困难。

你知道——或许还不知道,因为事情本身无关紧要——,在**机器**和**工具**有什么区别这个问题上有很大的争议。英国的(数学)力学家,以他们那种粗率的方式称工具为简单的机器,而称机器为复杂的工具。但

---

① 参看《马克思恩格斯全集》第 1 版第 30 卷第 311—314 页。——编者注

是比较注意经济方面的英国工艺学家们认
为(英国经济学家中有许多人,甚至是大多
数人都跟着他们走),二者的区别在于:一
个的动力是人,而另一个的动力是自然力。
德国的蠢驴们在这类小事情上是够伟大的,
他们由此得出结论说,例如**犁**是机器,而极
其复杂的"珍妮机"[407]等等,既然是用手转
动的,就不是机器。但是,如果我们看一看
机器的**基本**形式,那就毫无疑问,工业革命
并不始于**动力**,而是始于英国人称为**工作机**
的那部分机器,就是说,并不是始于比如说
转动纺车的脚被水或蒸汽所代替,而是始于
直接的纺纱过程本身的改变和人的一部分
劳动被排除,而人的这部分劳动不是指单纯
的力的使用(比如踩动轮子),而是同加工、
同对所加工的材料的直接作用有关的。另
一方面,同样没有疑问的是,一当问题不再
涉及机器的**历史**发展,而是涉及在当前生产
方式基础上的机器,**工作机**(例如在缝纫机
上)就是唯一有决定意义的,因为现在谁都
知道,一旦这一过程实现了机械化,就可以
根据机械的大小,用手、水或蒸汽来转动
机械。

　对纯粹的数学家来说,这些问题是无关
紧要的,但是,在问题涉及到要证明人们的社

会关系和这些物质生产方式的发展之间的联系时,它们却是非常重要的。

参看《资本论》第1卷。第113—114页:机器的历史:**钟表**和**磨**①

重读了我的关于工艺史的摘录之后,我产生了这样一种看法:撇开火药、指南针和印刷术的发明不谈——这些都是资产阶级发展的必要前提,——从16世纪到18世纪中叶这段时间,即从手工业发展起来的工场手工业一直到真正的大工业这一时期,在工场手工业内部为机器工业做好准备的有两种物质基础,即**钟表**和**磨**(最初是磨谷物的磨,即水磨),二者都是从古代继承下来的。(水磨是在尤利乌斯·凯撒时代从小亚细亚传入罗马的。)钟表是第一个应用于实际目的的自动机;**匀速运动生产**的全部理论就是在它的基础上发展起来的。按其性质来说,它本身是以半艺术性的手工业和直接的理论的结合为基础的。例如,卡尔达诺曾写过关于钟表构造的书(并且提出了实际的制法)。16世纪的德国著作家把钟表制造业叫做"有学问的(非行会的)手工业";从钟表的发展可以证明,在手工业基础上的学识和实践之间的关系,同譬如大工业中的这二者之间的关系,是多么地不同。同样也毫无

---

① 见《马克思恩格斯文集》第5卷第403—405页。——编者注

疑问的是,在 18 世纪把自动机器(特别是发条发动的)应用到生产上去的第一个想法,是由钟表引起的。从历史上可以证明,**沃康松**在这方面的尝试对英国发明家的想象力有极大的影响。

另一方面,**磨**从一开始,从水磨发明的时候起,就具有机器结构的重要特征。机械动力;由这种动力发动的最初的发动机;传动机构;最后是处理材料的工作机;这一切都彼此独立地存在着。在磨的基础上建立了关于**摩擦**的理论,并从而进行了关于轮盘联动装置、齿轮等等的算式的研究;测量动力强度的理论和最好地使用动力的理论等等,最初也是从这里建立起来的。从 17 世纪中叶以来,几乎所有的大数学家,只要他们研究应用力学,并把它从理论上加以阐明,就都是从磨谷物的简单的水磨着手的。因此,在工场手工业时期出现的 *Mühle* 和 *mill*[①]这一名称,实际上也应用于为了实际目的而使用的一切机械发动机上。

磨的情况和压力机、机锤、犁等等的情况完全一样,即使动力是人力或畜力,但是打、压、磨、粉碎等等实际工作,从一开始就**不需**

---

① 德语和英语中的"磨"字。——编者注

要人的劳动。所以,这类机械至少从它的起源来看是很古老的,它最早使用了真正的机械动力。因此,它也几乎是工场手工业时期出现的唯一的机械。一旦机械应用于自古以来都必须通过人的劳动才能取得最后成果的地方,就是说,不是应用于如上述工具那样从**一开始**就**根本**不需要用人的手来加工原料的地方,而是应用于按事物的性质来说,人不是从一开始就只作为简单的**力**起作用的地方,**工业革命**就开始了。如果人们愿意和德国的蠢驴一样,把使用畜力(也就是完全和人的运动一样的**随意运动**)叫做使用**机器**,那么,使用这种发动机无论如何要比使用最简单的手工业工具古老得多。

第 115 页:拉萨尔是吹牛家。无赖。

伊威希把他在法庭上的辩护词(他被判处 4 个月徒刑)**408**寄给了我——这是不可避免的。"小伙子,你的英勇应受赞美!"①首先,这个吹牛家把关于"工人等级"的演说词在瑞士又印成小册子(你有这本东西),用了一个响亮的标题:《**工人纲领**》**409**。

你知道,这东西无非是把《宣言》和其他我们时常宣传的、在某种程度上已成为套话的东西,卑劣地加以庸俗化而已。(例如这个

---

① 借用维吉尔《亚尼雅士之歌》第 9 卷中的话。——编者注

家伙把工人阶级叫做"等级"。)

看,他在柏林法庭上辩护时竟厚颜无耻地讲了如下的话:

"其次,我肯定地说,这本小册子不仅像其他许多著作一样,是一部阐述已经众所周知的成果的科学著作,而且它在许多方面甚至是科学的**发现**,是新的科学思想的发展…… 我在科学的一些极不相同的而且是极其艰难的领域里,为了扩大科学本身的范围,殚思竭虑、夜不成眠,出版了多种内容丰富的著作,也许我像贺拉斯一样,有权利说:'我奋力战斗并不是没有荣誉的'。[①]但是我**亲自**向你们声明:在我的内容丰富的著作中,从构思来说,我从来**没有**写过**一行字**,能比这部著作从第一页起到最后一页止,更严格地符合科学…… 总之,请看一看这本小册子的内容。它的内容不是别的,而是压缩在44页里面的一部**历史哲学**…… 这是一千多年以来作为欧洲历史基础的那种客观的合理的思维过程的发展,这是内在精神等等的发展……"

这不是无耻之尤吗? 这家伙显然认为,他是命中注定要继承我们产业的人。这简直是荒唐可笑!

祝好。

你的　　卡·马·

《马克思恩格斯全集》第1版第30卷第317—321页

马克思,1863年2月13日

你对波兰事件[410]有什么看法? 有一点

──────────
① 引自贺拉斯《颂歌》。──编者注

第116页:**波兰起义**。

注意 **"欧洲又开启了革命的纪元。"**(马克思)

49/

注意 第116页:**幻想**(好心的)和"**我们在1848年以前近乎幼稚的热忱**"消失了。

很明显,欧洲又广泛地开启了革命的纪元。总的情况是好的。但是那些天真的幻想和我们在1848年2月前不久欢迎革命纪元的那种近乎幼稚的热忱,都已经一去不复返了。像维尔特等等这样的老同志去世了,有些人离开了或者消沉了,而新生力量至少现在还看不见。此外,我们现在已经懂得,愚蠢在革命中起着什么样的作用,坏蛋又是如何利用这种愚蠢。不过,崇拜"意大利"和"匈牙利"的"普鲁士的"民族狂热者已经处于困境。"普鲁士人"不会放弃"亲俄"。但愿这一次熔岩从东方流向西方,而不是相反,这样我们就可以摆脱法国首倡作用的"光荣"。墨西哥的冒险**411**是没落帝国滑稽剧的十足典型的收场。

"赫尔岑的"士兵们**412**看来是照常规行动着。但是由此还既不能对俄国的群众,也不能对俄国军队的主力作出任何结论。我们知道,法国人的"有思想的军队"**413**干了些什么,甚至我们自己的莱茵流浪汉于1848年在柏林干了些什么。但是现在你必须密切注意《钟声》杂志,因为赫尔岑一伙现在有机会来证明他们的革命诚意了——至少是在同斯拉夫偏好相容的限度内。

马克思,1863 年 2 月 17 日

　　波兰事件和普鲁士的干涉[414],这的确是一种迫使我们非说话不可的形势。不过不要个人出面,一则是为了不让别人把我们看成大学生布林德[415]的竞争者,再则是为了不堵塞我们去德国的道路。这里的工人协会①做这件事合适。必须——而且立即——以它的名义发表一个宣言。你应当写**军事**部分,即论德国对波兰复兴在军事和政治上的利害关系。我写外交部分。

第 117 页:**支持波兰起义。需要发表宣言。**

　　　　《马克思恩格斯全集》第 1 版第 30 卷第 323 页

恩格斯,1863 年 2 月 17 日

　　波兰人真行。如果他们能支持到 3 月 15 日,那整个俄国就要动起来了。起初我非常担心事情不顺利。但是现在看来,胜利的机会大于失败的可能。不应忘记,**年轻的波兰流亡者有自己的军事著作**,其中一切问题都是从波兰的特殊条件的角度来研究的,而且其中在波兰打游击战的思想起着极其重大的作用,讨论得非常深入。还有一个特别的地方,就是到现在为止唯有**华沙的犹太人**弗

第 118 页:**波兰将把俄国发动起来**(1863)…… 注意

---

　　① 伦敦德意志工人教育协会。——编者注

兰科夫斯基和普鲁士的尉官梁格维奇被称为领袖。俄国老爷们由于动作迟钝，大概已经吃足游击战的苦头。

你有没有发觉，巴枯宁和梅洛斯拉夫斯基互相指责对方为撒谎者，为了未来的俄波边界而扭打起来？我已经订了《钟声》杂志，想从中找到这件事的详情。[416] 不过要从头掌握语言，还必须好好下一番功夫。

普鲁士人的行径和往常一样，很卑劣。俾斯麦先生明白，如果波兰和俄国都革命化了，那他就要倒霉。不过，普鲁士的干涉不会急于进行。在有必要进行这种干涉以前，俄国人是不会许可这样做的，而到有必要的时候，普鲁士人就会留神不向那里推进了。

要是波兰的事情结局不好，那么我们可能将面临数年残酷的反动时期，因为那时信奉正教的沙皇又将成为神圣同盟的首脑，与这个同盟相比，波拿巴先生在愚蠢的癞蛤蟆眼里又将成为伟大的自由主义者和民族保卫者。此外，拿破仑及其一伙的**那些**事情，我们早在10年前就揭露了，可是人们总是不愿相信，而金莱克把他道听途说、知道一鳞半爪的东西，拿出一小部分公之于众以后，英国整个资产阶级现在都对布斯特拉巴大骂特骂，真是可笑极了!

《马克思恩格斯全集》第 1 版第 30 卷第 324—325 页

马克思,1863 年 2 月 21 日

在这次波兰事件中,我最担心的是波拿巴这只猪猡会找一个借口向莱茵推进,以此再次摆脱他的非常难堪的处境……

刚才我从《泰晤士报》增刊上看到,普鲁士众议院终于做了一点好事[417]。我们很快就会有革命了。

第 121 页:马克思:普鲁士很快就会有革命了。(1863. 2.)

《马克思恩格斯全集》第 1 版第 30 卷第 329—330 页

马克思,1863 年 3 月 24 日

梁格维奇的事令人厌恶。[418]我仍然希望事情还没有结束,哪怕只是暂时的。关于波兰的著作①,我稍微放慢了点,为的是看一看事态怎样发展下去。

第 122 页:普鲁士君主国需要被打垮的波兰,需要旧俄国。注意

我得出的政治结论如下:芬克和俾斯麦实际上**正确地**代表着普鲁士的国家原则。普鲁士"国家"(一种与德国极不相同的创造物),**没有**现今的俄国而同独立的波兰**在一起**是不能生存的。普鲁士的全部历史,归结为这个老早就被所有霍亨索伦君主(包括弗里

---

①   见本卷第 353 页。——编者注

德里希二世在内)所理解的结论。

《马克思恩格斯全集》第 1 版第 30 卷第 331 页

恩格斯,1863 年 4 月 8 日

　　我怕波兰的事情不顺利。不过梁格维奇的失败在王国①里似乎还很难感觉到。立陶宛的运动是目前最重要的,[419]因为:(1)它超出了会议桌上的波兰[420]的疆界;(2)农民大量参加运动;而在库尔兰附近,它直接具有土地运动的性质。如果这个运动不能顺利发展,使王国的运动重新活跃起来,那么我认为不会有较大的成功希望。梁格维奇的行为我看很可疑。**哪一个党首先违反了起义成功所绝对必需的联盟协议**,这很难确定。但是了解一下两种传闻,一种是梅洛斯拉夫斯基同普隆-普隆有联系的传闻,另一种是科斯策尔斯基同他有联系的传闻,都可靠到什么程度,那倒是很有趣的。至于谈到布拉尼茨基,如果我没有弄错的话,那他早就是普隆-普隆分子了。

　　诚实的库格曼看来对你有非常高尚的意图。天才人物也必须饮食起居,甚至必须为此付钱,这对我们老实的德意志人说来是一种毫无诗意的想法,所以他们根本不会产生这

---

① 波兰王国。——编者注

种念头,而且认为这种想法是有损尊严的。我想知道是哪一位聪明人悄悄告诉他,我将放弃我的书⁴²¹。对这点你应该向这位好人作必要的解释。至于出新版(用什么理由都行,就是不能说"**适时**"),在目前,当英国无产阶级的革命精力几乎完全丧失,并且宣布自己完全容忍资产阶级统治的时候,无论如何是不相宜的。

《马克思恩格斯全集》第 1 版第 30 卷第 334 页

第 124 页：1863.4.8. 恩格斯："英国无产阶级的革命精力几乎完全丧失,它宣布自己完全容忍资产阶级的统治。"⁴²²(1863)

注意
注意

马克思,1863 年 4 月 9 日

伊戚希又发表了两本关于他的诉讼的小册子,幸而他**没有**寄给我。不过,他前天给我寄来了写给筹备莱比锡工人(应读做**手工业者**)代表大会的中央委员会的《公开答复》⁴²³。他摆出一副了不起的神气,大谈其从我们这里剽窃去的词句,俨然就是一个未来的工人独裁者。他"像玩游戏一样轻而易举地"(这是原话)解决工资和资本之间的问题。就是说,工人必须进行争取**普选权**的运动,然后把像他那样"带着闪闪发光的科学武器"的人送到议会中去。然后他们就创办由**国家**预付资本的工人工厂,而且这样的设施将逐渐遍布全国。这无论如何是令人吃惊的新鲜事!

……我出席了工联召开的一次群众大

第 125 页：拉萨尔俨然是一个未来的工人独裁者……(1863)

会,大会由布莱特主持**424**。他看起来完全像一个独立派分子,每当他说到"在美国没有国王,也没有主教"时,总是博得热烈的掌声。工人们自己讲得**很精彩**,完全没有资产者那套空洞词句,丝毫也不掩饰他们同资本家的对立(不过,布莱特老头也攻击了资本家)。

| 注意 | 第 127 页:英国工人能够多快地摆脱**资产阶级**对他们的**明显的腐蚀**,还要**等着瞧**。(1863)（马克思） |

英国工人能够多快地摆脱资产阶级对他们的明显的腐蚀,还要等着瞧。此外,你的书**425**中的主要论点,连细节都已经被1844年以后的发展所证实了。我又把这本书和我关于后来这段时期的笔记对照了一下。只有那些用尺子和每条"报纸趣闻"来衡量世界历史的德国小市民才会认为,在这种伟大的发展中,二十年比一天长,殊不知以后可能又会有一天等于二十年的时期。

| 天和年　"革命"和"和平时期" | 第 127 页:在这种伟大的发展中,二十年=一天,殊不知以后可能又会有一天等于二十年的时期。(马克思)(**天和年**)**426** |

重读了你的这一著作,我惋惜地感到,我们渐渐老了。而这本书写得多么清新、热情和富于大胆的预料,没有学术上和科学上的疑虑! 连认为明天或后天就会亲眼看到历史结局的那种幻想,也给了整个作品以热情和乐观的色彩,与此相比,后来的"灰暗的色调"就显得令人极不愉快。

恩格斯,1863 年 4 月 21 日

亲爱的摩尔:

　　怎样对待拉萨尔,很难说,总之我认为,用辟谣声明的重炮来答复梅因的小小的谣言,会有损于伟大的伊戚希的尊严。让这个家伙去收拾他自己惹出来的麻烦吧,如果他能做些什么,那他也不需要你提供什么证明,既然你已经告诉他,他不能同我们一起走,或者我们不能同他一起走①,那为什么你还要玷污自己呢? 他插手舒尔采-德里奇的庸人们的这些事情**427**,而且恰恰试图在那里以我们过去的工作为基础建立一个政党,这一点已经够愚蠢的了。舒尔采-德里奇及其他的家伙力图在这个资产阶级的时代,把**庸人们**提高到资产阶级意识的高度,在我们来看,这正是求之不得的,否则,到革命时期,我们就必须吞下这件事情酿成的恶果,而在本来一切都被小邦分裂状态弄得繁杂不堪的德国,这种舍本逐末的做法可能作为某种新的、实际存在的东西来同我们对抗。现在这一切都已结束,我们的对手占据了应占的阵地,而庸人们认清了自己,因此转到小资产

> 第 128—129 页:拉萨尔愚蠢地把**帮工**算做无产阶级,舒尔采-德里奇则要把他们提高到**资产阶级**意识的高度。
>
> 注意

---

　　①　参看《马克思恩格斯全集》第 1 版第 30 卷第 601 页。——编者注

阶级民主派的阵营去了。但是把这些家伙视为无产阶级的代表,这事还是让伊戚希去做吧……

最近我倒着看俄国史,即先看瓜分波兰和关于叶卡捷琳娜,现在在看彼得一世。应该说,只有蠢人才会对1772年的波兰人发生兴趣。在大多数欧洲国家,贵族在那个时代体面地,其中一部分甚至是明智地衰败了,虽然在他们之中普遍认为,唯物主义就是吃喝玩乐或者干坏事而得赏。但是没有哪国贵族像波兰小贵族这样愚蠢得只有一种本领,就是卖身投靠俄国人。然而,在整个欧洲,贵族普遍被收买是一种十分好笑的情景。

《马克思恩格斯全集》第1版第30卷第340—341页

50//

恩格斯,1863年5月20日

第130页:拉萨尔=通俗宣传员(?爱长篇大论者?庸俗化者?)

拉萨尔的事件以及因此在德国引起的争吵开始变得不愉快了。**428** 现在到时候了,你应该写完自己的著作,哪怕只是为了我们能有另一种通俗宣传员。此外,用这样的办法可以重新争取到进行反对资产阶级活动的地盘,这是很好的;糟糕的只是,伊戚希这家伙此时也在给自己树立地位。不过,我们对此决不能加以阻挠,正像我们不能阻挠卡尔·

布林德在公众面前对巴登大公[429]摆出英勇好斗的姿态一样。

《马克思恩格斯全集》第1版第30卷第342—345页

恩格斯，1863年6月11日

波兰的事态最近看来已不那么好。立陶宛和小俄罗斯的运动显然是软弱无力的，而波兰的起义者似乎也没有取得成果。领袖们全都阵亡或者被俘后遭到枪杀；看来，这可以证明，他们要率领自己的人前进，就必须冲在前头。从质量上来说，起义者现在已不如3月和4月，因为最优秀的人员都已经损失了。不过，对这些波兰人是无法作任何估计的，虽然现在成功的机会较少，但是情况可能还会好转。他们如果能坚持得住，那么还能够汇入一个能挽救他们的全欧洲的运动。但是，如果事情进展得不顺利，那么波兰会有十年左右一蹶不振。这样的起义会使有战斗力的居民在许多年内都不能恢复元气。

据我看来欧洲的运动很可能兴起，因为资产者现在又一点也不害怕共产主义了，而且在必要时也准备一起行动。法国的选举，以及普鲁士从最近的选举[430]以来所发生的事件都证明了这一点。但是我并不认为这样的运动会在法国开始。巴黎的选举毕竟过

第 133 页：1863. 6.11.恩格斯：如果波兰人能坚持到全欧洲运动的爆发就好了！全欧洲的运动很可能兴起，因为资产者不再害怕共

产主义者了,而且在必要时也准备一起行动。(恩格斯)

第 134 页:恩格斯(同上):"和平的立宪的发展(在普鲁士)已经终止"("Die friedliche konstitutionelle Entwiklung (in Preußen) ist am Ende")……

第 134 页:**奇怪的是,大俄罗斯没有农民运动。波兰的运动有不利影响?**

第 134 页:恩格斯(同上):"拉萨尔现在**完全在为俾斯麦效劳。**"[431]

(1863)

于资产阶级化了;凡是工人提出自己的候选人的地方,都一概落选,他们甚至没有力量迫使资产者至少选举激进派。此外,波拿巴有一套牢牢控制大城市的方法。

在普鲁士,如果强硬的俾斯麦不封住那帮家伙的嘴,他们还会继续唠叨下去。但是不管那里的事情进展如何,和平的立宪的发展已经终止,庸人们必定会准备吵闹一番。这已经很了不起了。虽然我根本看不上我们的民主派老朋友的勇气,但是我还是觉得,大量的易燃物已在那里堆积起来,而且,由于霍亨索伦王朝在对外政策方面几乎不可能不干愚蠢透顶的事情,所以很可能发生这样的情况:把军队一半放在波兰边境,一半散布在莱茵河畔,从而使柏林处于不设防状态,那时就会遭到打击。如果柏林领导运动,那对德国和欧洲都将是很糟糕的。

最使我感到奇怪的是,大俄罗斯居然没有爆发农民运动。看来波兰的起义在那里确实产生了不利的影响……

歌颂拉萨尔的诗,我是从济贝耳寄来的小册子上看到的,显然你也有一本。这东西非常可笑。这家伙现在简直是在为俾斯麦效劳,有朝一日,俾斯麦先生厌烦了他,他会被关进监狱,领教一下普鲁士的民法,看来,他一直把普鲁士民法同法典**432**混在一起。还有,自从他在福格特事件中出面以后,情况变得很妙,**他**现在不仅受《奥格斯堡报》**433**的庇护,而且受《十字报》的庇护。

《马克思恩格斯全集》第1版第30卷第349—351页

马克思,1863年6月12日

伊戚希把他**关于间接税**的辩护词**434**寄给了我(大概也寄给你了)。个别的地方不错,但整个来说,首先是**写得**太啰唆,夸夸其谈,使人受不了,而且极可笑地摆出一副博学和了不起的架势。此外,这实质上是"**小学生**"的拙劣作品,他迫不及待地竭力把自己宣扬为一个"造诣很深的"人和独立研究家。因此,他的作品里有很多历史和理论方面的错误。只要举一个例子就够了(以便你没有亲自看这个东西也可以体会):为了博得法庭和公众的敬佩,他想写一种追溯过去反对间接税的争论的历史概述,因此在回顾过去时,从布阿吉尔贝尔和沃邦到博丹等等,胡乱引证。于是显出是个不折不扣的小学生。他撇开**重农学派**不谈,显然不知道在这个问题上亚·斯密等所说的一切都是从重农学派那里抄来的,而且一般地说他们在这个"问题"上是先驱。他把"间接税"看做是"资产者的

第135—136页:拉萨尔论间接税。"小学生的"作品。错误极多。像小学生那样迫不及待地装出一副"博学"的样子!——并且一再保证,这不是"共产主义"。——用抄袭和曲解给我们抹黑。

在政府的允许下,斥骂资产者而对俄罗斯人保持沉默。(马克思)

注意

税"，也同样完全是小学生气的；间接税"在中世纪"是这样的，但现在不是这样的（至少在资产阶级已经发展的地方不是这样的）。这方面比较详细的资料他可以从利物浦的罗·格莱斯顿先生一伙人那里得到。看来这头蠢驴不知道，反对"间接"税的争论是"舒尔采-德里奇"之流的英国、美国朋友的口号，所以无论如何不能作为**反对**他们，即反对自由贸易论者的口号。把李嘉图的一个原理**运用于**普鲁士的土地税，也完全是**小学生气的**（就是说根本是错误的）。令人感动的地方是，他向法庭奉献出**"他的"**经过多少"不眠之夜"的苦心钻研，从最深的"科学和真理宝藏"中发掘出的下述发现，即：

占统治地位的，在中世纪是"地产"，

在近代是"资本"，而现在则是

"工人**等级**的原则"，"**劳动**"或者"**劳动的道德原则**"。在他向庸人们报告自己的发现的同一天，政府高等顾问恩格尔曼（他完全不知道拉萨尔的事情）在音乐学院向更文雅的公众作了同样内容的报告。拉萨尔和恩格尔曼互相"书面"祝贺各自"同时的"科学发现。

"工人**等级**"和"**道德原则**"确实是伊戚希和政府高等顾问的成就。

从今年年初以来，我一直不能下定决心

给这家伙写信。

批判他的东西,是浪费时间,况且他还会把每个字都攫为己有,并冒充为自己的"发现"。要戳穿他的剽窃也未免可笑,因为我决不想从他那里夺回我们那些在形式上已被他糟蹋了的东西。但是容忍他大吹大擂和**不知分寸**的做法也不行。这家伙会马上利用这一点的。

因此,别无他法,只好等待他什么时候怒气爆发。那时我就有了极好的借口,就是他(同政府高等顾问恩格尔曼一样)经常声明,这不是"**共产主义**"。那时我将回答他说,他一再作这样的声明——如果我要回应他的话——使我不得不:

(1)向公众指出,他怎样抄袭我们的东西,抄袭的是些什么;

(2)我们的观点同他的货色如何不同,不同在哪里。

因此,为了不损害"共产主义"也不触犯他,我认为最好是对他完全置之不理。

此外,这家伙之所以这样叫嚷,完全是出于一种虚荣。1859 年这一年他完全属于普鲁士自由派资产阶级政党。现在他显然认为在政府的庇护下抨击"资产者"比抨击"**俄罗斯人**"对自己更为合适。斥骂奥地利人和赞美意

第 136 页:完全是柏林人的特点——斥骂奥地利而对俄罗斯人保持沉默。(马克思论拉萨尔)

大利,正像对俄罗斯人保持沉默一样,向来是柏林人的特点,也就是这个勇敢的好汉所做的。

祝好。

你的　卡·马·

《马克思恩格斯全集》第 1 版第 30 卷第 352—354 页

恩格斯,1863 年 6 月 24 日

波兰的情况不好。波兰政府的伟大尝试——6 月的群众性起义——遭受失败,[435] 原因显然是缺乏武器,如果不出现外部纠葛,现在也免不了要逐渐衰落下去。

《马克思恩格斯全集》第 1 版第 30 卷第 355—356 页

51

马克思,1863 年 7 月 6 日

第 139—141 页:第 2 卷初稿(第 I、II 部类的再生产过程等等)。很清楚!!

附上一份《经济表》,这是我用来代替魁奈的表[436]的,天气很热,但是你如果有可能,就仔细看一看,如有意见就告诉我。这个表包括全部再生产过程。

你知道,**亚当·斯密**认为,"**自然价格**"或"**必要价格**"由工资、利润(利息)和地租构成,也就是全部分解为**收入**。李嘉图也承袭了这种谬论,不过他把地租当做只是偶然的现象排除出去了。几乎**所有的**经济学家都接受了斯密的这种见解,而那些持不同见解的人,又陷入了另一种荒唐见解之中。

斯密自己也感到,把社会**总产品**分解为**单纯的收入**(可能每年都被消费掉)是荒谬的,而他在**每一个单个的**生产部门中,是把价格分解为**资本**(原料、机器等等)和**收入**(工资、利润、地租)。果真是这样,社会就必须每年都在**没有资本**的情况下从头开始。

至于我的表(这表将作为**概括**插在我的著作最后某一章当中),要理解它,应当注意以下几点:

1. 数字一律以百万为单位。

2. **生活资料**在这里是指每年列入**消费基金的一切东西**(或指可以列入消费基金而**不积累起来**的东西,积累**不包括**在这个表里)。

在第 I 部类(生活资料)里,**全部产品**(700)都是由**生活资料**组成,按其性质来说**不能列入不变资本**(原料和机器、建筑物等等)。同样,在第 II 部类里,**全部产品**都是由构成**不变资本**的商品组成,就是说,由作为原料和机器重新进入再生产过程的商品组成。

3. **上升的线用虚线**表示,**下降的线用实线**表示。

4. **不变资本**是由原料和机器组成的那一部分资本。**可变资本**是换取劳动的那一部分资本。

5. 例如在农业等等中,同一种产品中的

一部分(例如小麦)构成生活资料,而另一部分(还是以小麦为例)又以它的自然形式(例如作为**种子**)作为原料进入再生产。但是,这丝毫没有改变事情本身,因为这样的生产部门,按一种性质来说,属于第 II 部类,而按另一种性质来说,则属于第 I 部类。

6. 因此,整个事情的要点是:

第 I 部类,生活资料。

劳动材料和机器(就是**机器中**作为**损耗**包括在年产品中的部分;没有消费掉的部分**不列入表内**),例如=400 英镑。用于换取劳动的可变资本=100 英镑,它再生产出来时成为 300 英镑。其中 100 英镑补偿产品中的工资,200 英镑是剩余价值(**无酬的剩余劳动**)。产品=700,其中 400 是不变资本的价值,但是它已经完全转移到产品中,所以必须予以补偿。

在可变资本和剩余价值的这种比例中,是假定工人用三分之一工作日为自己工作,三分之二工作日为自己的"天然尊长"工作。

因此,如虚线所表示的,100(可变资本)是作为工资用货币付出的;工人用这 100(用下降的线表示)购买本部类的**产品**,即购买价值为 100 的生活资料,因此,货币又回到第 I 部类资本家那里。

剩余价值 200 在它的一般形式上=利

润,而利润分解为**产业利润**(包括**商业利润**),
以及产业资本家用货币支付的**利息**和他同样
用货币支付的**地租**。用于支付产业利润、利
息和地租的这些货币,由于用来购买第Ⅰ部
类的产品,又流了回来(用下降的线表示)。
这样,由于全部产品 700 中的 300 是由工人、
企业家、金融家和地主消费掉的,因此在第Ⅰ
部类中由产业资本家花费的全部货币就流回
到他那里。第Ⅰ部类的产品(生活资料)的**剩
余**为 400,而不变资本则缺少了 400。

第Ⅱ部类,机器和原料。

因为**这一部类的全部产品**(不仅是产品
中补偿不变资本的那部分,而且也包括代表
工资的等价物和剩余价值的那部分)是由**原
料**和**机器**组成的,所以这一部类的收入不能
在它自己的产品中实现,而只能在第Ⅰ部类
的产品中实现。如果像这里所做的那样,撇
开积累不谈,那么第Ⅰ部类只能按它补偿它
的不变资本所需的量,从第Ⅱ部类购买东
西,而第Ⅱ部类也只能把自己产品中代表工
资和剩余价值(**收入**)的那一部分用在第Ⅰ部类
的产品上。所以第Ⅱ部类的工人把货币$=133\frac{1}{3}$
用在购买第Ⅰ部类的产品上。第Ⅱ部类中
的剩余价值的情况也是这样,它也像在第Ⅰ
部类中一样,分解为产业利润、利息和地租。这

工资
100

产业利润　利息　地租

利润
200

I　生活资料

不变资本
400

可变资本
100

剩余价值
200

产品
700

工资

产业利润　利息　地租

利润

II　机器和原料

不变资本
$533\frac{1}{3}$

可变资本
$133\frac{1}{3}$

剩余价值
$266\frac{2}{3}$

产品
$933\frac{1}{3}$

III　总产品
700

不变资本
$933\frac{1}{3}$

可变资本
$233\frac{1}{3}$

剩余价值
$466\frac{2}{3}$

产品
$1633\frac{1}{3}$

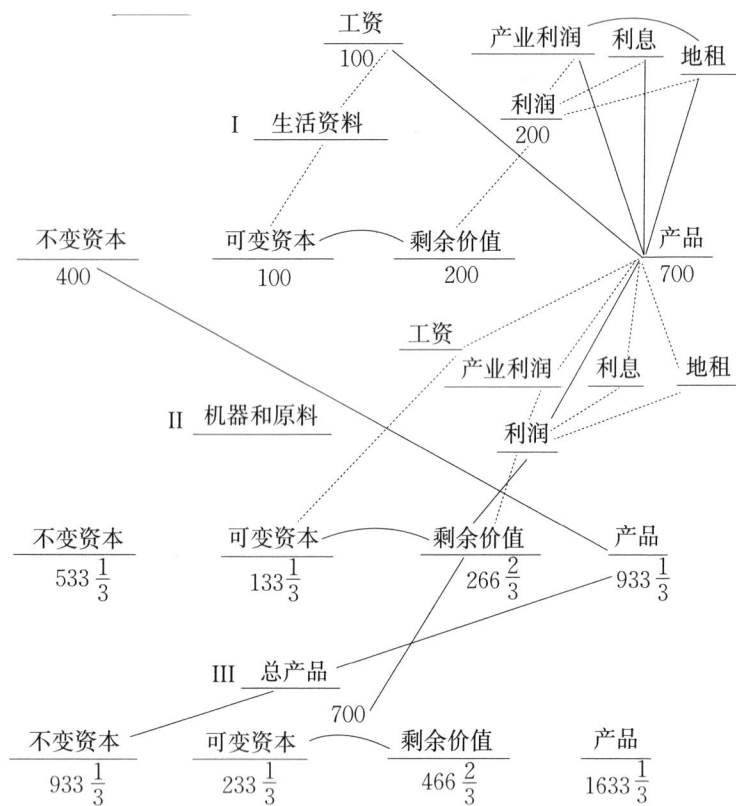

魁奈博士的经济表

生产阶级	所有者	非生产阶级
a) 20亿	e) 20亿	10亿 f)
b) 10亿		10亿 g)
c) 10亿		
d) 10亿		10亿 h)
		总计

每年预付	20亿
总计	50亿

总计 20亿

马克思 1863 年 7 月 6 日给恩格斯的信中所附的社会再生产过程图表

样,这 400 就以货币的形式从第 II 部类流到第 I 部类的产业资本家那里;而后者由此把自己的价值 400 的剩余产品卖给了前者。

第 I 部类用这 400(以货币形式)从第 II 部类购买那些为补偿它的不变资本＝400 所必需的东西,所以,第 II 部类用在工资和消费(产业资本家本身、金融家和地主)上的货币以这种方式又流回第 II 部类。这样,在第 II 部类的全部产品中还余 $533\frac{1}{3}$,它就是用这些来补偿自己所损耗的不变资本。

部分发生在第 I 部类内部、部分发生在第 I 部类和第 II 部类之间的运动,同时表明了货币怎样流回这两部类中相应的产业资本家那里,使他们重新拿这些货币来支付工资、利息和地租的。

第 III 部类表明了全部再生产。

第 II 部类的全部产品在这里表现为整个社会的不变资本,而第 I 部类的全部产品,则表现为产品中补偿可变资本(工资总额)和瓜分剩余价值的各阶级的收入的那一部分。

我把魁奈的表附在下面,在下一封信[437]里我再作简单的解释。

祝好。

你的　**卡·马·**

马克思,1863 年 8 月 15 日

第 144 页:**波兰事件被拿破仑第三**(华沙等地的委员会都受他的影响)搞糟了。

注意

波兰事件就是被这同一个布斯特拉巴和他的阴谋对查尔托雷斯基派造成的影响完全搞糟了。**拉品斯基**上校前几天回来了,此前他曾同巴枯宁一起漂流,在瑞典海岸被帕麦斯顿很妙地阻拦住。[438]他对华沙、伦敦、巴黎各委员会完全处于波拿巴—查尔托雷斯基的影响下牢骚满腹。

《马克思恩格斯全集》第 1 版第 30 卷第 365 页

马克思,1863 年 9 月 12 日

在华沙又对国民政府进行了清洗。[439]由于波拿巴—帕麦斯顿的阴谋,查尔托雷斯基派偷偷钻进这个政府。其中三个人被**刺杀**了,其余的人**暂时**也被吓住了。(查尔托雷斯基派中为首的是梅林斯基[440])。从康斯坦丁大公接受国民政府出国**护照**的情况可以看出,国民政府有多大的力量。据拉品斯基说,赫尔岑和巴枯宁完全泄了气,因为俄罗斯人只要刮去一点皮,就会显出鞑靼人的原形。

巴枯宁变成了一个怪物,长了一大堆肉和油,行动很困难。此外,他疯狂地猜忌他的 17 岁的波兰女人,这个女人是因为同情他的殉道精神而在西伯利亚嫁给他的。现在他在

瑞典,同芬兰人一起制造"革命"。

《马克思恩格斯全集》第 1 版第 30 卷第 368 页

恩格斯,1863 年 11 月 24 日

　　在普鲁士,俾斯麦的骄横做法看来还是有所收敛。否定地方官选举中的不法行为和废除出版法是可疑的征兆。**441** 我认为他们只是为了跳得更远才后退的。拉萨尔在出版问题的辩论中也起了一些作用。瓦盖纳令人难堪地(对他的默不作声的同盟者拉萨尔而言)引用了拉萨尔对自由派报刊的意见为出版法辩护。**442** 结果招致微耳和与格奈斯特的哄笑和戏谑。拉萨尔彻底败坏了自己的运动,当然,这并不妨碍他重新再干。这头蠢驴真该从《宣言》里好好学一学,在这种时候应该怎样对待资产阶级。

　　向你的夫人和女儿们问好。

　　　　　　　你的　弗·恩·

《马克思恩格斯全集》第 1 版第 30 卷第 370 页

> 第 147 页:瓦盖纳是**拉萨尔的**默不作声的同盟者。拉萨尔从《宣言》中本来可以知道,**在这种时候应该怎样对待资产者。**
>
> 注意

恩格斯,1863 年 12 月 3 日

亲爱的摩尔:

　　附上五英镑银行券两张(U/O16055 和 16056),共 10 英镑,注明的日期是曼彻斯特,1863 年 1 月 13 日,供你去特利尔之需。希

望祖国同胞对石勒苏益格-荷尔斯泰因的热情不致使你此行太扫兴。对这整个问题,我已经仔细研究过,并且得出以下结论:

(1)石勒苏益格-荷尔斯泰因理论是无稽之谈;

(2)在荷尔斯泰因问题上,奥古斯滕堡人①看来真是对了;

(3)至于石勒苏益格,很难说继承权应该属于谁——但是,如果一般说父系有什么权利的话,只能**以丹麦的封臣的身份出现**;

(4)伦敦议定书**443**对丹麦无疑是有效的,不过完全不适用于石勒苏益格和荷尔斯泰因,因为没有向那里的各阶层咨询过;

(5)德国人对石勒苏益格的权利仅限于**南部**,因为那里从民族构成和所表现的自由意志来看是德意志的;因而,石勒苏益格应该加以划分;

第148页:恩格斯:

德国同俄国作战,援助波兰(1863)!!那时我们将取得石勒苏益格!!!

!!
哈哈

(6)目前德国解放各公国的唯一机会就是:**我们援助波兰,同俄国开战**。那时,路易-拿破仑就会成为我们顺从的仆人,瑞典会立即投入我们的怀抱,而英国,即帕姆,就会陷于瘫痪;那时我们就能无阻碍地从丹麦

---

① 奥古斯滕堡,弗里德里希。——编者注

取得我们想要的一切。

《马克思恩格斯全集》第 1 版第 30 卷第 371—372 页

马克思,1863 年 12 月 27 日

如果有人想对政治感到厌恶,那就必须每天吞服荷兰小报提供给读者的那种电讯丸药。

同时,一出大戏将要上演,它一开场就将是维护"合法"公爵**444**的运动,大吵大嚷地要求得到第 36 个国君,这对德国来说未免可笑。

那群在美因河畔法兰克福聚会、着了议会迷的狗东西们①,不加讨论就否决了一个来自波森的德国人提出的决议案,其中对德俄之间的实质问题作了很明智的论述。**445**

《马克思恩格斯全集》第 1 版第 30 卷第 377 页

恩格斯,1864 年 1 月 3 日

石勒苏益格-荷尔斯泰因问题又变得非常复杂了。如果像我所设想的那样,在春季爆发战争,那么对抗我们的将有丹麦、瑞典、法国和意大利,可能还有英国。在匈牙利和

---

① 在 1913 年版的《马克思和恩格斯通信集》中漏掉了"Die Hunde"(狗东西)一词;"Die Parlamentskretins"(议会迷们)成了主语。——编者注

波兰,普隆-普隆主义非常盛行,因为它早就由科苏特推行了。我看这件事只有两种结局:(1)或者在柏林,军队一离开就马上发生革命,而在维也纳发生相应的运动,对匈牙利,可能也对波兰作一定的让步。这是最有利的结局,在这种情况下就什么也用不着担心。但是在目前混乱的情况下,这种结局几乎是不可能的。或者(2)恢复神圣同盟,像往常那样,通过瓜分波兰使它巩固起来(俄国对波兰比对丹麦更有兴趣,另外,在缔结和约时,俄国有可能把奥地利和普鲁士捏在自己手心里,因此有可能提出自己的条件)。这样,在柏林,俄国人就会取代普鲁士人充当宪兵的角色;我们就会被出卖,波拿巴就会成为焦点人物。

《马克思恩格斯全集》第 1 版第 30 卷第 378—379 页

恩格斯,1864 年 9 月 4 日

亲爱的摩尔:

你的电报[446]是在昨天收到的,那时我还没有拆阅你的来信,因为各种各样的事一下子把我缠住了。你可以想象,这消息使我多么震惊。且不论拉萨尔在品性上、在著作上、在学术上究竟是个什么样的人,但是他在政治上无疑是德国最重要的人物之一。对我们来说,目

第 179 页:对我们来说,拉萨尔是**不可靠的朋友**,

前他是一个很不可靠的朋友,将来肯定是<u>一个</u><u>敌人</u>,然而看到德国如何把极端政党的所有比较有才干的人都毁灭掉,毕竟还是很痛心的。现在工厂主和进步党的杂种们将会多么欢欣鼓舞,要知道,在德国国内,拉萨尔是他们唯一畏惧的人。

而在将来**很可能****是敌人**。(1864)

然而这可真是个独特的丧命方法:他以唐璜自诩,一本正经地钟情于巴伐利亚公使的女儿,希望同她结婚,跟已失恋的情敌而且又是瓦拉几亚的骗子发生冲突,最后让人家杀害自己。**447**

《马克思恩格斯全集》第1版第30卷第419页

马克思,1864年9月7日

我现在好奇地想知道,拉萨尔所拼凑的组织**448**会发生怎样的变化。海尔维格,这个"劳动"的虚幻的朋友和"缪斯"的实际的朋友,并不是那种有用的人。所有在拉萨尔那里当副手的一般都是无用的废物。李卜克内西来信告诉我说,舒尔采-德里奇的柏林联合会**449**总共只有40名会员。从我们的威廉·李卜克内西是联合会的重要政治人物这一点就可以明显地看出那里的一般情况是怎样的了。如果拉萨尔的死使得像舒尔采这样的家伙可以肆无忌惮地反对死者,那么唯愿拉萨尔的正式信徒会在必要时出来为他辩护。我现在必须查询一下,谁继承了他的书信,并将立即提出禁制令,使你我的东西一行字也不被刊印出来,因为热衷于写回忆录的柳德米拉等败类贪婪地汇集在这些遗物的周围。在普鲁士,必要时可以通过法律程序取得这些东西。

《马克思恩格斯全集》第 1 版第 30 卷第 423 页

马克思,1864 年 11 月 4 日

(2)国际工人协会。

不久以前,伦敦工人就波兰问题向巴黎工人发出一篇呼吁书,请求他们在这件事情上采取共同行动。

巴黎人方面派来了一个代表团,由一个名叫**托伦**的工人率领,他是**巴黎最近一次选举中的真正的工人候选人**,是一个很可爱的人(他的伙伴们也都是很可爱的小伙子)。1864 年 9 月 28 日在圣马丁堂召开了群众大会,召集人是奥哲尔(鞋匠,这里的各工联的伦敦理事会的主席,也是工联的鼓动争取选举权的协会的主席,这个协会同布莱特有联系)和克里默——泥瓦匠,泥瓦匠工联的书记(这两个人为声援北美而在圣詹姆斯堂组织过由布莱特主持的工联群众大会,也为欢迎加里波第而组织过游行示威)。一个叫做**勒吕贝**的人被派到我这里来,问我是否愿意作为德国工人的代表参加会议,是否愿意专门推荐一个德国工人在会上讲话等等。我推荐了埃卡留斯,他干得很出色,我也在讲台上扮演哑角加以协助。我知道伦敦和巴黎方面这一次都显示了真正的"实力",因此我决定打破向来谢绝这类邀请的惯例。

(**勒吕贝**是一个年轻的法国人,30岁左右,但在泽西和伦敦长大,英语讲得很漂亮,是法国和英国工人之间很好的中间人。)(他是音乐兼法语教师。)

会场上挤得让人**透不过气来**(因为工人阶级现在显然重新开始觉醒了),沃尔弗少校(图尔恩-塔克西斯,加里波第的副官)代表伦敦的**意大利**工人团体[450]出席了大会。会上决定成立"国际工人协会",它的总委员会设在伦敦,"联系"德国、意大利、法国和英国的工人团体。同时决定于1865年在比利时召开全协会工人代表大会。这次群众大会选举了一个临时委员会,其中奥哲尔、克里默和其他许多人(一部分是老宪章主义者、老欧文主义者等等)代表英国;沃尔弗少校、方塔纳和其他一些意大利人代表意大利;勒吕贝等人代表法国;埃卡留斯和我代表德国。委员会有权任意吸收新的成员。

目前一切都进行得很顺利。我参加了委员会的第一次会议。会议选举了一个**小委员会**(我也在内)起草原则宣言和临时章程。我因病未能出席小委员会的会议和接着召开的委员会全会。

在我未能出席的两次会议——小委员会会议和接着召开的委员会全会——上发生了以下的事情:

沃尔弗少校提议把**意大利工人团体**(它们有中央组织,但是如后来所表明的,它所联合的基本上都是一些互助会)的规章(章程)当做新的协会的章程。**451**我后来才看到这个东西。这显然是**马志尼**的粗劣作品,因而你可以料到,真正的问题,即工人问题是以什么样的精神和措辞来阐述的。同样,也可以料到民族问题是怎样被放到里面去的。

此外,老欧文主义者韦斯顿——他本人现在是厂主,是一个非常和气有礼的人——起草了一个杂乱无章且又冗长拖沓的纲领。

接着召开的委员会全会授权小委员会修订韦斯顿的纲领和沃尔弗的章程。沃尔弗本人已离开伦敦,去参加在那不勒斯举行的意大利工人团体代表大会,并劝告它们参加伦敦的中央协会。

小委员会的第二次会议我又没有参加，因为我接到开会的通知太迟了。在这次会议上勒吕贝提出了"原则宣言"和由他修订过的沃尔弗的章程，小委员会把二者都接受下来提交委员会全会讨论。委员会全会于10月18日召开。因为埃卡留斯来信告诉我，危险在于迟缓①，我就出席了会议，当我听到好心的勒吕贝宣读妄想当做原则宣言的一个空话连篇、写得很糟而且极不成熟的导言时，我的确吃了一惊，导言到处都带有马志尼的色彩，而且披着法国社会主义的轮廓不清的破烂外衣。此外，意大利的章程大体上被采用了，这个章程追求一个事实上完全不可能达到的目的，即成立**欧洲**工人阶级的某种中央政府（当然是由马志尼在幕后操纵），至于其他错误就更不用说了。我温和地加以反对，经过长时间的反复讨论后埃卡留斯提议由小委员会重新"修订"这些文件。而勒吕贝的宣言中所包含的"意见"却被采纳了。

两天以后，10月20日，英国人的代表克里默、方塔纳（意大利）和勒吕贝在我家里集会（韦斯顿因故缺席）。我手头一直没有这两

---

① 这句话出自罗马历史学家梯特·李维的著作《罗马建城以来的历史》第38卷第25章。——编者注

个文件(沃尔弗的和勒吕贝的),所以无法预先作准备;但是,我下定决心尽可能使这种东西连一行也不保留下来。为了赢得时间,我提议我们在"修订"导言之前,先"讨论"一下章程。于是就这样做了。40条章程的第一条通过时已是午夜一点钟了。克里默说(**这正是我所要争取的**):"我们向原定于10月25日开会的委员会提不出什么东西。我们必须把会议推迟到11月1日举行。而小委员会可以在10月27日开会,并且争取获得肯定的结果。"这个建议被采纳了,"文件"就"留下来"给我看。

我觉得,想根据这种东西弄出点什么名堂来是不可能的。我要用一种极其特殊的方法来整理这些已经"被采纳的意见",为了要证明这种方法正确,我起草了《告工人阶级书》[452](这不在原来的计划之内,这是对1845年以来工人阶级的命运的一种回顾)。我以这份《告工人阶级书》已经包括了一切实际材料和我们不应当再三重复同样的东西为借口,修改了整个导言,删掉了"原则宣言",最后以10条章程代替了原来的40条章程。在《告工人阶级书》中说到国际的政策时,我讲的是各个国家而不是各个民族,我所揭露的是俄国而不是较小的国家。我的建议完全被

注意

小委员会接受了。不过我必须在章程**453**导言中采纳"义务"和"权利"这两个词,以及"真理、道德和正义"等词,但是,对这些字眼已经妥为安排,使它们不可能造成危害。

总委员会会议以很大的热情(一致)通过了我的《告工人阶级书》,等等。关于付印方法等问题将在下星期二①讨论。勒吕贝拿了《告工人阶级书》的一个副本去译成法文,方塔纳拿了一个副本去译成意大利文。(首先将刊登在叫做《蜂房报》**454**的周报上,这是一种通报,由工联主义者波特尔编辑。)我自己准备把这个文件译成德文。

要把我们的观点用目前水平的工人运动所能接受的形式表达出来,那是很困难的事情。几星期以后,这些人将同布莱特和科布顿一起举行争取选举权的群众大会。重新觉醒的运动要做到使人们能像过去那样勇敢地讲话,还需要一段时间。这就必须做到实质上坚决,形式上温和。这个文件一印出来,你就可以得到一份。

(3)**巴枯宁**向你致意。他今天到意大利去了,将在那里(佛罗伦萨)住下来。我于16年之后,昨天第一次又见到他。应当说,我很

第191页:马克思在国际的文告中:我讲的**是各个国家而不是各个民族**。参看第189页——以前②民族问题被放到里面去了。**455**　　注意

第191页:对**巴枯宁**很赞扬。(1864)　　注意

① 11月8日。——编者注
② 见本卷第379—380、381—382页。——编者注

喜欢他,而且比过去更喜欢。关于波兰运动,他说:俄国政府需要这一运动,为的是使俄国本身保持安宁,但是绝没有想到会有18个月的斗争。因此,是俄国政府在波兰挑起了这一事件。波兰的失败是由于两件事情:由于波拿巴的影响,其次是由于波兰贵族一开始就在明确地公开宣布农民社会主义的问题上迟疑不决。在波兰运动失败以后,他(巴枯宁)现在只参加社会主义运动。

总之,他是16年来我所见到的少数几个没有退步,反而有所进步的人当中的一个。我还同他谈论了关于乌尔卡尔特的揭发(顺便说一下! 国际协会大概会造成我同这些朋友的决裂!**456**)他很详细地问到你和鲁普斯。当我告诉他鲁普斯已去世的时候,他马上说,运动失去了一个不可替代的人。

《马克思恩格斯全集》第1版第31卷第11—18页

恩格斯,1864年11月7日

我迫切地等待着致工人们的《宣言》,根据你来信谈到的这些人的情况来判断,这一定是一部真正的精品力作。我们又同那些至少是代表自己阶级的人发生了联系,这真是好极了,归根到底,这是最重要的事情。尤其重要的是对意大利人施加影响,这确实是一

左栏注记:

? 注意

52

第193页:恩格斯:

注意 国际**将分裂成为**"**理论上的**"——**资产阶级**分子和无**产阶级**分子。(1864)

种机会,可以在工人中最终结束"上帝和人民"的口号;对于勇敢的朱泽培来说,这将是意想不到的。<u>此外我猜想,一旦问题提得稍微明确一点,这个新协会就会立即分裂成为理论上的资产阶级分子和理论上的无产阶级分子。</u>

《马克思恩格斯全集》第 1 版第 31 卷第 19 页

恩格斯,1864 年 11 月 16 日

《社会民主党人报》——这是一个多么糟糕的名字啊！这些家伙为什么不干脆把它叫做《无产者报》呢?

（恩格斯,同上。第 196 页）

《马克思恩格斯全集》第 1 版第 31 卷第 24 页

马克思,[1864 年]11 月 18 日

《社会民主党人报》——这是一个不好的名字。但是对一家可能会失败的报纸,用不着立即给它起一个最好的名字。

第197页:1864.11.18.马克思:《社会民主党人报》是一个不好的名字,但实质不在这里。(马克思)

《社·会·民·主·党·人·报》??

《马克思恩格斯全集》第 1 版第 31 卷第 26 页

马克思,1864 年 12 月 10 日

洛塔尔·布赫尔是拉萨尔指定的遗嘱执行人,拉萨尔还给他留下 150 英镑的年金,这个人,你大概已经知道,投到俾斯麦的阵营中

第 204 页:拉萨尔本来大概会成为**俾斯麦**的"**劳动大臣**"……

去了。伊戚希男爵本人,这个乌克马克的菲力浦二世的波扎侯爵[457],本来大概会以"劳动大臣"的资格干出同样的事,不过不会像洛塔尔那样小规模地干;哈茨费尔特同洛塔尔的联系已经断绝了,洛塔尔现在可以同埃德加·鲍威尔和普鲁士驻米兰领事鲁·施拉姆先生握手言欢了……

今天的《矿工和工人辩护士报》[458]——英格兰和威尔士矿工的正式机关报——全文刊登了我的《宣言》。伦敦的"泥水匠"(超过 3 000 人)已宣布加入国际协会;这些人在此以前**从来**没有参加过一次运动。

本星期二①**小委员会**开会,彼得·福克斯先生(他的真名是福克斯·安德烈)向我们宣读了他的给波兰人的公开信[459](这类东西总是先在小委员会讨论,然后才由总委员会审查)。这篇东西写得不坏,福克斯在这种场合尽力运用(至少是肤浅地运用)对他本来生疏的"阶级"方法。他的专长是对外政策,他只是作为无神论的宣传者同真正的工人阶级打过交道。

第 205 页:同英国工人打交道,合理

但是在同英国工人打交道时,合理的东西很容易被接受,而只要是文人、资产者或半

---

① 12 月 6 日。——编者注

文人一参加到运动中来,就必须特别小心。福克斯和他的朋友比斯利(伦敦大学的政治经济学教授;主持过圣马丁堂的成立大会①)以及其他的"民主主义者"——他们反对他们不无根据地称为英国的贵族传统的东西,并作为他们称为1791年到1792年英国的民主传统的东西的继续——对法国具有狂热的"爱",在涉及**对外政策**时,他们不仅把这种"爱"扩大到拿破仑第一,而且甚至扩大到布斯特拉巴。看! 福克斯先生在自己的公开信中(不过这不是整个协会的公开信,而只是协会的**英国**部分在整个委员会的**赞同**下就波兰问题发出的公开信)并不满足于告诉波兰人,在对待波兰人的态度上,法国人民的传统真的比英国人的传统好一些;他在公开信结尾部分还说在英国工人阶级中间产生了对法国民主主义者的热烈友情,并想主要用这一点来安慰波兰人。我反对这一点,并把法国人不断背弃波兰人的历史上无可争辩的情景,从路易十五起直到拿破仑第三止,作了详尽的描绘。同时我也要他们注意那种完全**不能容许的情况**,即提出**英法**联盟(不过是以民主版的形式罢了)作为**国际**协会的"核心"。总的**决定**很容易通过,**同文人则不然**!! 马克思

① 见《马克思恩格斯文集》第10卷第212—213页。——编者注

之,小委员会通过了福克斯的公开信,但以**结尾部分按照我的建议进行修改**为条件。瑞士书记(来自瑞士法语区)荣克宣布,他作为**少数派**的代表,建议在总委员会上把这封公开信作为一般"资产阶级的"东西加以拒绝。**460**

《马克思恩格斯全集》第 1 版第 31 卷第 40—42 页

恩格斯,1865 年 1 月 27 日

第 209 页:恩格斯把一首描写**打死地主**的丹麦民歌寄给《**社会民主党人报**》。**革命的**——就是反对**封建贵族**……

53∥

第 210 页:**在客观上,拉萨尔=Verrat der ganzen Arbeiterbewegung an die Preußen**（拉萨尔＝为了普鲁士人而背叛工人运动）。**462**

注意

我给这些家伙寄去了一首短短的关于提德曼的丹麦民歌,提德曼由于向农民征收新税,被一位老人在司法会议上打死。**461** 这种行动是革命的,根本不应该受惩罚,而且它首先反对的是封建贵族,这也是报纸应无条件反对的。我给它适当地注上了几笔……

高贵的拉萨尔越来越暴露出是一个卑鄙透顶的无赖。我们评价一个人从来不是根据他的自我介绍,而是根据他的真实情况,因此我看不出有什么原因要把已死的伊戚希当做例外。主观上他从虚荣心出发认为事情可以这样办,而客观上这却是卑鄙的行为,是为普鲁士人的利益而背叛整个工人运动。看来这个愚蠢的小丑甚至没有因此得到俾斯麦的任何补偿,任何肯定的东西,更不用说保证**463**;显然,他只以为他**一定**能骗过俾斯麦,就像他以为肯定会射死腊科维茨一样。这就是伊戚

希男爵的全貌。

《马克思恩格斯全集》第 1 版第 31 卷第 48 页

马克思，1865 年 2 月 1 日

我们的名誉总书记克里默收到了某个临时委员会给"总委员会"的书面邀请，此外还接受了对他的私人访问，该委员会准备下星期一在伦敦酒馆举行**非正式**会议。目的是筹备保卫男子选举权大会。**主席是理查·科布顿!**

奥妙在于：像厄·琼斯告诉我们的那样，这些家伙在曼彻斯特彻底失败了。因此他们通过了一个更广泛的纲领，不过在这里面不提男子选举权，而提"济贫税纳税人"的**登记**。在给我们的铅印的通告里就是这样说的。但是因为根据种种迹象他们终于开始明白，除了男子选举权外，没有任何东西可以吸引工人阶级来进行任何合作，所以他们声称准备采纳这一要求。外地人"一再"写信来说，伦敦举行**大**示威就会使外地举行类似的示威，这些人"早已"认识到，他们无力推动事情前进。

昨天讨论的第一点是：我们的协会，即总委员会，应不应该根据这些家伙（其中有全部招摇撞骗的老手，如赛米尔·莫利等西蒂的

鼓动家)的愿望,派几个代表作为"观察员"出席他们临时委员会的会议? 第二点是:如果这些家伙认为**直接**有义务把男子选举权当做自己的口号,并在这个基础上召集群众大会,我们应不应该答应给他们支持? **后一个问题**对这些家伙说来,像在美国事件上那样,具有决定性的意义。没有工联,群众大会就开不成,而没有我们,他们就得不到工联。这也是他们向我们呼吁的原因。

在这个问题上意见**十分分歧,布莱特**上次在伯明翰干的蠢事**464**大大地助长了分歧。

会议根据我的提议作出了如下决议:(1)派遣一个代表团作为纯粹的"观察员"(在我的提议中我不要外国人做代表团的成员,而埃卡留斯和勒吕贝是作为"英国人"和**不讲话**的证人当选的);(2)关于群众大会,如果**第一**,在他们的纲领中直接地、正式地提出男子选举权,**第二,我们选派的**代表加入**常务**委员会,从而可以监督这些家伙,在他们企图发动**新的叛变**(我已经向大家说明,他们**肯定在进行这种策划**)时揭发他们,那么我们就和他们一起行动。我今天就把这件事写信告诉厄·琼斯。

第 214 页:马克思建议,如果英国资产者提出**男子选举权**,就同他们一起走,——密切监视他们的(**不可避免的**)叛变。

注意

你的　**卡·马·**

马克思,1865 年 2 月 3 日

亲爱的弗雷德里克:

附上:

(1)济贝耳的信,他在信中报道了关于他和克林斯的会见,这次会见是我"命令"①他去进行的。我仅仅指出,**我以后不再**干预这件事了。如果克林斯没有**我们的**帮助而能同老淫妇**465**一起排除伯·贝克尔及其根据遗嘱获得的重要性,那我是会满意的。同伊戚希男爵遗留下来的那个工人联合会没有什么好说的。它解散得越快越好。

(2)《**莱茵报**》**466**,上面刊登了大概是红色贝克尔所写的社论。这是向"进步党人"乞怜的呼吁书。**467**

现在我的意见是这样:**我们两人必须发**表声明,这次危机恰好给了我们一个重新取得我们的"合法"地位的机会。大约 10 来天前,我给施韦泽写了一封信,对他说,他必须反对俾斯麦,工人党向俾斯麦谄媚的现象必须杜绝等等。为了表示感谢,他"已经"比过去更多地向俾斯麦谄媚了。

"还是"在《社会民主党人报》第 16 号(上

第 215 页:离开施韦泽——**最后通牒:不许向俾斯麦谄媚**(丝毫也不允许)。 **注·意·**

---

① 参看《马克思恩格斯全集》第 1 版第 31 卷第 442 页。——编者注

面刊登了我关于蒲鲁东的信[468]，有不少印刷上的错误)上，莫泽斯·赫斯"已经"第二次对"国际协会"进行**非难**。[469]关于这件事，昨天我给李卜克内西写了一封很严厉的信，告诉他：他现在接到的是**最后的**警告；实际上是替恶意效劳的"善意"我认为是一文不值的；我不能使国际委员会在这里的委员们相信，这种事情**不是出于**恶意，而纯粹是由愚蠢引起的；尽管他们现在知道拉萨尔暗中策划了什么样的背叛，他们的卑鄙的报纸仍然不断地颂扬拉萨尔，并且怯懦地向俾斯麦谄媚，而同时还无耻地通过普隆-普隆分子赫斯，把普隆-普隆主义的罪名加到我们身上，如此等等。

现在我的意见是这样：利用莫泽斯的非难或怀疑，首先用几句话向波拿巴·普隆-普隆宣战，也要顺手打莫泽斯的朋友艾因霍恩这个拉比[470]几下子。然后利用这种机会来表示同样反对俾斯麦，以及那些梦想或胡说什么为工人阶级而同俾斯麦建立联盟的无赖或蠢材们。最后，当然要告诉这些下流的进步党人，他们一方面由于自己在政治上的怯懦和无能妨碍了事情的进展，另一方面，如果他们要求同工人阶级结成反政府的联盟——这在目前确实是唯一正确的——那

注意

第 215—216 页：进步党人[471]要同工人结成联盟，就必须**废除一切非常法**，特

么,他们必须向工人至少作一些同他们自己的"自由贸易"和"民主主义"的原则相适应的让步,即废除一切反对工人的非常法,属于这种法律的,除了联合法,还有现行的完全是普鲁士特有的出版法。他们还必须至少大体上表示愿意重新恢复由于普鲁士政变[472]而被取消的普选权。这是对他们的最低要求。或许还应当加上一些关于军事问题的东西。无论如何,事情必须赶快做。你一定要把你对整个声明的"想法"写出来。然后我把我的想法补充进去,加以综合,再把全文寄给你,如此等等。我觉得,时机对这种"政变"是有利的。我们不能为了顾及李卜克内西或其他任何人而放弃我们"恢复一切权利"的这种时机。

别是**联合法**。

（马克思）

《马克思恩格斯全集》第 1 版第 31 卷第 55—57 页

恩格斯,1865 年 2 月 5 日

亲爱的摩尔:

关于声明,我完全赞同。但是你要自己写,不然军事文章[473]我就完不成了。这篇东西太长,恐怕只能印成小册子。第一、二两部分已经写好(但是还没有审阅),第三部分还没有写好。我受到了许多打搅,布兰克到过这里,以及其他事情。所以,声明由你草拟。限制结社和集会权利,关于**旅行证书**[474]的全部法令,最后还有刑法典第 100 条:煽动国民的仇恨和藐视(这也是拿破仑的遗物),也都在非常法之内。此外,如果办得到,也必须指出:在普鲁士这样一个农业占优势的国家里,代表工业无产阶级说话时只攻击资产阶级,而一字不提大封建贵族对农村无产阶级的宗法式的凭棍棒维持的剥削,这是卑鄙的。军事问题谈不谈并不怎么重要,但是需要提出**预算问题**,因为俾斯麦打算把现在的等级议会弄得软弱无力,如果根据普选权选出的议会——它应当是现在的等级议会的继承者——也这样软弱无力,如果它甚至连新税都无法否决,那么这种议会对工人有什么用呢?

　　这就是我对这件事的想法。好吧,干起来吧,并且马上把这个声明寄给我。

《马克思恩格斯全集》第 1 版第 31 卷第 57—58 页

马克思,1865 年 2 月 6 日

亲爱的恩格斯:

　　在今天收到的《社会民主党人报》上,在我谴责任何的即使是"表面的妥协"的文章后边,在小品文栏内幸运地看到了你关于对贵族进行致命打击的号召[476]。

　　因此我认为,暂时不寄我原本计划的声明,而把下面的几句话寄去,比较适宜。[477]这

注意

第 217 页:在一个农业国家里,代表工业工人说话时只攻击资产者,而**忘记了封建主**在农村"**凭棍棒维持的剥削**",这是卑鄙的。(1865)(恩格斯)[475]

注意

第 218 页:在《**社会民主党人报**》上,恩格斯发出"**打击贵族**"的号召。马克思。

几句话无疑能给**进一步的声明**提供**理由**。而经过再三考虑,我的"审美"感觉使我觉得现在就把进一步的声明拿出来还不合适,因为它的出现会同贝克尔的呼吁书[478]**时间离得太近**……

附上的声明如果你认为满意,就誊写一下,签上名寄回来。然后我再签上名寄到柏林去。

《马克思恩格斯全集》第 1 版第 31 卷第 60—61 页

马克思致《社会民主党人报》
编辑部的声明(1865 年 2 月 6 日)

在贵报第 16 号上,莫·赫斯先生身在巴黎竟对与他完全素昧平生的国际工人协会**伦敦中央委员会的法国委员们**表示怀疑,他说:

"的确看不出,**即使伦敦的协会中有罗亚尔宫**[479]**的一些朋友参加,又有什么关系,因为协会是公开的**……"

在前一号上,这位莫·赫斯先生在谈论《联合》杂志[480]时,就曾经对伦敦委员会的**巴黎朋友**作过类似的暗示。我们声明他的暗示完全是无聊的造谣中伤。

此外,我们也为这一事件证实了我们的信念而感到高兴:巴黎的无产阶级依然毫不

第218—219页:给《**社会民主党人报**》的声明(草案)。法国无产阶级不会为了一碗红豆汤而**向拿破仑第三出卖自己的历史荣誉**。

注意

妥协地反对两种形式的波拿巴主义,即土伊勒里宫[481]式的和罗亚尔宫式的波拿巴主义;他们从来没有打算为了一碗红豆汤而出卖他们的历史荣誉(或者,也许不应当说"**他们的历史荣誉**",而应当说"他们作为革命承担者的历史的长子继承权"吧?)。我们把这个榜样介绍给德国工人。

《马克思恩格斯全集》第 2 版第 21 卷第 67 页

马克思,[1865 年]2 月 11 日

亲爱的弗雷德:

今天是星期六,我想你今天还没有把你的手稿[482]寄出去,还来得及提出下列"补充"修改建议:

(1)在**你提出工人的愿望是什么这个问题**的地方,我不会像你那样回答说,德国、法国和英国的工人要求什么什么。那样回答会显得好像是我们接受了**伊戚希**的口号(至少会被**解释**成这样)。我会这样说:①

"看来,目前**德国**最先进的工人所提出的要求可以归纳如下,等等。"[483]这样你就根本不会把自己牵连进去;这样做也比较好,因为后面你自己就在批判那种不具备适当条件的

---

① 手稿上勾掉了下列文字:"这里不是阐明你自己的观点的地方——或者你也可以把开头的话删去,干脆像下面这样说"。——俄文版编者注

普选权。(此外,"直接"这个词,例如在英国等地并没有别的意思,只不过是和普鲁士人创造的"间接"选举权相对照罢了。)对德国庸人设想的那种拉萨尔式的国家干涉的形式,必须加以防范,彻底避免同"这种形式"混淆起来。如果你抓住庸人们讲的话,并且**让他们自己说说他们希望什么**,那就好得多(而且稳妥得多)。(我称他们为**庸人**,因为他们的确是爱发议论的、**拉萨尔化了的一部分人**。)

(2)我不会说,1848—1849年的运动遭到失败,是由于资产者反对**直接的普选权**。其实,这种普选权曾经被法兰克福人宣布为德国人的权利,并且由帝国摄政[484]按照正式手续公布出来。[485](我也认为:在德国,一旦对这件事情进行认真的讨论,就应当把这种选举权看做是法律上**已经存在的**。)由于那里没有篇幅作太详细的说明,所以我会用这样一句话或类似的话带过去,即资产者当时宁愿要用屈服换取的平静,而不愿看到哪怕只是争取自由的斗争的**前景**。

第 233 页:批判**不具备适当条件的普选权。** 注意

\\54

第 224 页:(马克思):1848 年革命失败(恩格斯:不是由于普选权),而是由于资产者当时宁愿要**用屈服换取的平静**,而不愿看到哪怕只是**争取自由的斗争的前景**。 注意

1848 年为什么失败?注意[486]

恩格斯,1865 年 2 月 13 日

亲爱的摩尔:

你的建议昨天来得正是时候,两点都采用了。今天收到的第 20 号和第 21 号《猪屎》①再一次向我表明,特别是关于工人要求的修正意见②是多么必要。

此外,我们的态度看来毕竟发生了作用。在第 21 号上出现了以前根本没有的某种革命调子。但我已经写信给李卜克内西说,用不着喧嚷,只要他们不再向反动派谄媚,并且也给予贵族和反动派以应有的回击就行,一般说来,**咒骂**他们和资产阶级,在平静时期是多余的。

现在已经可以看出,伊戚希使运动具有了难以消除的托利党宪章派**487**的性质,并且在德国扶植起一种工人从未见过的流派。到处都是这种向反动派谄媚的令人厌恶的勾当。因此我们会有一些麻烦。

> 第 224 — 225 页:拉萨尔使运动具有了**托利党宪章派的性质**。(恩格斯)
>
> **注意**

《马克思恩格斯全集》第 1 版第 31 卷第 70 — 71 页

---

① 双关语:«Sau‐Dreck»——"猪屎",指 «Social‐Demokrat»(《社会民主党人报》)。——编者注
② 见上一封信。——编者注

马克思,1865年2月13日

亲爱的恩格斯:

　　你从附上的信中可以看出,我们关于莫泽斯的声明遇到了怎样的情况。**488**同时,你也会看到莫泽斯在最近一号《社会民主党人报》上发表的东西。

　　这一次我认为李卜克内西是对的:冯·施韦泽先生假装他从我们的声明中看到的只是对莫泽斯的一种私愤;对波拿巴主义的打击等等他"视而不见",可能他清楚地了解到这是什么样的事情。假如公开**决裂**(谁知道他搞没搞过必然会很快造成这种决裂的事情?)是由于这一次**莫泽斯事件,而不是因为俾斯麦**,对施韦泽来说,也许是个好时机? 因此我给他写了一封信(保存了副本)①,信中首先总结了一下到目前为止我们同他的关系,并问他,我们在什么地方超出了"尺度"。同时再一次分析了莫泽斯事件。然后我指出,由于莫泽斯最近的拙劣通讯,我们的声明在某种程度上是过时了,因此,这件事可以放一放。至于声明中的**另一点**——对工人的提示,我们将在**其他地方**详细说明工人与普

————————

　　① 参看《马克思恩格斯全集》第1版第31卷第76—78页。——编者注

鲁士政府的关系。同时我利用这个机会——结合《泰晤士报》今天刊载的关于普鲁士大臣声明的电讯**489**——再一次向冯·施韦泽先生坦率地说明我们对俾斯麦和拉萨尔的意见。

> 第 226 页①：普鲁士国家**不可能容忍联合和工会**，——而是资助合作社，阉割整个运动。
>
> （马克思）

注意

（一部分进步党人现在被迫要求在一定范围内废除联合法，如果俾斯麦在这个范围内**断然拒绝**废除，我确实丝毫不会感到奇怪。联合权和一切与之有关的东西同警察的无上权力、奴仆规约**490**、乡村贵族的暴行和整个的官僚监护是完全背道而驰的。因此，只要资产者（或者他们中的一部分人）装出一副认真对待这一切的样子，政府马上就会把这些变成戏言，就会向后转。普鲁士国家**不可能允许联合和工会存在**。这是不用怀疑的。相反**政府支持**某些微不足道的合作社，恰恰适合于对其实行监护制。增加官吏干涉的机会，对"新的"款项进行监督，收买工人中最活跃的人，阉割整个运动！

《马克思恩格斯全集》第 1 版第 31 卷第 71—72 页

马克思，1865 年 2 月 18 日

第 229 页：**施韦**　　我认为施韦泽是不可救药的（他可能和

---

① 这段提要和马克思 1865 年 2 月 18 日的信（见本卷 第 400—402 页）的提要**在左右两边**分别用箭头和括号连接起来。——俄文版编者注

俾斯麦达成了秘密协议)。

我确信这一点的根据是:

1. 这次附上的他的 15 日来信中(由我)画上线的地方;

2. 他的《俾斯麦(三)》**491** 发表的**时间**。

为了使你能对这两点作出估价,我把我 2 月 13 日给他的信中有关的地方**逐字逐句地抄**给你:

"……由于今天接到的第 21 号上所刊登的莫·赫斯的通讯,我们的声明已经有一部分过时了,因此,这件事可以先放一放。不过,我们的声明也还包括另外一点,即赞扬巴黎无产阶级的反波拿巴主义的态度,并提示德国工人学习这个榜样。这对我们来说比反对赫斯更为重要。而我们关于工人与普鲁士政府的关系的意见,将在其他地方详细说明①。

您在 2 月 4 日的来信中说,我本人曾经警告过李卜克内西,要他谨慎一些,以免被赶走。这是事实。但是,我同时写信告诉他,如果采取适当的形式,**一切话**都可以讲②。**反对**政府的论战即使采取柏林条件下'可能的'形式,也截然不同于向政府谄媚,甚至截然不

泽可能和俾斯麦达成了秘密协议。

(马克思)

---

① 参看《马克思恩格斯全集》第 1 版第 31 卷第 72 页。——编者注

② 同上书,第 55—56 页。——编者注

同于对政府作表面的妥协！我写信对您本人说过,《社会民主党人报》本身必须避免这种现象①。

我从您的报上看到,内阁在废除联合法的问题上态度模棱两可,希望以此赢得时间。相反,《泰晤士报》的一条电讯则说,内阁赞许拟议中的由国家帮助合作社这件事。如果《泰晤士报》这次例外地报道了正确的消息,这丝毫不会使我感到奇怪！

社团以及由社团成长起来的工会,不仅作为组织工人阶级对资产阶级进行斗争的手段是极其重要的——这种重要性表现在例如下面这件事实上:甚至有选举权和共和国的美国工人也还是少不了工会——而且在普鲁士和整个德国,联合权除此而外还是警察统治和官僚制度的一个突破口,它可以摧毁奴仆规约和贵族对农村的控制,总之,这是使'臣民'变为享有充分权利的公民的一种手段,这种手段,进步党,也就是说普鲁士的任何资产阶级反对党,只要没有发疯,都会比普鲁士政府,尤其是比俾斯麦政府快一百倍地表示同意！与此相反,普鲁士王国政府对合作社的帮助——凡是了解普鲁士情况的人都

第230页(1865):马克思给施韦泽的信:**社团**是必要的(甚至在共和制的美国)。有政府帮助的合作社是一种骗局。**工人阶级要么是革命的,要么就什么也不是。** 注意 (社团 注意)

---

① 参看《马克思恩格斯全集》第1版第31卷第55页。——编者注

预料得到,帮助的规模必然是很小的——作为经济措施,完全等于零,同时这种帮助将会扩大监护制,收买工人阶级中的一部分人,并使运动受到阉割。普鲁士的资产阶级政党由于深信随着'新纪元'的到来政权会因摄政王的恩典而落在自己手里**492**,才使自己出了丑并且落到了目前这步田地,同样,工人政党如果幻想在俾斯麦时代或任何其他普鲁士时代金苹果会因国王的恩典而落到自己嘴里,那就要出更大的丑。毫无疑问,拉萨尔关于普鲁士政府会实行社会主义干涉的不幸幻想将使人大失所望。事物的逻辑必然如此。但是,工人政党的**荣誉**要求它自己甚至在幻想被经验驳倒以前,就抛弃这种空中楼阁。工人阶级要么是革命的,要么就什么也不是。"

妙极了! 他 15 日写信回答了我 13 日写的这封信,在信中要求我在一切"实际"问题上都服从**他的**策略,并以《**俾斯麦(三)**》作为这种策略的新样本!! 现在我确实觉得,他由于我们的反对赫斯的声明而提出信任问题时所采取的那种**无礼**态度,其原因并不在于他对莫泽斯的温情,而在于他已经**下定决心**,在**任何情况下**都不让我们在《社会民主党人报》上给德国工人提示。

因此,既然总得和这个家伙决裂,那不如

现在马上就决裂。至于德国的庸人们,他们愿意怎么叫嚷就让他们怎么叫嚷吧。其中有用的那一部分人迟早总会跑到我们这边来的。如果你同意下面的声明,请把它抄下来,签好名寄给我。这是仓促写成的,所以,把你认为不合适的地方都修改一下,或者就按你自己的意思重新写过。

你的 卡·马·

《马克思恩格斯全集》第1版第31卷第76—78页

马克思和恩格斯致《社会民主党人报》编辑部的声明

第 231 页:**马克思向《社会民主党人报》声明,反对工人同政府结成反资产者的联盟。反对普鲁士政府的社会主义。**

注意

下列署名者曾经答应为《社会民主党人报》撰稿,并同意作为撰稿人公布他们的名字,但是有一个明确的条件,那就是《社会民主党人报》必须按照向他们宣布的那个简短纲领的精神进行编辑工作。他们从来没有无视《社会民主党人报》的困境,因此没有提出过任何不合柏林时宜的要求。但是他们一再要求至少要像反对进步党人那样勇敢地抨击内阁和封建专制政党。《社会民主党人报》所奉行的策略使他们不可能再继续为它撰稿。下列署名者对普鲁士王国政府的社会主义的看法,以及对工人政党对这类骗人把戏所采取的正确态度的看法,在 **1847 年 9 月 12 日**

《德意志—布鲁塞尔报》第 73 号上，在他们回答当时科隆出版的《莱茵观察家》第 206 号所提出的"无产阶级"同"政府"结成反"自由资产阶级"联盟的主张的时候已经有过详尽的论述[493]。今天我们仍然认为我们当时的声明中的每一个字都是正确的。

弗里德里希·恩格斯

卡尔·马克思

1865 年 2 月 23 日于伦敦和曼彻斯特

《马克思恩格斯全集》第 2 版第 21 卷第 116 页

马克思，1865 年 2 月 25 日

我已经通知李卜克内西，如果施韦泽拒绝刊登声明，就把声明刊登在《柏林改革报》[494]上；同时我把这一点告诉了施韦泽，另外还告诉他，我把声明同时寄给两家莱茵报纸；所以，这一次施韦泽是无法**拖延**了。我真的给济贝耳寄去了两份抄件，委托他在**收到我的信两天后把声明刊登在《莱茵报》和《杜塞尔多夫日报》**[495]（后者是工人的报纸）上，并把当地报纸上可能出现的各种评论告诉我们。因此，这一次施韦泽在这件事情上再也不能搞什么花样了。如果拉萨尔分子，特别是汉堡的《北极星》[496]，宣称我们**卖身投靠资产阶**

注意

第 234 页：**让拉萨尔分子去说我们卖身投靠资产阶级（马克思），这也没有什么。**

级,我丝毫不会感到奇怪。但这也没有什么!

《马克思恩格斯全集》第 1 版第 31 卷第 84 页

恩格斯,1865 年 3 月 11 日

第 241 页:**朗·格**——糊涂虫,马尔萨斯＋达尔文,等等。

（恩格斯）

济贝耳把朗格的小册子[497]寄给了我。写得杂乱无章,是马尔萨斯主义和达尔文主义的混合物,极力向各方面卖弄风情,但是,在反对拉萨尔和资产阶级消费合作社派方面,仍然有些可取的东西。过几天我给你寄去。

《马克思恩格斯全集》第 1 版第 31 卷第 98 页

马克思,1865 年 5 月 20 日

第 259 页:欧文主义者反对工会,并且认为提高工资没有意义(!!)。

今天晚上将举行国际的特别会议。一个好老头子,老欧文主义者**韦斯顿**(木匠)曾提出两个论点,他经常在《蜂房报》上为这些论点进行辩护:

(1)工资率的普遍提高对工人不会有任何好处;

(2)由于这一点以及其他原因,工联所起的作用是**有害的**。

这两个论点——在我们的协会中只有**他**相信——如果被接受,那么,我们就将在这里的工联和现在大陆上流行的罢工潮面前闹大笑话。

由于这次会议将允许非委员参加,所以

他会得到一个土生土长的英国人的支持,这个人曾经写过一本同样意思的小册子。人们自然希望我加以反驳。我本来应当为今天晚上的会议准备我的反驳意见,但是我认为更重要的是继续写我的书[498],所以我就只好临时去讲一通了。

我当然事先知道,两个主要论点是:

(1)**工资**决定商品的价值。

(2)如果资本家今天付出的是五先令而不是四先令,那么明天他们就将以五先令而不是以四先令出售自己的商品(他们能这样做,是由于需求的增长)。

这虽然平淡无奇,并且只涉及最表面的现象,但是,要对完全不懂的人把与此有关的一切经济学问题解释清楚,的确不是容易的事。不可能把一门政治经济学课程压缩在一小时之内讲完。但是我将尽力而为。[499]

《马克思恩格斯文集》第 10 卷第 229—230 页

恩格斯,1866 年 1 月 4 日

你读过丁铎尔的《热能是一种运动》吗?如果还没有读,那么应该读一读。在这方面已经有了很大的进展,而且事情已开始具有一种合理的形态;原子理论已经被引

第 287 页:"**原子理论**已经被引向这样一个极端,以至于它不久**必定**要破产。"

原子 注意

1866.1.4. 恩格斯谈到

丁铎尔的《热能是一种运动》。

注意

…"Die Atomentheorie wird so auf die Spitze getrieben, daß sie bald zusammenbrechen muß"…

向这样一个极端,以至于它不久必定要破产。

《马克思恩格斯全集》第1版第31卷第171页

马克思,1866年2月13日

亲爱的弗雷德:

告诉或写信给龚佩尔特,要他将药方及服用方法寄给我。我既然信任他,那他单是为了《政治经济学》的利益就应该抛开职业上的礼俗,从曼彻斯特替我诊治。

第293页:《资本论》已完成(1866),但不作**最后润色**还**不能出版。死也甘心!**

昨天我又躺倒了,因为左腰部的毒痈发作了。假如我有足够的钱——也就是说>0——来养家,而我的书又已完成,那我是今天还是明天被投到剥皮场上,换句话说,倒毙,对我都无所谓了。但在上述情况下,这暂时还不行。

关于这本"该死的"书,情况是这样:12月底已经**完成**。单是论述地租的倒数第二章,按现在的结构看,就几乎构成一本书。**500**我白天去博物馆①,夜间写作。德国的新农业化学,特别是李比希和申拜因,对这件事情比所有经济学家加起来还要重要;另一方面,自

---

① 英国博物馆的图书馆。——编者注

我上次对这个问题进行研究以后,法国人已提供了大量的材料,——这一切都必须下功夫仔细研究。两年以前,我结束了对地租所作的理论探讨。正好在这一期间,许多新东西出现了,并且完全证实了我的理论。关于日本的新资料(如果不是职业上的需要,通常我是决不看游记的)在这里也是重要的。因此,就像1848—1850年英国狗厂主们把"换班制度"**501**用在**同一些**工人身上一样,我也把这个制度用到了自己的身上。

手稿虽已完成,但它现在的篇幅十分庞大,除我以外,任何人甚至连你在内都不能编纂出版。

我正好于1月1日开始誊写和**润色**,工作进行得很顺利,因为经过这么长的产痛以后,我自然乐于舐净这孩子。但是痛又出现了,以致直到现在工作也没有取得更多的进展,而事实上只能对已经按计划完成的部分加以充实而已。

此外,我完全同意你的意见,一当第一卷完成,就立即寄给迈斯纳①。不过要完成它,我至少要能**坐着**才行。

不要忘记给瓦茨写信②,因为我现在已

① 参看《马克思恩格斯全集》第1版第31卷第179页。——编者注
② 同上书,第178页。——编者注

经写到关于机器的一章了。**502**

《马克思恩格斯文集》第 10 卷第 234—235 页

恩格斯，1866 年 3 月 5 日

注意┃第 299 页：资产者自己不希望有宪法（在德国）——（给俾斯麦钱）。

关于牙买加的揭发很好，《泰晤士报》因此而出丑，还有罗素声明辞职。这家报纸正在急剧地走下坡路。**503**

如有可能，请设法看一看科隆—明登董事会关于卑鄙交易的声明。据说，就董事会参加这个交易来说，只具有**私法的性质**；而一旦国王批准，那**他**就必须考虑问题的国家法方面。换句话说，科隆资产者甚至根本不希望有任何宪法。**504**

《马克思恩格斯全集》第 1 版第 31 卷第 190 页

马克思，1866 年 4 月 2 日

第 305 页："**英国运动的**"该死的"**性质**"。"**缺乏宪章派的韧劲**"——1866，马克思。**505**

注意┃英国的机会主义。

一切英国运动的该死的传统性又在选举改革运动中表现出来了。几星期前人民党以极大的愤怒加以否决的——他们甚至否决了布莱特关于赋予房客以选举权的最后通牒——这同一个"局部让步"，现在竟被看成是体面的斗争成果。为什么？因为托利党人正在喊救命。**506**这些家伙缺乏老宪章派的韧劲。

《马克思恩格斯全集》第 1 版第 31 卷第 199 页

恩格斯,1866 年 4 月 2 日

　　关于俾斯麦,你有什么看法? 看来,他现在正在把局势引向战争,从而给路易·波拿巴提供一个绝好的机会,使他不费吹灰之力就得到莱茵河左岸的一块地盘,以此来终生巩固他的地位。虽然每个参与发动这场战争的人——如果战争真的爆发——都应当受绞刑,虽然我完全公正地希望这也扩展到奥地利人身上,但是我的主要愿望还是要使普鲁士人受到痛击。在这种情况下有下面两种可能:(1)奥地利人两周内在柏林强迫媾和,以此防止外来的直接干涉,同时使柏林目前的制度不能存在下去,并出现一开始就摒弃独特的普鲁士主义的另一种运动;或者(2)在奥地利人到来以前,柏林发生政变,那时也会出现运动。

　　从军事上来看,我认为双方的军队大体差不多,战争将是十分残酷的。但是,贝奈德克与弗里德里希-卡尔亲王相比,无论如何是一个更出色的将军,如果弗兰茨-约瑟夫不帮助贝奈德克,或者,如果弗里德里希-卡尔没有得力的和有影响力的参谋人员,那么

注意

\\56

第 306 页:恩格斯(1866.4.)论普奥战争。说奥地利人将取得胜利,而这样更好!　?

同上,第 319 页

同上,第 322 页 ①

---

① 弗·恩格斯 1866 年 5 月 16 日和 25 日的信,见本卷第 414—415 页和第 416—417 页。——编者注

我认为普鲁士人会被打败。单是杜佩尔以后的自吹自擂就已经表明要重蹈耶拿的覆辙。[507]

如果第一仗以普鲁士人的大败而结束，那就没有什么东西可以阻止奥地利人向柏林挺进。如果普鲁士获胜，它却没有可持续的力量渡过多瑙河，更谈不上通过佩斯向维也纳进攻。奥地利能够单独迫使普鲁士媾和，而普鲁士却不能单独迫使奥地利媾和。因此，普鲁士的每一个成就都将鼓舞波拿巴进行干涉。总之，这两只德意志狗现在已经在互相竞争，争先把德意志的地方奉献给第三只法国狗。

你的　弗·恩·

《马克思恩格斯全集》第1版第31卷第201—202页

马克思，1866 年 4 月 6 日

我们的信岔开了，因此你在答复我的信。你忽略了从意大利进行有利于普鲁士的出击的可能性。

虽然俄国允许波拿巴先生在前台扮演仲裁人的角色，但是它自己却做普鲁士人的后台，这是毫无疑问的。不应当（用黑格尔的话来说）忽略多瑙河的水雷[508]和俾斯麦的行动[509]同时爆炸。

即使假定——这是可能的——这些普鲁士狗缩了回去，但德国若不发生革命，霍亨

（马克思
1866.
4.6.）

第 309 页：马克思（1866）"若不发生革命，哈布斯堡和霍亨索伦的王朝战争将把我们抛回到 50—100 年

索伦狗和哈布斯堡狗将会再一次通过国内 ‖以前……"
(王朝)战争把我国抛回到 50—100 年以前,
这一点毕竟是清楚的,甚至德国庸人也必定
是清楚的。

《马克思恩格斯全集》第 1 版第 31 卷第 204—205 页

恩格斯,1866 年 4 月 13 日

可见,俾斯麦虽然没有他的^① 拉萨尔,
还是玩弄了普选权的把戏。看来,德国的资
产者在作过某些反抗以后是会同意的,因为
波拿巴主义毕竟是现代资产阶级的真正的宗
教。我越来越清楚地看到,资产阶级没有自
己直接进行统治的能力,因此,在没有一种像
英国这样的寡头政治为了得到优厚报酬而替
资产阶级管理国家和社会的地方,波拿巴式
的半专政就成了正常的形式;这种专政维护
资产阶级的巨大的物质利益,甚至达到违反
资产阶级的意志的程度,但是,它不让资产
阶级亲自参加统治。另一方面,这种专政本
身又不得不违反自己的意志去承认资产阶
级的这些物质利益。因此,我们现在看到,
俾斯麦先生接受了民族联盟⁵¹⁰的纲领。是

第 312 页:**资产
者没有自己进行
统治的能力:俾
斯麦之类的半专
政**。(恩格斯)**注意**

见本笔记
第 62 页^②

---

① 在 1913 年版的《马克思和恩格斯通信集》中漏掉了 seinen(他的)一词。——
　　编者注
② 见本卷第 464—465 页。——编者注

否实行当然完全是另一回事,但是俾斯麦是很难由于德国资产者而遭受失败的。一个刚回到这里的德国人说,他发现许多人已经上钩;据路透社报道(见下面),卡尔斯鲁厄人已经赞同这件事情,《科隆日报》在这件事情上的张皇失措清楚地表明了即将到来的转变。

《马克思恩格斯文集》第 10 卷第 237 页

恩格斯,1866 年 5 月 1 日

第 315 页:(1866)恩格斯:我希望,如果俾斯麦宣战,柏林人会"起义"("los")。**如果柏林人宣布共和国,整个欧洲在 14 天内就会天翻地覆。**

俾斯麦无论如何是**希望**战争的,他在波希米亚遭到失败后,似乎想在意大利获得成功[511]。我希望,如果他获得成功,柏林人会起义。如果他们在那里宣布共和国,那么整个欧洲在 14 天内就会天翻地覆。但是他们会这样做吗? 我们同那里的联系怎样?

《马克思恩格斯全集》第 1 版第 31 卷第 213 页

恩格斯,1866 年 5 月 16 日

毫无疑问,俾斯麦先生卷入了他和目前整个制度力所不及的事件。如果事情和平结束,他所支配的资金就白费了,因此,他已经没有别的办法;如果发生战争,他就得求助于底层的力量,而这些力量必定会

把他吞掉。在这种情况下,甚至公民议员
的直接胜利也具有革命的性质,并且必定
继续向前发展。

尽管这样,我总不能想象,在19世纪中
叶,北德意志和南德意志互相开战,仅仅是因
为俾斯麦为了俄国人和波拿巴的利益要求这
样做。但是,如果真的打起来,对普鲁士人可
能不利。看来,这一次奥地利人打算全力以
赴,即使他们关于90万大军的吹嘘是荒唐
的,他们以相当大的优势兵力进入萨克森总
还是可能的。普鲁士根本不能指望莱茵军团
和威斯特伐利亚军团去同奥地利作战,而只
能指望萨克森军团的一部分。其余的能够开
去抗击敌人的六个军未必有24万人。据说,
如果奥地利人最初在意大利采取守势,那么
他们在那里只需要15万人,这样就完全能够
派出30万—35万人去抗击普鲁士,除非俄
国人迫使他们用强大的力量去占据加利西
亚。那时决定性的会战可能是在18万普军
对24万—28万奥军的情况下进行;这几乎
必定是又一个耶拿,并且会直捣柏林。但是
这一点还很难说,因为奥地利人的军队数量
纸面上总是比实际上多得多,而正是现在他
们在大吹牛皮。

马克思,1866 年 5 月 17 日

第 320 页(并散见各处):恩格斯为《共和国》周报写的关于波兰的文章(1866)。注意。贵族对被瓜分负有罪责。

亲爱的弗雷德:

　　关于波兰的文章[512]怎样了？不论报纸是否还出版,你应当尽可能地供给稿件。这里的波兰人等待着续篇,他们不断询问,使我感到厌烦。一般说来,这些文章还是引人注意的。**小福克斯**早些时候赞扬过这些文章,前天却在中央委员会上对于你把波兰被瓜分归咎于波兰贵族的腐败那一节进行了攻击。此外,他特别攻击了那些通过萨克森王朝等等来破坏波兰的德国人。我简短地答复了他。[513]

《马克思恩格斯全集》第 1 版第 31 卷第 220 页

恩格斯,1866 年 5 月 25 日

　　如果奥地利人足够聪明,不首先进攻,那么在普鲁士军队中一定会爆发骚动。这些家伙在这次动员中表现出的那种叛逆情绪,是从来没有过的。可惜,我们对于实际发生的事情只知道极小的一部分,但是这已经足以说明,用这样的军队打进攻战是不行的。如果这些小伙子被大量地集中起来,他们开始统计自己的人数并发现四分之三的士兵意见一致;如果此后在代表大会期间,他们不得不带着武器驻扎三四个星期无所事事,那就必

然会引起危机,并且有朝一日他们会拒绝服
从命令。借口总是能找到的;在这样的军队
里,只要有**一个营**开头,瞬息间就会蔓延开
来。但是,即使能够避免公开的暴乱,处于这
种精神状态并以老威廉为总司令,以弗里德
里希-卡尔和太子为两翼司令官的**这支**军队,
无疑立即会被以贝奈德克(贝奈德克不允许硬
塞给他任何公爵,也不允许对他的司令部人员
的任命进行任何干预,他手下有 30 万—36 万
人)为总司令的狂怒的奥军所击溃。这一点老
蠢驴也知道,而且我深信,只要他有可能,他
就会由于军队的这种情绪而撤退。我在去年
写的那本小册子⁵¹⁴中关于**动员起来的**普鲁
士军队的性质的那些话,已完全得到证实。

　　值得注意的是,民族联盟成员们自从自
己的纲领被俾斯麦剽窃以后陷入了困境;这
些家伙现在只好出来反对自己的大普鲁士
言论,正如《十字报》反对自己的封建言论
一样。

第 322 页:俾斯麦
剽窃了民族联盟的
纲领。(恩格斯)

《马克思恩格斯全集》第 1 版第 31 卷第 222—223 页

马克思,1866 年 6 月 7 日

　　如果不出现奇迹,战争终究是要爆发
的。普鲁士人将自食其说大话的恶果,而且
无论如何,德国的田园生活是一去不复返

第 323 页:蒲鲁
东**派**宣称"民
族**特性**是无稽

注意
马克

思论|之谈",似乎欧
民族|洲可以**坐等**法
问题|国。

（马克思）[516]

注意

了。巴黎大学生中的蒲鲁东派（《法兰西信使报》）鼓吹和平，宣称战争不合时宜，民族特性是无稽之谈，攻击俾斯麦和加里波第等人。[515]作为同沙文主义的论战，他们这种做法是有利的，也是可以理解的。可是他们作为蒲鲁东的信徒（我在这里的密友拉法格和龙格也在内），竟认为整个欧洲都应当而且将会安静地坐等法国老爷们来消除"贫穷和愚昧"，他们自己越是声嘶力竭地标榜"社会科学"，就越会陷入愚昧之中而不能自拔，这些人真是太荒唐可笑了。

《马克思恩格斯全集》第 1 版第 31 卷第 224 页

恩格斯，1866 年 6 月 11 日

德国的情景一天比一天更具有革命的性质。柏林和巴门的失业工人成群结队气势汹汹地走上街头。哥·欧门星期五回来了，他对我说，在科布伦茨的莱茵桥上他同一个普鲁士少尉谈论战争，那个人认为事情的结局很难说，但是承认奥地利的士兵和指挥官优于普鲁士的，并且对于哥·欧门提出的如果普鲁士人失败怎么办的问题回答说："那时我们会闹革命。"另一个庸人告诉我，他在科隆从可靠渠道听说，后备军将要以连为单位分到常备军中去，而后备团又要用常备军中的

士兵来补充;这项命令据说已经发布了。不管怎样,看来这个军队的状况是,只有在奥地利人**首先**越过边境的情况下它才有希望取胜,但是这一次奥地利人似乎绝对不愿意这样做。正因为如此,普鲁士人也不愿意出动。这样,这种状态可能还会持续一星期,直到局势紧张到发生破裂的地步。

历史对俾斯麦的讽刺是非常妙的。他说出自由主义言论的时候,正是他要采取专制主义行动的时候。他想一口气颁布德意志帝国宪法并中止普鲁士宪法(命令已经准备好)。多好的主意——企图依靠容克而不是依靠农民扮演反对资产者的波拿巴的角色!

注意

在这次战争中,后备军对普鲁士人来说就像 1806 年的波兰人一样危险,波兰人也曾构成军队的三分之一以上,在作战以前就把整个事情搞砸了;区别只是,后备军在失败以后将不是逃散,而是暴乱。

整个莱茵河左岸已经没有军队,在卢森堡只有两个后备团,据说那里的要塞已经悄悄地撤空;在萨尔路易只有一个不完整的后备营。据说,海特男爵为了弄到一笔钱,已通过奥本海姆做成了关于萨尔布吕肯煤矿和国有铁路的交易;威斯特伐利亚国有铁路据说也将卖给贝格—马尔克铁路。信贷银行的债券被普鲁士银行预借给国家换取它的**科隆—明登股票**，这件事没有任何其他目的。在这件事情上所有的柏林银行业主都和政府采取共同行动。

我想，两星期内在普鲁士就会爆发战事。如果不利用这个机会而任其白白溜走，如果这让人们感到称心如意，那么我们就可以心安理得地收起自己的革命行囊，专心致志地去搞高深的理论了。

《马克思恩格斯全集》第 1 版第 31 卷第 228—229 页

马克思，1866 年 6 月 20 日

57

注意
民族
问题。

第 327—328 页：
国际总委员会果
然不出所料，辩
论了**民族特性**问
题。（马克思）**蒲
鲁东派的**施蒂纳
思想＝"**民族是
偏见**"（"全世界
应当'等候'法
国人"）。

昨天国际总委员会讨论了目前的战争问题。这是事先通知了的，我们的房间里挤满了人。意大利的先生们也再次派来了代表。果然不出所料，讨论归结到了"民族特性问题"和我们对这个问题应当采取的态度。这个题目将在下星期二继续讨论。

出席会议的法国人很多，他们毫不掩饰自己内心深处对意大利人的厌恶。

此外，"青年法兰西"的代表（**不是工人**）终于说出了自己的想法，他们认为一切民族特性和民族本身都是"陈腐的偏见"。这是蒲鲁东派的施蒂纳思想。这种思想主张把所有的人分解成若干小型"团体"或"公社"，然后它们又组成"联合会"，但并不是国家。而且，在实现人类的这种"个体化"以及相应的"相互包容"时,其他一切国家的历史都应当停顿下来,全世界都应当等候法国人成熟起来实行社会革命。那时法国人将要在我们的眼前演示这种试验,而世界其余的部分将会被他们的榜样的力量所征服,也去仿效他们的做法。这一切正是傅立叶希望通过他的模范的法伦斯泰尔来实现的东西。此外他们还认为,所有用旧世界的"迷信思想"来使"社会"问题复杂化的人都是"反动分子"。

我在开始发言时说,我们的废除了民族特性的朋友拉法格等人,竟向我们讲"**法语**",就是说,讲会场上十分之九的人不懂的语言,我的话使英国人大笑不止。接着我又暗示说,拉法格看来是完全不自觉地把否定民族特性理解为由模范的法兰西民族来吞没各种民族特性了。

此外,现在处境是困难的,因为一方面必须反对英国人的愚蠢的意大利主义,另一方面也必须同样反对法国人对它进行的错误论战,特别是必须防止可能把我们的协会引到片面性的道路上去的任何表现。

祝好。

你的　**卡·马·**

马克思暗示,拉法格否定**民族特性**,大概是把这理解为由法兰西吞没各种民族特性。(1866)

马克思,1866 年 7 月 7 日

<table>
<tr>
<td>

第 330 页:英国工人的游行示威＝国际的工作。**默默无闻地**工作,不在公开场合出头露面(我们是这样),而民主党人则是大出风头,可是 **不 做**工作。

</td>
<td>

　　伦敦工人的游行示威,和我们 1849 年以来在英国看到的比起来,规模非常巨大,这完全是由"**国际**"一手组织的。譬如特拉法加广场上的主要人物鲁克拉夫特先生就是我们委员会的委员。[517]这里可以看出区别,我们的做法是默默无闻地**工作**,不在公开场合出头露面,而民主党人的做法则是在公开场合大出风头,可是**什么事情也不做**……

　　现在,波拿巴在采用针发枪或其他威力相等的武器以前,当然不愿意发生战争。有一个**美国佬**在这里提供给陆军部一种步枪,一个普鲁士流亡军官(维尔克)肯定地告诉我,这种枪构造非常简单,不易发热,不大需要擦拭,而且又便宜,这样就使针发枪显得落后了,就像针发枪使"老拜斯"显得落后一样。我们关于**生产资料**决定劳动**组织**的理

</td>
</tr>
<tr>
<td>

第 331 页:"我们关于**生产资料**决定劳动**组织**的理论"(马克思)。它被杀人工业(战争)所证实。[518]

　　　見本笔记第 63 页①

</td>
<td>

论,在哪里能比在杀人工业中得到更为显明的证实呢? 你的确值得费一些力气来写点这方面的东西(我缺乏这方面的知识),我可以把你写的东西署上你的名字放在我的书[519]中作为附录。请你考虑一下。如果这样做的

</td>
</tr>
</table>

---

①　见本卷第 465 页。——编者注

话,那就应当放在第一卷里,在那里我专门探讨这个题目。你知道,如果你能在我的主要著作(到目前为止,我只写了些小东西)中直接以合著者的身份出现,而不只是被引证者,这会使我多么高兴!

我现在顺便研究孔德,因为英国人和法国人都对这个家伙大肆渲染。使他们受迷惑的是他的著作简直像百科全书,包罗万象。但是这和黑格尔比起来却非常可怜(虽然孔德作为专业的数学家和物理学家要比黑格尔强,就是说在细节上比他强,但是整个说来,黑格尔甚至在这方面也比他不知道伟大多少倍)。而且这种实证主义破烂货是出版于1832年!

第 332 页:孔德"和黑格尔比起来非常可怜"!!(虽然像百科全书)。(1866.7.7.马克思:说在研究孔德。)

《马克思恩格斯全集》第1版第31卷第233—236页

恩格斯,1866 年 7 月 9 日

亲爱的摩尔:

历史,也就是说世界历史,变得越来越富于讽刺性。有什么东西能比波拿巴的学生俾斯麦对波拿巴的这种实际的嘲弄更妙呢,尽管俾斯麦是个土容克,但他突然超过自己的老师,同时清楚地向全世界表明,这位欧洲的仲裁人在很大的程度上只是由于受到宽恕才得以生存。其次,这个俾斯麦本人为了能

第332页:历史的讽刺!俾斯麦扮演波拿巴的、甚至是革命者的角色!!(1866)

在国内实行几个月显然是封建的和专制的统治,对外极力奉行资产阶级的政策,为资产阶级的统治作准备,走上了只有靠自由主义的,甚至革命的手段才能走下去的道路,同时迫使自己的土容克每天同自己的原则相对抗。那些授予弗兰茨·博姆巴荣誉牌的人同加里波第结成同盟,而君主制的维护者,蒙上帝保佑,在吞并土地上并不亚于维克多-艾曼努埃尔![520] 没有什么东西比最近四个星期的《十字报》更妙的了;已故的天才弗里德里希-威廉四世费了九牛二虎之力才建立起来的那个历史的封建政党,现在由于奉它自己首领的命令不得不吞下脏东西而噎得喘不过气来。

《马克思恩格斯全集》第 1 版第 31 卷第 236—237 页

恩格斯,1866 年 7 月 25 日

第 336 页:**应当承认既成事实**。(1866. 7.)(恩格斯)((俾斯麦实行了**资产阶级的**小德意志**计划**。))

注意

目前我觉得德国的情况相当简单。自从俾斯麦利用普鲁士军队极其成功地实行了资产阶级的小德意志[521] 计划的时候起,德国就这样坚决地沿着这个方向发展,以致我们和其他人一样只好承认这个既成事实,不管我们是否喜欢它。从这件事情的**民族**方面来看,俾斯麦无论如何要把小德意志帝国建立在资产阶级所希望的境界以内,就是说,要把德国的西南部包括在内；关于美因河线和可能建立一个单独的南德意志联邦的说法，那完全是讲给法国人听的，而在这期间普鲁士人正在向斯图加特挺进。此外，德意志奥地利各省区在不远的将来也将落到这个帝国手里，因为奥地利现在必将成为匈牙利的[522]，而德意志人将成为那里的第三个民族——还在斯拉夫人之下。

在政治上俾斯麦将不得不依靠资产阶级，他需要资产阶级以便与帝国的诸侯们相抗衡。也许目前还不需要，因为现在他还有足够的威望和军队。但是，就是为了从议会那里为中央政权取得必要的条件，他也必须给资产者一些东西，而且事物的自然进程将会不断地迫使他或他的继承人一再请资产者帮忙；因此，即使俾斯麦现在给予资产阶级的东西可能不会超过他**必须**给的，他仍然会被日益推向资产阶级一边。

这件事情有个好处，那就是它使局势简单化了，同时由于它消除了各小邦首都之间的争吵，而且无论如何是加速了发展，所以革命就容易发生了。归根到底，德国议会毕竟是和普鲁士议院完全不同的。所有的小邦都将被卷入运动，地方割据的最恶劣的影响将会消失，各个党派将最终成为真正全国性的，

> 在政治上俾斯麦不得不依靠**资产阶级**。好处是结束小邦林立的局面。

> 注意

而不再只是地方性的。

主要的坏处是普鲁士主义在德国将不可避免地泛滥起来,这是一个很大的坏处。其次是德意志奥地利的暂时分离,这种分离的后果将是波希米亚①、摩拉维亚、克恩滕的斯拉夫化的立即加剧。可惜这**两件事**都是**无法阻止**的。

因此,据我看来,我们所能做的就是不加赞许地承认这一事实,并尽可能利用现在即将出现的较大的可能性,把德国无产阶级在**全国范围内**组织起来和团结起来。

李卜克内西老兄成为狂热的奥地利拥护者,这是用不着施土姆普弗写信告诉我的,事情根本不可能是另外一个样子。此外,毫无疑问,正是他从莱比锡给《新法兰克福报》[523]寄去了激昂的通讯。布林德的这家鼓吹刺杀君主的《新法兰克福报》竟走到这样的地步,它指责普鲁士人以卑鄙的态度对待"**可敬的黑森选帝侯**",同时它还狂热地崇拜可怜的瞎子韦耳夫!

我已经不再给《卫报》写东西了。

你的　**弗·恩·**

《马克思恩格斯文集》第 10 卷第 239—241 页

> **注意** 第 337 页:**我们只能不加赞许地承认事实。李卜克内西陶醉于狂热的亲奥主义……**

> **注意** 恩格斯对结束德国资产阶级民族危机的态度。

---

① 捷克。——编者注

马克思,1866 年 7 月 27 日

　　我完全同意你的看法,就是说,必须接受这样一种肮脏东西。不过在这种"初恋开始的日子里"①离开得远远的,毕竟是一种愉快。普鲁士人的骄横、美男子威廉的愚蠢(他相信,自从取得梦一样的胜利以后,除了他变得强大有力等等以外,什么变化也没有)都将发生作用。奥地利人现在正处在布拉格的斯拉夫狂热者在 1848 年想使他们陷入的那种境地。**524** 但是,奥地利人失去威尼斯和被迫集中力量,目前对俄国人来说无论如何是不利的。如果奥地利本身成为泛斯拉夫帝国,那它更是同俄国佬不相容了。诚然,哈布斯堡王朝的极端衰败使人担心奥地利人会逐渐被俄国人引诱去一起进攻土耳其。

　　使资产阶级集中起来的一切,对工人来说当然都是有利的。但是即使明天就缔结和约,它无论如何也要比维拉弗兰卡和约和苏黎世和约 **525** 更带有临时性。一旦敌对双方实行了"武器改良",就会像沙佩尔所说的那样再"厮杀起来"。无论如何波拿巴也遭到了失败,虽然从左右两方面建立军事王国是符

第 338 页:马克思:**我完全同意你的看法,就是说,必须接受……肮脏东西。**

"使资产阶级集中起来的一切,对工人来说都是有利的。"　注意

---

　　① 借用弗·席勒《钟之歌》中的话。——编者注

合普隆-普隆的"普遍民主"的计划的。

第 338 页：在英国**不和统治者发生流血冲突**，是什么也得不到的。

在这里，政府差一点引起了一场暴动。英国人当然首先需要革命教育，但要是理查·梅恩爵士可以独断独行地发号施令的话，只要两个星期的时间就足够了。事实上事情大有一触即发之势。假如拿栅栏上的木板条来向警察进攻和自卫——眼看就这样做了——并把他们打死 20 来个，那么，军队就一定要"干涉"，而不光是摆摆阵势了。到那时可就有意思了。毫无疑问，这些固执的、脑袋似乎是专门为警棍而长的约翰牛，要是不和统治者发生一场真正的流血冲突，是什么也得不到的。

《马克思恩格斯全集》第 1 版第 31 卷第 245—246 页

马克思，1866 年 8 月 7 日

第 342 页：**特雷莫**（1865）——与达尔文相比是一个重大的进步。"不以伟大的自然规律为依据的人类计划，只会带来灾难。"（马克思）

有一本很好的书，一旦我做好必要的摘记就寄给你（但是以寄还我作为条件，因为这本书不是我自己的），这就是 **1865 年巴黎出版的皮·特雷莫的著作《人类和其他生物的起源和变异》**。尽管我发现了一些缺点，但这本书比起达尔文来还是一个**非常重大**的进步。它的两个基本论点是：异种交配并不像人们通常所认为的那样产生差别，而是相反产生种的典型的统一。反之，地质的构成（不

是独自,而是作为主要的基础)**造成差别**。在
达尔文那里,进步是纯粹偶然的,而在这里却
是必然的,是以地球发展的各个时期为基础
的。达尔文不能解释的退化,在这里解释得
很简单;同样,纯过渡类型迅速消失而种的类
型发展缓慢的问题,也解释得很简单,因此,
那些困扰达尔文的古生物学上的空白,在这
里是必然的。同样,一经形成的种的稳定性
(个体偏离和其他的偏离除外)是发展的必然
规律。使达尔文感到很困难的杂交,在这里
反而是分类的依据,因为它证明,实际上只有
在异种交配停止产生后代,或者异种交配成
为不可能等等之后,种才会确定下来。

　　运用到历史和政治方面,比达尔文更有
意义和更有内容。对于某些问题,例如民族
特性等等,在这里只提供了自然的基础。例
如他纠正波兰人杜欣斯基,大体上证实杜欣
斯基关于俄罗斯和西斯拉夫土地在地质上的
差异的学说,同时指出他关于俄罗斯人不是
斯拉夫人而很可能是鞑靼人等等的意见[1]是
错误的;认为由于在俄国占优势的**土壤**类型,
斯拉夫人在这里鞑靼化和蒙古化了;他证明
(他在非洲住了很久),一般的黑人类型只不过

---

　　① 参看《马克思恩格斯全集》第1版第31卷第129—130页。——编者注

是一种更高的型退化的结果。

"不合乎伟大的自然规律的人类计划,只会带来灾难;沙皇力图把波兰人民变成俄国人就证明了这一点。在同一块土地上会出现同一的天性、同一的特性。破坏工作不可能永久持续下去,恢复工作才是永恒的……斯拉夫种族和立陶宛种族同俄国人之间的真正界线是一条重大的地质界线,它从涅曼河流域和第聂伯河流域以北穿过……在这条重大的界线以南,这个地区所特有的素质和典型现在不同于而且将来会永远不同于俄罗斯所特有的那些素质和典型。"

祝好。

你的　卡·马·

《马克思恩格斯全集》第1版第31卷第250—251页

恩格斯,1866年8月10日

特雷莫的书售价大约多少?如果它不是由于插图或其他原因而很贵的话,我可以买一本,这样你就用不着寄来了。

为了缓和狂暴的肉铺老板的怒气和恢复纸张的储备,附上 J/F65865 和 65866 两张 5 英镑的银行券,总共 **10 英镑**,注明的日期为:曼彻斯特,1865 年 1 月 30 日。我很想<u>每年保证给你 200 英镑以上</u>,但是可惜办不到。如果一切顺利,我当然还能多筹措 50 英镑,可是现在棉花又跌价,而波拿巴关于 1814 年的边界的照会[526]使庸人们大为恐慌,这影响

注意

到平衡。

《马克思恩格斯全集》第 1 版第 31 卷第 252 页

马克思,1866 年 8 月 13 日

即使我今天**不写**信给你,你也应当原谅。我有些最紧急的麻烦事要处理。今天我用法文写了一封长信给拉法格,告诉他,在把这件事继续下去并得到彻底解决之前,我必须得到他的家庭关于他的经济状况的明确报告。①昨天他把巴黎一个著名的法国医生的信转给了我,这封信是替他说话的。**527**

书的名称是:**皮·特雷莫《人类和其他生物的起源和变异》1865 年巴黎**(阿谢特出版社)**版第 1 册**。第 2 册还没有出版。书中没有任何插图。地质图在该作者的其他著作中。

《马克思恩格斯全集》第 1 版第 31 卷第 254 页

恩格斯,1866 年 10 月 2 日

关于穆瓦兰和特雷莫,我将在这几天较详细地写一写,后者的书我还没有读完,但是可以断定:他不懂地质学,也不会作最起码的历史文献批判,因此他这一套学说是空洞的。关于黑人圣玛丽亚以及关于白人变为黑

第 347 页:**恩格斯不同意**(第 347 页)……(马克思和恩格斯关于特雷莫的争论)第 350—351 页恩格斯(第 348—349 页

---

① 参看《马克思恩格斯全集》第 1 版第 31 卷第 520—522 页。——编者注

马克思）。①

人的事，简直要笑死人。**528**尤其可笑的是，说塞内加尔黑人的传说值得无条件相信，**恰恰是因为他们不会写作**！更妙的是，把一个巴斯克人、一个法兰西人、一个布列塔尼人和一个阿尔萨斯人之间的差别归结到土壤类型的不同上，而土壤类型不同的罪责自然也在于这些人说的是四种不同的语言。

他将如何解释我们这些居住在我们的泥盆纪的过渡层（这些岩山早在石炭纪以前就已经上升到海面以上）上面的莱茵省居民为什么很久以来没有变为白痴和黑人，也许他在第2卷中会证明，或者会宣布我们实际上就是黑人。

这本书没有任何价值，是与一切事实相矛盾的纯粹的虚构，作者所举出的每个证据，都需要再用新的证据来加以证实。

向女士们致以良好的祝愿。

你的　弗·恩·

《马克思恩格斯全集》第1版第31卷第258—259页

马克思，1866年10月3日

关于特雷莫，你的评语是：“**他**不懂地质学，也不会作最起码的历史文献批判，因此他这一套**学说**是空洞的。”你的这种评语，在居

---

① 马克思1866年10月3日和恩格斯10月5日的信。见本卷第432—436页。——编者注

维叶的反对**物种变异**说的《论地球表面的灾变》一书中可以**几乎一字不差地**找到。他在那里就嘲笑德国的自然幻想家,说这些人把达尔文的基本思想**表述得**十分清楚,不过不能**证明**它。但是这并不妨碍居维叶是错误的,而表述新思想的人是正确的,尽管居维叶是大地质学家、自然主义者中少有的历史文献批评家。在我看来,特雷莫关于**土壤影响**的基本思想(尽管他无疑没有考虑到这种影响的历史性变化,而我认为由于耕作等所引起的土壤表层的化学变化,以及像煤层等这些东西在不同生产方式下所产生的不同影响,也都属于这种历史性变化),就是这种只需要**表述出来**以便在科学中永远获得公认的思想,而这完全不依赖于特雷莫叙述得如何。

祝好。　　　你的　**卡·马·**

《马克思恩格斯全集》第 1 版第 31 卷第 260 页

恩格斯,1866 年 10 月 5 日

关于特雷莫。上次给你写信的时候,我才看了全书的三分之一,而且是最糟的三分之一(开头)。第二个三分之一是对各学派的批评,好得多;最后的三分之一是结论,又很糟。作者的功绩是:他比前人在更大程度上强调了"土壤"对于人种以及种的形成的影响;

其次是对杂交的影响,他阐发了比他的前辈更正确的意见(虽然在我看来仍很片面)。达尔文对杂交的**变异**影响的看法也有正确的**一**面,其实特雷莫也默认这一点,他在对自己方便的地方也把杂交看做变异的手段,尽管是作为最终起平衡作用的手段。同样,达尔文等人并没有否认土壤的影响,如果说他们没有特别强调这种影响,那只是因为他们不知道土壤是**怎样**发生影响的——除了知道肥沃的土壤发生良好的影响,贫瘠的土壤发生不好的影响。其实特雷莫所知道的也不见得比这多多少。关于晚形成的土壤一般说来对于高等种的发展更为有利的假说,含有某种颇为可信的成分,它可能是正确的,也可能是不正确的;但是当我看到特雷莫想用多么可笑的证据(这些证据十分之九是根据不可信的或被歪曲的事实,而剩下的十分之一是什么也没有证明)来证明它的时候,我就不由得把对假说创造者的怀疑转向假说本身。当他进一步宣布由杂交校正过的较新的或较老的土壤的影响是造成有机的种以及人种变异的**唯一**原因的时候,无论如何,我就没有理由跟着这位作者跑这么远了,相反,我还有了许多反驳这种说法的理由。

你说居维叶也指责过德国的自然哲学家

不懂地质学,可是当这些哲学家肯定种的变异性时他们是正确的。不过那时这个问题与地质学没有任何关系;至于作者**完全依靠地质学**来创造种的变异性的理论,同时又犯了这样一些地质学上的错误,**歪曲**一系列国家(例如意大利,甚至法国)的地质,而他的其他证据又是从一些我们几乎完全不知道其地质情况的那些国家(非洲,中亚细亚等)弄来的,那就完全是另外一回事了。特别是关于人种学方面的例子,凡是和人所共知的国家与民族有关的,无论就地质条件,或者由地质条件而得出的结论来说,几乎毫无例外全是错误的;作者把大量和他的理论相反的例子完全放过去了,例如,西伯利亚内部的冲积平原,亚马孙河的广大冲积盆地,拉普拉塔河以南几乎直到美洲的最南端(科迪勒拉山脉以东)的整个冲积地区。

土壤的地质结构与一般能生长东西的"土壤"有密切关系,这是尽人皆知的事情,就像这种能生长植物的土壤对生活在土壤上的动植物的种产生影响一样。而到现在为止这种影响几乎还没有被探讨过,这也是事实。但是从这里到特雷莫的理论是一个巨大的跳跃。他强调了这个至今还没有被注意的方面,这的确是他的功绩,并且如我已经指出的,关于土壤因其地质年代大小的不同而对**加速**发展产生不同的影响的假说,**在一定范围内**或许是正确的(也可能不正确),但是他得出的所有进一步的结论,我认为要么是完全错误的,要么是非常片面的夸大。

《马克思恩格斯全集》第1版第31卷第261—263页

马克思,1866年11月10日

第353页:马克思——1863年第一个痈——从那以后几乎一直有病。(1866)

　　手稿的第一部分[529]终于将在下星期寄给迈斯纳。今年夏天和秋天的拖延的确不是由于理论,而是由于身体情况和日常生活问题引起的。从第一个痈动手术到现在已经整整三年了。从那时以来,这东西只在一些短暂的间歇期停止发作,龚佩尔特一定会告诉你,如果你得了这种鬼毛病,在**一切**工作中搞纯理论工作是最不相宜的了。

　　至于现在这个痈,两星期左右就会治愈。我现在很了解治疗方法,我又开始服砷剂了。

　　匆匆。

　　　　你的　卡·马克思

《马克思恩格斯全集》第1版第31卷第265—266页

恩格斯,1866年11月11日

　　得知手稿将发出的消息,我真像心上的

一块石头落了地一样。现在终于到了如刑法典[530]所说的"开始实行"的时候。因此我要特别为你的健康干一杯。你的灾难在很大程度上是由这本书造成的,你一旦摆脱了它,就又变得焕然一新。

恩格斯——你的灾难是由这本书造成的。

《马克思恩格斯全集》第1版第31卷第266页

恩格斯,1866年12月14日

普鲁士的猪猡们①的确干得很出色。我原来认为他们怎么也不会这样蠢,但实际上他们蠢得难以想象。这样更好。事情既然已经动起来了,革命就会更快开始,而这一次,如你所说的,到了非杀头不可的地步了。

注意

－－－(恩格斯):将发生革命(在德国),而且会杀头(1866.12.)!!!!注意－－

《马克思恩格斯全集》第1版第31卷第269—270页

恩格斯,1867年3月13日

亲爱的摩尔:

我没有给你写信,一则是因为被各种各样的事情缠住了,一则是我有意不写,想等到"书"完成以后再写,现在我希望它已经完成了。那么,你什么时候到迈斯纳先生那里去呢?我要给你一张凭据,以便收取我最近那本小册子[531]的稿费。

第363页:(1867.3.13.恩格斯):选举(1867)证明**普选权把乡村的权力交给贵族**(正如我1865

普选

---

① 在1913年版的《通信集》中,这一段开头用的是"Die Preußen"(普鲁士人)。——编者注

年所说的那样）。
权。 拉萨尔派只当选了
两名……

注意

第 364 页：德
国实行普选权
的温和的结果
增加了在英国
实行选举改革
的机会。

谈到这本小册子，拉萨尔派的先生们现在总可以相信，我关于普选权的作用、关于它将给乡村贵族的权力所说的话①是正确的。拉萨尔派的先生们甚至连**两名议员都无法**选上：当选的两名萨克森工人候选人很可疑，更像武特克那一类人。不过整个说来，选举毕竟表明，法国在这方面所能做到的事，还远不是德国所能做到的，这总算不错了。我还相信，德国的每次新选举，越是受到官僚的干涉，便越会产生敌视政府的结果，像法国那样连续 15 年选举受政府控制，在我们这里是不可能的……

德国实行普选权的温和的结果，无论如何有助于使这里的房客的选举权突然受到官方的欢迎。如果房客的选举权竟能因此而被通过，那倒不坏，因为这里的许多东西将会迅速改变，而运动也会再度兴起。

《马克思恩格斯全集》第 1 版第 31 卷第 280—282 页

马克思，1867 年 4 月 24 日于汉诺威

哈哈!!!!

第 371 页：
"我们对于
官员的影响

哈哈!!!!

我们两个人在德国，尤其是在"有教养的"官员心目中的地位，跟我们所想象的完全不同。例如，本市统计局局长梅尔克尔拜

---

① 参看《马克思恩格斯全集》第 1 版第 16 卷第 81—84 页。——编者注

访我,跟我说他研究货币问题多年,但徒劳无功,而我却一下子就把问题彻底搞清楚了。他告诉我:"不久以前,我在柏林的同事恩格尔曼当着王室的面赞扬了您的德奥古利[532]——恩格斯。"这些都是琐事,但是对于我们却是重要的。我们对于这些官员的影响比对庸人①的影响要大些。比对工人的影响要大些。"(1867. 4.24.马克思于汉诺威)

《马克思恩格斯全集》第 1 版第 31 卷第 294 页

恩格斯,1867 年 4 月 27 日

我最渴望不过的事情,就是摆脱这个鬼商业,它耗费时间,使我的精神完全沮丧了。只要我还在经商,我就什么也不能干;尤其是我当上老板之后,负的责任更大,情况也就更糟了。如果不是为了增加收入,我真想再当办事员。无论如何,再过几年我的商人生活就要结束,那时收入就会减少很多很多。我脑子里老是在转,那时候我们怎么办呢。不过,如果事情照目前这样发展下去,即使到那时不发生革命,一切财政计划也没有终止,那么事情也总是会安排妥当的。

《马克思恩格斯文集》第 10 卷第 250 页

----

①　在 1913 年版的《通信集》中,"庸人"("Knoten")一词被改为"工人"("Arbeiter")。——编者注

马克思，1867 年 5 月 7 日

亲爱的弗雷德：

　　首先非常感谢你在最紧急的危难关头伸出援手，其次也感谢你那封详尽的信。

　　先谈几件事情。该死的维干德直到 4 月 29 日才开始印刷[533]，因此我到前天，即我的生日那天，才拿到第一个印张来校对。真是历尽艰险！印刷错误不算太多。要在这里等到全书印完，是不可能的。第一，我担心，书印出来会比我原先估计的厚得多，第二，他们没有把原稿退给我，因此，许多引文，特别是有数字和希腊文的地方，我只好查对留在家里的那份手稿。此外，对库格曼医生我也不能叨扰过久。最后，迈斯纳要求第二卷最迟在秋末完成。因此，必须尽快开始工作，尤其是关于信用和土地所有制的那几章，自从初稿写成后，又有了很多新材料。今年冬天应该完成第三卷，以便明年春天能够摆脱这整部作品[534]。当已经完成的手稿的校样源源送来而书商又在后面催促的时候，写起书来自然完全不同了。

　　在这里，时间总算没有白过。我向各方面发出了信件，许多德国报纸也都刊登了预告。

我希望,并且坚信,再过一年我会成为一个不愁吃穿的人,能够根本改善我的经济状况,并且终于又能站稳脚跟。没有你,我永远不能完成这部著作。坦白地向你说,我的良心经常像被梦魇压着一样感到沉重,因为你主要是为了我才把你的卓越才能浪费在经商上面,使之荒废,而且还要分担我的一切琐碎的苦恼。另一方面,也不瞒你说,我还要受一年的折磨。

《马克思恩格斯文集》第 10 卷第 255—256 页

第 376 页:马克思对恩格斯说:没有你,我是不能完成《资本论》的。

马克思,1867 年 6 月 3 日

我读了《泰晤士报》的巴黎通讯,得知巴黎人发出了反对亚历山大、支持波兰的呼声等等[535],这真使我感到高兴。蒲鲁东先生和他的空谈家小集团不是法国人民。

《马克思恩格斯全集》第 1 版第 31 卷第 307 页

第 380 页:为(巴黎发出)支持波兰人,反对亚历山大二世的呼声而高兴。巴黎人民不是蒲鲁东之流的空谈家。(马克思)

注意

恩格斯,1867 年 6 月 16 日

亲爱的摩尔:

一星期来,由于和哥特弗里德先生的种种争执,以及其他类似的事情和打扰,我简直得不到安宁,很少能静下心来研究价值形

第 380—381 页:

恩格斯谈《资本论》第1章：更多一些历史性和具体性……

式。否则我早就把那些印张寄还给你了。第二个印张特别带有一些受痈困扰的痕迹，但是现在已经无法修改了，同时我认为，你不必在附录中再作任何补充，因为庸人并不习惯于这种抽象思维，而且肯定不会为价值形式去伤脑筋。至多可以把这里用辩证法获得的东西，从历史上稍微详细地加以证实，就是说，用历史来对这些东西进行检验，虽然这方面最必要的东西都已经说过了。你在这方面掌握了许多材料，所以你一定能就这个问题写出一个很好的补充说明，用历史方法向庸人证明货币形成的必然性并表明货币形成的过程。

你犯了一个很大的错误，没有多分一些小节和多加一些小标题，使这种抽象阐述的思路明显地表现出来。这一部分你应当用黑格尔《全书》那样的方式来处理，分成简短的章节，用专门的标题来突出每一个辩证的过渡，并且尽可能把所有的补充说明和纯粹的例证用特殊的字体印出来。这样，看起来可能有点像教科书，但是对广大读者来说要容易理解得多。读者，甚至有学识的读者，现在都已经不再习惯这种思维方法，因而必须尽量减少他们阅读的困难。

同以前的论述（由敦克尔出版）[536]相比，

在辩证阐述的明确性上，有非常明显的进步，但是就论述本身来说，我更喜欢第一种形式的某些地方。恰恰是重要的第二个印张受了痛的影响，这是十分可惜的。但是这已经无法修改了，谁能辩证地思维，谁就能理解它。其余各个印张都很好，我感到非常高兴……

霍夫曼的书[537]已经读过。这种比较新的化学理论，虽然有种种缺点，但是与以前的原子理论相比，它是一大进步。作为物质的**能够独立存在**的最小部分的分子，是一个完全合理的范畴，如黑格尔所说的，是在分割的无穷系列中的一个"关节点"[538]，它并不结束这个系列，而是规定质的差别。从前被描写成可分性的极限的原子，现在只不过是一种**关系**，虽然霍夫曼先生自己经常回到旧观念中去，说什么存在着真正不可分的原子。另外，这本书中所证实的化学的进步的确是巨大的，肖莱马说，这种革命还每天都在进行，所以人们每天都可以期待新的变革。

向你的夫人、女孩子们和电学家[539]致以良好的祝愿。

　　　　　你的　弗·恩·

《马克思恩格斯文集》第 10 卷第 260—262 页

第 381—382 页：比较新的化学理论。分子**比原子更合理**。关于原**子不可分的旧观点**。(1867)

注意

（见本笔记第 64 页。①）

马克思,1867 年 6 月 22 日

第 382—383 页：
马克思谈第 1 章。

我希望你对这四个印张感到满意。你到现在为止都还表示满意,这对我来说比所有其他人可能作出的任何评价都更为重要。无论如何,我希望资产阶级毕生都会记得我的痈。他们究竟怎样卑鄙,现在又有了新的证据! 你知道,童工调查委员会已经工作五年了。在委员会的第一个报告于 1863 年发表以后,那些被揭露的部门立刻受到了"惩戒"。这次议会会议一开始,托利党内阁就通过沃尔波尔这株垂柳提出了一个法案,根据这个法案,委员会的所有建议虽然大大打了折扣,但都被通过了。应受惩戒的那些家伙,其中有金属加工厂的大厂主,以及"家庭手工业"的吸血鬼,当时弄得很难堪,不敢说话。现在他们却向议会呈递请愿书,要求**重新调查**! 说过去的调查是不公正的! 他们指望改

第 383 页：工人法
＝"解除工人痛苦"
("Abschaffung der
Tortur")(马克思)。
(1867.6.22.马 克
思)

革法案[540]能吸引住公众的全部注意力,让这件事趁刮起反对工联的狂风[541]的时候悄悄地私下了结。《**报告**》中最丑恶的东西是**这些家伙的自供**。他们知道,重新调查只会有一个意思,那就是"我们资产者所希望"的——使剥削期限再延长五年! 幸而我在"国际"中的地位使我能粉碎这些畜生的如意算

盘。这是一件非常重要的事情。这是一个**解除** 150 万人(成年男工还不计算在内)的**痛苦**的问题![542]

至于对**价值形式**的阐述,我是既接受了你的建议,又**没有**接受你的建议,因为我想在这方面也采取辩证的态度。这就是说:第一,我写了一篇**附录**,[543]把这个问题尽可能简单地和尽可能教科书式地加以叙述,第二,根据你的建议,把每一个阐述上的段落都变成**章节**等等,**分别加上小标题**。我在**序言**中告诉那些"**不懂辩证法的**"读者,要他们跳过 $x-y$ 页而去读附录。这里指的不仅是庸人,也包括有求知欲的青年人等等。此外,这部分对全书来说是太有决定意义了。经济学家先生们一向都忽视了这样一件极其简单的事实:**20 码麻布=1 件上衣**这一形式,只是 **20 码麻布=2 英镑**这一形式的未经发展的基础,所以,最简单的商品形式——在这种形式中,商品的价值还没有表现为对其他一切商品的关系,而只是表现为和它自己的天然形式**不相同的东西**——就包含着**货币形式的全部秘密**,因此也就包含着萌芽状态中的**劳动产品的一切资产阶级形式的全部秘密**。在第一次的叙述(由敦克尔出版)中,只是当价值表现已经以发展的形式即作为货币表现出现时,我才对**价值表现**作应有的分析,从而避免了阐述中的困难。

你对霍夫曼的看法是完全正确的。此外,你从我描述手工业师傅——由于单纯的**量变**——变成资本家的第三章结尾部分可以看出,我在那里,**在正文中**引证了黑格尔所发现的**单纯量变转为质变的规律**,并把它看做在历史上和自然科学上都是同样有效的规律。[544] 在正文的一条**注释**中(当时我正好听过霍夫曼的演讲)我提到了**分子说**,但是没有提到霍夫曼,因为他在这方面并**没有什么发现**,只是给这个学说增添了**一点色彩**,而提到罗朗、热拉尔和**维尔茨**,后者是这一学说的**真正创始人**。[545] 你的来信使我模模糊糊地想起了这回事,因此我重阅了我的手稿。

《马克思恩格斯文集》第 10 卷第 263—264 页

马克思,1867 年 8 月 16 日

亲爱的弗雷德:

第393页:1867.8.16.

这本书的**最后一个印张**(第 49 印张)刚刚校完。**用小号字排印的**关于**价值形式**的附录占了 $1\frac{1}{4}$ 个印张。

《资本论》完成了。

序言也已校完并于昨日寄回。这样,**这一卷就完成了**。这项工作能够完成,我唯有

感谢你！没有你为我作的牺牲，我是绝不可
能完成这三卷书的巨大工作的。我满怀感激
的心情拥抱你！

附上清样两个印张。

15 英镑收到了，非常感谢。

我的亲爱的、忠实的朋友，祝你好！

你的　卡·马克思

等到书出版以后，我需要索回清样。

《马克思恩格斯全集》第 1 版第 31 卷第 328—339 页

马克思，1867 年 9 月 11 日

在这期间我们的协会有了很大的进步。
本来想完全不理睬我们的那个卑鄙的《**星
报**》[546]，昨天在社论中说我们比和平代表大会
[547]更重要。舒尔采-德里奇无法阻止他在柏
林的**工人联合会**加入我们的组织。[548]英国工
联主义者中曾经认为我们走得太"远"的那些
猪猡，现在也向我们跑来了。除了《**法兰西信
使报**》，还有日拉丹办的《**自由**》，以及《**世纪
报**》、《**时尚报**》、《**法兰西报**》[549]等，都报道了我
们的代表大会的情况。事情在向前发展着。
在下一次革命——它也许会比表面看起来到
来得更快些——到来时**我们**（也就是你和我）
就将把这个强大的机器掌握**在我们手里**。请

把这一结果同马志尼等人 30 年来活动的结果比较一下吧！而且我们没有经费！此外,在巴黎有蒲鲁东主义者的阴谋,在意大利有马志尼的阴谋,在伦敦有怀着嫉妒心的奥哲尔、克里默和波特尔的阴谋,在德国有舒尔采-德里奇和拉萨尔分子！我们可以十分满意了！

《马克思恩格斯全集》第 1 版第 31 卷第 347—348 页

马克思,1867 年 9 月 12 日

亲爱的弗雷德:

迈斯纳的拖延真糟糕。在洛桑代表大会[550]上他本来是可以推销许多本书的。而且这部书还可以在那里作为一个事件来讨论。我不能理解这种愚蠢行为。到这个星期六,我把最后的校样寄到莱比锡就要满**四个星期**了！①

你从**资产阶级的观点**对这部书进行抨击的计划是**最好的作战方法**。但是我认为,书一出版,这件事就通过济贝耳或里特尔斯豪斯而不通过迈斯纳来做比较合适。即使最好的出版商,也不应该让他们太多地知悉内情。另一方面,你应该给**库格曼**写信(他已经回来了),对于他应该强调的正面意见给他一

59//
第 408 页:恩格斯打算(马克思赞成)从**资产阶级的**观点对《资本论》进行抨击。

---

① 参看《马克思恩格斯全集》第 1 版第 31 卷第 328—329 页。——编者注

些指点。否则他会做出**蠢事**来,因为在这里
单凭热情是不够的。我本人在这种情况下自
然不能像你一样不受拘束地活动。

《马克思恩格斯全集》第1版第31卷第351—352页

恩格斯,1867年10月22日

　　李卜克内西使我十分愉快。这真是幸
运,他还保留了不少南德意志联邦的观点,所
以他才能抱着非常明确的目的,并且以无比
的义愤来反对俾斯麦的制度。带有较强批判
性的辩证的观点,只会在他头脑中引起混乱,
使他困惑不解。他显然模仿了鲁普斯在法兰
克福议会中的行为,并且也光荣地赢得了要
他遵守秩序的叫喊,因为他把国会称做赤裸
裸的专制主义的遮羞布。想必你已经看到,
他在关于联合的法律中加进了保护童工的一
段文字。**551**

《马克思恩格斯全集》第1版第31卷第376页

第 418 页:(恩格
斯)李卜克内西按
**南德意志联邦的观
点**抨击俾斯麦。这
很好。"**带有较强批
判性的辩证的观点**
会把他弄糊涂的。"

马克思,1867年11月2日

　　在曼彻斯特对芬尼社社员的审判不出
人们所料。想必你已经知道,在改革同盟中
的"我们的人"做出了怎样的丑事。**552**我已竭
力设法激起英国工人举行示威来援助芬尼
运动。**553**

祝好。

你的 卡·马·

<u>过去我认为爱尔兰从英国分离出去是不可能的</u>。现在我认为这是<u>不可避免的</u>,虽然分离以后可能还会成立<u>联邦</u>。几天以前出版的今年的《农业统计》[554]证明了英国人做事多么超前。也包括驱逐农民的方式。爱尔兰总督阿比康(**大概**是这个名字)勋爵最近几个星期用强迫迁出的手段在他的领地上"清除"了好几千人。其中也有一些富裕的佃户,他们改良土壤的费用以及其他的投资就这样被没收了!任何其他欧洲国家的异族统治,都没有对当地居民采取这种直接的剥夺形式。俄国人只是由于政治上的原因才实行没收;普鲁士人在西普鲁士则实行赎买。

《马克思恩格斯全集》第1版第31卷第380—381页

马克思,1867年11月7日

在伦敦这里,在某种程度上采取不偏不倚的态度,对德国人的事情,如对德国语言文学、自然科学、黑格尔等等颇为关心的唯一的周刊,是一家天主教的周刊《纪事》[556]。他们有一种明显的倾向,这就是要表明他们比信奉新教的对手更有教养。上周末我给他们送去了一本书[557]和一封短信,内容是说我的书

[旁注栏]

注意

爱尔兰的分离。

第421页:马克思:过去我认为爱尔兰**分离出去**是不可能的。现在我**认为这是不可避免的**,虽然以后可能还会成立**联邦**。

爱尔兰。分离。[555]

第422页:甚至俄国人也不这样无耻地进行压榨。

第424页:马克思送《**资本论**》给**天主教的**杂志:"把**辩证方法**应用于政治经济学的第一次尝试"。

所维护的观点不同于他们的观点，但是他们周刊的"科学的"性质可以使人设想，"他们对于把**辩证方法**应用于政治经济学的第一次尝试，不会不予以注意"。我们等着瞧吧！现在在比较文雅的人士中（当然我说的是他们中的知识分子），对于学习辩证方法有很大的需求。这可能是吸引英国人的一条捷径。

《马克思恩格斯全集》第 1 版第 31 卷第 385 页

马克思，1867 年 11 月 14 日

亲爱的弗雷德：

<u>附上一封俄国来信</u>[558]和一封索林根来信。我觉得这位在俄国的德国人就是迈耶尔告诉我们的那个人。　　　　注意

《马克思恩格斯全集》第 1 版第 31 卷第 391 页

恩格斯，1867 年 11 月 24 日

昨天早晨，托利党人真的假借科尔克拉夫特先生之手，实施了英国同爱尔兰最终分离的行动。[559]芬尼社社员**唯一**还缺少的就是殉难者。德比和格·哈第给他们提供了这种殉难者。正是由于三名芬尼社社员被处决，对凯利和迪西的营救才成为将会在爱尔兰、英国和美国的每一个爱尔兰儿童的摇篮旁边被歌唱的英雄行为。爱尔兰妇女将会像波兰妇女

第 428 页（恩格斯）：爱尔兰以前没有殉难者。现在有了。爱尔兰妇女将会像波兰妇女那样教育儿童。

注意爱尔兰

一样把这件事干得很出色。

《马克思恩格斯全集》第1版第31卷第392—393页

恩格斯,1867年11月28日

第432页:李卜克
内西把自己和联邦
主义者、天主教徒
等等混同起来的
错误(并为俾斯麦
效劳)。

李卜克内西的小册子[560]不刊印更好一些。他刊登在《科隆日报》上的发言比收在小册子中的要好些,而附在最后的那个东西的确清楚地表明,他已经固执到了什么程度。虽然有些我已经在信里告诉他了,但是现在当他又要创办小报[561]的时候,还必须对他把全部真相说出来;如果我们允许自己被归入奥地利人、南德意志的联邦主义者、教皇至上派以及被废黜的君主之列的话,那么俾斯麦就最称心如意了。我天天都在等他的信,到时候我也要把这一点写信告诉他。

《马克思恩格斯全集》第1版第31卷第398—399页

马克思,1867年11月30日

第434页:国际为芬
尼社社员辩护的意
见书。(1867) 注意

如果你已经看过报纸,那想必你已经知道:(1)国际总委员会为了芬尼社社员的事已向哈第送去了意见书[562],(2)关于芬尼运动的辩论(上星期二①)是公开进行的,而且《泰晤士报》也报道了这方面的消息[563]。都柏林

---

① 11月19日。——编者注

的报纸《爱尔兰人报》和《民族报》[564]也都有记者在场。我到得很晚(大约两星期以来,我一直发烧,最近两天才退烧),而且实际上我也没有打算发言,这首先是由于我的身体不好,其次是由于情况复杂。但是,主席韦斯顿硬要我发言,因此我建议延期,从而我被责成在本星期二①发言。实际上我没有为本星期二的发言准备发言稿,而只准备了一个发言提纲[565]。但是爱尔兰的记者没有到……

因此,会议开始后我宣布,因为时间晚了,我把发言权让给福克斯。实际上,由于此时发生了曼彻斯特的处决,我们的题目"芬尼运动"与当前的激昂和愤怒情绪联系在一起,这就会迫使**我**(而不是讲话空洞的**福克斯**)不按原计划对事态和运动作客观的分析,而爆发一阵革命怒吼。所以,爱尔兰记者的缺席和因此造成的推迟开会帮了我很大的忙。我不愿意同罗伯茨、斯蒂芬斯等人混在一起。

我真想发出"**革命怒吼**"。

爱尔兰注意

福克斯的发言是好的,因为,第一,这是一个**英国人**讲的,其次,所涉及的仅仅是问题的政治和国际方面。但是正因为这样,它是很肤浅的。他提出的决议案是乏味的和没有

---

① 11月26日。——编者注

60//

注意

> 1846年以来,英国在爱尔兰的统治进入经济上和政治上的新阶段。**因此,芬尼运动的特点是:它具有一种社会主义的倾向(从否定的意义上说,是反对强占土地的),而且是下层阶级的运动。**

内容的。[566]我反对这个决议案,把它交给了常务委员会。

英国人还不知道,自从1846年以来,英国在爱尔兰的统治的经济内容,因而还有政治目的都已进入一个崭新的阶段,正因为如此,芬尼运动的特点是:它具有一种社会主义的倾向(从否定的意义上说,即作为反对强占土地的运动),而且是下层阶级的运动。把伊丽莎白或克伦威尔想用英国(罗马式的)殖民者来排挤爱尔兰人的那种野蛮行为,同当前想用羊、猪、牛来排挤爱尔兰人的这种制度混为一谈,还有什么比这更可笑的呢!1801—1846年的制度(那时逐出土地只是例外,大都发生在土地特别适宜于畜牧业的伦斯特)及其高额地租和中间人,已经在1846年一起垮台了。谷物法的废除(部分地是由于爱尔兰的饥荒,至少是这次饥荒起了促进作用)剥夺了爱尔兰在平常年景供给英国谷物的**垄断权**。羊毛和肉变成了口号,这就是要把耕地变为牧场。因此,从那时起就系统地合并农场。负债地产法令使一批过去发了财的中间人变成了地主,加速了这一过程[567]。**清扫爱尔兰的领地!**——这就是英国目前在爱尔兰的统治的唯一含义。在伦敦的**愚蠢的**英国政府对于1846年以来所发生的这一巨大变化自然是一无所知。但是爱尔兰人却知道这一情况。从**米格尔的声明**(1848年)直到**亨尼西的选举宣言**(托利党和乌尔卡尔特派)(1866年),爱尔兰人都以极其明确和极其有力的方式表明了他们对这件事的认识。

现在的问题是,**我们应当给英国工人提什么样的建议呢?** 我以为**他们应当在自己的纲领中写上取消合并这一条**(简单地说,就是**1783年的要求**,不过要把它民主化,使之适合于当前的形势)。**568** 这是**一个英国政党在其纲领中所能采纳的使爱尔兰获得解放的唯一合法的**,因而也是唯一可能的形式。以后的经验一定会表明:两个国家之间的单纯的君合制是否能继续存在。即使到时候出现这种情况,我也不太相信能持续下去。

爱尔兰人需要的是:

1. 自治和脱离英国而独立。

2. 土地革命。英国人即使有再好的愿望,也不能替爱尔兰人实行这种革命,但是能够给他们合法的手段,让他们自己去实行。

3. **实行保护关税制度以抵制英国。** 从1783年到1801年,爱尔兰的所有工业部门都繁荣起来了。英爱合并废除了爱尔兰议会已经建立的保护关税制度,摧毁了爱尔兰的

注意

注意

对**英国工人**提什么样的建议呢?应当**在他们的纲领中写上取消合并这一条**。这是一个**英国**政党在其纲领中所能采纳的使**爱尔兰**获**得解放**的唯一合**法**的形式。**经验将表明**:是否会出现君合制。爱尔兰人需要的是:

1. 自治和**脱离英国而独立**。

2. 土地革命。

3. 实行保护关锐制度以抵制英国。**569**

马克思赞成爱尔兰独立。

1867.11.30.马克思	全部工业生命。这无论如何也不是一点麻纺织业所能补偿的。1801 年的合并对爱尔兰工业的影响同英国议会在女王安、乔治二世等人统治时期对爱尔兰毛纺织业所采取的压制措施的影响是完全一样的。爱尔兰人一旦获得独立,他们的处境就会迫使他们变成保护关税派,就像在加拿大和澳大利亚等国所发生的情况一样。

　　我在中央委员会发表我的意见(下星期二,好在这次**不会有**记者出席)之前,非常希望你能把你的意见简单地告诉我。

　　祝好。

你的　**卡·马·**

《马克思恩格斯全集》第 1 版第 31 卷第 403—406 页

恩格斯,1867 年 12 月 6 日

第 437 页:我(恩格斯)写信给李卜克内西,说他不仅应当攻击普鲁士人,**而且也应当攻击他们的敌人**,即奥地利人和所有的小邦	我已经详细地给李卜克内西写了一封信,要求他不仅应当攻击普鲁士人,而且也应当攻击他们的敌人,即奥地利人、联邦主义者、韦耳夫派[570]和小邦制的其他拥护者。这个人如我所猜想的那样,具有南德意志人的狭隘性。[①]他和倍倍尔签署了一封致维也纳市参议会的贺信,说北方是受奴役的,赞扬奥

---

① 在 1913 年版的《通信集》中,这句话漏掉了。——编者注

地利是南方新兴的自由国家！他在国会上作一些观点模糊的发言，这倒还罢了，但是办一个小报，就完全是另外一回事了，因为责任将落在我们身上，而我们是不能让自己同奥地利人、联邦主义者以及韦耳夫派混淆起来的。我在信中也告诉他，停止社会鼓动的想法是愚蠢的。①

制拥护者。

（李卜克内西和倍倍尔签署了给维也纳市参议会的信，信中称奥地利是自由国家！）停止社会鼓动的愚蠢想法。

《马克思恩格斯全集》第 1 版第 31 卷第 408 页

马克思，1867 年 12 月 7 日

关于士瓦本小报[571]，欺骗一下福格特的朋友、士瓦本的迈尔，倒是件有趣的事。这做起来很简单。一开始这样写：无论人们对本书[572]的倾向抱什么态度，这本书还是使"**德国精神**"获得荣誉，正因为如此，一个普鲁士人在流亡中而不是在普鲁士把它写成了。普鲁士早已不再是使任何一种科学首倡成为可能或者成为现实的国土，特别是在政治、历史或社会领域中。普鲁士现在代表的是俄国精神，而不是德国精神。至于这本书本身，那么应该区别其中的两个部分：作者所作的正面的叙述（另一个形容词是"切实的"）和他所得出的倾向性的结论。前者直接丰富了科学，

第 437—438 页：马克思提示恩格斯**如何评介《资本论》**。（恩格斯：第 439 页）

？不清楚

---

① 参看《马克思恩格斯全集》第 1 版第 31 卷第 396、398—399 页。——编者注

因为实际的经济关系是全新地以一种唯物主义的("迈尔"由于福格特的缘故喜欢用这个流行的字眼)方法进行考察的。**例如**:(1)货币的发展;(2)协作、分工、机器制度以及与其相适应的社会联系和社会关系是怎样"自然而然地"发展起来的。

至于作者的**倾向**,也同样需要加以区别。当他证明现代社会从经济上来考察孕育着一个新的更高的形态时,他只是在社会关系方面揭示出达尔文在自然史方面所证实的同一个逐渐变革的过程。自由主义的关于"进步"的学说(这是迈尔的本来面目)是包括了这一点的,而作者的功绩是:他指出,甚至在现代经济关系伴随着直接的恐怖的后果的地方,也存在着潜在的进步。由于他的这种批判的观点,作者同时也就——也许违反本人意愿——终结了所有专门家的社会主义,也就是所有乌托邦主义。

与此相反,作者**主观的**倾向——他也许由于自己的党所处的地位和自己过去的经历而不得不如此——也就是说,他自己设想或向别人表述现代运动、现代社会发展过程的最后结果的方式,同他对实际的发展的叙述是毫无关系的。如果篇幅许可比较详细地论述这个问题,那也许可以指出,他的"客观的"

叙述把他自己的"主观的"奇怪想法驳倒了。

拉萨尔先生辱骂资本家,并且向普鲁士土容克献媚,与此相反,马克思先生则指出资本主义生产方式的**历史"必然性"**,并且痛击了专事消费的贵族容克地主。马克思不同意他的不忠实的学生拉萨尔关于俾斯麦肩负着实现经济上的千年王国的使命的看法,这一点他不仅在他以前反对"**普鲁士王国的社会主义**"的抗议[573]中已经表明,而且又在本书第762—763页公开宣布出来。他说,现在在法国和普鲁士占统治地位的制度,如果不及时制止的话,将导致俄国的鞭子对欧洲大陆的统治[574]。

按照我的意见,这就是欺骗士瓦本的迈尔(他总算发表了我的序言[575])的方法,而他那个讨厌的小报虽小,却是德国所有联邦主义者的最孚众望的预言家,并且在国外也有读者。

《马克思恩格斯全集》第1版第31卷第410—411页

恩格斯,1867年12月12日

亲爱的摩尔:

从星期日以来,牙疼、流行性感冒、咽喉痛、发高烧,还有其他各种各样的不舒服,在我身上进行了大演习,直到今天早上,我才能够重新投入工作,今晚将按照你的方案①来对付士瓦本的迈尔。方案很出色,只是分量太重了一些,这会使文章的篇幅增加两倍。

《马克思恩格斯全集》第1版第31卷第413—414页

马克思,1867年12月14日

亲爱的弗雷德:

在克拉肯韦尔发生的最近一次芬尼社社员的英雄行动**576**,是一件大蠢事。曾对爱尔兰表示非常同情的伦敦群众,会因此被激怒,而投身到政府党的怀抱中去。人们不能期望,伦敦的无产者为了尊敬芬尼社社员的使者而让自己毁灭。一般说来,这种秘密的、戏剧性的密谋手段总是会带来不幸。

《马克思恩格斯全集》第1版第31卷第415页

马克思,1867年12月17日

亲爱的弗雷德:

威廉的信退还给你。你在回信时要谨慎一些。处境很困难。要完全正确地行动,就需要比我们的威廉具备多得多的批判能力和辩证法的灵活性。我们只能防止他犯重大的

61

第 440、441 页:(马克思)克拉肯韦尔发生的爆炸(芬尼社社员干的)是件**蠢事**。"**这种秘密的、戏剧性的密谋手段带来不幸**"(第440 页)(马克思)

同上,恩格斯第441、442 页②

第 440 页:马克思——答复李卜克内西要谨慎。"要做到完全正确,就需要

① 见本卷第 457—459 页。——编者注
② 见本卷第 461—463 页。——编者注

错误。另外,对普鲁士的仇视是一种激情,他的劲头和明确的目的性正是由于这种激情。他已经正确地看出,真正的资产阶级构成了"民族自由党人"[577]的核心,这就使他有可能给他政治上的憎恶找到更高的经济上的灵感。愤怒出诗人[①],也使我们的小威廉在某种程度上变得机智起来了……

昨天,我在我们的德意志工人协会(但是还有其他三个德国工人团体的代表参加,共约 100 人)就爱尔兰问题作了一个半小时的报告[578],因为现在对我说来"站着"是最轻松的姿势。

祝好

你的　卡·马·

《马克思恩格斯全集》第 1 版第 31 卷第 417—418 页

比我们的威廉具备更多的辩证法的灵活性。"

(第 440—441 页)

第 441 页:我(马克思)就爱尔兰问题作了一个半小时的报告。(1867.12.17)

恩格斯,1867 年 12 月 19 日

亲爱的摩尔:

同小威廉通信,当然要谨慎一些。正像我以前写信告诉你的那样[②],狭隘片面的明确的目的性,是他的幸运和他在国会中获得成功的秘密。可惜,只有这么一次,发言稿[579]的公布——更不用说库格曼的信了——表明

第 441 页:我(恩格斯)谨慎地函告李卜克内西:"(1)对

---

① 借用古罗马诗人尤维纳利斯的第一首讽刺诗中的话。——编者注
② 见本卷第 449 页。——编者注

1866 年的事件的态度,不应该是简单否定的即敌对的,而应该是批判性的;(2)对俾斯麦的敌人,同对俾斯麦本人一样,都应该给以打击,因为他们同样是一钱不值的。"

事情做得**太过分**了。现在又加上这个小报,它将把这些常被人引用的话变成白纸黑字,而其责任将落到我们身上。其次还有关税议会**580**,如果不给小威廉一些指点的话,在这个问题上他**一定**又会使我们出丑。由于他有犯错误的卓越天赋,所以他在这里犯大错误原来就是意料中的,而且现在也还会再犯。当然我们只能防止他犯最大的错误,但是他给维也纳的贺信①以及他和联邦主义者,也就是和格律恩(!!)的友谊,已经是够大的错误了。因此,我只能给他提出两点主要意见:(1)对 1866 年的事件和结果所持的态度,不应该是简单否定的也就是完全敌对的,而应该是批判性的(这对他来说当然是困难的)②;(2)对俾斯麦的敌人,同对俾斯麦本人一样,都应该给以严厉打击,因为他们同样是一钱不值的。你看,他已经多么糟糕地和格律恩及其同伙搞到了一起。我们或我们的人如果同这一伙人结成联盟,那将是俾斯麦的极大胜利! 现在,我们必须等候,看事情怎样发展。

第 441—442 页:爆炸和放火(从美国

克拉肯韦尔的愚蠢举动,显然是一些特别狂热的人干的;所有密谋活动的不幸,就在

---

① 参看《马克思恩格斯全集》第 1 版第 31 卷第 408、416 页。——编者注
② 在 1913 年版的《通信集》中,此处没有括号。——编者注

于它们会导致类似的蠢事,因为"总得干它一番,总得有所行动"。特别是在美国,对这种爆炸和放火的做法谈论得不少,于是就出现了一些蠢驴,干出了类似的蠢事。而这些吃人恶魔似的人又大都是些最大的胆小鬼,像以前提过的阿林,似乎已经成了告发同党的证人。此外,用放火焚烧伦敦一个裁缝铺的办法来解放爱尔兰,这算什么主张!

《马克思恩格斯全集》第1版第31卷第419—420页

传出来的)的愚蠢举动。"**用爆炸(或放火焚烧)伦敦店铺的办法来解放爱尔兰的主张。**"

(恩格斯)

第 3 卷完。

《马克思和恩格斯通信集》摘录

第 II 卷,266……

马克思,1858 年 4 月 2 日

62//
马克思论价值

"……价值本身除了劳动本身没有别的任何'物质'……这种规定本身就已经假定:(1)原始共产主义的解体(如印度等);(2)一切不发达的、资产阶级前的生产方式(在这种生产方式中,交换还没有完全占支配地位)的解体。虽然这是一种抽象,但它是历史的抽象,它只是在一定的社会经济发展的基础上才能产生出来。"

《马克思恩格斯文集》第 10 卷第 158—159 页

III,312……

恩格斯,1866 年 4 月 13 日

"……可见,俾斯麦虽然没有他的拉萨尔,还是玩弄了普选权的把戏。看来,德国的资产者在作过某些反抗以后是会同意的,因为波拿巴主义毕竟是现代资产阶级的真正的宗教。我越来越清楚地看到,资产阶级

没有自己直接进行统治的能力,因此,在没
有一种像英国这样的寡头政治为了得到优
厚报酬而替资产阶级管理国家和社会的地
方,波拿巴式的半专政就成了正常的形式;
这种专政维护资产阶级的巨大的物质利益,
甚至达到违反资产阶级的意志的程度,但
是,它不让资产阶级亲自参加统治。另一方
面,这种专政本身又不得不违反自己的意志
去承认资产阶级的这些物质利益。因此,我
们现在看到,俾斯麦先生接受了民族联盟
的纲领。是否实行当然完全是另一回事,
但是俾斯麦是很难由于德国资产者而遭受
失败的。……”

\\63

《马克思恩格斯文集》第 10 卷第 237 页

III,331 — 332……

马克思,1866 年 7 月 7 日

“我们关于**生产资料**决定劳动**组织**的理
论,在哪里能比在‘杀人工业’中得到更为显
明的证实呢?你的确值得费一些力气来写点
这方面的东西(我缺乏这方面的知识),我可
以把你写的东西署上你的名字放在我的书中
作为附录。……”

《马克思恩格斯文集》第 10 卷第 238 页

III,356……

马克思,1868 年 12 月 12 日

64//

　　"……赫胥黎最近在爱丁堡所作的演讲,再次表现出比近几年更具有唯物主义精神,但他又给自己留了一条新的后路。只要我们真正观察和思考,我们永远也不能脱离唯物主义。但这一切只有运用在因果关系上才是正确的,而且'你们的伟大的同乡休谟'也已经证明,这些范畴与自在之物没有任何关系。因此,你们愿意相信什么就相信什么。这就是所要证明的!……"

《马克思恩格斯全集》第 1 版第 32 卷第 213 页

III,381……

恩格斯,1867 年 6 月 16 日

65//

　　"……霍夫曼的书已经读过。这种比较新的化学理论,虽然有种种缺点,但是与以前的原子理论相比,它是一大进步。作为物质的**能够独立存在**的最小部分的分子,是一个完全合理的范畴,如黑格尔所说的,是在分割的无穷系列中的一个'关节点',它并不结束这个系列,而是规定质的差别。从前被描写成可分性的极限的原子,现在只不过是一种**关系**,虽然霍夫曼先生自己经常回到旧观念

中去,说什么存在着真正不可分的原子。另外,这本书中所证实的化学的进步的确是巨大的,肖莱马说,这种革命还每天都在进行,所以人们每天都可以期待新的变革。……"(381—382)

((1867年6月22日马克思给恩格斯的回信,见第383页,说"你对霍夫曼的看法是完全正确的",我在《资本论》中提到了分子说,但是发现这一理论的不是霍夫曼,而是洛朗、热拉尔和维尔茨。))

《马克思恩格斯文集》第10卷第262、264页

IV,5……

马克思,1868年1月8日

"……最可笑的就是,他〈杜林〉把我跟施泰因相提并论,其实我是搞辩证法的,而施泰因则使用一些死板的三分法,并以某些黑格尔范畴为外壳,把各式各样毫无意义的东西不加考虑地拼凑起来。……"

‖开头说,杜林写的文章倒是"颇为大方"……看来是指杜林评《资本论》的文章。‖

《马克思恩格斯全集》第1版第32卷第9—10页

IV,10……

马克思,1868 年 1 月 11 日

66//

注意

　　在英国博物馆翻看目录时,我发现杜林这个伟大的哲学家,写了辩证法来反对黑格尔…… "德国的先生们(反动的神学家们除外)认为,黑格尔的辩证法是一条'死狗'。就这方面而言,费尔巴哈是颇为问心有愧的。……"

《马克思恩格斯全集》第 1 版第 32 卷第 18 页

IV,30……

马克思,1868 年 3 月 25 日

　　顺便说说,毛勒还夸讲说…… "不过,要是老黑格尔有在天之灵,他知道德文和北欧文中的 *Allgemeine*[**一般**]不过是公有地的意思,而 *Sundre*,*Besondre*[**特殊**]不过是从公有地分离出来的 Sondereigen[私人财产],那他会说什么呢? 真糟糕,原来逻辑范畴还是产生于'我们的交往'(aus "unserem Verkehr")! ……"(30)

《马克思恩格斯文集》第 10 卷第 285 页

IV,95……

马克思,1868 年 10 月 4 日

　　信中说,我寄出了狄慈根的手稿……"我

的意见是:约·狄慈根如能用**两个印张**阐明
自己的全部思想,亲自署名刊出,强调自己是
制革工人,那最好不过了。如他按自己所设
想的篇幅发表,就会因缺少辩证阐发和重复
过多而损害自己的声誉。"

《马克思恩格斯全集》第 1 版第 32 卷第 164 页

1868 年 11 月 6 日,恩格斯给马克思写
回信(第 107 页)说,术语"很混乱",他的知识
来源(费尔巴哈、《资本论》和关于自然科学的
通俗读物)不广,他是一个"一半是靠自学出
来的人",删节也没有用,因为他没有觉察重
复…… "其中也有辩证法,但多半是星星点
点,没有什么关联。……"

1868 年 11 月 7 日,马克思回信(第 109
页)说:

"狄慈根的论述,除去费尔巴哈等人的东
西,一句话,除去他的那些资料之外,我认为
完全是他的独立劳动。此外,我完全同意你
所说的。关于重复的问题,我将向他提一
下。他恰恰**没有**研究过黑格尔,这是他的不
幸。……"(109)

《马克思恩格斯文集》第 10 卷第 296、298 页

IV，198—199……

马克思，1869 年 10 月 30 日

"……威廉一伙人在回答士瓦本的迈尔
〈?〉及其在人民党中的其他不怀好意的拥护
者的叫嚣时所表现出来的愚蠢和软弱(已被
较为聪明的施韦泽所利用)真是令人震惊。
直到现在,这些蠢驴中还没有一个哪怕只是
想到要去问问那些自由派的叫嚣者:难道在
德国除了小农所有制以外就不存在构成过时
的封建经济的基础的大土地所有制吗? 哪怕
只是为了对付当前的国家经济,难道不应当
在革命中摧毁这种大土地所有制吗? 难道能
够用 1789 年的过时的方式来实现这一点
吗? 不能! 这些蠢驴相信士瓦本的迈尔,认
为土地问题只是对英国才有直接的实际的利
害关系!"(199)

《马克思恩格斯全集》第 1 版第 32 卷第 360—361 页

68//

注意

IV，199—200……

恩格斯，1869 年 11 月 1 日

"关于土地所有制的决议创造了真正的
奇迹。自拉萨尔开始他的鼓动以来,它第一
次迫使德国的那些家伙们思考问题,而在此
以前这一直被认为是完全多余的。从邦霍尔

斯特的信里可以清楚地看到这一点……　不
过,人们忘记了,除了大土地所有制这个主要
问题外,还存在着各种类型的农民:(1)佃农,
对于他们来说,土地属于国家还是属于大地
主都是一样的;(2)土地所有者:第一是大农,
应当唤起短工和长工反对他们的反动本质,　| 注意
第二是中农,他们也会是反动的,他们的人数
不是很多。第三是负债的小农,他们由于抵　| 69
押可能被吸引。此外,可以说,无产阶级目前
对于提出小土地所有制的问题不感兴趣。"　| 注意
(200)

《马克思恩格斯全集》第1版第32卷第362页

IV,266……

马克思,1870年4月14日

"顺便说一下,斯特林(爱丁堡)——黑
格尔《逻辑学》的译者,英国黑格尔纪念碑征
集捐款主持人——写了一本反对**赫胥黎**和
他的**原生质**的小册子。这个家伙作为苏格兰
人,自然采纳了黑格尔的错误的宗教上和观
念上的神秘主义(因此也促使卡莱尔公开宣
布自己转向黑格尔学说)。但是,斯特林对黑
格尔辩证法的知识,使他能够揭示赫胥黎从
事哲学研究时的那些弱点。他在这本小册子
里反对达尔文的论据,归结起来就是柏林人

(旧派黑格尔主义者)纨袴子舒尔采几年前在汉诺威自然科学家代表大会上说过的那些东西。……"(266)

《马克思恩格斯全集》第 1 版第 32 卷第 463 页

IV, 296……

马克思,1870 年 7 月 20 日

70//

"……最后,附上**希尔德布兰德的经济和统计杂志对我的书的批判**。我的身体状况很少使我感到愉快,但是这篇作品却使我笑出了眼泪,真是笑出了眼泪。随着德国反动势力的猖獗和哲学的英雄时代的结束,具有德国市民天性的'**小资产者**'又重新抬头——在**哲学上**是一片不亚于莫泽斯·门德尔松的空谈,是一片自作聪明、抑郁不满和自命不凡的抱怨之声。而现在,连**政治经济学**也蜕化为关于**法律概念**的无稽之谈!这甚至比'刺激对数'还要高明。正如这方面的权威评判者席勒早就指出的,小市民在解决一切问题时,总是把它们归之于'良心'。……"(296)

《马克思恩格斯全集》第 1 版第 33 卷第 6 页

IV, 368……

恩格斯,1874 年 9 月 21 日

"……我正埋头研究关于本质的理论。

从泽西岛回来后,我在这里找到了丁铎尔和
赫胥黎在贝尔法斯特的演说,其中再次暴露
出这些人在自在之物面前完全陷入困境,因
而渴求一种解救的哲学。这促使我在排除了
头一个星期的各种干扰之后,重新投入辩证
法的研究。虽然大《逻辑》在真正辩证法的意
义上更加深刻地触及事物的本质,但自然科
学家有限的智力却只能利用它的个别地方。 \\71
相反,《全书》中的论述似乎是为这些人写的,
例证大都取自他们的研究领域并极有说服
力,此外由于论述比较通俗,因而唯心主义较
少。我不能也不想使这些先生们免遭研究黑
格尔本身的惩罚,可以说这里是真正的宝藏,
况且老头子给他们提出了现在也还很伤脑筋
的难题。不过,丁铎尔的开幕词是迄今为止
在英国的这类会议上所发表的最大胆的演
说,它给人以强烈的印象并引起了恐惧。显
然,海克尔的远为坚决的姿态使他坐立不
安。我这里有一份**一字不差地**登在《自然界》
[杂志]上的演说全文,你可以读一读。他对
伊壁鸠鲁的推崇会使你发笑。可以肯定的
是,就回到真正思考问题的自然观而论,在英
国这里要比在德国认真得多,在这里人们不
是到叔本华和哈特曼那里去,而至少是到伊
壁鸠鲁、笛卡儿、休谟和康德那里去寻求出

路。对他们说来,18 世纪的法国人当然依旧是禁忌。……"(368)

《马克思恩格斯文集》第 10 卷第 400—401 页

72//

　　"……英国无产阶级实际上日益资产阶级化了,因而这一所有民族中最资产阶级化的民族,看来想把事情最终弄到这样的地步,即**除了**资产阶级,它还要有资产阶级化的贵族和资产阶级化的无产阶级。自然,对一个剥削全世界的民族来说,这在某种程度上是有道理的。"(第 2 卷第 290 页;弗里·恩格斯,1858 年 10 月 7 日)

《马克思恩格斯文集》第 10 卷第 165 页

恩格斯,1881 年 8 月 11 日

　　"……只能与被资产阶级收买了的,或至少是领取资产阶级报酬的人所领导的最坏的英国工联相提并论……"(第 4 卷第 432—433 页)

《马克思恩格斯全集》第 1 版第 35 卷第 18 页

《〈马克思和恩格斯通信集〉提要》
主题索引

自由主义工人运动

Ⅱ，218 [34—35]①： 繁荣败坏工人斗志。

Ⅱ，290 [45]： 英国无产阶级"资产阶级化"（（注意））。

Ⅱ，307 [49]： "可恶的"和平时期。

————

Ⅳ，113 [92—93]： 英国无产阶级＝其他政党的"尾巴"。

Ⅳ，432 [177—179]： 只要垄断地位不破坏，不列颠工人＝0。

————

Ⅰ，136 [251—252]： "收买无产阶级"（繁荣）……

Ⅰ，350 [292]： 工人"资产阶级化了"。

————

Ⅲ，100 [343]： 工人"绵羊般的驯顺"。

Ⅲ，124 [357]： 英国工人的革命精力丧失了。

Ⅲ，127 [358]： 工人受"资产阶级明显的腐蚀"。

Ⅲ，305 [410]： "英国工人运动的可诅咒的性质"。

————

① 方括号内是本卷的页码。——编者注

爱 尔 兰

Ⅳ，**114**〔94〕：英国工人仇恨**爱尔兰工人**。

Ⅳ，**206—207**〔116—117〕：马克思关于**爱尔兰**的决议案。

Ⅳ，223〔134〕和225〔134—136〕：**爱尔兰**(取消合并)。

注　释

1　《〈马克思和恩格斯通信集(1844—1883年)〉提要》写在一本共76页的笔记本上。笔记本的封面上有列宁的手迹:《马恩通信集》。封面左上角有娜·康·克鲁普斯卡娅写的编号:XVI。作提要的时间是根据下列资料确定的:

　　(1)《马克思和恩格斯通信集》是1913年9月出版的,1913年9月27日《莱比锡人民报》第225号上的书评可作佐证。

　　(2)列宁在1913年11月12日或13日给玛·伊·乌里扬诺娃的信中写道:"我刚刚看完四卷《马克思和恩格斯通信集》,想在《启蒙》杂志上写一篇文章。"(见本版全集第53卷第414页)这封信是从克拉科夫寄出的,列宁和克鲁普斯卡娅于1913年10月7日(20日)从波罗宁回到克拉科夫。

　　(3)《提要》显然是在寄出这封信以前和以后几个月的时间里写的。为了写《提要》,列宁曾反复阅读《通信集》,原件中用四种颜色的铅笔作的着重标记可作佐证。《提要》中留有多次修改和重看的痕迹。

　　(4)列宁的一篇没有写完的介绍《通信集》的文章是在作完《提要》的基础上写的,他注明的日期是1913年或1914年初(见本版全集第24卷第278和279页之间的插图)。——1。

2　《论坛报》即《纽约每日论坛报》(《New-York Daily Tribune》),是一家美国报纸,1841—1924年出版。该报由著名的美国新闻工作者和政治活动家霍勒斯·格里利创办,在50年代中期以前是美国辉格党左翼的机关报,后来是共和党的机关报。在40—50年代,该报站在进步的立场上反对奴隶占有制。1851年8月—1862年3月,马克思曾为该报撰稿。给该报写的文章,很大一部分是马克思约恩格斯写的。在欧洲的反动时期里,马克思和恩格斯曾利用当时这一发行很广的进步报纸,以具体材料来揭露资本主义社会的种种病态。在美国国内战争时期,马克思不再为该报撰稿。马克思所以和《纽约每日论坛报》断绝关系,很大的一个原因是编辑部内主张同各蓄奴州妥协的人势力加强和该报离开了进步立场。——3。

3 指马克思《希腊人暴动》一文(参看《马克思恩格斯全集》第1版第10卷第140—142页)。——3。

4 指马克思《宣战。——关于东方问题产生的历史》一文(参看《马克思恩格斯全集》第1版第10卷第178—187页)。——4。

5 从1850年起,恩格斯十分注重研究军事科学,想写1848—1849年匈牙利和意大利革命战争史。为此他阅读了卡·克劳塞维茨,昂·若米尼,卡·威·维利森、古·霍夫施泰特尔,H.金策尔,阿·戈尔盖以及其他许多人的著作。但是恩格斯的这一计划未能实现。——4。

6 指阿·戈尔盖《1848—1849年我在匈牙利的生活和活动》(«Mein Leben und Wirken in Ungarn in den Jahren 1848 und 1849»)1852年莱比锡版和弗里德里希·赫勒·冯·黑尔瓦尔德受阿·文迪施格雷茨委托写的《1848—1849年匈牙利冬季战局》(«Der Winter-Feldzug 1848—1849 in Ungarn»)1851年维也纳版。——4。

7 大概是指《为匈牙利颁布的最高宣言和文告以及驻匈牙利帝国军队总司令的报告汇编》(«Sammlung der für Ungarn erlassenen allerhöchsten Manifeste und Proklamationen,dann der Kundemachungen der Oberbefehlshaber der k.k.Armeen in Ungarn»)1850年欧芬版。——5。

8 恩格斯指的是格·克拉普卡《回忆录。1849年4—10月》(«Memoiren. April bis Oktober 1849»)1850年莱比锡版。——5。

9 指1833—1840年在西班牙发生的第一次卡洛斯派战争。战争是在以西班牙王位追求者唐·卡洛斯为首的反动的封建天主教势力和支持玛

丽亚-克里斯蒂娜摄政女王政府的资产阶级自由派之间进行的。战争
以卡洛斯派的失败而告终。——7。

10　《新奥得报》(《Neue Oder-Zeitung》)是德国的一家资产阶级民主派报纸
　　(日报),1849—1855 年在布雷斯劳(现称弗罗茨拉夫,属波兰)出版。
　　被普遍认为是德国最激进的报纸。
　　　　50 年代初,报纸的领导者是一些资产阶级民主主义者,出版者是
　　德国的政论家,拉萨尔的表弟麦克斯·弗里德兰德。从 1854 年 12 月
　　底起,马克思作为该报驻伦敦通讯员开始为该报撰稿。——7。

11　《新普鲁士报》(《Neue Preußische Zeitung》)是德国的一家日报,1848
　　年 6 月—1939 年在柏林出版。该报是反革命的宫廷奸党和普鲁士容
　　克以及后来的德国保守党极右派的喉舌。该报报头上印有后备军的十
　　字章图形,所以又有《十字报》之称。——7。

12　关于这一问题,参看《马克思恩格斯全集》第 1 版第 28 卷第 430—
　　431 页。
　　　　国际委员会是由伦敦宪章派组织委员会的代表以及在伦敦的法
　　国、德国和其他各国的小资产阶级流亡者组成的。委员会的主席是
　　厄·琼斯。——8。

13　《人民报》(《The People's Paper》)是英国革命宪章派的机关报(周报),
　　1852 年 5 月由厄·琼斯在伦敦创办。1852—1856 年马克思和恩格斯
　　为该报撰稿。——8。

14　癞蛤蟆原来是人们给那些坐在法国国民公会会议大厅最低的位置并经
　　常投票拥护政府的一些国民公会成员取的讽刺性绰号。马克思和恩格
　　斯在他们的信件中常常把这个词当做“庸人”的意思来称呼法国的小市
　　民和市侩以及 1848 年革命失败和法国 1851 年政变后居住在英国泽西
　　岛和伦敦的法国小资产阶级流亡者。——9。

15　马克思指的是亚·伊·赫尔岑的观点。赫尔岑对 1848—1851 年西欧
　　“自由的”资产阶级立宪制失望后,写文章论证保存村社的俄国的进步

作用,认为村社是俄国社会主义改造的杠杆。赫尔岑看到了被资产阶级民主假面具掩盖起来的资本主义制度的弊端和痼疾,但他不是马克思主义者,因而看不到摆脱现状的出路在于无产阶级的社会主义革命。

60年代赫尔岑坚决地站到革命民主派方面以后,便把"他的视线……转向**国际**,转向马克思所领导的国际"了(见本版全集第21卷第263页)。赫尔岑在写给尼·普·奥格辽夫的信中,表示欢迎把马克思著作译成俄文。——9。

16 《泰晤士报》(《The Times》)是英国最有影响的资产阶级报纸(日报),1785年1月1日在伦敦创刊。原名《环球纪事日报》,1788年1月改称《泰晤士报》。——9。

17 外侨管理法是英国议会1793年通过的一项法令。根据这项法令,政府随时可以下令把外国人驱逐出英国。该法令有效期为一年。1802、1803、1816和1818年议会都曾通过恢复实行外侨管理法的决定。1848年,由于大陆上的革命事件和宪章派4月10日游行示威,议会恢复实行外侨管理法。1850年外侨管理法不再有效。1853年,当内阁提出恢复外侨管理法的提案时,英国公众对此普遍持反对态度。——9。

18 说的是恩格斯想写一本论述日耳曼民族和斯拉夫民族的小册子的事。由于种种原因,恩格斯这一计划没有实现。——11。

19 《普特南氏月刊》杂志即《普特南氏月刊。美国文学、科学和艺术杂志》(《Putnam's Monthly. A Magazine of American Literature, Science and Art》),是美国的一家月刊,1853—1857年在纽约出版。该杂志是共和党的机关刊物,1855年曾刊登恩格斯的一组文章《欧洲军队》。——11。

20 指德国政论家和浪漫主义学派的经济学家亚当·弥勒在他的许多著作中所表述的经济观点。这些著作中主要的有:《治国艺术原理》(《Die Elemente der Staatskunst》)1809年柏林版第1—3卷和《试论新货币理论(主要以大不列颠为例)》(《Versuche einer neuen Theorie des Geldes mit besonderer Rücksicht auf Grossbritannien》)1816年莱比锡和阿尔滕堡版。——11。

21　符类福音作者在宗教史的著述中是指前三篇福音(《马太福音》、《马可福音》和《路加福音》)的作者。马克思在这里暗指布鲁诺·鲍威尔的著作《符类福音作者的福音故事考证》(«Kritik der evangelischen Geschichte der Synoptiker»)1841年莱比锡版第1—2卷；1842年不伦瑞克版第3卷。——12。

22　《卫报》即《曼彻斯特卫报》(«The Manchester Guardian»)，是英国的一家资产阶级报纸，1821年在曼彻斯特创刊。19世纪中叶起为自由党的机关报。起初是周报，从1855年起改为日报。——14。

23　恩格斯指的是1853—1856年俄国同英国、法国、土耳其和撒丁王国之间为争夺近东统治权而进行的克里木战争和当时交战国准备媾和谈判的活动。谈判于1856年2月25日在巴黎开始举行，1856年3月30日结束，签订了结束克里木战争的巴黎和约。——14。

24　无双议院是指法国波旁王朝复辟初期于1815年8月选出的议会众议院，当选的议员几乎清一色是贵族和教士。马克思在这里用法国的"无双议院"比喻普鲁士议会的众议院，暗示普鲁士容克这时由于1850年宪法规定的选举制度已在众议院里确立了独占的统治地位(关于这一点，马克思在他的《普鲁士》一文中谈得比较详尽，参看《马克思恩格斯全集》第1版第11卷第713—718页)。——16。

25　疯狂年一词是1739年约·亨·法尔肯施泰因的历史小说《图林根和爱尔福特纪事》最先使用的，在该书中是指1509年，这一年以爱尔福特市民多次风潮而著称。1833年，路·贝希施坦出了一部小说《疯狂年》，描写1509年事件。后来，资产阶级的历史文献普遍使用此词来称革命的1848年。——16。

26　指索菲娅·哈茨费尔特伯爵夫人的离婚诉讼。斐·拉萨尔自1846年至1854年为她进行了这项诉讼。1851年7月宣判离婚。根据以后达成的关于财产的调解协议，伯爵夫人取得30万塔勒。——17。

27　马克思在这里说的是古斯塔夫·莱维(德国社会主义者,后为全德工人联合会的活动家)于1856年2月底来伦敦访问他的情况。这是1848—1849年革命后莱维受杜塞尔多夫工人的委托第二次访问马克思。第一次访问是在1853年12月下半月。莱维的这两次访问充分证明,1852年共产主义者同盟解散以后,莱茵省的德国工人仍然把马克思和恩格斯看成是自己的领袖并设法同他们保持联系。——18。

28　马克思指的是宗派主义和冒险主义集团的首领、共产主义者同盟中央委员会前委员奥·维利希和卡·沙佩尔的分裂活动。这一集团是1850年9月共产主义者同盟分裂时在同盟的队伍中出现的。分裂的原因是,在共产主义者同盟盟员当中,随着反动时期的到来在策略问题上发生了严重的思想分歧。纠集了少数分裂派的维利希—沙佩尔集团得到了共产主义者同盟伦敦区部的盟员和伦敦德意志工人共产主义教育协会的多数会员的支持。由于协会的多数会员支持维利希—沙佩尔集团,1847年和1849—1850年曾经积极参加协会的活动的马克思和恩格斯,于1850年9月17日退出协会,直到50年代末才恢复同协会的联系。

　　50年代,协会会址在索荷区大磨坊街。——20。

29　这里指的是法国资产阶级革命(1789—1794年)时期的德国民主共和派。1792年10月,法国革命军占领了美因茨要塞之后,德国民主共和派建立了一个叫做自由和平等之友协会(美因茨俱乐部)的组织。美因茨共和派开展了消除旧的封建秩序和建立共和制度的宣传活动,同时他们要求把莱茵河左岸从德国划归革命的法国。但是,俱乐部派并没有得到农民和手工业工人的必要支持,因为法国占领者虽然废除了基本的封建义务制,但它却同时保留了税收并增加了一系列新的重负(兵役税等等)。1793年7月普军占领美因茨后,他们的活动就宣告结束。——20。

30　马克思的这一论点,列宁在《卡尔·马克思》一文的《无产阶级阶级斗争的策略》这一节中曾引用过。列宁引用马克思信中的话时写道:"在德国的民主革命(资产阶级革命)还没有完成时,在社会主义无产阶级的策略方面,马克思一直是把全部注意力集中在发挥农民的民主力量上面。"(见本版全集第 26 卷第 81 页)格拉纳特百科词典在 1915 年发表列宁的这篇文章时,将阶级斗争这一节删掉了。列宁在 1918 年准备出版自己的这一著作时,在注明 5 月 4 日写的序言中谈到过这一点:"在文章的结尾部分,我还引用了 1856 年 4 月 16 日马克思给恩格斯的信中的两句话:'德国的全部问题将取决于是否有可能由某种再版的农民战争来支持无产阶级革命。如果那样就太好了。'这就是我们的孟什维克从 1905 年起就没有能理解的地方,而现在,他们已完全背叛社会主义而投到资产阶级方面去了。"(同上书,第 47 页)1923 年 1 月,列宁在他写的最后几篇文章中的一篇——《论我国革命(评尼·苏汉诺夫的札记)》一文中,批判孟什维克的立场时写道:"他们都自称马克思主义者,但是对马克思主义的理解却迂腐到无以复加的程度。马克思主义中有决定意义的东西,即马克思主义的革命辩证法,他们一点也不理解。马克思说在革命时刻要有极大的灵活性,就连马克思的这个直接指示他们也完全不理解,他们甚至没有注意到,例如,马克思在通信中(我记得是在 1856 年的通信中)曾表示希望能够造成一种革命局面的德国农民战争同工人运动结合起来,就是对马克思的这个直接指示,他们……不敢触及。"(见本版全集第 43 卷第 373 页)——20。

31　1856 年 5 月中旬,恩格斯同他的夫人玛丽·白恩士到爱尔兰旅行。——21。

32　马克思在这里讽刺性地暗指法兰西银行。——22。

33　针线街的老太太是对伦敦针线街的英格兰银行的讽刺性称呼。
　　巴黎的康采恩是马克思对法兰西银行的称呼。——23。

34　马克思暗指 19 世纪 20—30 年代曾是昂·克·圣西门的信徒的法国银行家伊萨克·贝列拉和埃米尔·贝列拉(贝列尔)。贝列拉兄弟借口实现圣西门主义关于一切阶级矛盾都必定在一种新发明的社会信贷计划所能达到的普遍幸福的面前消失的思想,1852 年创立了股份银行——动产信用公司,并且蛊惑人心地把它吹捧为实现圣西门主义这一思想的手段。实际上,贝列拉兄弟所发明的这种新的信贷制度受到拿破仑第三的热烈支持,马克思讽刺地称它为"拿破仑的社会主义",它只能引起投机猖獗,以及贪污和舞弊成风。——23。

35 水晶宫是为1851年在伦敦举办的首届世界工商业展览会而用金属和玻璃建造的一座建筑物。——23。

36 这封信中引用的关于欧洲金融市场状况的材料,马克思在他的关于1857—1858年世界经济危机的一组文章的头三篇(参看《马克思恩格斯全集》第1版第12卷第54—69页)中使用过。——23。

37 指路·梅洛斯拉夫斯基的《欧洲均势中的波兰民族》(《De la nationalité polonaise dans l'équilibre européen》)1856年巴黎版。——23。

38 骑士等级是指波兰的一种能够自备马匹和全套骑士装备,被纳入骑兵中服役后升入贵族阶层的农民。——25。

39 公安委员会是1793年4月建立的法国革命政府的中央机关。在雅各宾专政时期(1793年6月2日—1794年7月27日),委员会在与国内外反革命的斗争中,在依靠下层阶级解决资产阶级革命的任务中起了非常重要的作用。热月9日反革命政变以后,委员会丧失了领导作用,于1795年10月被解散。——25。

40 指1856年秋天普鲁士和瑞士之间发生的所谓纳沙泰尔冲突。1707年到1806年,纳沙泰尔公国及其领地瓦朗然(德国称做:诺恩堡和瓦连迪斯)是普鲁士所属的一个小邦。1806年,在拿破仑战争时期,纳沙泰尔并入法国。1815年根据维也纳会议的决定,纳沙泰尔并入瑞士联邦,成为瑞士联邦的第21州,但同时继续保持它对普鲁士的藩属关系。1848年2月19日,纳沙泰尔爆发了资产阶级革命,最终结束了普鲁士的统治,宣布成立共和国。但是根据英法俄1852年5月24日签订的协定,普鲁士国王对纳沙泰尔的权利重新得到承认。1856年9月,公国爆发了保皇派的暴乱,参加者被瑞士政府逮捕。普鲁士国王要求释放被捕者。而瑞士则要求普鲁士国王放弃对纳沙泰尔的权利。冲突一

直继续到 1857 年春,最后在法国政府倡议召开的 1857 年 3 月 5 日的
欧洲国家关于纳沙泰尔的会议上才得到解决。——26。

41 看来,马克思所指的事实是:根据 1815 年维也纳条约,普鲁士得到波美
拉尼亚的一部分——所谓瑞典的波美拉尼亚,但是被迫放弃它对 1813
年莱比锡会战后由普鲁士总督管辖的南萨克森的要求。——27。

42 马克思在《霍亨索伦王朝的神权》(参看《马克思恩格斯全集》第 1 版第
12 卷)一文中发挥了他在这封信中表达的他研究普鲁士历史后所产生
的思想。——28。

43 指斐·拉萨尔的剧本《弗兰茨·冯·济金根》。——28。

44 马克思在《印度起义的现状》和《印度起义》两篇文章中作过英军可能从
德里撤退的推测(参看《马克思恩格斯全集》第 1 版第 12 卷)。——29。

45 指古罗马家庭中处于父权支配下的家庭成员在服役期间取得的并由他
们自己直接占有和经营的财产。——30。

46 指古代罗马人军队里的作业队或军事工匠。——30。

47 《观察家时报》即《曼彻斯特每日观察家时报》(《Manchester daily Exa-
miner and Times》),是英国自由派报纸,1848—1894 年在曼彻斯特出
版。该报是由《曼彻斯特时报》和《曼彻斯特观察家》合并而成的,19 世
纪 40—50 年代支持自由贸易派,用不同名称出版到 1844 年。——31。

48 马克思说的是宪章派的领导人所筹划的会议。召开这次会议的建议是
厄内斯特·琼斯早在 1857 年 4 月提出的。参加会议的除宪章派组织
的代表外,还打算让资产阶级激进派也出席。宪章派与资产阶级激进
派的联合会议经过一再延期,于 1858 年 2 月 8 日在伦敦召开。马克思
和恩格斯认为琼斯与激进派的妥协是他政治动摇的表现,是滑到了改
良主义立场,所以同他断绝了朋友关系,而这种关系只是过了几年,在
琼斯重新开始以革命无产阶级精神出现以后才得以恢复。——32。

49 指约翰·弗罗斯特给诺丁汉宪章派组织的秘书瓦尔迪的信。这封信发表在1857年11月14日的《人民报》上。——33。

50 列宁在《卡尔·马克思》一文中引用过这个论断(参看本版全集第26卷第79—80页)。——35。

51 卡·克劳塞维茨在他的《战争论》(《Vom Kriege》)一书的第1卷第2篇第3章中阐述了这一思想。该书第1版于1832年在柏林出版。——35。

52 马克思信中指的是乔·威·弗·黑格尔的《逻辑学》(《Wissenschaft der Logik》)一书。该书共3编,第1版于1812—1816年在纽伦堡出版。——36。

53 列宁在1915年作的《拉萨尔〈爱非斯的晦涩哲人赫拉克利特的哲学〉一书摘要》中引用了马克思的这一评语(见本版全集第55卷第292页)。——36。

54 指索菲娅·哈茨费尔特伯爵夫人(参看《马克思恩格斯全集》第1版第29卷第259页)。——38。

55 指斐·拉萨尔打算写的政治经济学著作。该书第1版于1864年在柏林出版,书名是《巴师夏-舒尔采-德里奇先生,经济学上的尤利安,或者:资本和劳动》(《Herr Bastiat-Schulze von Delitzsch der Ökonomische Julian,oder:Kapital und Arbeit》)。——38。

56 暗指普鲁士摄政王(后来的国王威廉一世)的儿子弗里德里希·威廉太子和英国女王维多利亚的长女维多利亚-阿黛拉伊德-玛丽-路易莎公主于1858年1月25日在伦敦举行的婚礼。下面的"这位军士"是指普鲁士摄政王。——39。

57 通常指粗笨和愚昧无知的德国庸人。——39。

58 这里指的是威廉·配第《赋税论》(《A Treatise of Taxes and contributions》)1667年伦敦版和大卫·李嘉图的《政治经济学和赋税原理》

（《On the Principles of Political Economy and Taxation》）1821 年伦敦版。——41。

59　马克思指所提到的作者的以下著作：弗·巴师夏《经济的和谐》（《Harmonies économiques》）1850 年巴黎版；亨·查·凯里《论工资率：世界劳动人民状况差别的原因的探讨》（《Essay on the Rate of Wages with an Examination of the Causes of the Differences in the Condition of the Labouring Population throughout the World》）1835 年费城—伦敦版。——42。

60　这个英国人是詹·普·焦耳。——44。

61　显然是指 1858 年 10 月 4 日在曼彻斯特召开的宪章派群众大会，厄·琼斯在这次大会上讲了话。关于琼斯同资产阶级激进派的同盟的问题，见注 48。——44。

62　列宁在他的著作里多次引用恩格斯的这一论述来说明机会主义流行的原因，见《卡尔·马克思》（本版全集第 26 卷第 79—80 页）、《帝国主义是资本主义的最高阶段》（本版全集第 27 卷第 418—419 页）、《帝国主义和社会主义运动中的分裂》（本版全集第 28 卷第 76 页）、《第三国际及其在历史上的地位》（本版全集第 36 卷第 293 页）、《论第三国际的任务》（本版全集第 37 卷第 92—93 页）、《资产阶级如何利用叛徒》（本版全集第 37 卷第 184 页）、《论无产阶级专政的小册子的提纲》（本版全集第 37 卷第 262 页）、《共产主义运动中的"左派"幼稚病》（本版全集第 39 卷第 31—33 页）。——45。

63　这里指的是在圣彼得堡召开各省委员会贵族代表大会。马克思在这里称之为召集"显贵"，是借用封建专制法国在 18 世纪末法国资产阶级革命前夕召集显贵的说法。圣彼得堡的代表大会于 1859 年 8 月召开。——45。

64　指在普鲁士，1858 年 10 月由于国王弗里德里希-威廉四世患疯癫症，其弟普鲁士亲王（后来的国王威廉一世）被任命为摄政王时发生的事件。摄政王撤换了反动的曼托伊费尔内阁,而让温和的资产阶级自由派执掌政权。——45。

65 指在一系列斯拉夫国家因 1848 年革命以后资本主义的发展而引起的民族运动的高涨。在捷克,领导这一运动的是代表资产阶级利益的民族党。——46。

66 说的是 19 世纪 40 年代游历了俄国的普鲁士官员和作家奥·哈克斯特豪森的著作《俄国的国内状况、国民生活、特别是农村设施概论》(《Studien über die innern Zustände, das Volksleben und insbesondere die ländlichen Einrichtungen Russlands»)1847—1852 年汉诺威—柏林版第 1—3 册。

　　在这本书中,哈克斯特豪森描绘了虚假的俄国农村居民物质福利状况,主张保存俄国的村社,企图证明,村社制度是使俄国摆脱革命无产阶级的唯一可靠的手段。哈克斯特豪森断言,俄国的农奴制只应当逐步废除,因为这个国家似乎还没有成熟到实行自由雇佣劳动制度的程度。——46。

67 《俄罗斯之声》(«Голоса из России»)是由俄国收到的文章和通讯的定期汇编,1856—1860 年由亚·伊·赫尔岑在伦敦出版。

　　《钟声》杂志(«Колокол»)是亚·伊·赫尔岑和尼·普·奥格辽夫在国外(1857—1865 年在伦敦、1865—1867 年在日内瓦)出版的俄国革命刊物,最初为月刊,后来为不定期刊,共出了 245 期。——48。

68 这里说的是 1859 年 2 月恩格斯曾在一封信(这封信尚未找到)里告诉马克思,他打算以《波河与莱茵河》为题写一部著作,从战略观点阐述他和马克思在即将发生的法国和皮蒙特对奥地利的战争问题上的立场。恩格斯在 1859 年 3 月 9 日以前写成了这部著作(参看《马克思恩格斯全集》第 1 版第 13 卷)。——49。

69 指马克思《哲学的贫困。答蒲鲁东先生的〈贫困的哲学〉》(参看《马克思恩格斯全集》第 1 版第 4 卷)。——49。

70　暗指卡·福格特是帝国摄政政府的五个成员之一。该摄政政府由法兰克福国民议会的自由民主派"残阙议会"在斯图加特成立。法兰克福国民议会是由于有被解散的危险而在1849年5月30日把会址迁往斯图加特的。6月18日，"残阙议会"为符腾堡的军队所驱散。此外，中世纪的一种官吏，德意志帝国皇帝的全权代表也叫"福格特"。马克思使用"帝国的福格特"这个说法时，看来也利用了"福格特"的这一层意思。——50。

71　卡·福格特及其拥护者曾经打算在日内瓦出版《新瑞士》周报，后来没有出版这个周报，而出版了《新瑞士报》。

　　　关于福格特写给斐·弗莱里格拉特的信和随信附去的福格特《纲领》，见马克思的抨击性著作《福格特先生》（《马克思恩格斯全集》第1版第14卷第506页）。——50。

72　斐·拉萨尔的小册子《意大利战争和普鲁士的任务。民主派的主张》（«Der Italienische Krieg und die Aufgabe Preußens. Eine Stimme aus der Demokratie»）于1859年5月初在柏林匿名出版。拉萨尔在小册子里维护德意志各邦在1859年意大利战争中采取的普鲁士—波拿巴主义的中立立场，实际上，为拿破仑第三的"解放"政策辩护，并且主张让奥地利失败，认为普鲁士必须利用这个失败来从上而下地统一德国。

　　　马克思在下面讥笑了拉萨尔1859年5月中旬给他的信中的话。关于小册子《意大利战争和普鲁士的任务》，拉萨尔在信中说，他"日日夜夜地工作，试图用逻辑和火制造一件东西，使它对人民的影响……无论如何不会付诸流水"。——51。

73　指恩格斯《波河与莱茵河》。——51。

74　指爱·梅因吹捧卡·福格特1859年日内瓦—伯尔尼版的小册子《欧洲现状研究》（«Studien zur gegenwärtigen Lage Europas»）的书评。福格特在这个小册子中竭力在思想上制造欧洲舆论，特别是德国舆论，便于拿破仑第三实行他的对外政策的冒险。梅因以《奥地利和德国》为题的书评载于1859年5月7日和10日他出版的报纸《自由射手》第55号和第 56 号。

　　《自由射手》(《Der Freischütz》)是德国的一家周报,主要刊登戏剧评论和文学评论,1825—1878 年在汉堡出版。——52。

75　《新时代》即《新时代。民主机关报》(《Die Neue Zeit. Organ der Demokratie》),是英国的一家周刊,伦敦的德国小资产阶级流亡者的机关报,1858 年 6 月—1859 年 4 月在伦敦出版。——53。

76　大概是指伦敦德意志工人共产主义教育协会和 1858 年 11 月在伦敦东头区成立的在方针上同它相近的协会,安德斯(拉普人)是这个协会的领导人之一。——53。

77　指威·艾希霍夫《柏林警察剪影》。——55。

78　奎里纳莱山是罗马位于其上的七座小山之一。——56。

79　1849 年罗马共和国由于遭到法国干涉而崩溃,从这时起到 1870 年法国军队一直在罗马驻扎。——56。

80　《总汇报》(《Allgemeine Zeitung》)是德国的一家保守派报纸(日报),1798 年创刊,1810—1882 年在奥格斯堡出版。19 世纪 50—60 年代该报支持在奥地利领导下统一德国的计划。——57。

81　指 1860 年 10 月 1 日《泰晤士报》第 23739 号上的一篇关于意大利事件的社论。——58。

82　指斐·拉萨尔的《既得权利体系。实在法和法哲学的调和》(两卷集),1861 年莱比锡版 (《Das System der erworbenen Rechte. Eine Versöhnung des positiven Rechts und der Rechtsphilosophie. Th. 1 — 2. Leipzig 1861》)。——59。

83　指欧·杜林的《马克思〈资本论。政治经济学批判〉》1867 年汉堡版第 1 卷(《Marx, Das Kapital, Kritik der politischen Ökonomie》I. Band, Hamburg, 1867),载于 1867 年《现代知识补充材料》杂志第 3 卷第 3 期。——60。

84 指马克思在《资本论》第 1 卷中对亨·查·凯里的学说的批判(见《马克思恩格斯文集》第 5 卷第 648—649 页)。——60。

85 马克思信中指的是洛·冯·施泰因的下列两部著作:《政治学体系》(«System der Staatswissenschaft»)1852—1856 年斯图加特—蒂宾根版第 1—2 卷,《行政学》(«Die Verwaltungslehre»)1867—1868 年斯图加特版第 1—7 册。

列宁在《卡尔·马克思》一文中利用了马克思这一论述。在《辩证法》这一节末尾,列宁写道:把施泰因"死板的三分法"同唯物主义辩证法混为一谈是荒谬的(参看本版全集第 26 卷第 57 页)。——61。

86 "死狗"一词见于乔·威·弗·黑格尔《哲学全书纲要》第 2 版序言:"莱辛曾经说过,人们对待斯宾诺莎就像对待死狗一样。"黑格尔指的是 1780 年 6 月 7 日哥·埃·莱辛和弗·亨·雅科比之间的一次谈话。莱辛在这次谈话时说:"要知道人们谈起斯宾诺莎时总是像谈死狗一样。"见《雅科比全集》1819 年莱比锡版第 4 卷第 1 篇第 68 页。——61。

87 指《1866 年的德国战局》(«Der Feldzug von 1866 in Deutschland»),总参谋部总部战史处编,1867 年在柏林分册出版。——61。

88 指 1861—1865 年美国南北战争。——62。

89 指《民主周报》。

《民主周报》(«Demokratisches Wochenblatt»)是德国人民党的机关报,1868 年 1 月—1869 年 9 月用这个名称在莱比锡出版,由威·李卜克内西主编。从 1868 年 12 月起,该报成为奥·倍倍尔领导的德国工人协会联合会的机关报。最初该报受到人民党小资产阶级思想的一定影响,但是很快由于马克思和恩格斯的努力,该报开始与拉萨尔主义进行斗争,宣传国际的思想,刊登国际的重要文件,在德国社会民主工党的创建中起了重要的作用。1869 年在爱森纳赫代表大会上该报被宣布为德国社会民主工党中央机关报,并于 10 月改名为《人民国家报》。——63。

90 指发表在 1868 年 1 月 11 日《民主周报》第 2 号上的《普鲁士和瑞士的军队体制》(«Das Preußische und das Schweizer Heersystem»)一文。卡·格律恩的一组文章发表在 1868 年的《欧洲联邦》上。

《欧洲联邦》(«Les États-Unis d'Europe»)是资产阶级和平主义的国际和平和自由同盟的机关报,1867—1919 年依次在伯尔尼、日内瓦、伯尔尼出版。——63。

91 《未来报》(«Die Zukunft»)是德国资产阶级民主派的报纸,人民党的机关报,1867 年起在柯尼斯堡出版,1868—1871 年在柏林出版。该报曾发表《资本论》第 1 卷序言和恩格斯的《资本论》第 1 卷书评。——64。

92 指《法兰克福报和商报》。

《法兰克福报和商报》(«Frankfurter Zeitung und Handelsblatt»)是南德小资产阶级民主派的机关报,1856 年在美因河畔法兰克福创办和出版(1866 年起用这个名称)。——64。

93 指《资本论》第 1 卷。——64。

94 指 1868 年 2 月 11 日包括让·多尔富斯在内的一部分代表提交立法团的出版法第 11 条草案。该草案于 1868 年 3 月 6 日按下述条文通过:"凡期刊发表有关私生活事宜,均为违法行为,罚款 500 法郎。"——65。

95 《爱尔兰人报》的出版者理·皮戈特和《每周新闻》的所有者爱·沙利文,于 1867 年和 1868 年因发表声援芬尼社社员的文章被判处不同期限的徒刑。

《爱尔兰人报》(«The Irishman»)是爱尔兰的一家周报,1858—1885 年先后在贝尔法斯特和都柏林出版。

《每周新闻》(«The Weekly News»)是爱尔兰资产阶级激进派的报纸,1858 年起在都柏林出版。——65。

96 大概是指马克思的《资本论》第 1 卷和恩格斯的《英国工人阶级状况》。——67。

97　指路德维希三世。——68。

98　马克思指的是 1868 年 4 月 11 日和 18 日《民主周报》第 15 号和第 16
号上的"政治评论"栏。——68。

99　伦敦德意志工人共产主义教育协会同伦敦的其他一些组织一起每年举
行纪念 1848 年巴黎无产阶级六月起义周年日的晚会；总委员会的委员
们也参加这些晚会。——71。

100　《蟋蟀报》(《La Cigale》)是 1867 年 12 月—1869 年 7 月由法国左派共和
党人在布鲁塞尔出版的周报。该报和在伦敦的费·皮阿的那一小伙人
有密切的联系。
　　　《淘气鬼》(《L'Espiègle》)是反波拿巴主义和反教权主义派的讽刺
周报，1864—1869 年先用佛来米文、1865 年起又用法文在布鲁塞尔出
版。参加编辑部的有法国政治流亡者以及同敌视马克思的在伦敦的法
国人支部成员有联系的左派共和党人，报上时常刊登该支部的材料。
——71。

101　鉴于信中提到的费·皮阿 6 月 29 日在伦敦群众大会上所作的声明，总
委员会在 1868 年 7 月 7 日的会议上根据马克思的建议作出了不承认
皮阿的演说的决定，并公布了《总委员会就费·皮阿的演说所作的决
议》(参看《马克思恩格斯全集》第 1 版第 16 卷第 352 页)。皮阿的一小
伙人与国际失去联系后，继续以国际的名义进行活动，并一再支持总委
员会里反对马克思的路线的反无产阶级的小集团。1870 年 5 月 10 日
总委员会正式宣布与这一伙人没有任何关系(同上书，第 485 页)。
——71。

102　在 1868 年 6 月 23 日布鲁塞尔委员会的信中通知说，布鲁塞尔中央支
部通过决议，对 1868 年 6 月 21 日《蟋蟀报》第 25 号上发表的皮·韦济
尼埃诽谤性地攻击总委员会的文章不负任何责任，并对在报刊上泄露
国际内部事务的做法表示抗议。这封信曾在 1868 年 7 月 7 日的总委
员会会议上宣读。——71。

103 1868年春,比利时发生了沙勒罗瓦矿区事件。工人为了对付矿主缩减生产和降低百分之十的工资,宣布罢工,停止工作。国际比利时支部在比利时国内和国外开展了广泛的运动支援罢工工人。总委员会也发表呼吁书,宣布沙勒罗瓦矿工的事业是整个国际的事业,并组织对罢工工人的支援。经过这次事件,比利时的国际会员人数显著增加。——71。

104 指被判处徒刑的第二届巴黎理事会的理事(戈姆波、瓦尔兰、朗德雷、安贝尔、马洛、沙尔邦诺、莫兰、布尔顿和格朗尚)从1868年7月起被关在巴黎圣珀拉惹监狱。——72。

105 指马克思《总委员会就费·皮阿的演说所作的决议》(见注101)——72。

106 《喧声报》(«Le Charivari»)是法国资产阶级共和派的讽刺性报纸,1832年起在巴黎出版,七月王朝时期曾对政府进行过辛辣的抨击,1848年转入反革命阵营。——72。

107 由于即将召开的国际布鲁塞尔代表大会,马克思正在考虑于1869年把总委员会迁往日内瓦的问题。——74。

108 指威·艾希霍夫《国际工人协会。协会的创立、组织、社会政治活动和扩展》(«Die Internationale Arbeiterassociation. Ihre Gründung, Organisation, politisch-sociale Thätigkeit und Ausbreitung»)1868年柏林版。——74。

109 恩格斯指的是1850年9月15日共产主义者同盟中央委员会在伦敦通过的决议(参看《马克思恩格斯全集》第1版第8卷第635—641页)。根据这个决议,中央委员会的职权移交给了科隆区部委员会。但是,中央委员会迁到科隆后产生了某些不良后果:科隆区部委员无力领导整个同盟;此外,中央委员会设在科隆,易遭普鲁士警察的打击。1851年5月,由于警察的迫害和盟员的被捕,共产主义者同盟在德国的活动实际上已经停顿。1852年11月17日,在科隆共产党人案件判决后不久,同盟根据马克思的建议宣告解散,但是它的盟员还是继续工作,为未来的革命斗争锻炼干部。——74。

110 邀请马克思以贵宾身份出席全德工人联合会汉堡代表大会的正式信件是 1868 年 8 月 13 日以联合会主席和理事会的名义发出的,全文发表在 1868 年 8 月 14 日《社会民主党人报》第 95 号上,并在 1868 年 8 月 18 日的总委员会会议上宣读。——75。

111 指约·莫·莱维编的《每日电讯》。

　　《每日电讯》(《The Daily Telegraph》)是英国报纸(日报),1855 年在伦敦创刊,起初是自由派的报纸,从 19 世纪 80 年代起成为保守派的报纸。1937 年同《晨邮报》合并成为《每日电讯和晨邮报》。——76。

112 指马克思《国际工人协会总委员会第四年度报告》(参看《马克思恩格斯全集》第 1 版第 16 卷)。——76。

113 《晨报》(《The Morning Advertiser》)是英国的一家日报,1794—1936 年在伦敦出版,19 世纪 50 年代是激进资产阶级的报纸。——76。

114 这里说的是 1868 年 9 月 6—13 日举行的第一国际布鲁塞尔代表大会。《星报》是指英国日报《晨星报》的定期晚刊《晚星报》(《The Evening Star》)。

　　《晨星报》(《The Morning Star》)是自由贸易派的机关报(日报),1856—1869 年在伦敦出版。——76。

115 《旗帜报》(《The Standard》)是英国保守派的报纸(日报),1827 年 5 月 27 日—1916 年 3 月 16 日在伦敦出版。——76。

116 《辩论日报》即《政治和文学辩论日报》(《Journal des Débats politiques et littéraires》),是法国一家最老的报纸,1789—1944 年在巴黎出版。七月王朝时期为政府的报纸;1848 年革命时期,该报反映了反革命资产阶级的观点;1851 年政变以后成了温和的奥尔良反对派的机关报;70—80 年代该报具有保守主义的倾向。——76。

117 由于约·格·埃卡留斯长期患病,在总委员会的会议上没有讨论他给

《泰晤士报》写的通讯稿的问题。——77。

118　弗·列斯纳差不多每天都向马克思报告关于国际的布鲁塞尔代表大会的进程。他在1868年9月11日的信中写道:"星期三讨论了关于机器的问题,我发了言,并且提到了你的书,宣读了其中的一些段落……宣读《资本论》的引文博得了掌声。而朋友埃卡留斯却认为在他给《泰晤士报》写的报道中提到这一点是不值得或者没有好处的。"——77。

119　1868年9月11日,德国代表团在布鲁塞尔代表大会上提出了关于马克思《资本论》的下列决议案:"我们,布鲁塞尔国际工人代表大会的德国代表,建议所有国家的工人都来学习去年出版的卡·马克思的《资本论》;呼吁协助把这部重要著作翻译成目前还没有翻译出来的各种文字。马克思的功绩是不可估量的,他是经济学家当中对资本和它的组成部分作出科学分析的第一个人。"这项决议由代表大会一致通过,1868年9月15日发表在约·格·埃卡留斯给《泰晤士报》写的通讯中。——77。

120　布鲁塞尔代表大会上提出的德国人关于战争的决议,全文刊载在代表大会的记录中——见1868年9月22日《比利时人民报》附刊。马克思提到的决议的不完全和不准确的文本,发表在约·格·埃卡留斯1868年9月17日给《泰晤士报》写的通讯中。——77。

121　《社会民主党人报》即《社会民主党人报。全德工人联合会机关报》(«Der Social-Demokrat. Organ des Allgemeinen Deutschen Arbeiter-vereins»),是拉萨尔派的全德工人联合会的机关报,1864年12月15日—1871年4月21日在柏林出版。1864—1867年由约·巴·施韦泽担任编辑。1871—1876年改用《新社会民主党人报》的名称出版。该报刊登过马克思和恩格斯的许多文章和声明。——78。

122　指约·巴·施韦泽和弗·威·弗里茨舍得到在汉堡召开的拉萨尔派的联合大会的同意以国会议员身份于1868年9月26日参加在柏林召开的全德工人代表大会。柏林代表大会以后,成立了一些工会,它们是按拉萨尔派的宗派组织的式样建立起来的,并且联合成为一个以施韦泽为首的总的联合会。这个组织完全从属于全德工人联合会。马克思对施韦泽有过尖锐的批评,因为这样组织代表大会导致了德国的工人工会的分裂,而代表大会通过的章程根本违背了工会运动的目的和性质。——78。

123 《工场》杂志即《工场。工人自编的劳动阶级机关刊物》(«L'Atelier, organe special de la classe laborieuse, rédigé par des ouvriers exclusivement»),是法国的一家月刊,受到基督教社会主义思想影响的手工业者和工人的刊物;1840—1850 年在巴黎出版;编辑部由工人代表组成,每三个月改选一次。——78。

124 指莱比锡警察当局在 1868 年 9 月 16 日查封了全德工人联合会,并且查封了联合会在柏林的地方分会。但是,1868 年 10 月 10 日,即查封后过了三个星期,以约·巴·施韦泽为首的一批拉萨尔分子用同一名称恢复了联合会,并把会址迁到柏林。在刊登于 1868 年 10 月 11 日《社会民主党人报》第 119 号的新章程中,联合会表示决心严格遵守普鲁士的法律,并且只通过和平的、合法的途径进行活动。为了适应普鲁士法律的要求,联合会的领导取消了地方分会。——79。

125 指奥·倍倍尔领导的德国工人协会联合会于 1868 年 9 月 5—7 日在纽伦堡举行的代表大会。总委员会派约·格·埃卡留斯为正式代表,除他之外,还有国际的几个代表出席了这次代表大会。代表大会以多数票(69 票对 46 票)通过了关于加入国际工人协会的决议,并通过了承认它的基本原则的纲领。在代表大会上选出了一个由 16 名委员组成的委员会负责实地执行这一决议;这 16 人于 1868 年 9 月 22 日由总委员会批准组成国际工人协会在德国的执行委员会。纽伦堡代表大会还通过了关于组织工会的决议,并听取了威·李卜克内西关于军备问题的报告,他在报告中要求废除现有的军队。——80。

126 《公民报》(«Staatsbürger-Zeitung»)是德国的一家日报,1865 年起在柏林出版,1865—1871 年是激进民主派的机关报,编辑是弗·威·亚·

黑尔德,主张维护工人和手工业者的利益。——80。

127　1868年7月23日,奥·倍倍尔以德国工人协会联合会名义邀请国际总委员会出席纽伦堡代表大会,邀请书中写道:"列入议事日程的重要问题当中……纲领问题占主要地位。我们……拟建议代表大会接受国际工人协会的纲领……并建议该组织加入国际工人协会。"

　　　　倍倍尔领导的联合会的纽伦堡代表大会,于1868年9月5日至7日举行。国际总委员会派代表出席了会议。会议以多数票通过了关于加入国际工人协会的决议,通过了国际工人协会的纲领,选出了由16名委员组成的委员会负责决议的执行。——82。

128　《科隆日报》(«Kölnische Zeitung»)是德国的一家日报,17世纪创刊,1802—1945年用这个名称出版。19世纪40年代初该报代表温和自由派的观点,对资产阶级民主主义反对派持批判态度,维护莱茵地区资产阶级的利益。在科隆教会争论中该报代表天主教会的利益。《莱茵报》被查封后,《科隆日报》成为莱茵地区资产阶级自由派的主要机关报。1831年起出版者是杜蒙,1842年报纸的政治编辑是海尔梅斯。——83。

129　指1868年9月25日《社会民主党人报》第112号,这一号报纸附刊发表了全德工人代表大会于1868年在柏林通过的拉萨尔派的工会章程草案。——84。

130　指共产主义者同盟。——87。

131　指民主工人联合会。该联合会是在进步党人影响下的柏林工人联合会发生分裂后于1868年10月在柏林建立的。威·艾希霍夫对工人民主联合会的建立起了很大作用,他同马克思保持经常的联系,是第一国际总委员会驻柏林通讯员。根据艾希霍夫的建议,工人民主联合会加入了奥·倍倍尔和威·李卜克内西领导的各工人协会的纽伦堡组织,接受它的以第一国际的原则为依据的纲领。工人民主联合会同国际的柏林支部也保持密切联系。联合会的几乎所有会员同时也都是国际的会员。联合会为强调自己的无产阶级性质,选举了两名工人——维尔克和克梅雷尔为主席。联合会积极同拉萨尔派进行斗争；李卜克内西经常在它的会议上发表演说。1869年，联合会加入了在爱森纳赫代表大会上成立的社会民主工党。——87。

132 1868年10月3日《民主周报》第40号引用了黑森选帝侯路德维希三世回忆录中关于1866年普奥战争时期奥·俾斯麦的政策的一些事实。威·李卜克内西在1868年10月17日《民主周报》第42号的附刊上发表了一个不知名的汉诺威人为1866年普奥战争过程中被推翻的汉诺威王朝辩护的一封信。——88。

133 指约·狄慈根的《人脑活动的实质》(《Das Wesen der menschlichen Kopfarbeit》)一书的手稿。该书于1869年在汉堡出版。——88。

134 指《资本论》第1卷。——88。

135 指帕·利林费尔德-托阿尔的《土地和自由》一书。——90。

136 指德·克·谢多-费罗蒂(真名费·伊·菲尔克斯)的《关于俄国前途的论文。第10篇论文：人民的世袭财产》(《Études sur l'avenir de la Russie. Dixiéme étude: Le patrimoine du peuple》)1868年柏林版。——90。

137 指弗·阿·朗格的《唯物主义史及当代对唯物主义意义的批判》(《Geschichte des Materialisms und Kritik seiner Bedeutung in der Gegenwart》)1866年伊塞隆版。——91。

138 指皮·卡巴尼斯《人的肉体和精神的关系》(《Rapports du physique et du moral de l'homme》)1802年巴黎版。——91。

139 指原来计划的《资本论》第2卷。根据《资本论》第1卷德文版第1版序言，这一卷应包括两册。马克思逝世后，恩格斯把这两册的手稿分别整理成为《资本论》第2卷和第3卷。——92。

140 马克思指的是他于1864—1865年所写的《资本论》第3册手稿中的一章：《利润分为利息和企业主收入。生息资本》。在恩格斯出版的《资本论》第3卷中,相当于这一章的是整个第5篇(见《马克思恩格斯文集》第7卷第377—522、525—692页)。——92。

141 列宁在《论民族自决权》一文中引用了恩格斯1868年11月20日的信(见本版全集第25卷第270—271页)。——94。

142 指1868年11月8日托·亨·赫胥黎在爱丁堡所作的演讲:《论生命的物质基础》(«On the Physical Basis of Life»)。这篇演讲发表于1869年2月1日《双周评论》杂志第26期。

列宁在《卡尔·马克思》这篇著作中,在阐述马克思的哲学唯物主义和他反对一切唯心主义变种的斗争时,引用了马克思对赫胥黎的评语。列宁指出:在这封信中,马克思"谈到了著名博物学家托·赫胥黎发表的比通常'更具有唯物主义精神'的演讲,谈到了他认为'当我们真正观察和思考的时候,我们永远也不能脱离唯物主义',但同时又斥责赫胥黎为不可知论、为休谟主义留下了'后路'"(见本版全集第26卷第54—55页)。——94。

143 1851年12月3日,立法议会议员维·博丹医生号召巴黎圣安东郊区工人用武力抗拒路易-拿破仑政变。他参加了街垒战斗,牺牲了。共和派在1868年为了纪念博丹,曾在他的墓地举行示威。有几家报纸因宣布为博丹纪念碑募捐而受到法院审讯。

这里说的博丹审讯材料是指1868年在巴黎出版的1868年11月13日和14日初审法院庭审报告:《博丹纪念碑募捐案件》(«Affaire de la souscription Baudin»)。——95。

144 《十字报》(«Kreuz-Zeitung»)即《新普鲁士报》,见注11。——96。

145 指米·亚·巴枯宁、尼·伊·茹柯夫斯基、米·康·艾尔皮金和涅·阿列克谢耶夫。——98。

146 指汉诺威的末代国王格奥尔格五世。——99。

147 人民直接立法是指人民公决(全民投票)。瑞士从1848年起是资产阶级共和国,在形式上它是由 22 个州组成的联邦,联邦议会和各州议会是立法机关。所谓人民直接立法在提出和批准法律草案时起一定的作用。——99。

148 1868 年 3—4 月,日内瓦 3 000 名建筑工人举行罢工。工人们要求把劳动日缩短为 10 小时,提高工资,用按小时计算工资代替按日计算工资。在国际日内瓦各支部中央委员会的倡议下,其他各工业部门的工人也纷纷支援罢工工人。由于总委员会在英国、法国和德国工人中间组织募捐予以支持,日内瓦工人取得了罢工的胜利。——99。

149 指德国人民党。

德国人民党于 1865 年成立,主要由德国南部各邦的小资产阶级民主派和一部分资产阶级民派组成,因此又称南德人民党或士瓦本人民党。该党在政治方面提出了一些一般性的民主口号。主张建立联邦制的德国,既反对奥·俾斯麦推行的在普鲁士领导下"自上而下"统一德国的政策,也反对建立统一集中的民主共和国。奥·倍倍尔和威·李卜克内西领导的以工人为核心的萨克森人民党曾于 1866 年并入该党,成为它的左翼,但很快又脱离该党,于 1869 年 8 月参与建立德国社会民主工党。——100。

150 指 1869 年 2 月 27 日社会主义民主同盟中央局写给总委员会的一封信。这是同盟致总委员会的第二封信,信中声明说,如果总委员会赞同它的纲领并接受同盟的各个支部加入国际,它准备解散同盟。——101。

151 马克思在本信中叙述的《国际工人协会总委员会致社会主义民主同盟中央局》这一复信草稿在 1869 年 3 月 9 日的总委员会会议上获得一致通过。这个文件是马克思用英文和法文写的(参看《马克思恩格斯全集》第 1 版第 16 卷第 393—394 页)。这里说的章程是指《国际工人协会章程》(同上书,第 600—601 页)。——102。

152 指奥·倍倍尔和威·李卜克内西 1869 年 3 月 28—31 日在埃尔伯费尔德—巴门召开的全德工人联合会大会上同约·巴·施韦泽进行的辩

论。倍倍尔在拉萨尔联合会代表大会前夕同李卜克内西一起到达埃尔伯费尔德—巴门,他在本文所提到的1869年3月27日的信中提醒马克思注意施韦泽的蛊惑伎俩,他说:"……现在已昭然若揭,施韦泽提出的国际的纲领,只是为了给我们以沉重的打击,为了击败反对派多数,或者把他们吸引到自己那方面去。因此我,同时也代表李卜克内西和这里的所有朋友们请求您暂时不要理睬关于赞同代表大会有关决定的请求,或者至少在答复施韦泽时要非常慎重。"——105。

153 1869年6月18日,全德工人联合会主席约·巴·施韦泽和拉萨尔派全德工人联合会主席弗·门德,在1869年6月18日《社会民主党人报》第70号上发表呼吁书,号召两个联合会的会员在1863年拉萨尔章程的基础上联合起来。施韦泽利用两个联合会工人们渴望统一的心情进行了投机,通过被当时人称之为"政变"的这种手法,达到了如下的目的:在拉萨尔章程的基础上改组了联合会(该章程赋予联合会主席独裁特权),自己当选为统一的联合会的主席。这次"政变"在全德工人联合会会员中引起愤慨,促使先进会员退出了联合会。——107。

154 指古·特里东《吉伦特和吉伦特派。1869年和1793年的吉伦特》(«Gironde et Girondins. La Gironde en 1869 et en 1793.»)1869年巴黎版。——107。

155 指出版法国政治周报《文艺复兴》的计划,该报原定1869年创刊。保·拉法格积极参加了该报的筹备工作,他曾打算请马克思为该报撰稿。但出版计划未能实现。——108。

156 指在埃尔伯费尔德—巴门召开的全德工人联合会大会对约·巴·施韦泽投信任票的结果。在这次大会上有三分之一以上的代表拒绝对施韦泽投信任票。——108。

157 《民主通讯》(«Demokratische Korrespondenz»)是德国小资产阶级民主派的周报,德国人民党的机关报,1867—1870年在斯图加特石印出版。——108。

158　指 1869 年 7 月 17 日《民主周报》第 29 号附刊刊载的《资产阶级在大洋彼岸能做什么和他们在这里可能做什么》(«Was Bürger drüben können und hüben könnten»)一文。——108。

159　指威·李卜克内西在 1869 年 5 月 31 日柏林民主工人联合会会议上的演讲《论社会民主党的政治态度》(«Über die politische Stellung der Social-Demokratie»),该演讲稿发表于 1869 年 7 月 3 日《民主周报》第 27 号,结尾部分曾载于 1869 年 8 月 7 日《民主周报》第 32 号附刊。——109。

160　正文中提到的安·扎比茨基关于 1869 年波森木器工厂和砖厂波兰工人的罢工的报告,是在 1869 年 8 月 17 日总委员会会议上作的,马克思出席了这次会议。扎比茨基说:"波森建筑工人(波兰人)已经取得了第一次罢工的胜利;柏林工人支援了他们。"——110。

161　列宁在《论民族自决权》一文中引用了马克思 1869 年 8 月 18 日的信中的这段话(参看本版全集第 25 卷第 271 页)。——110。

162　恩格斯说的是爱森纳赫代表大会上就党的名称问题所展开的辩论。德国小资产阶级民主主义者莫·里廷豪森参加了这次辩论。经过长时间的辩论,结果决定采用"社会民主工党"这个名称。——111。

163　19 世纪 60 年代,在普鲁士的莱茵省,在巴登和德国的其他地区,天主教神父,其中包括美因茨的主教威·艾·凯特勒,开展了拥护普选权和劳工法等等的蛊惑性宣传鼓动。天主教的宣传力图阻挠社会主义思想在德国工人阶级中的传播。1869 年 9 月 6 日,在杜塞尔多夫召开了天主教团体的代表大会,会上除通过其他决议以外,还通过了一项宣言性质的决议:"要求各阶层的所有的基督教徒关心工人阶级,促进它的经济上和道德上的提高。"——111。

164　佩耳(Pale,原义为"栅栏")是中世纪英国在爱尔兰的殖民区的名称,这种殖民区是 12 世纪时英格兰诺曼封建主征服爱尔兰岛东南部以后建立的。征服者在殖民区的四周筑起了围栅(上述名称即由此而来),并利用它作为基地,对爱尔兰未被征服部分的居民不断发动战争,最后终于在16至17世纪征服了爱尔兰全国。——112。

165 恩格斯1869年10月24日信中的这一论点,列宁在《论民族自决权》等有关民族问题的著作中不止一次地引用过(参看本版全集第25卷第270、273页)。——112。

166 第一国际巴塞尔代表大会于1869年9月6—11日举行。代表大会讨论了土地问题,以多数票表示赞成废除土地私有制,把土地变为公有财产。威·李卜克内西在宣传巴塞尔代表大会的决议时采取不彻底的立场,被约·巴·施韦泽所利用,施韦泽在《社会民主党人报》上写了一组挑拨性的文章,谴责爱森纳赫派欺骗工人阶级,放弃社会主义纲领,听命于人民党。——113。

167 1789年的过时的方式是指18世纪末法国资产阶级革命时期把从封建主没收的土地交给农民所有(地产析分)。马克思和恩格斯认为这种解决土地问题的途径对无产阶级政党是不适合的,因为它将造成一个农民小资产阶级并使农民经受长期的逐渐贫困化和破产的过程。——113。

168 土地和劳动同盟是1869年10月在总委员会的参与下在伦敦成立的。马克思把同盟看做是在英国成立独立的无产阶级政党的途径之一。但是到1870年秋天,资产阶级分子加强了对同盟的影响,1872年同盟便与国际完全失去了联系。——113。

169 莱·邦霍尔斯特在1869年10月25日给马克思的信中写道:"您一定也比别人知道得更清楚,**德国**农民的最大病痛在什么地方。如果我们答应给他们那个地方动手术,他们就会尽力拥护我们。因此,我认为……抵押一定能成为最成功的手段。提高土地生产率也完全一样。以互助为基础的保险。同大地产竞争的能力。学校。一切都应当建立在国家的原则上。"——114。

170 指美国经济学家亨·查·凯里的著作《社会科学原理》(《Principles of

social science»），共三卷，1868—1869 年费城版。——115。

171　马克思关于不列颠政府对被囚禁的爱尔兰人的政策的发言，是 1869 年
11 月 16 日和 23 日在总委员会的两次会议上作的，由总委员会书记
约·格·埃卡留斯写在记录簿中（参看《马克思恩格斯全集》第 1 版第
16 卷第 664—669 页）。

　　　列宁在《论民族自决权》一文中全文引用了马克思关于爱尔兰的决
议案（见本版全集第 25 卷第 271—272 页）。——116。

172　指威·尤·格莱斯顿 1862 年 10 月 7 日在纽卡斯尔的演说。他在这次
演说中向发动美国内战（1861—1865）的南部蓄奴州同盟的总统杰·
戴维斯致敬。演说发表于 1862 年 10 月 9 日的《泰晤士报》。——117。

173　1868 年 12 月，威·尤·格莱斯顿的自由党政府代替了以本·比·迪
斯累里为首的托利党政府。自由党人提出的能使他们在议会选举中获
得胜利的蛊惑性口号之一，就是格莱斯顿关于解决爱尔兰问题的诺言。
当竞选正在激烈进行的时候，反对党代表在下院的会议上批评了托利
党在爱尔兰的政策，把它同 11 世纪时诺曼底公爵威廉对英格兰的征服
政策相提并论。——117。

174　关于乔·杰·侯里欧克的事，参看《马克思恩格斯全集》第 1 版第 32 卷
第 374—375 页。——117。

175　在《卡尔·马克思》一文的《无产阶级阶级斗争的策略》一章中，列宁提
到了乔·杰·侯里欧克，引用了马克思关于"英国工人领袖怎样在变成
'在激进派资产者和工人之间'的中间类型的人"的指示（见本版全集第
26 卷第 79 页）。——117。

176　指的是马克思《哲学的贫困。答蒲鲁东先生的〈贫困的哲学〉》一书中的
分析（参看《马克思恩格斯文集》第 1 卷第 644—646 页）。——125。

177　马克思说的是《资本论》第 1 卷德文第 1 版的页码，见《马克思恩格斯文
集》第 5 卷第 587 页及以下几页。——129。

178 蒂珀雷里是爱尔兰的一个郡。1869 年 11 月 25 日,爱尔兰民族解放运动的领导者之一、被判无期徒刑而关在监狱中的耶·奥顿诺凡-罗萨在这里当选为英国下院议员。——130。

179 恩格斯指的是爱尔兰革命者——芬尼社社员准备于 1867 年春举行的武装起义。英国当局获悉准备起义后,毫不费劲地就把个别郡的零星发动镇压下去了,许多芬尼社领导人被捕并被审讯。——130。

180 《律师杂志》即《律师杂志和每周报道》(«The Solicitor's Journal and Weekly Reporter»),是英国的资产阶级自由派法学杂志,1857—1927 年在伦敦出版。——131。

181 指阿·杨格《爱尔兰游记》(«A Tour in Ireland»)1780 年伦敦版和约·帕·普伦德加斯特《克伦威尔在爱尔兰的殖民》(«The Cromwellian settlement of Ireland»)1865 年伦敦版。——131。

182 布里恩法规是克尔特习惯法汇编的总称,因爱尔兰法官称做布里恩而得名。布里恩法规在 1605 年被英国政府取消以前,在爱尔兰一直有效。英国政府于 1852 年成立一个专门委员会,开始出版布里恩法规。前三卷《古代爱尔兰的法律》先后于 1865 年、1869 年和 1873 年问世,同时还编纂了《古制全书》汇编。出版法规的工作继续到 1901 年。——131。

183 指爱·韦克菲尔德《爱尔兰的统计数字和政治情况》(«An Account of Ireland.Statistical and Political»)1812 年伦敦版。——131。

184 指约·戴维斯的《史学论文集》(«Historical tracts»)1787 年都柏林版。恩格斯叙述的是戴维斯下面两篇论文的内容:《约翰·戴维斯爵士给罗伯特·索尔兹伯里伯爵的信》(«A letter from sir John Davies to Robert Earl of Salisbury»)(1607 年),《约翰·戴维斯爵士给罗伯特·索尔兹伯里伯爵论爱尔兰状况的信》(«A letter from sir John Davies to Robert Earl of Salisbury concerning the State of Ireland»)(1610 年)。——131。

185 说的是巴塞尔代表大会关于土地问题的讨论。见注166。——132。

186 人身保护法是1679年英国议会通过的一项法令，根据这一法令，被捕者可以要求公布将其送交法庭的命令，说明逮捕的理由，以便审查逮捕的合法性。同时被捕者必须于短期内(3—20天)送交法庭，法庭根据对逮捕原因的审查，或释放被捕者，或将其押回监狱，或取保释放。人身保护法不适用于叛国罪案件，而且根据议会的决定可以暂时中止其生效。——134。

187 列宁在《论民族自决权》、《革命的无产阶级和民族自决权》和《社会主义革命和民族自决权》以及其他文章中利用了卡·马克思信中的这一思想(参看本版全集第25卷第272页，第27卷第85、261页)。——134。

188 参看马克思《强迫移民。——科苏特和马志尼。——流亡者问题。——英国选举中的贿赂行为。——科布顿先生》一文(《马克思恩格斯全集》第1版第8卷)。——135。

189 马克思建议恩格斯在他写的爱尔兰史中把这个时期作为单独的一章(这一著作没有完成，参看《马克思恩格斯全集》第1版第16卷第523—571页)。大概为了帮助恩格斯写书，马克思作了有关1776年至1801年爱尔兰历史的专门摘录；他在本信中所谈的想法就是以这些摘录为依据的。恩格斯曾打算在《英国的统治》一章中写一节《起义和合并。1780—1801》(参看《马克思恩格斯全集》第1版第16卷第804页)。——136。

190 指坎布里亚的吉拉德的著作《爱尔兰的征服》(《Expugnatio Hibernica》)(恩格斯手稿中写做《被征服的爱尔兰》(《Hibernia Expugnata》)，载于他的文集——《Giraldi Cambrensis. Opera》1867年伦敦版第5卷。——136。

191 1870年1月10日，皮埃尔·拿破仑·波拿巴亲王在自己的家里杀死了记者、共和派报纸《马赛曲报》的撰稿人维克多·努瓦尔。努瓦尔是作为因受辱要求与亲王决斗的《马赛曲报》撰稿人布朗基主义者帕斯卡尔·格鲁赛的监场人去找皮埃尔·拿破仑的。这个杀人事件发生在奥利维埃自由派内阁上台几天以后,自由资产阶级曾希望靠它进行一系列改革。努瓦尔的被杀在民主阶层激起极大的愤慨,并促使法国的共和主义运动大大加强起来。——137。

192 吕·阿·普雷沃–帕拉多尔的文章实际上发表于1870年1月17日(星期一)的《辩论日报》。——137。

193 《国家报》即《国家报,帝国报》(《Le pays,Journal de l'Empire》),是法国的一家日报,1849年在巴黎创刊,1852—1870年是波拿巴政府的半官方报纸。——138。

194 指恩·弗列罗夫斯基《俄国工人阶级状况。考察与研究》(《Положение рабочего класса в России.Наблюдения и исследования》)1869年圣彼得堡版。——138。

195 指昂·罗什弗尔于1870年2月8日在拉维勒特(巴黎工人区)的一次选举集会上被捕,原因是他在1870年1月12日《马赛曲报》为维克多·努瓦尔被害而出版的追悼专号上写过文章。——140。

196 没落帝国在历史文献中是指晚期罗马帝国或拜占庭帝国,现在已泛指处于没落腐朽阶段的国家。这里是指法兰西第二帝国。——140。

197 指恩格斯《〈德国农民战争〉第二版序言》(见《马克思恩格斯文集》第2卷第203—212页)。——141。

198 指俄国侨居国外革命家中以尼·伊·吴亭等人为首的民粹派社会主义者团体的活动。该团体在日内瓦出版了《人民事业》杂志(后改为报纸)。1870年初又在那里成立了国际工人协会(第一国际)俄国支部,当年3月22日为国际总委员会所接受。马克思应俄国支部的请求担任俄国支部驻国际总委员会代表。俄国支部的成员支持马克思反对无政府主义者的斗争,宣传第一国际的革命思想,力图加强俄国革命运动和西欧革命运动的联系,参加瑞士和法国的工人运动。但他们还有民粹主义空想,特别是把村社理想化,称它是"俄国人民的伟大成就"。俄国支部未能和俄国国内的革命运动建立起密切的联系,1872年停止活动。——142。

199　这里是指詹·哈·斯特林的著作《黑格尔的秘密:黑格尔体系的来源、原则、形式和内容》(《The Secret of Hegel:being the hegelian system in origin,principle,form,and matter》),共两卷,1865年伦敦版。

在列宁的《哲学笔记》中有《哲学杂志》关于斯特林这本著作的书评的札记(见本版全集第55卷《关于论述黑格尔的最新文献》)。——142。

200　指1865年9月18—23日在汉诺威举行的德国自然科学家、学者和医生代表大会。在代表大会的一次会议上,舒尔采发言反驳查·达尔文的理论。——143。

201　说的是威·李卜克内西在1870年4月16日和20日《人民国家报》上发表了米·亚·巴枯宁的《关于俄国革命运动的书信》的第1部分(《Briefe über die revolutionäre Bewegung in Rußland.I》)。——143。

202　《国际报》(《L'International》)是1863—1871年用法文在伦敦出版的日报,法国政府的半官方报纸。——144。

203　由于准备举行第二帝国的全民投票,从1870年4月底起在法国全国开始逮捕社会主义者,罪名是他们参加国际工人协会,以及参与巴黎警察局长约·玛·皮埃特里捏造的谋害拿破仑第三的阴谋活动(所谓布卢瓦案件)。1870年5月5日《公报》发表了第二帝国总检察官米·埃·昂·泰·格朗佩雷的起诉书,他指控许多人包括古·弗路朗斯参与了所谓的阴谋活动。同一天的《高卢人报》报道说,当时待在英国的弗路朗斯似乎遭到英国警察的通缉,从而不得不躲起来。——144。

204　十二月十日会是1849年成立的波拿巴派的秘密团体,它的成员多半是堕落分子、政治冒险家、军人等。马克思在《路易·波拿巴的雾月十八日》这一著作中对十二月十日会作了详尽的评述(见《马克思恩格斯文集》第2卷第522—525页)。——144。

205 列宁在《哲学笔记》中探讨了马克思佩服哥·威·莱布尼茨的原因(见本版全集第55卷《费尔巴哈〈对莱布尼茨哲学的叙述、阐发和批判〉一书摘要》)。——145。

206 列宁在《论民族自决权》一文中完整地引用了这段画了着重线的文字(见本版全集第25卷第267页)。——147。

207 指路·库格曼在法国对普鲁士宣战前夕(1870年7月18日)写给马克思的信。库格曼在自己的信中批评了1870年7月16日在不伦瑞克召开的工人大会通过的呼吁书,认为其中坚决要求法国工人起来推翻帝国的话是错误的。这次大会是德国社会民主工党(爱森纳赫派)的领导为抗议统治阶级策划战争并声援国际巴黎会员们发表的宣言而召开的。尽管呼吁书有些缺点,但整个说来坚持了国际主义精神。马克思在国际工人协会总委员会关于普法战争的第一篇宣言中引用了该呼吁书(见《马克思恩格斯文集》第3卷第116页)。——147。

208 《觉醒报》(《Le Réveil》)是法国左派共和党人的机关报,1868年7月—1871年1月在巴黎出版,原为周报,1869年5月起改为日报。由路·沙·德勒克吕兹主编,刊登过国际的文件和有关工人运动的材料。——147。

209 指1870年7—8月进行的布卢瓦案件的审判。提交法院审判的有72人,其中有布朗基主义组织的著名活动家沙·维·雅克拉尔、埃·玛·古·特里东、古·弗路朗斯、泰·沙·吉·费雷等人,还有费·皮阿。死罪法院判决被告以5年至20年期限不等的劳役、监禁和流放。——147。

210 指海·律斯勒写的关于《资本论》第1卷的书评,载于1869年《国民经济和统计年鉴》第12卷,该杂志是布·希尔德布兰德自1863年起出版的。——148。

211 说的是创立于19世纪中叶的韦伯—费希纳定律,它是确定感觉强度和刺激强度间函数关系的心理物理学基本定律。——148。

212　指法兰西第二帝国皇帝拿破仑第三。——148。

213　《向叙利亚进发》(《Partant pour la Syrie》)是 19 世纪初创作的法国歌曲；在第二帝国时期成为一种波拿巴主义的赞歌。——148。

214　《耶稣保佑我》是德国诗人和出版者龙葛为侯爵夫人路易莎·罕丽达·勃兰登堡所作的歌曲；第一次刊登在他的《教会歌曲集》上，该歌曲集第 1 版于 1653 年在柏林出版。——149。

215　由于法军在福尔巴赫(施皮歌恩)和韦尔特的失败，1870 年 8 月 7—9 日在巴黎发生了声势浩大的反政府示威游行。这次革命发动几乎同 1792 年 8 月 10 日巴黎人民起义的日子完全吻合，由于那次起义，在法国推翻了帝制并建立了第一共和国。1870 年 8 月 10 日《派尔-麦尔新闻》以《革命的前景》为题报道了巴黎发生的这一事件。

　　　《派尔-麦尔新闻》(《The Pall Mall Gazette》)是英国的一家保守派日报，1865 年 2 月—1920 年在伦敦出版，19 世纪 60—70 年代奉行保守方针。——149。

216　恩格斯暗指《马赛曲报》的编辑昂·罗什弗尔，他因为在 1870 年 1 月 12 日的报纸上写了一篇哀悼被皮埃尔·波拿巴亲王杀害的记者维克多·努瓦尔的文章，从 1870 年 2 月起在圣珀拉惹监狱被关押了 6 个月。

　　　《马赛曲报》(《La Marseillaise》)是法国的一家日报，左派共和党人的机关报，1869 年 12 月 19 日—1870 年 9 月 9 日由布朗基主义者参加在巴黎出版。由于反对第二帝国统治集团的行动，1870 年 5 月 18 日—7 月 20 日曾被波拿巴政府查封。该报经常报道国际的活动，刊登国际总委员会的文件。——150。

217　《人民国家报》(《Der Volksstaat》)是德国社会民主工党(爱森纳赫派)的中央机关报，其前身是《民主周报》。1869 年 10 月 2 日—1876 年 9 月 29 日在莱比锡出版，最初每周出两次，1873 年 7 月起改为每周出三次。由威·李卜克内西领导编辑部工作，奥·倍倍尔负责出版工作。李卜克内西和倍倍尔因反对德国兼并阿尔萨斯—洛林于 1870 年 12 月被捕后,由卡·希尔施和威·布洛斯相继主持工作。马克思和恩格斯从该报创刊起就为它撰稿,并经常给编辑部提供帮助和指导,使该报成了19世纪70年代优秀的报刊之一。——151。

218 指马克思从德国收到的德国社会民主工党不伦瑞克委员会委员们的书信及其他材料,当时委员会和党的中央机关报《人民国家报》编辑部之间在对待普法战争的态度和确定工人阶级的策略上产生了分歧。

《人民国家报》编辑部总的说来虽然站在国际主义立场上,并正确地把波拿巴主义看做欧洲最反动的势力,把拿破仑第三的胜利看做工人阶级和民主势力的失败,但是忽视了德意志国家统一的任务。不伦瑞克委员会委员们在批评编辑部在国家统一问题上的立场时,本身也犯了严重错误。他们把战争看做纯粹防御性的,不懂得德国工人阶级必须采取独立的立场,也不去批判俾斯麦政府的政策。由于分歧非常尖锐,委员会委员们请马克思就这些问题发表自己的观点。

马克思和恩格斯详细地制定了德国无产阶级和社会民主工党的策略路线,在他们共同拟定的给党的不伦瑞克委员会的复信中阐明了德国无产阶级和社会民主工党应当坚持的策略和原则(参看《马克思恩格斯全集》第1版第17卷第282—284页)。——151。

219 列宁在《俄国的休特古姆派》一文中用对威·李卜克内西的立场的评价来批判格·瓦·普列汉诺夫在第一次世界大战期间所采取的沙文主义立场(参看本版全集第26卷第121—122页)。——153。

220 路·库格曼在1870年8月7日给马克思的信中,告诉了有关战争在德国引起民族运动高涨的消息。——153。

221 指马克思《国际工人协会总委员会关于普法战争的第一篇宣言。致国际工人协会欧洲和美国全体会员》(见《马克思恩格斯文集》第3卷)。——154。

222 莱茵联邦是1806年7月在拿破仑第一保护下成立的德国南部和西部各邦的联盟。由于1805年击溃了奥地利,所以拿破仑得以在德国建立这样一个军事政治堡垒。最初有 16 个邦参加联邦,后来又有 5 个邦加入,它们实际上成了拿破仑法国的附庸。1813 年,拿破仑军队在德国战败后,联邦便瓦解了。——154。

223　由于社会民主工党不伦瑞克委员会委员们请求对战争性质和党应采取的立场发表看法(见注 218),马克思和恩格斯于 1870 年 8 月 22 日和 30 日之间在曼彻斯特见面时,共同拟定了复信;此信由马克思签署寄往德国(参看《马克思恩格斯全集》第 1 版第 17 卷第 282—284 页)。——155。

224　1870 年 7 月 21 日在北德意志联邦国会对军事拨款进行表决时,奥·倍倍尔和威·李卜克内西弃权,并发表声明说,投票赞成拨款意味着对进行王朝战争的普鲁士政府表示信任,而投票反对拨款又可能被认为是赞同波拿巴的罪恶政策。马克思于 1870 年 7 月 26 日在国际总委员会里宣读了这个声明,总委员会完全同意倍倍尔和李卜克内西采取的立场。——155。

225　说的是德国社会民主工党不伦瑞克委员会于 1870 年 9 月 5 日发表的宣言。宣言中摘引了马克思和恩格斯给社会民主工党委员会的信(参看《马克思恩格斯全集》第 1 版第 17 卷第 282—284 页)的部分内容。宣言指出,它所引用的文字是由"在伦敦的一位最老的最有威望的同志"写的。——158。

226　指约·丁铎尔在 1874 年 8 月 19 日召开的不列颠科学促进协会贝尔法斯特第四十四届年会上的开幕词(载于 1874 年 8 月 20 日《自然》杂志第 251 期),以及托·亨·赫胥黎在 8 月 24 日协会会议上的报告《关于动物是自动机的假说及其历史》(«On the Hypothesis that animals are automats, and its history»,载于 1874 年 9 月 3 日《自然》杂志第 253 期)。

　　恩格斯在《自然辩证法》中曾利用了丁铎尔的报告(参看《马克思恩格斯文集》第 9 卷第 462 页)。——162。

227　指乔·威·弗·黑格尔的两部著作:《逻辑学》(«Wissenschaft der

Logik»)1833—1834 年柏林版和《哲学全书纲要》(«Encyclopädie der philosophischen Wissenschaften im Grundrisse»)1843 年柏林版。列宁在他的《黑格尔〈逻辑学〉一书摘要》中(第 2 编第 3 篇《现实》部分)提到过恩格斯的这封信(见本版全集第 55 卷)。——163。

228 《自然》杂志即《自然。每周科学画报》(«Nature. A Weekly Illustrated Journal of Science»),是英国的一家自然科学刊物,1869 年起在伦敦出版。——163。

229 指威·李卜克内西 1876 年 5 月 16 日的来信和约·莫斯特的信。关于莫斯特,李卜克内西在信中写道:"附上莫斯特的稿件,它表明杜林流行病还传染了那些在其他方面清醒的人们。驳斥是必要的。请将稿件退回。"莫斯特的稿件吹捧欧·杜林《哲学教程》一书。——164。

230 显然是说欧·杜林的著作《哲学教程——严格科学的世界观和生命形成》(«Cursus der Philosophie als streng wissenschaftlicher Weltanschauung und Lebensgestaltung»)1875 年莱比锡版。该书分册出版,最后一册于 1875 年 2 月出版。恩格斯在《反杜林论》中对这本书给予了毁灭性的批判。——164。

231 指约·莫斯特的小册子《资本和劳动。卡尔·马克思〈资本论〉浅说》(«Kapital und Arbeit. Ein populärer Auszug aus «Das Kapital» von Karl Marx»),1873[大概 1874]年茨维考—开姆尼茨版。根据威·李卜克内西的请求,1875 年 8 月初,在恩格斯的参加下,马克思对莫斯特的小册子作了修改。1876 年 4 月,小册子在开姆尼茨出了第 2 版。——164。

232 马克思是 1874 年 8 月 19 日—9 月 21 日第一次在卡尔斯巴德疗养的,1874 年 10 月 3 日左右返回伦敦。——165。

233 可能是指杜林在《国民经济学和社会主义批判史》(«Kritische Geschichte der Nationalökonomie und des Socialismus»)一书 1875 年柏林修订第 2 版中对莫斯特的小册子的评论。杜林的这本书是 1874 年 11 月问世的。——166。

234　指恩格斯的著作《论住宅问题》;这部著作的第一篇和第三篇是针对德国的蒲鲁东主义者阿·米尔柏格的文章写的(见《马克思恩格斯文集》第3卷)。——166。

235　指欧·杜林《国民经济学和社会经济学教程,兼论财政政策的基本问题》(«Cursus der National-und Socialökonomie einschliesslich der Hauptpunkte der Finanzpolitik»)1876年莱比锡修订第2版。该书第1版是1873年在柏林出版的。恩格斯在写作《反杜林论》时主要用的是该书第2版。恩格斯在《反杜林论》中给这本书以毁灭性的批判。——167。

236　施给乞丐的稀汤是德国作家约·沃·冯·歌德用来讽刺内容浅薄、投合公众趣味的无聊作品的用语,见于他的诗体悲剧《浮士德》第1部第6场《魔女之厨》。——168。

237　法国在1870—1871年普法战争中失败以后,根据和约的条款,在1871—1873年间付给德国50亿法郎的赔款。——168。

238　指《新社会。社会科学月刊》。

　　《新社会。社会科学月刊》杂志(«Die Neue Gesellschaft. Monatsschrift für Socialwissenschaft»)是德国改良派的杂志,1877年10月—1880年3月在苏黎世出版。弗·维德是该杂志创办人和主编。——169。

239　《新世界》杂志即《新世界。大众消遣画报》(«Die Neue Welt. Illustriertes Unterhaltungsblatt für das Volk»),是德国的社会主义刊物,1876—1883年在莱比锡出版,后来在斯图加特和汉堡出版,1919年停刊。1876—1880年威·李卜克内西任该杂志编辑。70年代,恩格斯曾为它撰稿。

　　《前进报》(«Vorwärts»)是德国社会民主党中央机关报(日报),1876年10月在莱比锡创刊。1878年反社会党人非常法颁布后停刊。马克思和恩格斯经常帮助该报编辑部。——169。

240 列宁在《卡尔·马克思》一文的《无产阶级阶级斗争的策略》一节中引用了马克思1877年7月23日和8月1日的信和恩格斯1879年8月25日和9月9日的信。列宁写道:"马克思……在1877—1878年,在反社会党人非常法颁布以后,严厉地斥责了莫斯特的'革命空谈',但他同样严厉甚至更为严厉地痛斥了当时在正式的社会民主党中一时占上风的机会主义,因为这个党没有立刻表现出坚定性、坚决性、革命性和为对付非常法而转向不合法斗争的决心。"(见本版全集第26卷第82页)。——169。

241 针对法国众议院的保皇派集团和共和派多数之间发生的冲突,并且直接针对共和国总统玛·埃·帕·莫·麦克马洪发动保皇派政变的企图,《前进报》从1877年6月10日起发表了一系列评论这些事件的文章。报纸的编辑部采取了错误的立场,对于在法国开展的争取共和制的斗争表现了虚无主义态度,实际上是散布了这样一种思想:对于无产阶级说来,不论是在资产阶级共和制的条件下还是在君主制的条件下进行活动,都没什么两样。这种观点在1877年7月1日《前进报》第76号上发表的《打倒共和国!》一文中表达得最为明显。该文的作者显然是威·哈森克莱维尔。马克思和恩格斯坚决谴责了《前进报》的这一错误政治路线。——169。

242 《未来》杂志编辑部在1877年7月20日寄给恩格斯一封信,同时也给马克思寄去了同样内容的信,信中援引哥达代表大会关于出版科学杂志的决议,邀请马克思和恩格斯为杂志撰稿。此信仅有"《未来》编辑部"的落款,而没有署名。编辑部的地址则标明为约·莫斯特编辑的《柏林自由新闻报》的发行处。

《未来》杂志即《未来。社会主义评论》(«Die Zukunft. Socialistische Revue»),是德国社会民主党人创办的刊物,1877年10月—1878年11月在柏林出版。卡·赫希柏格是该杂志的出版者,卡·施拉姆和爱·伯恩施坦是撰稿人。马克思和恩格斯曾对杂志的改良主义倾向提出尖锐批评。——170。

243 《自由报》(«La Liberté»)是比利时民主派的报纸,1865—1873年在布

鲁塞尔出版；1872—1873 年每周出版一次；1867 年起成为国际工人协会在比利时的机关报之一。——171。

244 指约·亨·毕尔格尔斯，他是德国激进派政论家，共产主义者同盟盟员，《新莱茵报》编辑之一；19 世纪 60 年代是民族联盟盟员。

《新莱茵报》即《新莱茵报。民主派机关报》(《Neue Rheinische Zeitung.Organ der Demokratie»)，是德国和欧洲革命民主派中无产阶级第一家独立的日报，1848 年 6 月 1 日—1849 年 5 月 19 日在科隆出版。马克思任该报的主编，编辑部成员有恩格斯等。——171。

245 《劳动者》杂志(«Le Travailleur»)是一家无政府主义月刊，1877 年 5 月—1878 年 5 月用法文在日内瓦出版。编辑是尼·伊·茹柯夫斯基，让·雅·埃·勒克律等。——171。

246 这封信以及后面几封信里提到的通信，都与在苏黎世筹备出版德国社会主义工人党中央机关报《社会民主党人报》一事有关。1878 年 10 月实施反社会党人非常法以后，在德国国内禁止出版党的报纸，其中包括党的中央机关报《前进报》。通信的内容是讨论新报纸的政治方针和该报编辑部的问题。通信是 1879 年 7 月至 9 月间，在莱比锡(奥·倍倍尔、威·李卜克内西、路·菲勒克)、苏黎世(爱·伯恩施坦、卡·赫希柏格、卡·奥·施拉姆)、巴黎(卡·希尔施)和伦敦(马克思和恩格斯)之间进行的。马克思和恩格斯进行的争取党的中央机关报的正确政治路线和反对右倾机会主义者想控制报纸出版工作的企图的斗争，最充分地反映在恩格斯在马克思参与下起草的致德国社会民主党领导的《通告信》中(参看《马克思恩格斯全集》第 1 版第 34 卷第 368—384 页)。——173。

247 指 1879 年 5 月 17 日社会民主党议员麦·凯泽尔在整个社会民主党帝国国会党团的同意下发表的为政府的保护关税法案辩护的演说。马克思和恩格斯尖锐地谴责了凯泽尔在帝国国会中为这个有利于大工业家和大地主而损害人民群众利益的提案作辩护的行径，同时也尖锐地谴责了德国社会民主党的许多领导人对凯泽尔的纵容态度。——174。

248　指《社会科学和社会政治年鉴》。

　　　《社会科学和社会政治年鉴》杂志(《Jahrbuch für Sozialwissen-schaft und Sozialpolitik»)是社会改良派的刊物,1879—1881年由卡·赫希柏格(用笔名路·李希特尔)在苏黎世出版。共出了3卷。载有改良派的纲领性文章的第1卷是由马·马·柯瓦列夫斯基带到伦敦去的。——175。

249　指奥·倍倍尔1879年8月20日关于出版《社会民主党人报》给恩格斯的信。对这封信的答复就是马克思和恩格斯给德国社会民主党写的《通告信》(参看《马克思恩格斯全集》第1版第34卷第368—384页)。——175。

250　指《社会科学和社会政治年鉴》第1卷的一篇基本的纲领性的文章——《德国社会主义运动的回顾。评论箴言》(《Rückblicke auf die sozialis-tische Bewegung in Deutschland. Kritische Aphorismen»),该文作者是卡·赫希柏格、爱·伯恩施坦和卡·奥·施拉姆。——176。

251　指《社会科学和社会政治年鉴》第1卷书评栏所载卡·吕贝克就瓦尔特、古·科恩、迈耶尔和弗兰茨的著作写的4篇书评。——176。

252　《社会科学和社会政治年鉴》第1卷的"社会主义运动成就的报道"栏刊登了两篇寄自德国的报道,其中第一篇的作者是马克西米利安·施莱辛格。——176。

253　马克思和恩格斯在《通告信》里对《社会科学和社会政治年鉴》的改良主义、机会主义倾向作了毁灭性的批判(参看《马克思恩格斯全集》第1版第34卷第376—384页)。——177。

254　说的是为《劳动旗帜报》撰稿的问题。

　　　《劳动旗帜报》即《劳动旗帜报。工业界刊物》(《The Labour Stan-dard. An Organ of Industry»),是英国的一家周报,工联的机关报,1881—1885年在伦敦出版,主编是乔·希普顿。1881年5月7日—8月6日,恩格斯曾为该报撰稿。——177。

255 不列颠工联第十四届年会于 1881 年 9 月 12—17 日在伦敦举行。——178。

256 指约·埃卡留斯的文章《一个德国人对英国工联主义的看法》（«A German opinion of English trade unionism»），该文发表于 1881 年 8 月 6 日《劳动旗帜报》第 14 号，未署名。埃卡留斯在文中赞扬了由麦·希尔施和弗·敦克尔于 1868 年创建的改良主义的德国工会（所谓的希尔施—敦克尔工会）。——178。

257 列宁在《卡尔·马克思》一文的《无产阶级阶级斗争的策略》一节中引用了这个观点（参看本版全集第 26 卷第 80 页）。——179。

258 1914 年，列宁在摘录黑格尔《逻辑学》一书的要点时，对书中极详细地研究微积分的那几页很注意（见本版全集第 55 卷《黑格尔〈逻辑学〉一书摘要》中第 1 编第 2 篇《量》）。——179。

259 指社会主义民主同盟。

社会主义民主同盟是米·亚·巴枯宁于 1868 年 10 月在日内瓦创立的无政府主义者的国际组织，其中包括了他早先创建的阴谋家的秘密联盟。同盟在意大利、西班牙、瑞士等国的工业不发达的地区和法国南部设有支部。同盟盟员宣布无神论、阶级平等和废除国家为自己的纲领，否认工人阶级进行政治斗争的必要性。在同盟申请加入第一国际遭到拒绝以后，巴枯宁主义者对国际总委员会的决定采取阳奉阴违的两面手法，表面上宣布解散这个组织，而实际上却继续保留它，并于 1869 年 3 月以国际日内瓦支部的名义把它弄进了国际。巴枯宁主义者利用社会主义民主同盟的组织在国际内部进行了大量的分裂和破坏活动，力图夺取国际总委员会的领导权，受到马克思恩格斯的揭露和批判。在 1872 年 9 月举行的第一国际海牙代表大会上，同盟的头目巴枯宁和詹·吉约姆被开除出国际。——182。

260 全国委员会是由法国工人党右翼领袖贝·马隆和保·布鲁斯发起，于 1881 年 10 月中旬该党兰斯代表大会前夕建立的，并为这次代表大会批准。——183。

261　最低纲领是指法国工人党的马克思主义的纲领。纲领的理论性导言是
马克思起草的;马克思和恩格斯还参与制订纲领的实践部分(参看《马
克思恩格斯文集》第 10 卷第 466—467 页)。纲领发表于 1880 年 6 月
30 日《平等报》、1880 年 7 月 10 日《无产者报》和 1880 年 7 月 20 日《社
会主义评论》。1880 年 11 月在法国工人党勒阿弗尔代表大会上这个
纲领作为"最低纲领"被通过。1882 年 9 月法国工人党在圣艾蒂安代
表大会上分裂以后,这一纲领被机会主义分子(可能派)所否决,他们通
过了一个新的改良主义纲领,但同时召开的马克思派的罗阿讷代表大
会确认这一纲领仍然有效。

　　恩格斯这里所谈的茹·盖得同贝·马隆、保·布鲁斯信徒们的论
战,是由于法国机会主义分子反对马克思主义的纲领而引起的。1882
年 1 月 8 日,马隆和布鲁斯集团利用自己在全国委员会中的优势坚持
通过了一项决议,在决议中委员会同意把茹·弗·亚·若弗兰提出的
机会主义的竞选纲领作为党推荐的纲领。——183。

262　指 1882 年 1 月 7 日《无产者报》第 171 号发表的茹·弗·亚·若弗兰
给《平等报》主编茹·盖得的信。若弗兰在这封信里一方面维护他在巴
黎蒙马特尔区选举时提出的竞选纲领,另一方面断言,违反党的纪律的
不是他,而是盖得,因为似乎他是取得了全国委员会的同意才行动的,
而盖得却反对全国委员会的决议。——183。

263　关于马克思同亨·迈·海德门的相互关系,见马克思 1881 年 7 月 2 日
给海德门的信(《马克思恩格斯全集》第 1 版第 35 卷第 194—196 页)。
——184。

264　《无产者报》(《Le Prolétaire》)是法国的工人周报,1878—1884 年在巴
黎出版。

　　19 世纪 80 年代初,法国工人党内的小资产阶级机会主义分子即
所谓的可能派联合在《无产者报》的周围。——184。

265　指《平等报》。

　　《平等报》即《平等报。革命组织的刊物》（«L'Égalité. Organe collectiviste Révolutionnaire»），是法国的社会主义周报，1877 年由茹·盖得创办，1880 年至 1883 年为法国工人党的机关报。19 世纪 80 年代初，马克思和恩格斯为该报撰稿。——184。

266　《革命旗帜报》全称为《革命旗帜报。无政府主义者每日机关报》（«L'Etendard Revolutionnaire. Organe anarchiste hebdomadaire»），是法国的无政府主义日报，1882 年 7 月 30 日—10 月 8 日在里昂出版。——185。

267　指马克思和恩格斯《社会主义民主同盟和国际工人协会。根据国际海牙代表大会决定公布的报告和文件》（《马克思恩格斯全集》第 1 版第 18 卷第 365—515 页）。这一著作是马克思和恩格斯于 1873 年 4—7 月在保·拉法格的参与下写成的。——185。

268　指 1882 年在圣艾蒂安代表大会上形成的以贝·马隆和保·布鲁斯为首的可能派的党，即社会主义革命工人党。——186。

269　马赛代表大会是法国工人第三次社会主义代表大会和法国工人党第一次代表大会，1879 年 10 月 20—31 日在马赛举行。代表大会通过了关于工业国有化和土地所有制、关于工人夺取政权、关于成立法国工人党等一系列原则性的决议。代表大会还通过了党章并提出了制定党纲的任务。——186。

270　恩格斯这里显然是指自己的手稿《自然辩证法》，特别是《运动的量度。——功》这一章。《自然辩证法》是一部未完成的著作，恩格斯在世时与它有关的材料没有发表过（关于这一著作的写作和发表情况的详细材料，见《马克思恩格斯文集》第 9 卷注 154）。——186。

271　指谢·安·波多林斯基的文章《社会主义和体力的单位》（«Il socialismo e l'unitâ delle forze fisiche»）。该文于 1881 年初次发表于《人民》杂

志(《人民报》第 14 年卷新丛刊)第 3、4 期第 13—16 和 5—15 页;后来以《人的劳动和力的单位》(«Menschliche Arbeit und Einheit der Kraft»)的标题转载于德文杂志《新时代》1883 年第 1 年卷第 413—424 页和第 449—457 页。——188。

272　《平民报》(«La Plebe»)是意大利的一家报纸,由恩·比尼亚米创办,1868 年 7 月 4 日至 1875 年 10 月 29 日在洛迪或洛迪—米兰、1875 年 11 月 1 日至 1883 年 11 月 1 日在米兰不定期出版;1881—1882 年曾以《平民报。社会主义周刊》(«La Plebe. Rivista Socialista Ebdomadria»)的形式出版;报纸起初采取资产阶级民主共和主义的立场,1871—1872 年在马克思和恩格斯的支持下成为国际意大利各支部的机关报;1876—1877 年再度得到恩格斯的支持,成为正在兴起的意大利社会主义工人运动的报纸;报纸刊登过国际的文件和恩格斯的文章。——188。

273　指古斯塔夫·武尔姆。他是恩格斯的同学,后来成为语言学家。——193。

274　列宁在他没有写完的《马克思和恩格斯通信集》一文中,引用了恩格斯的这封信(见本版全集第 24 卷第 281—282 页)。——193。

275　恩格斯是 1842 年 11 月离开德国的。他在英国住了将近两年,在曼彻斯特一家纺纱厂工作,他的父亲是这家工厂的股东之一。在这同时,恩格斯研究了英国的社会关系和政治关系,英国工人的生活条件和劳动条件,考察了宪章运动。1844 年 9 月初,恩格斯返回德国。——193。

276　小册子是指恩格斯《现代兴起的今日尚存的共产主义移民区记述》(《马克思恩格斯全集》第 1 版第 42 卷)一文,1844 年 12 月匿名发表在《1845 年德国公民手册》上。这是一篇关于欧文及其追随者在美国建立共产主义移民区情况的通讯,是根据英国报刊《新道德世界》、《北极星报》和《纪事晨报》上刊载的材料编译的。——194。

277　马克思和恩格斯同资产阶级激进分子阿·卢格之间的分歧,始于出版《德法年鉴》杂志(由马克思和卢格编辑出版)时期。发生这些分歧的原因是，卢格对共产主义这种革命的世界观持否定态度，马克思同作为青年黑格尔分子和哲学唯心主义拥护者的卢格在观点上完全背道而驰。马克思同卢格的彻底决裂是在1844年6月。卢格对群众革命斗争的敌视态度，在1844年夏季西里西亚织工起义时期表现得特别明显。马克思在《前进报》上写文章痛斥了卢格的资产阶级庸人立场，这篇文章题为《评一个普鲁士人的〈普鲁士国王和社会改革〉一文》(参看《马克思恩格斯文集》第1版第1卷)。——195。

278　指恩格斯的《英国工人阶级状况。致大不列颠工人阶级》(见《马克思恩格斯文集》第1卷)。——195。

279　马克思和恩格斯在他们的著作《德意志意识形态》中对麦·施蒂纳的这本书作了详细的分析，并对施蒂纳的哲学、经济学和社会学观点的反动实质进行了批判(参看《马克思恩格斯全集》第1版第3卷第116—530页)。——195。

280　指1844年由青年黑格尔分子路·布尔出版的《柏林月刊》。该刊发表了卡·施米特(他的笔名是麦·施蒂纳)评论法国作家欧仁·苏的小说《巴黎的秘密》的文章。这本小说于1842—1843年在巴黎出版。——195。

281　关于这个问题，可参看《马克思恩格斯全集》第1版第27卷第10—11页。——197。

282　列宁在他未写完的《马克思和恩格斯通信集》一文中，从恩格斯1845年1月20日的信和以后的两封信中引用了他作过提要和标记的那几段话(见本版全集第24卷第280—281页)。——198。

283　马克思由于参加《前进报》的编辑工作而被驱逐出法国。驱逐令是法国政府在普鲁士的压力下于1845年1月11日发布的。马克思打算1845年2月3日动身，但实际上他可能在2月1日就已迁往布鲁塞尔。

　　《前进报》即《前进报。巴黎德文杂志》(《Vorwärts. Pariser Deutsche Zeitschrfit》)，是一家德文刊物，1844年1月在巴黎出版，每周出两次。马克思和恩格斯曾为该刊撰稿。1844年12月马克思和该刊其他一些工作人员被驱逐出法国,该刊因而停刊。——198。

284　列宁在《马克思和恩格斯通信集》一文中谈到了恩格斯1846年9月16日和18日的两封信(参看本版全集第24卷第282—283页)。——202。

285　指皮·约·蒲鲁东著作《经济矛盾的体系,或贫困的哲学》(«Système des contradictions économiques, ou Philosophie de la misère»)第1、2卷,1846年巴黎版。1847年2月和5月卡·格律恩在达姆施塔特出版了这本书第1、2卷的德译本:《政治经济学的哲学,或贫困的必然性》(«Philosophie der Staatsökonomie oder Nothwendigkeit des Elends»)。——202。

286　恩格斯说的labour-bazars或labour-markets(劳动市场),是指英国各城市中由工人合作社创办的Labour Exchange Bazars(劳动产品公平交换市场);1832年9月罗·欧文在伦敦创办了第一个这样的市场,它一直存在到1834年。——203。

287　施特劳宾人是德国流动的手工业帮工。马克思和恩格斯以此来称呼那些还受落后的行会意识和成见支配的德国手工业者,这些人抱着反动的小资产阶级幻想,认为可以从资本主义的大工业退回到小手工业去。——204。

288　指皮·约·蒲鲁东1846年5月17日给马克思的信,这是对关于要他参加通讯委员会活动的建议的回复,见《蒲鲁东书信集》1875年巴黎版第2卷第198—202页。——204。

289　从恩格斯1846年10月23日的两封信中摘出的论点,列宁曾用于《马克思和恩格斯通信集》这篇文章。该文还引用了在下面页边上的摘记(参看本版全集第24卷第282—284页)。——207。

290　《国民报》(«Le National»)是法国的一家日报,1830—1851年在巴黎出

版,19世纪40年代是温和的资产阶级共和派的机关报。——212。

291　指德意志工人协会。该会是马克思和恩格斯于1847年8月底在布鲁塞尔建立的,目的是对侨居比利时的德国工人进行政治教育和向他们宣传科学共产主义思想。——212。

292　《布鲁塞尔报》即《德意志—布鲁塞尔报》(《Deutsche-Brüsseler-Zeitung»),是布鲁塞尔德国政治流亡者创办的报纸,1847年1月3日—1848年2月27日出版。1847年9月起,马克思和恩格斯成了该报的经常撰稿人并实际领导编辑部的工作。——213。

293　指马克思《哲学的贫困。答蒲鲁东先生的〈贫困的哲学〉》(参看《马克思恩格斯全集》第1版第4卷)。——217。

294　《改革报》(《La Réforme»)是法国的一家日报,小资产阶级民主派、小资产阶级民主共和党人和小资产阶级社会主义者的机关报,1843年7月—1850年1月在巴黎出版。1847年10月—1848年1月恩格斯在该报发表了许多文章。——217。

295　《星报》即《北极星报。全国工联的报纸》(《The Northern Star, and National Trades' Journal»),是英国的一家周报,宪章派的机关报,1837—1852年出版。最初在利兹出版,1844年11月起在伦敦出版。该报的创办人和编辑是菲·奥康瑙尔,参加编辑部的还有乔·朱·哈尼。1843—1849年该报刊登过恩格斯的论文、短评和通讯。——217。

296　指1846年出版的路易·勃朗的《法国革命史》(《Histoire de la Révolution française»)第1卷。——219。

297　指卡·海因岑的《共产主义的"一个代表"》(《«Ein Repräsentant» des Kommunismus»)一文,此文刊载在1847年10月21日《德意志—布鲁塞尔报》(《Deutsche-Brüsseler-Zeitung»)第84号。这篇文章是对恩格斯的也刊登在该报的论战性著作《共产主义者和卡尔·海因岑》一文(见《马克思恩格斯文集》第1卷)的答复。1847年10月底马克思在

《道德化的批判和批判化的道德》一文（参看《马克思恩格斯全集》第1版第4卷）中答复了海因岑。——219。

298　列宁在《马克思和恩格斯通信集》一文中谈到了恩格斯的这封有历史意义的信（参看本版全集第24卷第283—284页）。——220。

299　指恩格斯《共产主义原理》（见《马克思恩格斯文集》第1卷）。——220。

300　指拉蒙·德·拉萨格拉《劳动组织和研究这个问题的前提》（《Organi-sation du travail. Questions préliminaires à l'examen de ce problème»）1848年巴黎版。——221。

301　指马克思《哲学的贫困》。——221。

302　1797年10月，根据法国和奥地利帝国之间签订的坎波福米奥和约，莱茵河左岸的地区归属法国。——223。

303　共产主义者同盟的盟员维·特德斯科以及其他许多比利时民主主义者，因参加在法国二月资产阶级民主革命影响下展开的比利时共和运动，而于1848年2月底被捕。——223。

304　指恩格斯就马克思被比利时当局逮捕和驱逐一事而写的《给〈北极星报〉编辑部的信》（参看《马克思恩格斯全集》第1版第4卷）。——223。

305　指马克思《给〈改革报〉编辑的信》（参看《马克思恩格斯全集》第1版第4卷）。——224。

306　指马克思和恩格斯《共产党在德国的要求》（参看《马克思恩格斯全集》第1版第5卷）。——227。

307　说的是参加《新莱茵报》股东会议的委托书，该会议应在报纸开始出版以前，于1848年5月在科隆举行。不能亲自出席这个会议的其他城市的股东们，应向该报编辑或其他在科隆的人寄去委托书。——227。

308　1848年8—9月，马克思为了取得继续出版《新莱茵报》的资金，到柏林和维也纳旅行了一次。马克思在同波兰的民主主义者洽谈后,从弗·科斯策尔斯基那里得到 2 000 塔勒。——229。

309 1848 年 7 月初,马克思由于在《新莱茵报》上发表了揭露普鲁士当局对民主活动家进行迫害的《逮捕》一文(参看《马克思恩格斯全集》第 1 版第 5 卷)而受到司法追究。1848 年 9 月底,科隆的检察机关因《新莱茵报》发表了格·维尔特写的匿名的小品文《著名骑士施纳普汉斯基的生平事迹》而对马克思和《新莱茵报》的其他编辑进行法庭侦讯。1848 年10 月底,科隆检察机关又因发表小资产阶级民主主义者弗·黑克尔的呼吁书而对作为报纸主编的马克思提出起诉。1849 年 2 月 7 日对马克思、恩格斯和《新莱茵报》的发行负责人海·科尔夫进行的审判,以宣告他们无罪而告终。——230。

310 1848 年 12 月初,恩格斯写了《国民院》一文(参看《马克思恩格斯全集》第 1 版第 6 卷),文章着重指出当时以模范的资本主义联邦共和国闻名的瑞士的政治生活所具有的地方主义性和局限性。——231。

311 指卡·海因岑《德国的共产主义英雄们——献给卡尔·马克思》(«Die Helden des deutschen Kommunismus. Dem Herrn Karl Marx gewid-met»)1848 年伯尔尼版。——231。

312 《新莱茵报》编辑部力求立即让自己的读者们知道德国革命和欧洲革命的一切最重要的事件,时常采取出版报纸的附刊或增刊的办法,而在收到新的重要消息的时候,则以传单的形式出版特别附刊和号外。——231。

313 1848 年 9 月 25 日,科隆检察机关以阴谋反对现行制度的罪名对作为《新莱茵报》编辑的恩格斯、威·沃尔弗和亨·毕尔格尔斯提出起诉,因为他们在科隆的民众大会上发表了演说。在科隆实行戒严后,恩格斯被迫离开科隆。10 月 3 日,尽管科隆的戒严已经解除,但国家检察官仍下令采取措施侦查和逮捕恩格斯。恩格斯于 1849 年 1 月中才返回科隆。——231。

314 《卡尔斯鲁厄日报》(《Karlsruher Zeitung》)是德国的一家日报,巴登政府的官方报纸,1757 年起在卡尔斯鲁厄出版。

《曼海姆晚报》(《Mannheimer Abendzeitung》)是德国激进派的一家每日出版的晚报,由卡·格律恩创办,1842—1849 年出版。——233。

315 指 1848 年 10 月底在柏林第二次民主派代表大会上选出的德国的民主主义者中央委员会。1849 年 6 月初,马克思期待着法国的决定性的革命事件的到来,带了民主主义者中央委员会的委托书前往巴黎,以便在法国的民主主义者和社会主义者的面前代表德国的革命政党。——233。

316 指德国维护帝国宪法运动(参看《马克思恩格斯全集》第 1 版第 7 卷第 127—235 页;《马克思恩格斯文集》第 2 卷第 435—459 页)。——234。

317 指 1849 年 6 月 29—30 日巴登革命军同普鲁士军队在拉施塔特附近最后一次会战。被包围在拉施塔特要塞的巴登军残部直到 7 月 23 日才投降。——234。

318 巴登-普法尔茨起义失败以后,恩格斯所在的维利希军团于 1849 年 7 月 12 日作为革命军的最后一支部队在洛特施泰腾越过瑞士边界,7 月 24 日到达沃韦,在那里驻守了一个月。——235。

319 反谷物法同盟是英国工业资产阶级的组织,由曼彻斯特的两个纺织厂主理查·科布顿和约翰·布莱特于 1838 年创立。谷物法是英国政府为维护大土地占有者的利益,从 1815 年起实施的旨在限制或禁止从国外输入谷物的法令。同盟要求贸易完全自由,废除谷物法,目的是为了降低国内谷物价格,从而降低工人工资,削弱土地贵族的经济和政治地位。1846 年谷物法废除以后,反谷物法同盟宣布解散。实际上,同盟的一些分支机构一直存在到 1849 年。马克思在《关于自由贸易问题的演说》中对反谷物法运动作了评价(见《马克思恩格斯文集》第 1 卷)。——235。

320 指奥·克伦威尔于 1651 年颁布、后来经过多次修改或补充的航海条

例,它主要是为了对付荷兰的转运贸易和巩固英国的殖民统治而制定
的。条例规定,从欧洲运入的重要货物以及从俄国和土耳其运入的一
切货物只能用英国船只或原货物出产国的船只。英国沿海的航行只限
于用英国船只。这些条例于 19 世纪 20 年代已大大受到限制,于 1849
年剩下极少部分,于 1854 年全部取消。——235。

321　参看恩格斯发表于《德法年鉴》杂志的《国民经济学批判大纲》一文中的
有关论述(《马克思恩格斯文集》第 1 卷第 76—83 页)。

　　《德法年鉴》杂志(《Deutsch-Französische Jahrbücher》)是马克思和
阿·卢格合编的德文刊物,1844 年在巴黎出版。由于马克思和资产阶
级激进派卢格之间有原则性的意见分歧,杂志只出了第 1—2 期合刊。
——242。

322　通货论是货币数量论学派的变种之一。以银行家赛·琼·劳埃德(即
奥弗斯顿勋爵)为首的通货论的拥护者认为,过量发行银行券是银行券
贬值、投机活动增长和价格上涨的主要原因。因此,他们要求限制英格
兰银行发行没有黄金保证的银行券的权利(参看《马克思恩格斯全集》
第 1 版第 13 卷第 172—175 页;《马克思恩格斯文集》第 5 卷第 167—
169 页)。——243。

323　在《卡尔·马克思》一文中,列宁写道:马克思和恩格斯根据英国工人运
动的实例指出,工业的“繁荣”怎样引起“收买无产阶级”的尝试(参看本
版全集第 26 卷第 79 页)。——251。

324　大磨坊街是伦敦德意志工人教育协会会址所在地。1850 年共产主义
者同盟分裂后,维利希—沙佩尔集团的拥护者聚集在这里。——252。

325　《人民之友》(《The Friend of the People》)是宪章派的周报,1850 年 12
月—1851 年 7 月由乔·朱·哈尼在伦敦出版。——252。

326　指乔·朱·哈尼。——255。

327　《度申老头》(《Le Père Duchesne》)是法国的一家周报,1790—1794 年

由雅·勒·阿贝尔在巴黎出版。该报反映法国资产阶级革命时期城市半无产阶级群众的情绪。——260。

328 指马克思和恩格斯写的《共产主义者同盟中央委员会告同盟书》(见《马克思恩格斯文集》第2卷)。——260。

329 指皮·约·蒲鲁东《19世纪革命的总观念》(«Idée générale de la Révolution au XIX siècle»)1851年巴黎版。——264。

330 恩格斯应马克思的要求,对皮·约·蒲鲁东《19世纪革命的总观念》一书作了批判性评论,并于1851年10月底寄给了马克思(载于《马克思恩格斯文库》1948年俄文版第10卷第5—34页,编辑部加的标题是《对蒲鲁东的〈19世纪革命的总观念〉一书的批判分析》)。——269。

331 恩格斯根据马克思的要求,从1851年8月到1852年9月,写了以《德国的革命和反革命》为题的一组文章(见《马克思恩格斯文集》第2卷),从1851年10月25日起到1852年10月23日止陆续刊登在《纽约每日论坛报》上,署名卡尔·马克思。直到1913年马克思和恩格斯来往书信发表后,人们才知道这组文章是由恩格斯写的。——273。

332 《国民报》即《瑞士国民报》(«Schweizerische National-Zeitung»),是瑞士资产阶级的日报,1842年起在巴塞尔出版。——273。

333 指1849年7月罗马共和国覆灭后,制宪议会大批议员流亡到英国时,在他们中间成立的意大利临时国民委员会。朱·马志尼和他的拥护者也都加入了委员会。该委员会由它的选举人授权给它为民族事业筹办借款和处理有关意大利公民的一切问题,它是为意大利流亡者效劳的。——273。

334 可能是笔误。看来指的是《流亡者之声》杂志。
　　《流亡者之声》杂志(«La Voix du Proscrit»)是由《流亡者,世界共和国杂志》改组而成的周刊,1850年10月底—1851年9月在法国圣阿芒出版。——274。

335　马克思指的是奥地利政府利用加利西亚乌克兰族农民和波兰贵族之间的阶级矛盾和民族矛盾来镇压波兰民族解放运动的政策。1846 年冬季,波兰国内曾举行起义,争取波兰的民族解放,同时,在加利西亚也爆发了起义。奥地利当局往往能够引导起义的农民去反对波兰的起义队伍。在克拉科夫起义被镇压以后,加利西亚的农民运动也被残酷地镇压下去了。奥地利政府在 1848 年的革命时期,也企图在反对波兰民族解放运动的斗争中预先取得加利西亚农民的支持,所以在这一年春季宣布废除加利西亚的劳役制和农民的其他一些封建义务。然而这是一种不彻底的改革,它使地主土地占有制依然不可侵犯,并使农民担负巨额赎金,要几十年才能付清。——274。

336　《劳埃德氏杂志》全称为《奥地利劳埃德氏杂志》(«Journal des österreichischen Lloyd»),是奥地利保守派的刊物,1848 年 12 月—1854 年在维也纳出版。——274。

337　指古·泰霍夫《未来战争概论》(«Umrisse des kommenden Krieges»),载于 1851 年 9 月 6 日《纽约州报》第 36 号。——277。

338　指德国 1848—1849 年革命时期在 1849 年 5—7 月发生的、为了维护帝国宪法的巴登-普法尔茨武装起义。——277。

339　指恩格斯《对蒲鲁东的〈19 世纪革命的总观念〉一书的批判分析》。——278。

340　《纽约晚报》(«New-Yorker Abendzeitung»)是 19 世纪 50—70 年代由在美国的德国流亡者出版的小资产阶级民主派报纸。——279。

341　1805 年 12 月 2 日,俄奥联军和法军在奥斯特利茨进行会战。这次会战以拿破仑第一取得胜利而告终。——281。

342　恩格斯引用的是法兰克福国民议会左翼议员威廉·约尔丹 1848 年 7 月 24 日在该议会一次会议上的发言中的话,此处带有讽刺的意味。——282。

343 指路易·波拿巴。——283。

344 指法兰西第一帝国皇帝拿破仑第一。——283。

345 马克思《路易·波拿巴的雾月十八日》一文是从下面这段话开始的:"黑格尔在某个地方说过,一切伟大的世界历史事变和人物,可以说都出现两次。他忘记补充一点:第一次是作为悲剧出现,第二次是作为笑剧出现。科西迪耶尔代替丹东,路易·勃朗代替罗伯斯比尔,1848—1851年的山岳党代替1793—1795年的山岳党,侄儿代替伯父。"(见《马克思恩格斯文集》第2卷第470页)——283。

346 指《关于欧洲形势、德国公众生活和社会生活的德意志快邮报》。

《关于欧洲形势、德国公众生活和社会生活的德意志快邮报》(«Deutsche Schnellpost für Europäische Zustände, öffentliches und sociales Leben Deutschlands»)是在美国的德国小资产阶级民主派流亡者的机关报(半周刊),1843—1851年在纽约出版,1848年和1851年卡·海因岑任该报主编。——286。

347 说的是约·魏德迈打算在纽约出版共产主义周刊《革命》。马克思和恩格斯表示同意给这个杂志定期撰稿。魏德迈在1852年1月出了两期周刊后,由于经济困难不得不停刊。1852年5月和6月,魏德迈因得到阿·克路斯的援助,又出了两期"不定期刊物"《革命》,其中头一期刊登了马克思的著作《路易·波拿巴的雾月十八日》。——286。

348 克拉普林斯基是亨·海涅的《两个骑士》一诗中的主人公,一个破落的贵族。克拉普林斯基这个姓的法文Crapule是饕餮、酗酒以及懒汉、败类的意思。

马克思在这里借用克拉普林斯基来称呼路易·波拿巴。——287。

349 指《人民报》(伦敦)。见注13。——290。

350 《现代》全称为《现代。各阶层适用的现代史大全》(«Die Gegenwart. Eine encyclopadische Darstellung der neuesten Zeitgeschichte für alle

Stande»），是社会历史问题杂录，1848—1856 年由亨·布罗克豪斯在莱比锡出版。——291。

351 指马克思在伦敦的熟人珀尼施。——291。

352 指马克思的著作《揭露科隆共产党人案件》（参看《马克思恩格斯全集》第 1 版第 8 卷）。——293。

353 《信使报》即《曼彻斯特信使报》（«Manchester Courier»），是英国保守派的报纸（日报），1825—1916 年出版。——294。

354 雅典神殿是英国伦敦、曼彻斯特等城市的一些文人学者俱乐部用以命名的通用名称。——294。

355 指意大利革命家朱·马志尼的拥护者于 1853 年 2 月 6 日在米兰发动的起义，目的是要推翻奥地利在意大利的统治。由于起义是根据密谋策略组织的，又没有估计到现实的形势，所以很快就遭到了失败。——294。

356 恩格斯在这封信里所表述的思想，马克思曾在他的《不列颠在印度的统治》一文（见《马克思恩格斯文集》第 2 卷）中加以利用。——299。

357 指亨·查·凯里的著作《国内外的奴隶贸易：这种贸易存在的原因及其消除的办法》（«The Slave Trade, Domestic and Foreign: why it exists, and how it may be extinguished»）1853 年费城版。该书第 203—204 页引用了马克思的文章《选举。——财政困难。——萨瑟兰公爵夫人和奴隶制》（参看《马克思恩格斯全集》第 1 版第 8 卷）中的话。——299。

358 指恩格斯《瑞士共和国的政治地位》（参看《马克思恩格斯全集》第 1 版第 9 卷）。——301。

359 指马克思《不列颠在印度的统治》（见《马克思恩格斯文集》第 2 卷）。——301。

360　马克思在下面抄引的是他给《晨报》编辑的信的一些段落，这封信发表在 1853 年 9 月 2 日的《晨报》上，标题是《米哈伊尔·巴枯宁》(参看《马克思恩格斯全集》第 1 版第 9 卷)。——302。

361　这里所说的乔治·桑的信，刊登在 1848 年 8 月 3 日《新莱茵报》第 64 号上。编辑部在信前加的按语，参看《马克思恩格斯全集》第 1 版第 9 卷第 322 页。——303。

362　此处引自恩格斯的文章《民主的泛斯拉夫主义》(参看《马克思恩格斯全集》第 1 版第 6 卷第 323 页)。这篇文章批判了小册子《对斯拉夫人的号召。俄国爱国志士、布拉格斯拉夫人代表大会代表米哈伊尔·巴枯宁著》(«Aufruf an die Slaven. Von einem russischen Patrioten Michael Bakunin. Mitglied des Slavenkongresses in Prag»)1848 年克顿版。——303。

363　指以《德国的革命和反革命》为题的一组文章的第 18 篇中对米哈伊尔·巴枯宁的评价(见《马克思恩格斯文集》第 2 卷第 451 页)。——303。

364　约伯是圣经中的人物，是身受莫大困苦仍对上帝恭顺驯服，因之得到上帝赐福的典型。——306。

365　指马克思《福格特先生》(参看《马克思恩格斯全集》第 1 版第 14 卷)。——306。

366　1861 年 1 月 12 日，在普鲁士由于威廉一世即位颁布了对政治流亡者的大赦。恩格斯就这个题目所写的一篇文章没有刊登出来。——306。

367　《普鲁士司法报》(«Preußische Gerichts Zeitung»)是自由派的日报，1859—1866 年在柏林出版。从 1861 年第 44 号起用《德国司法报》的名称出版。——307。

368　这里说的后备军是普鲁士武装力量的一部分，包括在常备军和预备队中服役期满的年长的义务兵役人员。按照普鲁士后备军条例的规定，凡是破坏军纪的人员应受军事法庭审判。对作为前后备军战士的流亡者，在他们返回普鲁士时，条例的这一规定同样适用。——308。

369　马克思指的是威廉一世(当时是普鲁士亲王)参加镇压1849年在德国爆发的巴登—普法尔茨起义。——308。

370　指斐·拉萨尔《爱非斯的晦涩哲人赫拉克利特的哲学》(两卷集)1858年柏林版(《Die Philosophie Herakleitos des Dunklen von Ephesos. Nach einer neuen Sammlung seiner Bruchstücke und Zeugnisse der Alten dargestellt. B. 1—2. Berlin 1858»)。——311。

371　见注82。——311。

372　原文in partibus infidelium,直译是:"在异教的国家中"。天主教主教被任命为非基督教国家的纯粹有名无实的主教时,在其头衔上添有这种字样。——312。

373　1859年大赦后回到法国的路·奥·布朗基,于1861年3月在巴黎再次被捕,罪名是组织秘密团体。尽管没有罪证,布朗基于1861年夏天被判4年徒刑,在巴黎服刑。1865年他逃往布鲁塞尔。一直到1869年大赦以后,布朗基才回到法国。

　　　信里说的是路·瓦托(德农维尔)准备为布朗基案件出版的小册子。瓦托请求马克思帮助他编辑和印刷这本小册子。1861年11月,马克思把在德国侨民工人当中为出版这本小册子募集来的钱转寄给了瓦托。——312。

374　指1861年6月华盛顿国会的补选。——313。

375　指美国南部宣布脱离联邦的蓄奴州(南卡罗来纳、佐治亚、佛罗里达、亚拉巴马、密西西比、路易斯安那)于1861年2月4日—3月16日在蒙哥马利(亚拉巴马州)举行的国会。国会宣布成立奴隶制国家即南部同盟,并通过临时宪法。——314。

376　指1851年12月2日法国路易·波拿巴的反革命政变。——315。

377　白种贫民是南部蓄奴州的自由的、但依附于奴隶主的无地居民;关于这方面情况,见马克思《北美内战》一文(《马克思恩格斯全集》第1版第

15 卷第 354—355 页)。——315。

378 朱阿夫兵是法国的一种轻步兵("朱阿夫"的称呼来自阿尔及利亚的一
个部落的名称),它是 19 世纪 30 年代法国在阿尔及利亚建立的一支殖
民地部队,起初由当地人和法国人组成,后来全部由法国人组成,但是
保持原先的东方服饰。朱阿夫兵在法国人于 1830 年发动的、断断续续
历时 40 年之久的阿尔及利亚掠夺战争中以残暴闻名。马克思把朱阿
夫兵叫做波拿巴的非洲军队。——315。

379 指在蒙哥马利通过的宪法。见注 375。——317。

380 《新闻报》(《Die Presse》)是奥地利资产阶级自由派的日报,1848—1896
年在维也纳出版。1861—1862 年期间,该报采取反波拿巴主义的立
场,曾经刊载马克思的文章和通讯。——318。

381 1857 年 4 月米·亚·巴枯宁被沙皇政府终生流放到西伯利亚,他从那
里不止一次地向亚历山大二世请求赦免。巴枯宁 1861 年 4 月遭到沙
皇最后拒绝以后,便逃往英国(经过日本和美国),于 1861 年 12 月到达
伦敦。——318。

382 指斐·拉萨尔《既得权利体系。实在法和法哲学的调和》一书第 2 卷。
——318。

383 指《自由新闻》。
　　　《自由新闻》(《The Free Press》)是英国一家报纸,对帕麦斯顿政府
采取反对派立场,1855—1865 年由戴·乌尔卡尔特及其拥护者在伦敦
出版。——319。

384 看来,马克思指的是科·多·科勒特的文章《巴枯宁》(《Bakunin》),文
章没有署名,载于 1862 年 3 月 5 日《自由新闻》第 10 卷第 3 号第 31—
32 页。——319。

385 指马克思要恩格斯寄给他一篇用英文写的关于美国战争的文章(参看
《马克思恩格斯全集》第 1 版第 30 卷第 219 页)。——319。

386　马克思在1859年以《政治经济学批判》为书名出版了自己专门批判经济学范畴的著作的第1分册之后,曾打算出版第2分册,这一册应当包括这部著作最重要和篇幅最大的一章,即关于资本的那一章。但是1860年他忙于写反福格特的抨击性著作,不得不中断自己的经济学研究,直到1861年夏季才回到这项工作上来。后来,在马克思1861—1863年的写作过程中,上面所说的那一章扩充成23本手稿,总篇幅近200印张,后来加工成为《资本论》的头三卷。1861—1863年手稿中未经作者加工的部分,后来被编为《资本论》第4卷(《剩余价值理论》)出版。——320。

387　《晚邮报》(«The Evening Post»)即《纽约晚邮报》(«The New York Evening Post»),是美国资产阶级报纸,1801年起在纽约出版。现称《纽约邮报》。——324。

388　在《卡尔·马克思》一文的《剩余价值》一节中,列宁写道:"马克思在1862年8月2日给恩格斯的信中,特别通俗简明地叙述了自己关于资本平均利润和绝对地租的理论。"列宁在这里也提到了马克思1862年8月9日的信(见本版全集第26卷第70页)。——325。

389　"费用价格"("Kostpreis","Kostenpreis"和"Cost price")这一术语在这封信中马克思是在生产价格(c+v+平均利润)的意义上使用的。——327。

390　关于马克思的这一结论,列宁写道:"马克思……完全揭露了……李嘉图的错误。李嘉图认为级差地租只是由于从优等地依次向劣等地转移而产生的……　那个出名的'土地肥力递减规律'是极其错误的,是把资本主义的缺陷、局限性和矛盾归咎于自然界。"(见本版全集第26卷第69—70页)——329。

391　新英格兰是指美国东北部工业高度发达的6个州(缅因、马萨诸塞、康涅狄格、罗得岛、佛蒙特、新罕布什尔)。这里是废奴运动的中心。——332。

392　马克思指的是小皮特的政府于1786年设立的所谓抵偿基金,目的是获得资金来偿还不断增加的英国国债。为设立这种基金而采取的财政措施之一,就是提高原有的间接税和实行新的间接税。——333。

393　马克思在这封信中提出的论点成了他于1862年8月9日发表在《新闻报》上的《评美国局势》一文的基础(参看《马克思恩格斯全集》第1版第15卷)。——333。

394　指恩格斯《国民经济学批判大纲》(见《马克思恩格斯文集》第1卷)。——335。

395　马里兰战役是指南军1862年9月4日在马里兰州发动的一次进攻,这次进攻以他们9月17日在安提塔姆河的失败而告终。关于马里兰战役,详见马克思《北美事件》和《北美形势》两篇文章(《马克思恩格斯全集》第1版第15卷第584—587页和第592—595页)。——338。

396　解放法案是林肯于1862年9月22日颁布的解放宣言。宣言宣布属于南部参加叛乱的种植场主的黑奴从1863年1月1日起成为自由人。同时所有黑人都被赋予在陆军和舰队服役的权利。在一系列军事失败之后,在人民群众的压力下实行的解放黑人,标志着北部转向用革命方式进行战争。然而,在保持种植场主在南部的统治地位的情况下不分配土地的解放,并没有使黑人摆脱原来的奴隶主的残酷剥削和野蛮的种族歧视。

　　　1862年9月12日侵入肯塔基州的南军,在10月8日的佩里维耳一战中被北军击溃。——338。

397　领地是指美国俄亥俄河西北没有实行奴隶制的一些地区。这些地区的人口尚未达到美国宪法规定的成立独立的州的必要人数6万人。——339。

398　马克思所说的"奥地利的经验",是指1848年在奥地利发生的持续性的财政危机。危机表现为国债大量增加、通货贬值以及大量发行纸币。关于这个问题,见马克思《维也纳要闻》一文(《马克思恩格斯全集》第1

版第 13 卷第 371—377 页）。——339。

399　北美政府为了向银行家借贷黄金以应战争所需,不惜支付极高的利息。据《泰晤士报》报道,1862 年 10 月间利率竟达 2 分 9 厘,比通常的利率高好几倍。——340。

400　林肯法案是指林肯政府从 1862 年年中开始实行的一系列具有革命民主主义性质的措施。对这些措施的评述,见马克思《评美国局势》和《北美事件》两篇文章(《马克思恩格斯全集》第 1 版第 15 卷第 556—559 页和第 584—587 页)。——340。

401　指北部各州 1862 年 11 月 4 日举行的国会众议院选举以及同时举行的纽约州州长选举的情况。在国会选举中,西北各州的居民由于对共和党领导军事行动不力感到不满,投票选举民主党人。纽约州州长也由民主党首领之一霍·西摩尔当选。然而共和党人却在大多数北部州中取得选举的胜利。关于选举结果,详见马克思《北部各州的选举结果》一文(《马克思恩格斯全集》第 1 版第 15 卷)。——341。

402　1862 年 12 月底,在伦敦、曼彻斯特和设菲尔德举行了英国工人和各界民主人士的群众大会,以声援北美各州反对黑人奴隶制度的斗争。——344。

403　指斐·拉萨尔《怎么办? 再论宪法的实质》(«Was nun? Zweiter Vortrag über Verfassungswesen»)1863 年苏黎世版。——344。

404　指威·罗雪尔《国民经济体系》第 1 卷:《国民经济学原理》(«System der Volkswirtschaft. Band I: Die Grundlagen der Nationalökonomie. Dritte, vermehrte und verbesserte Auflage»)1858 年斯图加特—奥格斯堡增订第 3 版。1854 年在斯图加特和蒂宾根出第 1 版。——344。

405　指斐·拉萨尔《论宪法的实质》(«Über Verfassungswesen»)1862 年柏林版。——344。

406　马克思关于工艺学的笔记(摘录)是许多作者的著作的详细摘要,其中包括约·亨·莫·波珀《从科学复兴时期至 18 世纪末的工艺学历史》（«Geschichte der Technologie seit der Wiederherstellung der Wissenschaften bis an das Ende des achtzehnten Jahrhunderts»）1807—1811 年格丁根版第 1—3 卷；安·尤尔《技术词典或工业手册》（«Technisches Wörterbuch»），克腊马尔施和黑伦整理，1843—1844 年布拉格版，共三卷，第 1 卷；约·贝克曼《发明史文集》（«Beiträge zur Geschichte der Erfindungen»）1782—1805 年格丁根版第 1—5 卷。——346。

407 珍妮机是詹姆斯·哈格里沃斯于 1764—1767 年发明并用他女儿的名字命名的一种纺纱机。——347。

408 指 1863 年 1 月 16 日斐·拉萨尔在柏林刑事法庭上的发言，后来以小册子形式发表，书名为《科学和工人。在柏林刑事法庭上的辩护词》（«Die Wissenschaft und die Arbeiter. Eine Vertheidigungsrede vor dem Berliner Criminalgericht»）1863 年苏黎世版。下面摘引的拉萨尔讲话，见这本小册子第 16—17 页。——350。

409 指斐·拉萨尔《工人纲领。论当前历史时期与工人等级思想的特殊联系》（«Arbeiterprogramm. Über den besonderen Zusammenhang der gegenwärtigen Geschichtsperiode mit der Idee des Arbeiterstandes»）1863 年苏黎世版。——350。

410 指 1863 年 1 月在被沙皇俄国并吞的波兰土地上开始的民族解放起义。——351。

411 指 1861—1867 年法国在墨西哥进行的干涉，干涉最初是同英国和西班牙共同进行的。——352。

412 马克思说"赫尔岑的"士兵们，是暗指亚·伊·赫尔岑希望俄国军队跟起义的波兰人一起发动反对沙皇制度的革命。——352。

413 有思想的军队一语，据说是法国保皇党将军尼·安·泰·尚加尔涅说的。1849 年，法国制宪议会主席、资产阶级共和派阿·马拉斯特感到来自波拿巴分子的威胁，请求尚加尔涅派兵保护议会。尚加尔涅拒绝了，并且声明他不喜欢有思想的军队，意谓根据政治动机来行动的军队。——352。

414 在1863—1864年波兰民族解放起义时期，根据奥·俾斯麦的提议，在俄、普之间签订了关于一致行动对付起义者的协定。——353。

415 指卡·布林德的《德国和波兰》（«Deutschland und Polen»）一文，该文最初载于斯图加特的《观察家报》，后来载于1863年4月8日波士顿的《先驱者》报第15号。——353。

416 说的是米·亚·巴枯宁和路·梅洛斯拉夫斯基因1862年10月1日《钟声》杂志所载波兰中央民族委员会的一封信而产生的争论。信中提出立陶宛、白俄罗斯和乌克兰的民族自决是未来的民族解放起义的基本原则之一。此信遭到梅洛斯拉夫斯基和其他一些波兰流亡者的强烈反对。1862年底，巴枯宁在《华沙中央委员会和俄国军事委员会》（«Le comité central de Varsovie et le comité militaire russe»）这本小册子中对梅洛斯拉夫斯基的立场提出批评。梅洛斯拉夫斯基又以《给米哈伊尔·巴枯宁先生的最后答复》（«La Dernière réponse à M. Michel Bacounine»）这本小册子作复，两人之间的这场争论在当时引起了报界的广泛关注。——354。

417 在1863年2月18日普鲁士众议院的会议上，讨论了关于普、俄之间签订的反对波兰起义者的协定的问题。众议院的自由派多数对协定进行了激烈的批判，通过了谴责普鲁士政府干涉波兰事务的决议。——355。

418 在波兰起义初期，马·梁格维奇在波兰南部桑多梅日省率领起义者的最大的部队，与沙皇军队多次成功地作战。1863年3月11日，梁格维奇在波兹南和加利西亚地主集团以及保守的地主资产阶级"白党"的领导上层的倡议和支持下，宣布自己为独裁者。依靠幕后的阴谋而确立的这种专政，同小贵族小资产阶级"红党"的中央民族委员会（起临时国民政府的作用)所体现的对起义实行的革命领导相对抗。然而3月19日，梁格维奇在沙皇军队优势兵力的逼迫下抛弃自己的部队，逃往奥地利，在那里被扣留，他的部队宣告瓦解。——355。

419 1863年2—3月，在波兰起义的影响下，立陶宛和白俄罗斯西部的农民加强了反对地主和沙皇专制制度的行动。领导立陶宛和白俄罗斯的运动的立陶宛省委员会，声明拥护华沙临时民族委员会所宣布的起义纲领。立陶宛起义具有民主主义的性质，而且使运动有可能深入到俄国内地去，这因此而具有特殊的意义。——356。

420 会议桌上的波兰是指沙皇俄国根据1814—1815年维也纳会议的决定所吞并的波兰领土。——356。

421 指恩格斯《英国工人阶级状况》。——357。

422 列宁在《卡尔·马克思》一文中引用了这封信(参看本版全集第26卷第79页)。——357。

423 1863年2月10日，筹备全德工人代表大会的莱比锡中央委员会建议斐·拉萨尔就工人运动的问题阐述自己的观点。拉萨尔把《公开答复》寄给莱比锡中央委员会，提议把它作为"运动的正式宣言"。——357。

424 1863年3月26日，在圣詹姆斯大厅举行了由工联伦敦理事会组织的工人群众大会，表示英国工人阶级在北美各州反对奴隶制度的斗争中同它们团结一致。主持大会的是约·布莱特，他反对英国站在南部各州一边对美国内战进行武装干涉。——358。

425 指恩格斯《英国工人阶级状况》。——358。

426 列宁在《卡尔·马克思》一文中利用自己的笔记来说明历史过程是跳跃式的，他说："对运动，不仅要从过去的观点来看，而且要从将来的观点来看，并且不是像'进化论者'那样庸俗地理解，只看到缓慢的变化，而是要辩证地理解：'在这种伟大的发展中，二十年等于一天，殊不知以后可能又会有一天等于二十年的时期'——马克思在给恩格斯的信中这样写道。"(见本版全集第 26 卷第 78 页)——358。

427 德国资产阶级经济学家和政治活动家海·舒尔采-德里奇在德国工人和手工业者中间宣传用工人自己的钱建立合作社和储蓄贷款银行,这是企图引诱他们离开反对资本的革命斗争。舒尔采-德里奇断言通过建立合作社可以在资本主义范围内改善工人阶级的状况和挽救小手工业生产者的破产,并鼓吹资本家和工人利益协调一致。斐·拉萨尔在小册子《公开答复》中虽然批判了舒尔采-德里奇的合作社计划,却提出了工人靠容克资产阶级普鲁士国家的帮助来建立生产合作社的改良主义思想。——359。

428 看来,恩格斯是指斐·拉萨尔 1863 年 5 月 17 日和 19 日在美因河畔法兰克福的演说,演说中对资产阶级进步党作了尖锐的抨击。为了回报,进步党报刊开始攻击拉萨尔,说拉萨尔是奥·俾斯麦的代理人。——360。

429 指弗里德里希一世(1826—1907)。——361。

430 指 1863 年 5 月 31 日—6 月 1 日举行的法国立法团的选举,以及 1862 年 5 月 5 日普鲁士议会众议院的选举。——361。

431 列宁在《卡尔·马克思》一文里援引 1863 年 6 月 11 日恩格斯给马克思的信及《通信集》中其他信件写道:"1864—1870 年间,当德国完成资产阶级民主革命的时期,即普鲁士和奥地利的剥削阶级为以这种或那种方式**从上面**完成这个革命而斗争的时期即将结束时,马克思不仅斥责过同俾斯麦勾搭的拉萨尔,而且纠正过陷入'亲奥主义'和拥护分立主义的李卜克内西;马克思当时要求实行革命策略:对俾斯麦和亲奥派同样地进行无情的斗争,不迁就'胜利者'普鲁士容克,而**不顾**普鲁士军事胜利所造成的**状况**立刻恢复反对容克的革命斗争。"(见本版全集第 26 卷第 81—82 页)——362。

432 指法国在拿破仑第一统治时期通过的、并在法国占领的德国西部和西南部地区实行过的民法典。1815 年莱茵省归并普鲁士后,民法典在该省继续有效。——363。

433 指《总汇报》。见注80。——363。

434 指斐·拉萨尔《间接税和劳动阶级状况》(《Die indirecte Steuer und die Lage der arbeitenden klassen》)1863年苏黎世版。——363。

435 由于对1863年4—5月夺取了起义领导权的地主资产阶级"白党"的政策不满,华沙起义组织中的革命分子于5月底实行政变。由"红党"温和派代表组成的新的国民政府的口号之一,就是广泛吸收农民组织全民义勇军,以加强游击战。但是10天以后,国民政府再次受"白党"控制,他们不冒险否决深得人心的全民义勇军的口号,而是"延缓"其实行,并且回到原先进行军事行动的办法,从而破坏了群众性起义的计划。——366。

436 这里所附的《经济表》与马克思的1861—1863年经济学手稿(见注386)第XXII笔记本第1 394页的《全部再生产过程经济表》一致。后来马克思在《资本论》第2卷第3篇中对社会总资本的再生产和流通作了分析(见《马克思恩格斯文集》第6卷第389—590页)。

　　魁奈的表指魁奈《经济表分析》一书中的社会资本的再生产和周转的图解。马克思在《剩余价值理论》(参看《马克思恩格斯全集》第1版第26卷第1册第323—366、405—407页)中以及他为《反杜林论》写的第2编第10章(见《马克思恩格斯文集》第9卷第239—271页)中对魁奈的《经济表》作了详细的分析。——366。

437 这封信尚未找到。——371。

438 说的是为了参加起义于1863年3月由在英国的波兰侨民装备的、泰·拉品斯基率领的200名左右的波兰、法国人和意大利人所组成的队伍的远征。远征的目的是在立陶宛登陆,但是由于组织不善和不注意保守必要的秘密,远征遭到挫折。远征参加者的轮船于4月到达马尔默以后,被瑞典当局扣留。6月18日远征又继续进行,但在船只遇险和部分远征者死亡后,拉品斯基同远征队回到伦敦。在瑞典港口赫尔辛堡参加远征队的米·亚·巴枯宁,在轮船于马尔默被扣留以后前往斯德哥尔摩,试图同瑞典和芬兰的革命者建立联系,在那里一直待到 1863 年 10 月。——372。

439 指的是小资产阶级小贵族政党"红党"实行的第二次(9月)政变,该党于 1863 年 9 月 17 日建立新国民政府,这个政府存在了一个月左右。——372。

440 看来是笔误,大概是指卡·马耶夫斯基。——372。

441 在 1863 年 10 月普鲁士议会选举中进步党再次获胜。11 月 21 日新组成的众议院废除了旨在反对自由主义反对派的 1863 年 6 月 1 日的出版法,因出版法取消了出版自由。——373。

442 指保守派海·瓦盖纳在 1863 年 11 月 19 日普鲁士众议院讨论反动的出版法时的发言。瓦盖纳在发言里援引了斐·拉萨尔的小册子《庆祝会、报刊和法兰克福的代表大会。社会精神的三个征候》(«Die Feste, die Presse und der Frankfurter Abgeordnetentag. Drei Symptome des öffentlichen Geistes»)中对自由派报刊持否定态度的地方。这本小册子是拉萨尔 1863 年在杜塞尔多夫出版的。——373。

443 指 1852 年 5 月 8 日俄、奥、英、法、普、瑞典同丹麦代表一起签订的关于丹麦君主国领土完整问题的伦敦议定书。——374。

444 指弗里德里希·奥古斯滕堡。——375。

445 1863 年 12 月底,为解决石勒苏益格-荷尔斯泰因问题而在美因河畔法兰克福召开联邦议会的会议,普、奥代表受命不参加波兰问题的讨论。——375。

446 马克思的电报没有保存下来;看来电报是通知斐·拉萨尔的死讯的。——376。

447 巴伐利亚公使的女儿是指海伦娜·窦尼盖斯。瓦拉几亚的骗子是指罗马尼亚贵族扬科·拉科维茨,斐·拉萨尔是同他决斗而死的。——377。

448　指全德工人联合会。——377。

449　柏林工人联合会是在海·舒尔采-德里奇的积极参与下于1863年1月成立的。联合会受进步党人的影响,宣传工联主义和资产阶级合作社的思想。1869年,联合会加入了在爱森纳赫代表大会上建立的德国社会民主工党。——377。

450　指共进会,即居住在伦敦的意大利工人于1864年6月底成立的互助会。该会在成立初期参加者有300人左右,主要接受朱·马志尼的影响;朱·加里波第是该会名誉主席。1865年1月,该会加入了国际。——379。

451　路·沃尔弗在1864年10月8日小委员会会议上提出的章程乃是《意大利工人团体联合会条例》的英译本;这个条例于1864年7月在《工人协会报》上发表,并于1864年10月底在那不勒斯举行的受到马志尼分子影响的意大利工人团体代表大会上通过。出席代表大会的有25个组织的代表。会上成立了意大利工人团体联合会,联合会加入了国际工人协会。朱·马志尼及其拥护者向国际工人协会提出这个从资产阶级民主派立场写成的章程,是打算把国际工人运动的领导权抓到自己手里。——380。

452　指马克思《国际工人协会成立宣言》(见《马克思恩格斯文集》第3卷)。——382。

453　指马克思《协会临时章程》(参看《马克思恩格斯全集》第1版第16卷)。——383。

454　《蜂房报》(《The Bee-Hive Newspaper》)是英国工联的机关报(周报),1861—1876年在伦敦出版,也用过《蜂房》、《便士蜂房》这两个名称。该报受到资产阶级激进派和改良派的强烈影响。1864年11月该报被宣布为国际的机关报,从此主要刊登国际工人协会的正式文件和总委员会历次会议的报道。从1869年起该报实际上已成了资产阶级的喉舌。1870年4月,总委员会根据马克思的建议,与该报断绝了一切关系。——383。

455 列宁在《论民族自决权》一文里引用了这封信的提要(见本版全集第25卷第268页)。——383。

456 马克思在坚持不懈地同统治阶级的秘密外交作斗争时,在揭露性文章中利用了保守派政论家、前外交家戴维·乌尔卡尔特发表的文件。与此同时,马克思尖锐地批评了乌尔卡尔特的反民主观点,并经常着重指出,自己的无产阶级革命家的立场同乌尔卡尔特分子的反动立场根本不同。——384。

457 波扎侯爵是弗·席勒的悲剧《唐·卡洛斯》中的主要角色之一,一个企图影响暴君的、高尚的、有自由思想的内侍官。菲力浦二世也是这个剧本中的主要人物。

　　　乌克马克的菲力浦二世是指普鲁士国王威廉一世。——386。

458 《矿工和工人辩护士报》(《The Miner and Workman's Advocate»)是英国的一家工人周报,大不列颠矿工工会机关报,1863—1865年在伦敦出版。——386。

459 在1864年11月29日总委员会会议上,根据彼·福克斯的建议通过了以总委员会英国委员的名义起草一封给波兰人民的公开信的决定。公开信的起草工作被委托给小委员会,而小委员会又把这项工作委托给福克斯。——386。

460 除了马克思在这封信中所提到的1864年12月6日在小委员会中对彼·福克斯起草的给波兰人民的公开信进行的初步讨论外,1864年12月13日、20日和1865年1月3日在总委员会里又围绕这个文件展开了争论。马克思在总委员会会议上曾经两次(12月13日和1月3日)就这个问题发言。马克思认为在国际中提出波兰独立问题具有重大意义——这使每一个国家的工人有可能揭露本国政府的对外政策。同时，马克思认为，波兰民族解放运动是一种能够摧毁俄国沙皇政府的实力，并使俄国境内革命民主运动加速发展的力量。——388。

461 说的是恩格斯《提德曼老爷。古代丹麦民歌》一文，该文载于1865年2月5日《社会民主党人报》第18号（参看《马克思恩格斯全集》第1版第16卷）。——388。

462 列宁在《卡尔·马克思》一文的《无产阶级阶级斗争的策略》一节中引用了这段摘录。列宁写道："马克思当时所以认为拉萨尔'客观上是为普鲁士人的利益而背叛工人运动'（第3卷第210页），其原因之一就是拉萨尔纵容了地主和普鲁士民族主义。"（见本版全集第26卷第81页）——388。

463 威·李卜克内西在1865年1月20日以前写给马克思的信中谈到：斐·拉萨尔走上了同奥·俾斯麦的反动政府妥协的道路，他答应在普鲁士兼并石勒苏益格-荷尔斯泰因的问题上从全德工人联合会方面给俾斯麦以支持，交换条件是俾斯麦答应实行普选制。马克思和恩格斯认为拉萨尔的这个政治"遗嘱"是对无产阶级利益的背叛。1928年发表的拉萨尔和俾斯麦的通信完全证实了李卜克内西所报告的消息。——388。

464 指约·布莱特1865年1月19日在伯明翰商会的演说。他在演说中反对伯明翰工业实行十小时工作日法案。——390。

465 指索·哈茨费尔特。——391。

466 《莱茵报》(《Rheinische Zeitung»)是德国资产阶级的日报，1863—1866年在杜塞尔多夫出版，1867—1874年在科隆出版。——391。

467 从威·李卜克内西1865年2月16日给马克思的信来判断，在马克思提到的海尔曼·亨利希·贝克尔写的这篇《莱茵报》社论中，把马克思和恩格斯的立场同拉萨尔分子的立场作了对比；马克思和恩格斯是始终和民主派站在一起反对现存政府的忠诚的革命者,而拉萨尔分子则和政府站在一起反对民主派。——391。

468　指马克思《论蒲鲁东(给约·巴·施韦泽的信)》(见《马克思恩格斯文集》第3卷)。——392。

469　指1865年2月1日《社会民主党人报》第16号发表的一篇注明"1月28日于巴黎"的没有署名的短文,文中对国际法国委员(昂·路·托伦、沙·利穆赞)进行了诬蔑,继续说他们和波拿巴主义者集团有联系。《社会民主党人报》驻巴黎的记者是莫·赫斯。——392。

470　拉比是希伯来文 rabbi 的音译,原是犹太人对师长的尊称,后来专指犹太教内负责执行教规、教律和主持宗教仪式的人。——392。

471　进步党人是指1861年6月成立的普鲁士资产阶级政党——进步党的成员。进步党要求在普鲁士领导下统一德国,召开全德议会,建立对众议院负责的强有力的自由派内阁。由于害怕工人阶级和仇恨社会主义运动,进步党在半专制的德国的条件下容忍了普鲁士容克地主的统治。进步党政治上的动摇反映了它所依靠的商业资产阶级、小工业家和部分手工业者的不稳定性。——392。

472　说的是1848年11—12月普鲁士发生的反革命政变,政变结果是解散了所谓的协商议会,即1848年5月为了"同国王协商"制定宪法在柏林召开的国民议会。在解散议会的同时公布了实行两院制的钦定宪法。第一议院由于年龄资格和财产资格的限制变成了享受特权的"贵族院",第二议院根据1848年12月6日选举法只有"独立的普鲁士人"才可参加它的两级选举。1849年4月弗里德里希-威廉四世解散了根据钦定宪法选出的议院,并于1849年5月30日颁布了新选举法,规定以高额的财产资格和各阶层居民代表权不平等为基础的三级选举。1849年8月,众议院中奴颜婢膝的多数通过了政府提出的宪法。——393。

473　指恩格斯《普鲁士军事问题和德国工人政党》(参看《马克思恩格斯全集》第1版第16卷)。——393。

474 旅行证书是根据立法机关的命令(在普鲁士这个命令是在1831年实行的)发给工人的证明文件,内中载明该工人到过的所有地方和对他的可靠程度的评价。——393。

475 列宁在《卡尔·马克思》一文中引用了恩格斯信中的这段话(见本版全集第26卷第81页)。——394。

476 说的是马克思《论蒲鲁东(给约·巴·施韦泽的信)》(见《马克思恩格斯文集》第3卷)和恩格斯《提德曼老爷。古代丹麦民歌》(参看《马克思恩格斯全集》第1版第16卷)。——394。

477 马克思把《致〈社会民主党人报〉编辑部。声明》的草稿附在这封信中。由于该报多少改变了一下自己的调子,并且在1865年2月该报第21号刊登了一篇莫·赫斯的短文,他在短文中放弃了自己对国际法国会员的诽谤性说法,这就使得马克思和恩格斯不再坚持发表这篇声明,同时他们决定暂时不再给该报投任何稿件。在1865年2月18日马克思写的新的声明中,马克思和恩格斯宣布同《社会民主党人报》彻底决裂,这个声明由于他们的坚决要求,发表在3月3日该报上(声明注明的日期是2月23日,见本卷第404—405页)。——394。

478 指海尔曼·贝克尔(红色贝克尔)写的一篇《莱茵报》社论。见注467。——395。

479 暗指拿破仑第三的堂弟约瑟夫·波拿巴(绰号普隆-普隆),他的官邸设在巴黎的罗亚尔宫。约瑟夫·波拿巴领导了一个波拿巴主义者集团,他们企图通过广泛的社会蛊惑宣传,并通过伪装成拿破仑第三的政策的反对派来使人民群众脱离反对政府的斗争。——395。

480 《联合》杂志(《L'Association》)是法国的一家刊物,受资产阶级共和派影响的合作社工人联合会的机关刊物。1864—1866年在巴黎和布鲁塞尔出版,编辑部一直设在巴黎。——395。

481 暗指拿破仑第三。土伊勒里宫是他在巴黎的官邸。——396。

482 指恩格斯《普鲁士军事问题和德国工人政党》(参看《马克思恩格斯全集》第 1 版第 16 卷)。——396。

483 恩格斯考虑了马克思的意见,在援引全德工人联合会的要求时,把自己的小册子中的这个地方表述得不致被解释成作者同意拉萨尔派的口号(参看《马克思恩格斯全集》第 1 版第 16 卷第 76—77 页)。他还接受了马克思在下面提出的建议,改变了对德国资产阶级在 1848—1849 年革命时的立场的说明(同上书,第 63 页)。——396。

484 指奥地利约翰大公。他在 1848 年 6 月—1849 年 12 月担任德意志帝国摄政。——397。

485 1849 年 3 月 27 日法兰克福国民议会通过了一部包括直接的普选权的选举法。选举法的全文由帝国摄政王约翰大公公布在 1849 年 4 月 12 日的法令公报上。由于普鲁士国王拒绝承认 1849 年 3 月 28 日法兰克福国民议会通过的帝国宪法以及革命遭到失败,这部选举法未能在 1849 年实施。——397。

486 列宁在《卡尔·马克思》一文中引用了马克思 1865 年 2 月 11 日的信(参看本版全集第 26 卷第 80—81 页)。——397。

487 托利党宪章派又称托利党慈善家,是指参加了 19 世纪 40 年代初建立的"青年英国"社的一些英国政治活动家和著作家(本·迪斯累里、彼·波尔斯威克、威·弗兰德等人)。托利党慈善家表达了土地贵族对于资产阶级经济和政治实力增强的不满。他们企图用蛊惑手段和小恩小惠把工人阶级置于自己的影响之下,利用它来反对资产阶级。马克思和恩格斯在《共产党宣言》中把这个集团的观点评价为"封建的社会主义"。——398。

488 马克思把 1865 年 2 月 11 日约·巴·施韦泽寄给他的信转寄给恩格斯。这封信就莫泽斯·赫斯那篇诽谤国际的法国活动家的通讯并针对马克思和恩格斯对这一事件的声明作了解释。——399。

489 普鲁士政府为了消除它对联合权问题态度暧昧的印象,同意讨论政府资助合作社的问题。关于这一声明的电讯载于 1865 年 2 月 13 日《泰晤士报》第 25107 号。——400。

490 奴仆规约是 18 世纪普鲁士各省的一种封建规章,它允许容克地主专横地对待农奴。这里是马克思对普鲁士通行的禁止工人联合和罢工的工商条例以及 1854 年关于雇农权利规范的法律的讽刺性说法。——400。

491 指 1865 年 2 月 17 日《社会民主党人报》第 23 号所载约·巴·施韦泽的以《俾斯麦内阁》为题的一组文章中的第 3 篇。这些文章公开支持奥·俾斯麦用"铁和血"统一德国的政策。——401。

492 普鲁士亲王威廉(从 1861 年即位为国王)在 1858 年 10 月开始摄政时解散了曼托伊费尔的内阁,让温和的自由派执掌政权。资产阶级报刊高呼这个方针是"新纪元"。可是实际上威廉的政策完全是为了加强普鲁士君主政体和容克地主的阵地。大失所望的资产者拒绝批准政府提出的军事改革草案,由此而导致 1862 年 9 月奥·俾斯麦的上台和宪法冲突。所谓"新纪元"即告结束。——403。

493 指马克思的《〈莱茵观察家〉的共产主义》一文,该文载于《德意志—布鲁塞尔报》(参看《马克思恩格斯全集》第 1 版第 4 卷)。

　　《莱茵观察家》(«Rheinischer Beobachter»)是德国的一家保守派日报,1844 年起在科隆出版,德国 1848 年三月革命后停刊。——405。

494 《柏林改革报》(«Berliner Reform»)是德国小资产阶级民主派的机关报(日报),1861—1868 年在柏林出版。1865 年刊登过马克思和恩格斯的几篇声明和文章。——405。

495 《杜塞尔多夫日报》(«Düsseldorfer Zeitung»)是德国的一家日报,1745 年创刊,1826—1926 年在杜塞尔多夫出版。——405。

496 《北极星》(«Nordstern»)是德国的一家周报,1860—1866 年用不同名称在汉堡出版,1863 年起为全德工人联合会的机关报。——405。

497　指弗·阿·朗格《工人问题及其在目前和将来的意义》(«Die Arbeiter-frage in ihrer Bedeutung für Gegenwart und Zukunft»)1865 年杜伊斯堡版。——406。

498　指《资本论》。——407。

499　1865 年 5—8 月在国际工人协会中央委员会里就约·韦斯顿提出讨论的经济学问题展开了争论。马克思除了在 1865 年 5 月 20 日中央委员会的特别会议上作了发言(发言记录没有保存下来)以外,还在 1865 年 6 月 20 日和 27 日的中央委员会会议上就这个问题作了报告(20 日报告了第一部分,27 日报告了第二部分),这个报告即著名的《工资、价格和利润》(见《马克思恩格斯文集》第 3 卷)。——407。

500　马克思是在《资本论》第 3 册手稿第 6 章中阐述地租理论的。在恩格斯编辑出版的《资本论》第 3 卷中,相当于该章的是整个第 6 篇:《超额利润转化为地租》(见《马克思恩格斯文集》第 7 卷)。——408。

501　换班制度是英国工厂主为了逃避法律上对儿童和未成年人的工作日的限制而采用的一种劳动制度。在这种制度下,为了欺骗工厂视察员,同一个童工或未成年工人工作若干小时后在同一天内被换到另一个车间或另一个工厂去。所以,他们的总工时不比实施限制工作日的法律以前短,往往甚至更长。——409。

502　说的是《资本论》第 1 卷第 1 版里的第 4 章第 4 节。在第 2 版和以后各版中,相当于该节的是第 13 章:《机器和大工业》(见《马克思恩格斯文集》第 5 卷)。

马克思曾托恩格斯以马克思自己的名义写信给约翰·瓦茨,要一本他写的小册子《工会和罢工。机器和合作社》(«Trade societies and strikes.Machinery and cooperative societies»)1865 年曼彻斯特版)(参看《马克思恩格斯全集》第 1 版第 31 卷第 178 页)。——410。

503 指公布了牙买加岛黑人起义镇压情况调查委员会的材料。委员会谴责了英军的兽行。原来为殖民者辩护的《泰晤士报》不得不顾及舆论，于3月3日和5日发表了社论和该报通讯员的报道，谴责"穿英国军服的人"的残暴行为。

这一次关于约·罗素辞职的消息是不真实的。罗素政府是在1866年6月，在格莱斯顿改革法案失败之后辞职的。——410。

504 1865年7月18日俾斯麦政府和科隆—明登铁路股份公司董事会签订了一项关于把过去只属于政府的股票收买权给予公司董事会的契约。由于签订这项契约，俾斯麦政府获得了一笔总数约为3 000万塔勒的钱归自己支配，这项契约本应由普鲁士议会批准，但1865年8月28日公司股东全体会议未经议会批准就一致同意了这项契约。1866年2月21日，关于这个契约的问题成了普鲁士议会众议院委员会讨论的题目。委员会认为这个契约是"违反宪法的和无效的"。众议院本身由于政府下令提前闭会而没有审议这个问题。在这之后不久，出现了一个据说是公司董事会发表的关于废除契约的声明。1866年2月28日，公司董事会对此正式辟谣。——410。

505 列宁在《卡尔·马克思》一文中引用了马克思1866年4月2日的信（参看本版全集第26卷第79页）。——410。

506 在改革同盟1866年2月28日—3月1日在伦敦圣马丁堂召开的全国代表会议上，各种为改革英国选举法而斗争的组织的代表（其中包括总委员会的大代表团）主张给予英国所有男性成年居民以选举权。参加会议的工联活动家则与改革同盟和总委员会的政策背道而驰，在选举改革运动中搞分裂。他们声称，作为最近的目标，只要赋予房客选举权就行了。

1866年3月12日，罗素—格莱斯顿的自由党政府向下院提出选举法改革法案。这个法案规定降低选民的财产资格。这个法案的通过意味着使生活最有保障的工人成为选民以增加选民的人数。

改革同盟理事会在资产阶级激进派和主张妥协的工联领袖的影响下，在1866年3月16日和20日的理事会会议上正式支持威·尤·格莱斯顿的这个曾经引起托利党人和部分自由党人强烈反对的极端温和的法案。——410。

507　杜佩尔(丹麦人称做:杜贝尔)是在石勒苏益格的丹麦防御工事,在普鲁士和奥地利对丹麦作战期间,于 1864 年 4 月 18 日被普鲁士军队摧毁。

　　　耶拿的覆辙是指 1806 年 10 月 14 日耶拿会战中普鲁士军队被拿破仑第一指挥的法国军队击败。——412。

508　指摩尔达维亚和瓦拉几亚的国君亚历山大鲁·库扎于 1866 年 2 月在反动贵族和与它有联系的一部分资产阶级的联盟的压力下退位一事。这一政变是在俄国和法国的赞同下并在普鲁士的支持下进行的。1866 年 3 月,地主资产阶级联盟请普鲁士国王的亲属卡尔·霍亨索伦-西格马林根亲王登上王位。——412。

509　指 1866 年春天普鲁士和奥地利之间冲突尖锐化时期,普鲁士蛊惑人心地指责奥地利备战,力图预先得到德意志联邦各邦的支持,并于 1866 年 3 月 24 日向德意志各邦发出周知照会,建议对德意志联邦的政治和军事机构进行改革。——412。

510　民族联盟是在 1859 年 9 月 15—16 日于美因河畔法兰克福召开的德意志各邦资产阶级自由派代表会议上建成的。代表德国资产阶级利益的民族联盟的组织者所抱的目的是,在普鲁士领导下统一除奥地利以外的全德国。在普奥战争和北德意志联邦成立后,该联盟于 1867 年 11 月 11 日宣布解散。——413。

511　指奥·俾斯麦为了把同盟者拖入他发动的对奥战争而采取的步骤。1866 年 4 月 8 日,普鲁士和意大利签订了秘密的同盟条约,保证共同对奥作战,直到意大利得到威尼斯地区而普鲁士在德意志得到相等的地区。——414。

512　指恩格斯以《工人阶级同波兰有什么关系?》为题的一组文章(参看《马克思恩格斯全集》第 1 版第 16 卷),载于国际总委员会的机关报《共和国》周报,由于该报停刊,这组文章没有写完。——416。

513 彼·福克斯在1866年5月8日的总委员会会议上声称,他准备在委员会的下一次会议上发言反对恩格斯以《工人阶级同波兰有什么关系?》为题的一组文章中《民族理论之运用于波兰》一文中的一个地方(参看《马克思恩格斯全集》第1版第16卷第180页)。根据马克思的这封信来判断,福克斯在1866年5月15日的总委员会会议上发了言。但是在这次会议的记录本上既没有福克斯的发言,也没有马克思的对他的发言的答复。——416。

514 指恩格斯《普鲁士军事问题和德国工人政党》(参看《马克思恩格斯全集》第1版第16卷)。——417。

515 1866年5月20日《法兰西信使报》第15号上刊登了一篇针对普奥之间的战争威胁而写的呼吁书:《巴黎大学生致德意志和意大利大学生》。呼吁书是在蒲鲁东思想的强烈影响下写成的。在1866年6月5日的总委员会会议上,在马克思缺席的情况下,讨论了伦敦的法国人支部以各国工人名义起草的答巴黎大学生以及各国大学生和青年的呼吁书。对这个呼吁书的内容马克思也不满意。马克思在1866年6月19日的总委员会会议上的辩论中,对民族问题上的蒲鲁东主义立场作了全面的批判(参看《马克思恩格斯全集》第1版第31卷第230—231页)。

　　《法兰西信使报》(«Le Courrier français»)是法国左派共和党人的政治性周报,从1867年6月18日起改为日报,1861—1868年在巴黎出版。从1866年5月起该报实际上成了国际在法国的机关报。——418。

516 列宁在《论民族自决权》一文中写道:"1866年来到了。马克思给恩格斯的信中谈到巴黎'蒲鲁东派',说他们'宣称民族特性是无稽之谈,攻击俾斯麦和加里波第等人。作为同沙文主义的论战,他们这种做法是有利的,也是可以理解的。可是他们作为蒲鲁东的信徒……竟认为整个欧洲都应当而且将会安静地坐等法国老爷们来消除"贫穷和愚昧" ……这些人真是太荒唐可笑了'"(见本版全集第25卷第268页)。列宁在《革命的无产阶级和民族自决权》一文中也引用了这段话(参看本版全集第27卷第81—82页)。——418。

517　由于自由党政府辞职，并且为了向保守党政府表示抗议，1866 年 6 月
27 日和 7 月 2 日在伦敦的特拉法加广场上举行了公开的群众大会，会
上重新提出了普选权的要求（1866 年 3 月改革同盟在资产阶级激进派
的影响下放弃了这种要求。见注 506）。这两次群众大会为英国的第
二次选举改革斗争开创了新阶段，群众大会的实际组织者是第一国际
的总委员会。——422。

518　列宁在《卡尔·马克思》一文的《唯物主义历史观》一节中引用了马克思
1866 年 7 月 7 日的信（见本版全集第 26 卷第 59 页）。——422。

519　指《资本论》。——422。

520　指普鲁士由于在 1866 年的普奥战争中获胜而吞并了汉诺威王国、黑
森—卡塞尔选帝侯国、拿骚大公国和其他地方。——424。

521　普鲁士在 1866 年普奥战争中取得胜利以后，于 1867 年成立了以普鲁
士为首的北德意志联邦，其成员有 19 个德意志邦和 3 个自由市。1870
年，北德意志联邦又吸收了德国西南的 4 个邦（巴登、黑森、巴伐利亚和
符腾堡），并于 1871 年成立了德意志帝国。历史上把在普鲁士领导下
实现统一的德意志联邦称为“小德意志”。——424。

522　奥地利和匈牙利两国的统治集团经过谈判，于 1867 年春季签订了奥匈
协定，根据这一协定，奥地利帝国成为一个二元（二位一体）的国家——
奥匈帝国。
　　　　奥匈两国统治阶级之间达成这一妥协，目的是镇压帝国其他民族，
首先是斯拉夫民族的民族解放运动。1866 年普奥战争中奥地利败北
也是奥地利统治集团对匈牙利人让步的一个原因。——425。

523　《新法兰克福报》（《Neue Frankfurter Zeitung》）是德国民主派的报纸，
1859—1866 年在美因河畔法兰克福出版。——426。

524　说的是 1848 年 6 月 2 日在布拉格举行的斯拉夫人代表大会。在代表
大会上，受哈布斯堡王朝压迫的斯拉夫民族的民族运动中的两个派别

展开了斗争。温和的自由主义右派(属于该派的有代表大会领导者弗·帕拉茨基、帕·约·沙法里克)企图以维护和巩固哈布斯堡王朝的办法来解决民族问题。民主主义左派(萨宾纳、弗里茨和里别尔特等)坚决反对这一点,竭力主张同德国和匈牙利的革命民主运动一致行动。代表大会中属于激进派和积极参加了1848年6月布拉格起义的那一部分代表受到了残酷的迫害。温和的自由派代表于6月16日宣布代表大会无限期休会。——427。

525　1859年7月11日奥地利和法国在维拉弗兰卡单独签订了结束法国和皮蒙特对奥战争的初步和约。在这个和约的基础上,1859年11月10日签订了苏黎世和约。——427。

526　说的是1866年8月6日法国外交大臣递交奥·俾斯麦的照会,照会要求恢复1814年边界,作为对它在普奥战争时期守中立的补偿。这意味着把萨尔区、包括施涅尔要塞在内的普法尔茨、包括美因茨要塞在内的黑森—达姆施塔特的莱茵部分交给法国。8月7日俾斯麦断然拒绝了法国政府的这些要求。——430。

527　说的是保·拉法格同马克思的女儿劳拉的婚事。——431。

528　皮·特雷莫为了证实自己的学说正确,援引了塞内加尔的传教士黑人圣玛丽亚关于黑人是从白人变来的说法。——432。

529　指《资本论》第1卷。——436。

530　指1810年通过,1811年开始在法国和法国人占领的德国西部和西南部实施的法国刑法典。"开始实行"一词见于这个法典的第2条。这一条说:"凡已表现于外部行动,并已**开始实行**的一切犯罪企图,如果它被阻止或因不以实行人的意志为转移的情况而未得逞,仍应与犯罪同论。"——437。

531　指恩格斯《普鲁士军事问题和德国工人政党》(参看《马克思恩格斯全集》第1版第16卷)。——437。

532　德奥古利(德奥古利兄弟)是古希腊神话中宙斯和丽达的儿子,孪生的
英雄:必死的卡斯托尔和永生的波鲁克斯。——439。

533　指《资本论》第1卷。——440。

534　指马克思整理《资本论》各册手稿的工作。第1册的德文第1版于1867
年作为《资本论》第1卷出版。

遗憾的是,马克思在世时没有能够完成付印《资本论》以后几册的
准备工作。马克思逝世后,恩格斯整理了并以《资本论》第2卷和第3
卷的形式出版上述第2册和第3册的手稿。恩格斯还打算整理并以
《资本论》第4卷的形式出版第4册的手稿,但是,他在世时没有来得及
实现这个愿望。——440。

535　指1867年6月3日《泰晤士报》上登载的一篇巴黎通讯,通讯说,在巴
黎,当迎接俄皇亚历山大二世时,人群中发出了"波兰万岁!"的呼喊声。
1867年6月18日,第一国际总委员会通过了一项决议,欢迎巴黎人民
群众在沙皇亚历山大二世到巴黎时所采取的行动,并且赞扬他们对俄
国沙皇制度压迫下的波兰人表示声援。总委员会的决议全文发表在
1867年6月22日《共和国》周报第224号上(见《1866—1868年第一国
际总委员会。会议记录》1963年莫斯科版第82页)。——441。

536　指马克思《政治经济学批判。第一分册》一书(参看《马克思恩格斯全
集》第1版第13卷)。——442。

537　指奥·威·霍夫曼《现代化学入门》(《Einleitung in die moderne Che-
mie»)1866年不伦瑞克版。——443。

538　按照黑格尔的术语,"关节点"即运动中由于逐渐的量变而突然发生质
变,即质的飞跃的时刻(参看黑格尔《逻辑学》第1编第3篇第2章的有
关注释)。——443。

539　指保·拉法格,他曾想把电应用于医疗。——443。

540　指英国选举改革法案。1867年英国在群众性工人运动的压力下实行

了第二次选举法改革。由于1867年的改革,英国选民的人数增加了一倍多,一部分熟练工人也获得了选举权。——444。

541 1867年2月英国政府任命了一个皇家委员会来调查工联的活动。调查是由于工联日益活跃而引起的。政府企图通过调查宣布工联为非法,或者至少限制其活动。为了对付政府的这个措施,工联在全国举行了许多群众大会和会议,并于1867年3月5—8日在伦敦召开了全国代表会议。皇家委员会没有能够对工联提起控诉。——444。

542 经过1867年对劳动条件进行的新的调查,1867年8月15日颁布了关于把工厂法的实施范围扩大到新的工业部门的法令。按照这个法令,不但在工厂工业中,而且在一系列部门的小企业中以及在家庭工业中,妇女和18岁以下的儿童的工作日的长度不得超过十个半小时。——445。

543 指《资本论》第1卷德文第1版第1章第1节附录《价值形式》。在该卷德文第2版和以后各版中,马克思对此作了修改,并且移入正文(见《马克思恩格斯文集》第5卷第1章第3节)。因此,在以后各版所收录的第1版序言中就不再提这个附录了。——445。

544 马克思说的是指《资本论》第1卷第1版的第3章;在第2版和以后各版中,相当于它的是第3篇的5章(第5—9章)。马克思引证黑格尔《逻辑学》的地方在第9章(见《马克思恩格斯文集》第5卷第358页)。——446。

545 在这里提到的《资本论》第1卷第1版正文的注释中,沙·阿·维尔茨被说成是第一个科学地发展了分子学说的人。在对这个问题的历史作了补充的研究后,马克思在《资本论》第1卷的第2版(1872年)中没有提到维尔茨,在该卷第3版中,恩格斯还把对奥·洛朗和沙·弗·热拉尔的作用的评价弄得更准确了(见《马克思恩格斯文集》第5卷第358页注205a)。——446。

546 《星报》是指《晨星报》。参看注114。——447。

547　指原定于1867年9月5日在日内瓦召开的和平和自由同盟成立大会。和平和自由同盟是由一批小资产阶级共和派和自由派组成的资产阶级和平主义组织,1867年在瑞士日内瓦成立,维·雨果、朱·加里波第等人曾积极参加,1867—1868年米·亚·巴枯宁也参加了同盟的工作。同盟在活动的初期,曾企图利用工人运动为其资产阶级和平主义目的服务。它鼓吹建立"各民族的兄弟联合",散布通过建立"欧洲联邦"可以在资本主义条件下消除战争的幻想,引诱工人阶级放弃阶级斗争。马克思和恩格斯对同盟持否定态度。马克思在1867年8月13日第一国际总委员会会议上着重指出,真正的和平战士是国际,因为"各国工人阶级的团结最终应该使各国之间的战争成为不可能"(参看《马克思恩格斯全集》第1版第16卷第612页)。——447。

548　见注449。——447。

549　《自由》(«La Liberté»)是法国保守派的晚报,大资产阶级的喉舌,1865—1944年在巴黎出版。1866—1872年属于埃·日拉丹所有,支持第二帝国的政策,主张对普鲁士作战,反对国防政府。

　　《世纪报》(«Le Siècle»)是法国的第一家报纸,1631年在巴黎创刊,最初名称为《新闻报》,每周出一次,后来每周出两次,1792年起改为日报。七月王朝时期为正统派机关报。

　　《法兰西报》(«La Gazette de France»)是法国正统派的日报,1631年起在巴黎出版。——447。

550　国际的洛桑代表大会是在1867年9月2—8日举行的。——448。

551　1867年10月17日,在北德意志联邦国会讨论兵役法案的时候,威·李卜克内西、奥·倍倍尔等人建议废除常备军,代之以武装人民。李卜克内西在响亮的演说中骂北德意志联邦国会是"专制主义的遮羞布"。

　　1867年10月21日,在北德意志联邦国会讨论关于联合的法案的时候,李卜克内西、倍倍尔等人对法案中规定企业主在生产上有权无限地雇用任何职业工人的第2条提出修正案,建议该条不得废止现行的关于在生产上限制和保护童工的法律。这个修正案被联邦国会通过。——449。

552 在改革同盟理事会1867年10月23日的会议上讨论同盟主席、资产阶级激进派埃·比尔斯的尖锐谴责芬尼运动的信时,英国工联领袖、同盟理事会理事乔·奥哲尔和本·鲁克拉夫特曾反对发表这封信,并且表示完全同情爱尔兰的解放运动。这是马克思和他的国际工人协会总委员会中的亲密同道者以国际主义精神影响工联领袖的直接结果。但是在改革同盟理事会的以后几次会议上,即在10月30日和11月1日,奥哲尔和鲁克拉夫特因受到资产阶级激进派的压力,放弃了过去的立场,宣布他们曾被误解。——449。

553 1867年9月18日,为了营救被捕的芬尼社领导人托·凯利和迪西,在曼彻斯特进行了对囚车的武装袭击。凯利和迪西逃跑成功,但是有5人当场被捕,他们被控在冲突中杀害了一名警察。从1867年11月1日起,在曼彻斯特对这5名芬尼社社员进行了审判。为了证明他们有罪,起诉一方采用了制造伪证以及其他无耻手段。法庭不顾辩护人之一厄·琼斯所作的种种努力,悍然判处被告死刑。5人中,除托·马瓜伊尔被赦免、康当改判终身监禁外,迈·拉尔金、威·菲·阿林和迈·奥勃莱思于11月23日在曼彻斯特被处决。在这一案件侦查和审判期间,全国展开了英国工人阶级支援爱尔兰民族解放运动的大规模运动,这个运动是由国际总委员会根据马克思的倡议组织的。——449。

554 指《爱尔兰农业统计。1866年平均产量估计表》(《Agricultural statistics,Ireland. Tables showing the estimated average produce of the crops for the Year 1866;and the emigration from Irish Ports from 1st January to 31st December,1866;also,the number of Mills for scutching flaxin each county and province.Presented to both House of Parliament by command of Her Majesty. Dublin 1867»)1867年都柏林版。——450。

555 马克思1867年11月2日和30日的信,列宁最初在1914年3月写的

《英国自由党人和爱尔兰》一文中引用过,以后又在《论民族自决权》、《革命无产阶级和民族自决权》和《社会主义革命和民族自决权》等著作中一再地引用(见本版全集第24卷第398页,第25卷第269—270页,第27卷257—258、261页)。——450。

556　《纪事》杂志(《The Chronicle》)是英国的天主教派的周刊,1867—1868年在伦敦出版。——450。

557　指《资本论》第1卷。——450。

558　指自学成功的德国哲学家约瑟夫·狄慈根1867年10月24日从彼得堡寄给马克思的信。狄慈根这时是彼得堡弗拉基米尔制革厂的技工,他在信中对马克思"对于科学以及对于工人阶级"的贡献表示感激。他谈到他读过马克思的许多著作,特别是《政治经济学批判》。狄慈根在信中叙述了他的唯物主义世界观的基础,并且宣称,他认为"科学的任务与其说是对事实进行研究,毋宁说是对事实进行解释"。狄慈根给马克思的这封信,为杰出的德国无产阶级的自学成功的哲学家和科学共产主义创始人的友谊奠定了基础。——451。

559　见注552。——451。

560　指威·李卜克内西《我在柏林"国会"中讲了些什么?》(《Was ich im Berliner "Reichstag" sagte»)1867年莱比锡版。——452。

561　指《民主周报》。见注89。——452。

562　指由马克思起草并经总委员会1867年11月20日非常会议批准的《在曼彻斯特被囚禁的芬尼社社员和国际工人协会》这个意见书(参看《马克思恩格斯全集》第1版第16卷)。总委员会致英国内务大臣格桑-哈第的这一意见书,是马克思在1867年秋所组织的争取英国工人支援爱尔兰民族解放的广泛运动中的一个重要步骤。这个意见书的直接目的是防止正在策划的对曼彻斯特案件中被控的芬尼社社员的审讯迫害。——452。

563 指 1867 年 11 月 21 日《泰晤士报》第 25974 号发表的一篇文章《伦敦的群众大会》(《London Meetings》)。——452。

564 《民族报》(《La Nation》)是爱尔兰的一家周报,1842 年至 80 年代末在都柏林出版。19 世纪 60 年代为芬尼社社员辩护。——453。

565 即马克思《关于爱尔兰问题的未作发言的提纲》(参看《马克思恩格斯全集》第 1 版第 16 卷)。——453。

566 彼·福克斯提出的决议案如下:"本会议表示希望:英格兰民族和爱尔兰民族之间将建立起持久和平和友谊,以代替英格兰人和爱尔兰人之间的七百年战争;为此目的,会议号召爱尔兰民族的朋友们向英格兰人民提出这一问题,同时本会议也建议英格兰人民毫无偏见地听取有利于爱尔兰自治权的各种论据。"(见《1866—1868 年第一国际总委员会。会议记录》1963 年莫斯科版第 123 页)——454。

567 1849 年英国成立了一个皇家专门委员会来加速和简化按优惠价格出售积债地产的过程。实施这个办法的起因是,19 世纪 40 年代中期,爱尔兰到处歉收,使许多爱尔兰土地占有者破产和债台高筑,已不可能进行有利的经营。1849 年的法律,最初是作为一种临时措施而通过的,后来延长了有效期,并得到 1852、1853、1854 年和 1858 年这几年颁布的法律的补充。这个法律有助于使土地从贵族土地占有者那里转移到资产阶级高利贷分子、大土地经营主手中,促进了爱尔兰农业资本主义的发展。——454。

568 在由于英国在美洲殖民地争取独立的战争中遭到失败而引起的爱尔兰民族运动高涨的形势下,英国议会迫于爱尔兰广大人民群众的压力,于 1782 年通过了关于废除英国议会替爱尔兰颁布法律的权利和把这项权利移交给爱尔兰议会的法令。1783 年英国议会通过了一项新的《放弃权利的法令》,再次确认了 1782 年法令。这意味着在立法方面确认了爱尔兰的自治。但是,在 1798 年爱尔兰民族解放起义被镇压下去以后,英国政府实际上已经取消了对爱尔兰的这些让步,而把英爱合并强加给了爱尔兰。合并巩固了英国在爱尔兰的殖民统治。——455。

569 列宁在《英国自由党人和爱尔兰》和《论民族自决权》这两篇文章中,引用了马克思在1867年11月2日和30日信中所表述的论点(见本版全集第24卷第398页,第25卷第270页)。——455。

570 韦耳夫派是1866年汉诺威并入普鲁士以后在汉诺威形成的一个党派,其名称来自古代汉诺威大公韦耳夫家族(这个家族1866年以前一直占据着汉诺威君主国的王位)。韦耳夫派的目的是恢复以韦耳夫家族为首的独立的汉诺威君主国和汉诺威在德意志帝国中的自治权。——456。

571 指《观察家报。士瓦本人民报》。

《观察家报。士瓦本人民报》(《Der Beobachter. Ein Volksblatt aus Schwaben»)是德国的一家日报,从1833年起在斯图加特出版,19世纪60年代为小资产阶级民主派机关报。——457。

572 指《资本论》第1卷。——457。

573 指马克思《致〈社会民主党人报〉编辑部的声明》(见本卷第395—396页)。——459。

574 马克思在这封信中所列的为《观察家报》写书评的大纲,恩格斯完全接受了。他在写自己的书评时还利用了马克思这封信中的原话。书评经过路·库格曼的介绍发表在1867年12月27日《观察家报》第303号上,没有署名(参看《马克思恩格斯全集》第1版第16卷第254—256页)。

这里提到的那个地方,在《资本论》第1卷第1版中位于卷末给第6章第1节特意加的一个补充注释里。在准备德文第2版(1872年)的时候,马克思把这个注释删掉了。——459。

575 指马克思《资本论》第1卷序言。——459。

576 指伦敦克拉肯韦尔监狱的爆炸。这次爆炸事件是一群芬尼社社员为了营救被囚禁的芬尼社社员而在 1867 年 12 月 13 日制造的。——460。

577 民族自由党人是德国资产阶级政党民族自由党的成员。

德国民族自由党是 1866 年由分裂出来的进步党右翼组成的,起初是普鲁士资产阶级的政党,1871 年起成为全德资产阶级的政党。1918 年德国十一月革命后,该党不复存在。在它的基础上成立了德国人民党。——461。

578 指马克思 1867 年 12 月 16 日在伦敦德意志工人共产主义教育协会会议上就爱尔兰问题所作的报告。保留下来的有马克思写的详细的报告提纲和约·格·埃卡留斯作的报告记录(参看《马克思恩格斯全集》第 1 版第 16 卷第 506—522、637—639 页)。——461。

579 见注 560。——461。

580 关税议会是在 1866 年战争和普鲁士于 1867 年 7 月 8 日同德国南部各邦签订条约以后成立的关税同盟的领导机构,由北德意志联邦国会议员和德国南部各邦——巴伐利亚、巴登、符腾堡和黑森——专门选出的代表组成。它本来只应当研究商业和关税政策问题,奥·俾斯麦却力图逐步地扩大它的权限,把它扩展到其他的政治问题上去,他的这种企图遭到了南德意志代表的顽强抵抗。——462。

人 名 索 引

A

阿比康——见阿伯康公爵,詹姆斯·汉密尔顿。

阿庇安(Appian 1 世纪末至 2 世纪 70 年代)——古罗马历史学家。——309。

阿伯康公爵,詹姆斯·汉密尔顿(阿比康)(Abercorn,James Hamilton,Duke of(Abicorn) 1811—1885)——英国国务活动家,保守党人,1866—1868 年和 1874—1876 年任爱尔兰总督。反对通过爱尔兰 1881 年的土地法。——450。

阿尔古伯爵,安东·莫里斯·阿波利内尔(Argout,Antoine-Maurice-Apolli-naire,comte d' 1782—1858)——法国国务活动家和金融家,1830—1834 年任内阁大臣,1834—1857 年任法兰西银行总裁。——285。

阿基米德(Archimedes 公元前 287 左右—前 212)——古希腊数学家和力学家。——24。

阿科拉,埃米尔(Acollas,Émile 1826—1891)——法国法学家,政论家和政治活动家。小资产阶级民主主义者。——170。

阿林,威廉·菲力浦(Allen,William Phillip 1849 左右—1867)——爱尔兰芬尼社社员。1867 年秋因参与劫救芬尼社领导人凯利和迪西,被英国当局处死。——463。

阿普尔加思,罗伯特(Applegarth,Robert 1834—1924)——英国工联主义运动改良派领袖。职业是红木工;1862—1871 年任粗细木工工联总书记,1863 年起担任工联伦敦理事会理事,1865 年、1868—1872 年担任国际总委员会委员,国际巴塞尔代表大会(1869)代表,改革同盟和工人代表同盟的领导人之一;1871 年拒绝在总委员会的宣言《法兰西内战》上签名,后来脱离了工人运动。——132—133。

阿辛,柳德米拉(Assing,Ludmilla 1821—1880)——德国自由派女作家。著名的德国作家万哈根·冯·恩赛《日记》的出版者,马克思的熟人,同拉萨尔很友好。——378。

埃尔斯纳,卡尔·弗里德里希·莫里茨(Elsner,Karl Friedrich Moritz 1809—1894)——德国政论家和政治活动家,激进派。1848年为普鲁士制宪议会议员,属于左派。50年代是《新奥得报》编辑之一,马克思曾为该报撰稿。——7。

埃卡留斯,约翰·格奥尔格(Eccarius,Johann Georg 1818—1889)——德国工人运动和国际工人运动活动家,工人政论家;职业是裁缝。侨居伦敦,正义者同盟盟员,后为共产主义者同盟盟员,伦敦德意志工人共产主义教育协会的领导人之一,1864—1872年担任国际总委员会委员,1867年至1871年5月担任总委员会总书记,1870—1872年担任美国通讯书记,国际各次代表大会和代表会议的代表。1872年以前支持马克思,1872年海牙代表大会后成为英国工联的改良派领袖,后为工联主义运动的活动家。——76—77、80、113、253、379、381、390。

埃斯皮纳斯,沙尔·玛丽·埃斯普里(Espinasse,Charles-Marie-Esprit 1815—1859)——法国将军,波拿巴主义者,1851年十二月二日政变的积极参加者,克里木战争的参加者。在奥尔西尼谋刺拿破仑第三以后曾任内务大臣五个月,1859年意大利战争时期任师长。——14。

艾伦(Allen)——英国医生,给马克思一家治过病。——306。

艾韦贝克,奥古斯特·海尔曼(Ewerbeck,August Hermann 1816—1860)——德国医生和政论家,正义者同盟巴黎支部的领导人,后为共产主义者同盟盟员,1850年退出同盟。——206、226、302。

艾希霍夫,卡尔·威廉(Eichhoff,Karl Wilhelm 1833—1895)——德国政论家和新闻工作者。19世纪50年代末因在刊物上揭露施梯伯的密探活动而受法庭审讯。1861—1866年流亡伦敦;1867年起为第一国际会员,第一批第一国际史学家之一;国际柏林支部的组织者,总委员会驻柏林通讯员。1869年起为德国社会民主工党党员。——55、74、80、87、88、106。

艾因霍恩——见霍恩,爱德华。

艾泽曼(Eisermann)——德国细木工,19世纪40年代是巴黎正义者同盟成

代表人物。——236、256。

奥朗则布(Aurangzib 1618—1707)——印度大莫卧儿王朝的钵谛沙赫(1658—1707)。——297。

奥利维埃,埃米尔(Ollivier,Émile 1825—1913)——法国政治活动家,温和的资产阶级共和党人。1857年起为立法团议员。60年代末为波拿巴主义者,1870年1—8月任政府首脑。——137。

奥普戴克,乔治(Opdyke,George 1805—1880)——美国企业家、经济学家;1862—1863年任纽约市长。——344。

奥特贝格,W.(Otterberg,W.)——德国小资产阶级民主主义者,1847年为布鲁塞尔德意志工人协会会员。——212。

奥谢,亨利(O'Shea,Henry)——爱尔兰社会活动家,1869年为被囚禁的芬尼社社员进行辩护。——116。

奥哲尔,乔治(Odger,George 1820—1877)——英国工联改良派领袖,职业是鞋匠。曾参加建立工联伦敦理事会,1862—1872年为理事会书记。英国波兰独立全国同盟、土地和劳动同盟和工人代表同盟盟员,1864年9月28日圣马丁堂会议的参加者,1864—1871年担任国际总委员会委员,1864—1867年任国际总委员会主席,伦敦代表会议(1865)和日内瓦代表大会(1866)的参加者。曾参加改革同盟执行委员会,在争取英国选举改革的斗争期间与资产阶级有勾结。1871年拒绝在总委员会的宣言《法兰西内战》上签名并退出总委员会。——378、379、448。

B

巴登大公——见弗里德里希一世。

巴登格——见拿破仑第三。

巴尔贝斯,阿尔芒(Barbès,Armand 1809—1870)——法国革命家,小资产阶级民主主义者,七月王朝时期秘密革命团体的领导人之一;法国1848年革命的积极活动家,制宪议会议员。因参加1848年五月十五日事件被判处无期徒刑,1854年遇赦;被赦后流亡国外,不久即脱离政治活动。——252。

巴枯宁,米哈伊尔·亚历山德罗维奇(Бакунин,Михаил Александрович

1814—1876)——俄国无政府主义和民粹主义创始人和理论家之一。1868年参加第一国际活动后,在国际内部组织秘密团体——社会主义民主同盟,妄图夺取总委员会的领导权。1872年在海牙代表大会上被开除出第一国际。——35、102、140、143、185、301—304、318、319、354、372、383—384。

巴罗,奥迪隆(Barrot,Odilon 1791—1873)——法国政治家,七月王朝时期是自由主义的王朝反对派的领袖之一。1848年12月—1849年10月领导为各个保皇集团的反革命联盟所支持的内阁。1849年11月内阁辞职后脱离了积极的政治活动。——280。

巴师夏,弗雷德里克(Bastiat,Frédéric 1801—1850)——法国庸俗经济学家。他把资产阶级社会的阶级关系视为互惠关系,认为资本主义的关系是人和人之间的"自然"关系,鼓吹劳资利益调和论。——42。

巴泰尔斯,阿道夫(Bartels,Adolphe 1802—1862)——比利时政论家,1844—1846年为《社会辩论报》的编辑。——214。

巴泰勒米,艾曼纽埃尔(Barthélemy,Emmanuel 1820左右—1855)——法国工人,布朗基主义者,七月王朝时期是秘密革命团体的成员,1848年巴黎六月起义的参加者,后流亡英国,为伦敦的法国布朗基派流亡者协会的领导人之一。属于维利希—沙佩尔冒险主义宗派集团。1855年因刑事罪被判处死刑。——283。

巴赞,弗朗索瓦·阿希尔(Bazaine,François-Achille 1811—1888)——法国将军,1864年起为元帅,保皇派。30—40年代参与征服阿尔及利亚,后参加1853—1856年克里木战争。在1859年奥意法战争中指挥一个师,1863—1867年率领法军对墨西哥进行武装干涉。普法战争时期任第三军军长,后任莱茵军团司令,1870年10月在麦茨投降。——149。

白恩士,莉迪娅(莉希)(Burns,Lydia(Lizzy,Lizzie)1827—1878)——爱尔兰女工,爱尔兰民族解放运动的参加者;恩格斯的第二个妻子,玛丽·白恩士的妹妹。——140、345。

白恩士,玛丽(Burns,Mary 1823—1863)——爱尔兰女工,恩格斯的第一个妻子。——345。

白拉克,威廉(Bracke,Wilhelm 1842—1880)——德国工人运动活动家,1869

年为德国社会民主工党（即爱森纳赫派）的创建人，党的书刊的主要出版人
和发行人之一，1877—1879 年为社会民主党国会党团成员。曾进行反对
拉萨尔派的斗争，反对党内的无政府主义分子和机会主义分子，但不够彻
底。——151。

白鹦鹉——见马克思，劳拉。

班迪亚，亚诺什（Bangya,János 1817—1868）——匈牙利新闻工作者和军官，
匈牙利 1848—1849 年革命的参加者。革命失败后成为科苏特的国外密
使，同时也是秘密警探；后来改名穆罕默德贝伊到土耳其军队中供职。在
切尔克斯人反俄战争时期作为土耳其间谍在高加索进行活动。——52。

班克斯，纳撒尼尔·普伦蒂斯（Banks,Nathaniel Prentiss 1816—1894）——美
国将军和政治活动家，属于共和党，1858—1861 年任马萨诸塞州的州长。
美国内战时期，1862 年任弗吉尼亚州的北军司令，1862—1864 年任路易
斯安那州的北军司令。——320。

邦霍尔斯特，莱昂哈德·冯（Bonhorst,Leonhard von 生于 1840 年）——德国
社会民主党人，职业是技师。社会民主工党（爱森纳赫派）不伦瑞克委员会
书记；后来脱离政治活动。——112、114、151、470—471。

保罗，约翰·迪恩（Paul,John Dean 1802—1868）——英国银行家，于 1855 年
6 月破产。由于从事大规模的金融投机活动，被英国法院判处流放服苦
役。——23。

鲍威尔，埃德加（Bauer,Edgar 1820—1886）——德国政论家，青年黑格尔派。
1848—1849 年革命后流亡英国，1859 年为伦敦《新时代》编辑，1861 年大
赦后为普鲁士官员。布鲁诺·鲍威尔的弟弟。——53、68、386。

鲍威尔，布鲁诺（Bauer,Bruno 1809—1882）——德国唯心主义哲学家，青年
黑格尔派的主要代表人物，资产阶级激进派。1848 年以后从资产阶级激
进派向右演变，1866 年后成为民族自由党人、俾斯麦的拥护者。在基督教
史方面著作甚多。——11—12、109。

贝茨，罗伯特·梅金（Bates,Robert Makin 约生于 1791 年）——英国银行家，
于 1855 年 6 月破产。由于从事大规模的金融投机活动，被英国法院判处
流放服苦役。——23。

贝尔尼埃，弗朗索瓦（Bernier,François 1620—1688）——法国医生、旅行家和

作家。——297—298。

贝克尔,伯恩哈德(Becker, Bernhard 1826—1882)——德国政论家和历史学家,拉萨尔派,1864—1865 年为全德工人联合会主席,后来加入爱森纳赫派;国际海牙代表大会(1872)代表。1874 年后脱离工人运动。——166、391。

贝克尔,海尔曼·亨利希(红色贝克尔)(Becker, Hermann Heinrich(der rote Becker) 1820—1885)——德国地方法院见习法官和政论家,科隆工人和业主联合会的领导人之一,民主主义者莱茵区域委员会委员;1849 年 5 月—1850 年 7 月为《西德意志报》的发行人。1850 年起为共产主义者同盟盟员,1852 年科隆共产党人案件的被告之一,被判五年徒刑。60 年代是进步党人,后来成为民族自由党人,1862—1866 年为普鲁士第二议院议员,1867—1874 年为国会议员。1875 年起为科隆市长。——232、391、395。

贝克尔,约翰·菲力浦(Becker, Johann Philipp 1809—1886)——德国工人运动和国际工人运动活动家,马克思和恩格斯的朋友和战友。青年时代是制刷工。19 世纪 30 年代起参加革命运动。在 1849 年巴登-普法尔茨起义时指挥民团。1848—1849 年革命失败后从民主共和主义者转变为马克思和恩格斯的拥护者。60 年代是第一国际活动家,参与组建国际在瑞士的德国人支部,1866—1871 年为《先驱》杂志的编辑。——75、96、99—100。

贝克拉特,海尔曼·冯(Beckerath, Hermann von 1801—1870)——德国银行家,莱茵省自由派资产阶级的领袖之一;法兰克福国民议会议员,属于中间派右翼。1848 年 8—9 月任帝国政府的财政大臣。——260。

贝里耶,皮埃尔·安东(Berryer, Pierre-Antoine 1790—1868)——法国律师和政治家,七月王朝时期是正统主义反对派领袖,第二共和国时期是制宪议会和立法议会议员。——281。

贝姆,约瑟夫(Bem, József 1794—1850)——波兰将军,民族解放运动活动家,1830—1831 年起义的领导人。1848 年维也纳十月起义的参加者;匈牙利革命军领导人;后在土耳其军队中供职。——252。

贝奈德克,路德维希(Benedek, Ludwig 1804—1881)——奥地利将军,1860—1864 年任奥军参谋长,匈牙利军政总督,1866 年奥普战争期间任奥军总司令。——61—62、411、417。

贝兹利，托马斯（Bazley，Thomas 1797—1885）——英国厂主，资产阶级政治活动家，自由贸易派，反谷物法同盟的创始人之一；1845—1859 年担任曼彻斯特商会会长，议会议员。——92。

倍倍尔，奥古斯特（Bebel，August 1840—1913）——德国工人运动和国际工人运动活动家，德国社会民主党和第二国际的创建人和领袖之一，马克思和恩格斯的朋友和战友；旋工出身。1867 年当选为德国工人协会联合会主席，1868 年该联合会加入第一国际。1869 年与威·李卜克内西共同创建了德国社会民主工党（即爱森纳赫派）。多次当选国会议员，利用国会讲坛揭露帝国政府反动的内外政策。1870—1871 年普法战争期间持国际主义立场，在国会中投票反对军事拨款，支持巴黎公社。在反社会党人非常法施行时期，领导了党的地下活动和议会活动。19 世纪 90 年代和 20 世纪初同党内的改良主义和修正主义进行斗争，反对伯恩施坦及其拥护者对马克思主义理论的歪曲和庸俗化。马克思和恩格斯高度评价他的活动。——100、105、155、175、176、456—457。

比斯利，爱德华·斯宾塞（Beesly，Edward Spencer 1831—1915）——英国历史学家和实证论哲学家。1859—1893 年任伦敦大学历史学教授。1864 年 9 月 28 日在伦敦召开的国际工人协会（第一国际）成立大会的主席。同马克思保持友好关系。——387。

彼得一世（彼得大帝）（Петр Ⅰ Великий 1672—1725）——俄国沙皇（1682—1725），第一个全俄皇帝（1721—1725）。——360。

俾斯麦，奥托·爱德华·莱奥波德（Bismarck，Otto Eduard Leopold 1815—1898）——普鲁士和德国国务活动家和外交家，普鲁士容克的代表。1859—1862 年任驻彼得堡大使和 1862 年任驻巴黎大使，1862—1872 年和 1873—1890 年任普鲁士首相，1867—1871 年任北德意志联邦首相，1871—1890 年任德意志帝国首相；主张在普鲁士领导下"自上而下"统一德国。1878 年颁布了反社会党人非常法。——62、87、99、109—110、148、152—153、154、159、342、345、354、355、362、373、385—386、388、391、392、394、399—400、401、402、403、410、411、412、413—415、417、418、419、423—424、425、449、452、459、462、464、465。

毕尔格尔斯，亨利希（Bürgers，Heinrich 1820—1878）——德国政论家，

1842—1843年担任《莱茵报》撰稿人,共产主义者同盟盟员,《新莱茵报》编辑之一。1850年起是共产主义者同盟中央委员会委员,1852年科隆共产党人案件的被告之一,被判六年徒刑。60年代为民族联盟盟员。——194、215、227、232、334。

毕洛夫,亚当·亨利希·迪特里希(Bülow, Adam Heinrich Dietrich 1757—1807)——普鲁士军官和军事著作家。——12。

毕舍,菲力浦·约瑟夫·本杰明(Buchez, Philippe-Joseph-Benjamin 1796—1865)——法国政治活动家和历史学家,资产阶级共和党人,基督教社会主义思想家。——78。

毕希纳,弗里德里希·卡尔·克里斯蒂安·路德维希(Büchner, Friedrich Karl Christian Ludwig 1824—1899)——德国生理学家和哲学家,庸俗唯物主义代表人物,资产阶级改良主义者。——91—92。

边沁,耶利米(Bentham, Jeremy 1748—1832)——英国社会学家、哲学家和经济学家,功利主义理论的主要代表。——195—196。

波多林斯基,谢尔盖·安得列耶维奇(Подолинский, Сергей Андреевич 1850—1891)——乌克兰社会活动家和进步学者,达尔文主义者;最早在乌克兰宣传马克思经济学理论者之一。1871年起侨居奥地利、法国,80年代起在瑞士,曾同俄国革命的流亡者有联系,1879年是在维也纳用乌克兰文出版社会主义书籍的组织者之一。同马克思和恩格斯个人相识,并有通信联系。——188、190、191。

波克罕,西吉斯蒙特·路德维希(戈迪萨尔)(Borkheim, Sigismund Ludwig (Gaudissart) 1826—1885)——德国政论家,民主主义者。曾参加1848—1849年革命,革命失败后流亡国外,住在瑞士和法国。1851年移居英国,同马克思和恩格斯保持友好关系。——70、89、111。

波利亚科夫,尼古拉·彼得罗维奇(Поляков, Николай Петрович 1841左右—1905)——进步的俄国出版者,1865—1873年曾接近尼·加·车尔尼雪夫斯基的拥护者;1872年出版了马克思《资本论》第一卷俄文第一版。——141。

波吕克斯——见勒克律,米歇尔·埃利。

波拿巴——见拿破仑第一。

波拿巴——见拿破仑第三。

波拿巴,路易——见拿破仑第三。

波拿巴,皮埃尔(Bonaparte,Pierre 1815—1881)——拿破仑第三的堂弟;七月
　王朝时期为共和主义者;第二共和国时期是制宪议会和立法议会议员。
　——137。

波拿巴,约瑟夫·沙尔·保尔,拿破仑亲王(普隆-普隆)(Bonaparte,Joseph-
　Charles-Paul,prince Napoléon(Plon-Plon) 1822—1891)——日罗姆·波拿
　巴的儿子,拿破仑第三的堂弟,1847年在其长兄死后改名日罗姆。第二共
　和国时期是制宪议会和立法议会议员,1854年在克里木指挥一个师,在
　1859年奥意法战争中任军长;在普法战争初期进行关于法意反普同盟的
　谈判。绰号普隆-普隆和红色亲王。——356、392、427—428。

波旁王朝——法国王朝(1589—1792、1814—1815 和 1815—1830)。——
　212。

波普,约翰(Pope,John 1822—1892)——美国将军,属于共和党,美国内战的
　参加者,1862年先为密西西比州后为弗吉尼亚州的北军的一个军团的指
　挥官。——332。

波特尔,乔治(Potter,George 1832—1893)——英国工联改良派领袖之一,职
　业是木工,工联伦敦理事会理事和建筑工人联合会的领导人之一,《蜂房
　报》的创办人和出版者,在报纸上一贯实行同自由派资产阶级妥协的政策。
　——383、448。

伯恩施太德,阿达尔贝特(Bornstedt,Adalbert 1808—1851)——德国政论
　家,小资产阶级民主主义者;1847—1848年为《德意志—布鲁塞尔报》的创
　办人和编辑,1848年二月革命后是巴黎德意志民主协会领导人;曾为共产
　主义者同盟盟员,1848年3月被开除出同盟;巴黎德国流亡者志愿军团组
　织者之一;曾与警察局有联系。——212—215、225。

伯恩施坦,爱德华(Bernstein,Eduard 1850—1932)——德国社会民主党和第
　二国际右翼领袖之一,修正主义的代表人物。1881—1890年为德国社会
　民主党中央机关报《社会民主党人报》编辑。从90年代中期起完全同马克
　思主义决裂。——60、174、175、176、186、305。

勃朗,路易(Blanc,Louis 1811—1882)——法国小资产阶级社会主义者,历史

学家。1848年二月革命期间是临时政府成员,所谓研究工人问题的卢森堡宫委员会的主席,推行妥协政策。1848年六月起义失败后流亡英国,是在伦敦的小资产阶级流亡者的领导人之一。1870年回国。1871年当选为国民议会议员,对巴黎公社抱敌视态度。——211—212、216—217、218、219、220、221—223、252、253、255—256、257、258、269、273、283、284。

博丹,让(Bodin,Jean 1530—1596)——法国资产阶级社会学家,专制政体的思想家。——363。

博丹,让·巴蒂斯特·阿尔丰斯·维克多(Baudin,Jean-Baptiste-Alphonse-Victor 1801—1851)——法国政治活动家,职业是医生,共和党人;立法议会议员。1851年12月3日在圣安东郊区街垒战中阵亡。——95、96。

博恩施太特(Bohnstedt)——德国法学家,小资产阶级民主主义者,1848年是《新莱茵报》股东。——227、228。

布阿吉尔贝尔,皮埃尔(Boisguillebert,Pierre 1646—1714)——法国经济学家,重农学派的先驱,法国资产阶级古典政治经济学的创始人。——141、363。

布恩,马丁·詹姆斯(Boon,Martin James)——英国工人运动活动家,职业是机械师;宪章主义者奥勃莱思的社会改良主义观点的拥护者,1869—1872年担任国际总委员会委员,土地和劳动同盟书记,1872年担任不列颠联合会委员会委员。——113。

布尔,路德维希(Buhl,Ludwig 1814—1882)——德国政论家,青年黑格尔分子。——195。

布赫尔,洛塔尔(Bucher,Lothar 1817—1892)——普鲁士司法推事,政论家。1848年是普鲁士制宪议会议员,属于中间派左翼。1848—1849年革命失败后流亡伦敦,后为民族自由党人,俾斯麦的拥护者。——50、385—386。

布坎南,詹姆斯(Buchanan,James 1791—1868)——美国国务活动家,属于民主党。1845—1849年任国务卿,1853—1856年任驻伦敦公使,1857—1861年任美国总统;实行有利于奴隶主的政策。——315。

布拉赫特(Bracht)——1848年为德国埃尔伯费尔德政治俱乐部成员。——228。

布拉尼茨基,克萨韦里(Branicki,Ksavery 1812—1879)——波兰大地主,在

巴黎的波兰保守的保皇派流亡集团的领导人之一；接近拿破仑亲王。——356。

布莱特，约翰（Bright，John 1811—1889）——英国棉纺厂主，自由贸易派领袖之一和反谷物法同盟创始人之一。19世纪60年代起为自由党（资产阶级激进派）左翼领袖，曾多次任自由党内阁的大臣。——32、358、378、383、390、410。

布兰克，卡尔·埃米尔（Blank，Karl Emil 1817—1893）——德国商人。19世纪40至50年代接近社会主义观点。恩格斯的妹妹玛丽亚的丈夫。——226、228、393。

布朗，约翰（Brown，John 1800—1859）——美国农民，废奴运动革命派活动家之一；1854—1856年堪萨斯反奴隶主武装斗争的积极参加者。1859年打算在弗吉尼亚州发动黑奴起义，被送交法院，后被处死。——54。

布朗基，路易·奥古斯特（Blanqui，Louis-Auguste 1805—1881）——法国革命家，空想共产主义的代表人物，许多秘密团体和密谋活动的组织者，1830年七月革命和1848年二月革命的积极参加者；秘密的四季社的领导人，1839年五月十二日起义的组织者；法国无产阶级运动的著名领袖；曾多次被判处徒刑；巴黎1870年十月三十一日起义的领导人之一。巴黎公社时期被反动派囚禁在凡尔赛，曾缺席当选为公社委员。——252、311—312。

布雷肯里奇，约翰·卡贝尔（Breckinridge，John Cabell 1821—1875）——美国国务活动家，属于民主党，南部奴隶主叛乱的领导人之一；1857—1861年任副总统，1860年大选的总统候选人；美国内战时是南军的将军，1865年任南部同盟的陆军部长。——332。

布里格斯，约翰（Briggs，John 1785—1875）——英国将军，1801—1835年在东印度公司供职，1853年是东印度公司董事会董事。——64。

布林德，卡尔（Blind，Karl 1826—1907）——德国作家和新闻工作者，小资产阶级民主主义者，1848—1849年巴登革命运动的参加者，50年代中期起是在伦敦的德国小资产阶级流亡者的领袖之一，60年代是民族自由党人，普法战争期间和战后为极端沙文主义者。——52、71、76、353、360—361、426。

布鲁诺——见鲍威尔，布鲁诺。

戴维斯,杰弗逊(Davis,Jefferson 1808—1889)——美国政治活动家,大种植场主奴隶主,属于民主党,南部奴隶主叛乱策划者之一;1861—1865 年任南部同盟总统。——313—314。

戴维斯,约翰(Davies,John 1569—1626)——英国国务活动家、法学家、诗人。写有一些爱尔兰历史方面的著作,1609—1619 年担任爱尔兰首席检察官;拥护爱尔兰英国殖民地化。——131—132、135。

丹东,若尔日·雅克(Danton,Georges-Jacques 1759—1794)——18 世纪末法国资产阶级革命活动家,雅各宾派右翼领袖。——283。

德比伯爵,爱德华·乔治·杰弗里·斯密斯·斯坦利(Derby,Edward George Geoffrey Smith Stanley,Earl of 1799—1869)——英国政治活动家,托利党领袖,19 世纪下半叶为保守党领袖之一;1852 年、1858—1859 年和 1866—1868 年任内阁首相。——292、451。

德朗克,恩斯特(Dronke,Ernst 1822—1891)——德国政论家和作家。最初是"真正的社会主义者",后来是共产主义者同盟盟员和《新莱茵报》编辑之一。1848—1849 年革命后流亡法国,1852 年流亡英国。1850 年共产主义者同盟分裂时拥护马克思和恩格斯。国际会员。70 年代脱离政治活动而经商。——11、229、233。

德勒克吕兹,路易·沙尔(Delescluze,Louis-Charles 1809—1871)——法国政治活动家和新闻工作者,小资产阶级革命家,1830 年和 1848 年革命的参加者,1871 年国民议会议员,巴黎公社委员,公社军事代表。1871 年 5 月巴黎巷战时牺牲在街垒上。——147。

德鲁安-德路易斯,爱德华(Drouyn de Lhuys,Édouard 1805—1881)——法国外交家和国务活动家。19 世纪 40 年代是温和的奥尔良保皇派,1851 年后成为波拿巴主义者。曾任外交部长和外交大臣(1848—1849、1852—1855 和 1862—1866)。——12。

德穆特,海伦(琳蕙)(Demuth,Helene(Lenchen) 1823—1890)——马克思家的女佣和忠实的朋友。——291。

德纳,查理·安德森(Dana,Charles Anderson 1819—1897)——美国新闻工作者,《纽约每日论坛报》和《美国新百科全书》编辑之一。——11、280、289、291。

德农维尔——见瓦托,路易。

德斯特尔,卡尔·路德维希·约翰(D'Ester, Karl Ludwig Johann 1813—
1859)——德国社会主义者和民主主义者;职业是医生。共产主义者同盟
科隆支部的成员,1848 年是普鲁士国民议会议员,属于左派。1848 年 10
月起为德意志民主协会中央委员会委员,在 1849 年巴登-普法尔茨起义中
起了重要作用,后流亡瑞士。——227。

狄慈根,约瑟夫(Dietzgen, Joseph 1828—1888)——德国社会民主党人;哲学
家,独立地得出了辩证唯物主义的结论;职业是制革工人;国际海牙代表大
会(1872)代表。——83、88—89、90、182、468—469。

迪西(Deasy)——爱尔兰芬尼社领导人之一。——451。

笛卡儿,勒奈(Descartes, René 1596—1650)——法国科学家和哲学家,在哲
学上是"二元论"者,认为物质和精神是两个独立并存的实体。在宇宙论、
天体演化论、物理学、生理学等方面是唯物主义者,在心理学、认识论等方
面是唯心主义者。——163、186、473。

丁铎尔,约翰(Tyndall, John 1820—1893)——英国物理学家,科普作家;主要
从事声学、磁学和热力学的研究。——162—163、407—408、473。

杜班,安德烈·玛丽·让·雅克(Dupin, Andre-Marie-Jean-Jacques 1783—
1865)——法国法学家和政治活动家,奥尔良党人,1848—1849 年为制宪
议会议员,1849—1851 年为立法议会议长;后为波拿巴主义者。——280。

杜邦,欧仁(Dupont, Eugène 1831—1881)——法国革命家,国际工人运动活
动家;职业是乐器匠。1848 年参加巴黎无产阶级六月起义,后流亡伦敦。
1864—1872 年任第一国际总委员会委员,1865—1871 年任法国通讯书
记。几乎参加了第一国际的历次代表会议和代表大会,是洛桑代表大会
(1867)主席和布鲁塞尔代表大会(1868)副主席。在国际中支持马克思的
路线,反对蒲鲁东主义、巴枯宁主义和工联主义。1870 年 7 月为寻找工作
由伦敦迁居曼彻斯特,在当地的国际委员中积极展开工作。他的活动得到
马克思和恩格斯的肯定。1874 年移居美国。——77。

杜林,欧根·卡尔(Dühring, Eugen Karl 1833—1921)——德国折衷主义哲学
家和庸俗经济学家,小资产阶级社会主义者。1863—1877 年为柏林大学
非公聘讲师。70 年代起以"社会主义改革家"自居,反对马克思主义,企图

月—1865年担任国际总委员会委员,1864—1865年担任意大利通讯书记。——379、381、383。

菲奥伦蒂诺,皮埃尔·安吉洛(Fiorentino, Pier Angelo 1809—1864)——意大利作家,新闻记者和批评家。1835年起住在巴黎,50—60年代曾积极地为波拿巴派报刊撰稿。——14。

菲勒克,路易(Viereck, Louis 1851—1921)——德国社会民主党人,机会主义者。在实施反社会党人非常法时期是党的右翼领袖之一。1884—1887年为帝国国会议员,在国会中推行机会主义政策。1886年移居美国,脱离工人运动。第一次世界大战期间在美国报界发表亲德文章,积极为德意志帝国效劳。——175。

费尔巴哈,路德维希·安德列亚斯(Feuerbach, Ludwig Andreas 1804—1872)——德国唯物主义哲学家和无神论者,德国古典哲学代表人物之一。他的唯物主义是马克思主义哲学的理论来源之一。——61、88、90、199、468、469。

芬克,格奥尔格(Vincke, Georg 1811—1875)——男爵,普鲁士政治活动家。1848—1849年是法兰克福国民议会的右派领袖之一;1849年为第二议院议员,属于右派;50—60年代入选普鲁士议会下院。——355。

弗尔布纳——见乌尔班,卡尔。

弗·马·——见马克思,弗兰西斯·约瑟夫·彼得。

弗腊斯,卡尔·尼古劳斯(Fraas, Karl Nikolaus 1810—1875)——德国植物学家和农学家,慕尼黑大学教授;写有一些关于植物学和农业方面的著作。——66。

弗莱里格拉特,斐迪南(Freiligrath, Ferdinand 1810—1876)——德国诗人,开始活动时为浪漫主义者,后来成为革命诗人,1848—1849年为《新莱茵报》编辑之一,共产主义者同盟盟员;50—60年代为瑞士银行伦敦分行职员,50年代脱离革命斗争。——35、50。

弗兰茨-约瑟夫——见弗兰茨-约瑟夫一世。

弗兰茨-约瑟夫一世(Franz-Joseph I 1830—1916)——奥地利皇帝(1848—1916)。——411。

弗兰科夫斯基,莱昂(Frankowski, Leon 1844左右—1863)——波兰民族解放运动活动家,中央民族委员会委员,属于"红党"。1863 年领导卢布林省的起义部队,后被俘,6 月 4 日被处死。——353—354。

弗里德兰德,麦克斯(Friedländer,Max 1829—1872)——德国政论家,资产阶级民主主义者,曾参加《新奥得报》和《新闻报》编辑部的工作(19 世纪 50 至 60 年代马克思曾为这两家报纸撰稿);1864—1872 年为《新自由报》的创办人和编辑;斐迪南·拉萨尔的表弟。——7、320。

弗里德里希二世(弗里德里希大帝)(Friedrich Ⅱ(der Große) 1712—1786)——普鲁士国王(1740—1786)。——27、304、355—356。

弗里德里希一世(巴登大公)(Friedrich Ⅰ(Großherzog von Baden) 1826—1907)——1852 年起是巴登的实际上的统治者,1856 年起是巴登大公。——361。

弗里德里希-卡尔亲王(Friedrich-Karl,Prinz 1828—1885)——普鲁士将军,后为元帅。1864 年丹麦战争时期为普军总司令,后为联军总司令;1866 年普奥战争时期任普鲁士第一军团司令,普法战争时期任第二军团司令,80 年代为骑兵总监。——57—58、62、411、417。

弗里德里希-威廉四世(Friedrich-Wilhelm Ⅳ 1795—1861)——普鲁士国王(1840—1861)。——223、424。

弗里蒙特,约翰·查理(Frémont,John Charles 1813—1890)——美国探险家和政治活动家,属于共和党左翼;1856 年大选的总统候选人;美国内战时,1861 年 11 月以前为密苏里州的北军指挥官,1862 年为弗吉尼亚州的北军指挥官。——320。

弗列罗夫斯基,恩·(**别尔维,瓦西里·瓦西里耶维奇**)(Флеровский,Н. (Берви,Василий Васильевич) 1829—1918)——俄国经济学家和社会学家,俄国空想社会主义的代表人物。《俄国工人阶级状况》(1869)一书的作者。——111、138—139、141—142。

弗路朗斯,古斯塔夫(Flourens,Gustave 1838—1871)——法国革命家和自然科学家,布朗基主义者,巴黎公社委员。1871 年 4 月 3 日被凡尔赛分子杀害。——138、144。

弗罗斯特,约翰(Frost,John 1784—1877)——英国小资产阶级激进派,1838 年起为参加宪章运动的拥护者。由于组织 1839 年威尔士的矿工起义,被判处终身流放澳洲;后来被赦免并于 1856 年回到英国。——33。

弗洛孔,斐迪南(Flocon,Ferdinand 1800—1866)——法国政治家和政论家,小资产阶级民主主义者,《改革报》编辑,1848 年为临时政府成员。——217、218—219、283。

弗洛伊德,约翰·布坎南(Floyd,John Buchanan 1807—1863)——美国国务活动家,属于民主党,1850—1853 年任弗吉尼亚州州长。1857—1860 年任陆军部长,站在南部方面参加美国内战。——315。

伏尔泰(**阿鲁埃,弗朗索瓦·玛丽**)(Voltaire(Arouet,François-Marie) 1694—1778)——法国自然神论哲学家,作家,历史学家。18 世纪资产阶级启蒙运动的主要代表人物;反对专制制度和天主教。——24。

福尔马尔,格奥尔格·亨利希(Vollmar,Georg Heinrich 1850—1922)——德国社会民主党机会主义派领袖之一,新闻工作者。1879—1880 年为社会民主党中央机关报《社会民主党人报》编辑。1881 年起多次当选德意志帝国国会议员和巴伐利亚邦议会议员。——175。

福格特,卡尔(Vogt,Karl 1817—1895)——德国自然科学家,庸俗唯物主义主要代表之一,小资产阶级民主主义者。德国 1848—1849 年革命的参加者,法兰克福国民议会议员。革命失败后流亡瑞士,50—60 年代是路易·波拿巴雇用的密探。——50、52、59、91、363、457、458。

福克斯,彼得(**福克斯·安德烈**)(Fox,Peter (Fox André) 1831 或 1832—1869)——英国民主运动和工人运动活动家,新闻工作者,实证论者;英国的波兰独立全国同盟领导人之一,1864 年 9 月 28 日圣马丁堂会议的参加者,1864—1869 年担任国际总委员会委员,1865 年起为总委员会报刊的正式通讯员,1866 年 9—11 月为总委员会总书记,1866—1867 年担任美国通讯书记;1866 年为《共和国》周报的编辑之一,改革同盟执行委员会委员。——64、386—388、416、453—454。

福禄培尔,尤利乌斯(Fröbel,Julius 1805—1893)——德国政论家和进步书籍出版者,小资产阶级激进主义者,德国 1848—1849 年革命的参加者,法兰克福国民议会议员,属于左派;革命失败后流亡美国,1857 年回到欧洲。——48、289。

傅立叶,沙尔(Fourier,Charles 1772—1837)——法国空想社会主义者。——421。

G

盖布，奥古斯特(Geib，August 1842—1879)——德国社会民主党人，汉堡的书商；全德工人联合会会员；1869年爱森纳赫代表大会的参加者和社会民主工党的创建人之一，1872—1878年为党的财务委员；1874—1877年为德意志帝国国会议员。——170、171。

盖得，茹尔(**巴西尔，马蒂厄**)(Guesde，Jules(Basile，Mathieu) 1845—1922)——法国工人运动和国际工人运动活动家，法国工人党创建人之一，第二国际的组织者和领袖之一。1901年与其拥护者建立了法兰西社会党，该党于1905年同改良主义的法国社会党合并，盖得为统一的法国社会党领袖之一。1920年法国社会党分裂后，支持少数派立场，反对加入共产国际。——182—183、186。

盖尔斯滕贝格，伊西多尔(Gerstenberg，Isidor 死于1876年)——伦敦银行家，哥特弗里德·金克尔的政治信徒之一。——323。

戈迪萨尔——见波克罕，西吉斯蒙特·路德维希。

戈尔德海姆(Goldheim 约生于1807年)——普鲁士警官，19世纪50年代初是在伦敦的普鲁士警察局密探。——307。

戈尔盖，阿尔图尔(Görgey，Arthur 1818—1916)——匈牙利将军，1849年4—6月担任匈牙利军队总司令；曾依靠反动军官和资产阶级中的反革命派，背叛匈牙利革命。——4。

戈克，阿曼德(Goegg，Amand 1820—1897)——德国新闻工作者，小资产阶级民主主义者，1849年是巴登临时政府财政部长，革命失败后流亡国外。第一国际会员，70年代加入德国社会民主党。——112。

戈洛文，伊万·加甫里洛维奇(Головин，Иван Гаврилович 1816—1886)——俄国自由派地主，侨居英国，政论家；19世纪40至50年代同赫尔岑和巴枯宁有联系。——302。

哥特弗里德——见欧门，哥特弗里德。

哥特沙克，安德烈亚斯(Gottschalk，Andreas 1815—1849)——德国医生，共产主义者同盟科隆支部委员，1848年4—6月科隆工人联合会主席。从小资产阶级宗派主义的立场来反对马克思和恩格斯关于德国革命的战略和策略。——231。

格奥尔格五世(韦耳夫)(Georg V(Welfe) 1819—1878)——汉诺威国王
(1851—1866)。——99、101、426。

格拉顿,亨利(Grattan,Henry 1746—1820)——爱尔兰国务活动家,1775—
1800 年领导爱尔兰议会中温和的自由派反对派,协助英国当局镇压 1798
年爱尔兰的起义;不久叛变性地承认了 1801 年英爱合并;1805 年起为英
国议会议员。——135。

格莱斯顿,罗伯特(Gladstone,Robert 1811—1872)——英国商人,资产阶级
慈善家,威廉·尤尔特·格莱斯顿的弟弟。——364。

格莱斯顿,威廉·尤尔特(Gladstone,William Ewart 1809—1898)——英国
国务活动家,19 世纪下半叶是自由党领袖之一。1843—1845 年任商业大
臣,1845—1847 年任殖民大臣,1852—1855 年和 1859—1866 年任财政大
臣,1868—1874 年、1880—1885 年、1886 年和 1892—1894 年任首相。
——93、116—117、131、179。

格赖夫(Greif 约生于 1819 年)——普鲁士警官,19 世纪 50 年代初是在伦敦
的普鲁士警察局密探。——307。

格林,雅科布(Grimm,Jacob 1785—1863)——德国语文学家和文化史学家,
柏林大学教授;温和的自由主义者。1848 年是法兰克福国民议会议员,属
于中间派。比较历史语言学的奠基人,第一部德语比较语法的作者;写有
德国语言史、法学史、神话史和文学史方面的著作;1852 年起与其弟威
廉·格林合力出版《德语辞典》。——65。

格律恩,卡尔(Grün,Karl 1817—1887)——德国政论家,19 世纪 40 年代中期
是"真正的社会主义"的主要代表之一;1848—1849 年革命时期为资产阶
级民主派,普鲁士国民议会议员。1851 年起流亡比利时,1861 年回到德
国。曾在美因河畔法兰克福高等商业工艺学校任艺术史、文学史和哲学史
教授(1862—1865)。1870 年到维也纳。1874 年出版了路·费尔巴哈的两
卷遗著。——63、194、202—204、206—207、209—210、462。

格奈斯特,亨利希·鲁道夫·海尔曼·弗里德里希(Gneist,Heinrich Rudolf
Hermann Friedrich 1816—1895)——德国法学家和政治活动家,柏林大学
教授,1858 年起为普鲁士众议院议员,1868 年起为北德意志联邦国会和德

意志帝国国会议员。60年代初是自由党反对派的代表,1866年起为民族自由党人。——373。

格桑-哈第,格桑(Gathorne-Hardy,Gathorne 1814—1906)——英国国务活动家,保守党人,1867—1868年任内务大臣。——451、452。

格思里,詹姆斯(Guthrie,James 1792—1869)——美国国务活动家,大企业主,属于民主党,1853—1857年任皮尔斯政府的财政部长,主张同南方奴隶主妥协。——317。

龚佩尔特,爱德华(Gumpert,Eduard 1834—1893)——曼彻斯特的德国医生,马克思和恩格斯的朋友。——55、408、436。

H

哈布斯堡王朝(Habsburg)——神圣罗马帝国皇朝(1273—1806,有间断)、西班牙王朝(1516—1700)、奥地利皇朝(1804—1867)和奥匈帝国皇朝(1867—1918)。——412—413、427。

哈茨费尔特伯爵夫人,索菲娅(Hatzfeldt,Sophie,Grafin von 1805—1881)——拉萨尔的朋友和拥护者。——17、38、107、109、311、322—323、386、391。

哈第——见格桑-哈第,格桑。

哈克斯特豪森,奥古斯特·弗兰茨(Haxthausen,August Franz 1792—1866)——普鲁士官员和作家,写有描述普鲁士和俄国土地关系中当时还残存的公社土地所有制方面的著作。——46。

哈勒克,亨利·韦杰(Halleck,Henry Wager 1815—1872)——美国将军,温和的共和党人;美国内战时期,1861年11月—1862年3月为密苏里州军区司令,1862年3—7月为密西西比河军团司令,1862年7月—1864年3月为北军总司令。——339。

哈尼,乔治·朱利安(Harney,George Julian 1817—1897)——英国工人运动活动家,宪章派左翼领袖之一;《北极星报》编辑,《民主评论》、《人民之友》、《红色共和党人》以及宪章派其他刊物的出版者。1862—1888年数度住在美国。共产主义者同盟盟员,第一国际会员;曾同马克思和恩格斯保持友好联系。50年代初和小资产阶级人士接近,一度同工人运动中的革命派疏远。——217、236、252—253、255—259。

哈森克莱维尔,威廉(Hasenclever,Wilhelm 1837—1889)——德国社会民主党人,拉萨尔分子,《新社会民主党人报》编辑,1871—1875 年为全德工人联合会主席。在 1875 年的合并大会上被选为德国社会主义工人党执行委员会主席之一;1876—1878 年同李卜克内西一起编辑《前进报》。1869—1870 年和 1874—1888 年为帝国国会议员。——101。

哈特曼,爱德华(Hartmann,Eduard 1842—1906)——德国唯心主义哲学家,神秘主义者,阿·叔本华的信徒;普鲁士容克的思想家。他把谢林和叔本华的哲学同黑格尔哲学的保守特点结合成"无意识哲学"。——163、473。

海德门,亨利·迈尔斯(Hyndman,Henry Mayers 1842—1921)——英国社会党人。民主联盟的创始人(1881)和领袖(该联盟于 1884 年改组为社会民主联盟)。在工人运动中实行机会主义路线,后为英国社会党领袖之一。1916 年英国社会党代表大会谴责他的社会沙文主义立场后,退出社会党。——184。

海尔贝格,路易(Heilberg,Louis 1818—1852)——德国新闻工作者,在布鲁塞尔的政治流亡者,1846 年为布鲁塞尔共产主义通讯委员会委员。——213、214。

海尔维格,格奥尔格(Herwegh,Georg 1817—1875)——德国诗人,小资产阶级民主主义者;1848 年二月革命后是巴黎德意志民主协会领导人之一,巴黎德国流亡者志愿军团组织者之一。——323、377。

海克尔,恩斯特(Haeckel,Ernst 1834—1919)——德国生物学家,达尔文主义者,自然科学中的唯物主义的代表,无神论者;提出了确定系统发育和个体发育之间的相互关系的生物发生律;"社会达尔文主义"学说的创始人。——163、473。

海门达尔(Heimendahl)——德国商人和厂主,埃尔伯费尔德捻丝厂厂主。——34。

海涅,亨利希(Heine,Heinrich 1797—1856)——德国诗人和作家。——220。

海特男爵,奥古斯特(Heydt,August,Freiherr von der 1801—1874)——普鲁士政治活动家和银行家;1848 年 12 月—1862 年任商业、工业和公共工程大臣,1849 年为第二议院议员,1862 年和 1866 年 6 月—1869 年 12 月任财政大臣。——419。

海因岑,卡尔(Heinzen,Karl 1809—1880)——德国政论家,小资产阶级民主
　主义者,反对马克思和恩格斯。曾参加1849年巴登-普法尔茨起义,后来
　先后流亡瑞士和英国;1850年秋定居美国。——213、219、231、286。

赫德森,J.W.(Hudson,J.W.)——19世纪50年代初曼彻斯特雅典神殿的秘
　书。——294。

赫尔岑,亚历山大·伊万诺维奇(Герцен, Александр Иванович 1812—
　1870)——俄国革命民主主义者,唯物主义哲学家,作家。1847年流亡国
　外。在欧洲1848年革命失败以后,对欧洲革命失望,创立“俄国社会主义”
　理论,成为民粹主义创始人之一。1853年在伦敦建立自由俄国印刷所,印
　发革命传单和小册子,1855年开始出版《北极星》文集,1857—1867年与
　尼·普·奥格辽夫出版《钟声》杂志,揭露沙皇专制制度,进行革命宣传。
　在1861年农民改革的准备阶段曾一度摇摆。1861年起坚定地站到革命
　民主主义方面,协助建立土地和自由社。晚年关注第一国际的活动。——
　8—9、48、50、139、301—302、319、352、372。

赫拉克利特(Herakleitos 约公元前540—前480)——古希腊唯物主义哲学
　家,辩证法的奠基人之一。——36—38、50、310—311。

赫斯,莫泽斯(Heß,Moses 1812—1875)——德国政论家,19世纪40年代中
　是“真正的社会主义”的主要代表人物之一;共产主义者同盟分裂后加入维
　利希—沙佩尔冒险主义宗派集团;60年代是拉萨尔分子;国际布鲁塞尔代
　表大会(1868)和巴塞尔代表大会(1869)的参加者。——194、195、196、
　198、201、392、395、399、401、403。

赫希柏格,卡尔(Höchberg,Karl 1853—1885)——德国社会改良主义者,富
　商的儿子。1876年加入社会民主党。——170—172、173—174、175—
　177。

赫胥黎,托马斯·亨利(Huxley,Thomas Henry 1825—1895)——英国博物
　学家,达尔文的好友和达尔文学说的普及者。1871—1880年任英国皇家
　学会秘书,1883—1885年任英国皇家学会会长。在动物学、古生物学、人
　类学和比较解剖学等方面进行了研究,证明人和高级猿猴形态相近。在哲
　学上是自发的“羞羞答答的”(恩格斯语)唯物主义者。——94—95、142—

士王朝(1701—1918)和德意志皇朝(1871—1918)。——27、355、362、412—413。

J

基佐,弗朗索瓦·皮埃尔·吉约姆(Guizot,François-Pierre-Guillaume 1787—1874)——法国历史学家和国务活动家。1840年至1848年二月革命期间实际上操纵了法国的内政和外交。——232。

吉布森,托马斯·米尔纳(Gibson,Thomas Milner 1806—1884)——英国政治活动家,自由贸易的拥护者,后来是自由党人;1859—1865年和1865—1866年任商业大臣。——93。

吉拉德(坎布里亚的)(Giraldus Cambrensis 1146—约1220)——英国中世纪著作家,1185年军事征伐爱尔兰的参加者,写有许多关于爱尔兰的著作。——136—137。

吉约姆,詹姆斯(Guillaume,James 1844—1916)——瑞士无政府主义者,巴枯宁的拥护者。第一国际会员,国际日内瓦代表大会(1866)、洛桑代表大会(1867)、巴塞尔代表大会(1869)和海牙代表大会(1872)的参加者,社会主义民主同盟的组织者之一;由于进行分裂活动在海牙代表大会上同巴枯宁一起被开除出国际。第一次世界大战期间是社会沙文主义者。——171。

济贝耳,卡尔(Siebel,Karl 1836—1868)——德国诗人,曾协助传播马克思和恩格斯的著作和宣传《资本论》第一卷;恩格斯的远亲。——306、362、391、405、406、448。

加富尔,卡米洛·本索(Cavour,Camillo Benso 1810—1861)——伯爵,意大利国务活动家,保皇派自由资产阶级和资产阶级化贵族的思想家和领袖;1852—1859年和1860—1861年担任撒丁王国政府首脑,实行在萨瓦王朝霸权下"自上"统一意大利的政策,支持拿破仑第三的政策;1861年起任第一届意大利政府首脑。——55、56。

加里波第,朱泽培(Garibaldi,Giuseppe 1807—1882)——意大利民族英雄,意大利统一时期民族解放运动的著名军事家,资产阶级民主派领袖之一。1848—1849年、1859年和1866年领导志愿军,参加对抗奥地利的解放战

K

生和哲学家。——348。

卡芬雅克,路易·欧仁(Cavaignac,Louis-Eugène 1802—1857)——法国将军,政治活动家,资产阶级共和党人。1831—1848 年参与侵占阿尔及利亚的战争,以野蛮的作战方式著称。1848 年二月革命后任阿尔及利亚总督;5 月被选入制宪议会,任陆军部长,镇压巴黎工人的六月起义。1848 年6—12 月任法兰西第二共和国政府首脑。——276、277、280。

卡莱尔,托马斯(Carlyle,Thomas 1795—1881)——英国作家,历史学家,唯心主义哲学家。封建社会主义的代表,资本主义生产方式和资产阶级政治经济学的批评者,托利党人;1848 年后成为工人运动的敌人。——143、275、471。

卡姆登,威廉(Camden,William 1551—1623)——英国历史学家。——136。

卡诺,拉扎尔·尼古拉(Carnot,Lazare-Nicolas 1753—1823)——法国数学家和物理学家,政治和军事活动家,资产阶级共和党人。18 世纪末法国资产阶级革命时期追随雅各宾党人,抗击欧洲各国同盟、保卫法国的组织者之一;1794 年参加热月九日反革命政变。——283。

卡普菲格,让·巴蒂斯特·奥诺雷·雷蒙(Capefigue,Jean-Baptiste-Honore-Raymond 1801—1872)——法国政论家、历史学家和作家,保皇派。——212。

凯腊特里伯爵,艾米尔(Kératry,Émile,Comte de 1832—1905)——法国政治活动家,奥尔良党人。1870 年 9—10 月任巴黎警察局长,后领导组织布列塔尼地方武装力量;1871 年任上加龙省省长,1871 年 4 月在图卢兹镇压过公社。——158。

凯里,亨利·查理(Carey,Henry Charles 1793—1879)——美国资产阶级庸俗经济学家,阶级调和论的创始人。——42、60、115—116、118—124、125、126—130、299—301。

凯利,托马斯(Kelly,Thomas 约生于 1831 年)——爱尔兰芬尼社领导人之一。——451。

凯撒,盖尤斯·尤利乌斯(Caesar,Gaius Julius 公元前 100—前 44)——古罗马统帅,国务活动家和著作家。著有《高卢战记》、《内战记》等书。——348。

凯特勒，威廉·艾曼努埃尔（Ketteler，Wilhelm Emanuel 1811—1877）——德国天主教神学家，1850 年起为美因茨主教。——111。

凯泽尔，麦克斯（Kayser，Max 1853—1888）——德国社会民主工党党员，新闻工作者，1878—1887 年为帝国国会议员，属于社会民主党国会党团右翼。——174。

康德，伊曼努尔（Kant，Immanuel 1724—1804）——德国古典唯心主义哲学奠基人。也以自然科学方面的著作闻名。——163、473。

康斯坦丁·尼古拉耶维奇（Константин Николаевич 1827—1892）——俄国大公，尼古拉一世的次子，海军元帅，1853—1881 年领导海军部门；1862—1863 年任波兰王国总督。——372。

考茨基，卡尔（Kautsky，Karl 1854—1938）——德国社会民主党和第二国际的领袖和主要理论家之一。1883—1917 年担任德国社会民主党理论刊物《新时代》杂志主编；从 19 世纪 80 年代到 20 世纪初写过一些宣传和解释马克思主义的著作。1910 年以后逐渐转到机会主义立场，成为中派领袖。——177。

考夫曼，伊拉里昂·伊格纳季耶维奇（Кауфман，Илларион Игнатьевич 1848—1916）——俄国经济学家，彼得堡大学教授，写有一些关于货币流通和信贷问题的著作。——172—173。

考斯丘什科，塔杰乌什（Kościuszko，Tadeusz 1746—1817）——波兰将军；1776—1783 年是美国独立战争的参加者；1794 年波兰起义的领导人。——25—26。

考韦茨（Kauwerz）——225。

柯克斯，威廉（Coxe，William 1747—1828）——英国历史学家和旅行家，1804年起为威尔特郡的大助祭司，珍贵的历史文件的收藏者和出版者。——15。

柯伦，约翰·菲尔波特（Curran，John Philpot 1750—1817）——爱尔兰法学家，资产阶级激进派，爱尔兰议会议员，在对革命团体"爱尔兰人联合会"活动家的审判中担任辩护人。——135。

柯瓦列夫斯基，马克西姆·马克西莫维奇（Ковалевский，Максим Максимович 1851—1916）——俄国历史学家、法学家和社会学家，资产阶

主义者。——252。

克拉普卡·乔治(格奥尔格)(Klapka György(Georg) 1820—1892)——匈牙利将军,1848—1849 年革命时期曾指挥匈牙利的一支革命军队;1849 年 6—9 月是科莫恩要塞司令;1849 年流亡国外;50 年代同波拿巴集团有联系;1867 年大赦后回到匈牙利。——5。

克拉普林斯基——见拿破仑第三。

克莱斯特-雷措,汉斯·胡果(Kleist-Retzow, Hans Hugo 1814—1892)——普鲁士政治活动家,保守党极右翼首领,《新普鲁士报》的创办人之一。——259。

克劳塞维茨,卡尔(Clausewitz, Karl 1780—1831)——普鲁士将军,德国军事理论家和军事史学家;1812—1814 年在俄军中供职。写有拿破仑战争史和其他战争史方面的著作,主要著作是《论战争》。——35。

克里默,威廉·兰德尔(Cremer, William Randall 1838—1908)——英国工联主义运动和资产阶级和平主义运动活动家,改良主义者;粗细木工工联的创建人和领导人之一,工联伦敦理事会理事,英国波兰独立全国同盟、土地和劳动同盟盟员;1864 年 9 月 28 日伦敦圣马丁堂会议的参加者,1864—1866 年担任国际总委员会委员和总书记,国际伦敦代表会议(1865)和日内瓦代表大会(1866)的参加者,曾参加改革同盟执行委员会;反对革命策略,在争取选举法改革斗争时期同资产阶级进行勾结,普法战争时反对英国工人声援法兰西共和国的运动,1885—1895 年和 1900—1908 年是自由党议会议员。——378、379、381、382、389、448。

克利盖,海尔曼(Kriege, Hermann 1820—1850)——德国新闻工作者,"真正的社会主义"的代表人物,19 世纪 40 年代后半期在纽约领导德国"真正的社会主义者"集团。——199。

克林斯,卡尔(Klings, Karl 1825 左右—1874 以后)——德国五金工人,共产主义者同盟盟员,后为全德工人联合会会员。1865 年侨居美国,积极参加国际芝加哥支部的活动。——391。

克路斯,阿道夫(Cluß, Adolf 1820 左右—1889 以后)——德国工程师,共产主义荐同盟盟员,1848 年是美因茨工人教育协会的书记,1849 年流亡美国;华盛顿海军部职员。50 年代同马克思和恩格斯经常通信,曾为德国、英国和美国许多工人和民主派报纸撰稿。——279。

克吕格尔，弗里德里希（Crüger，Friedrich 1820—1850）——德国东普鲁士柯尼斯堡小资产阶级民主主义者，政论家。1847 年逃往布鲁塞尔，《德意志—布鲁塞尔报》的撰稿人，布鲁塞尔德意志工人教育协会会员，1848 年一度为共产主义者同盟盟员，1849 年为但泽民主俱乐部主席和民主主义报纸编辑。——212、214。

克吕泽烈，古斯塔夫·保尔（Cluseret，Gustave-Paul 1823—1900）——法国军事家和政治活动家，巴黎公社将领。1855—1856 年参加了克里木战争。1860 年作为志愿兵加入加里波第的军队，为争取意大利的解放而战。1861—1865 年美国内战时期参加北方部队作战，获将军军衔和美国国籍。第一国际会员。巴黎公社委员，1871 年 4 月为军代表，参与领导巴黎公社保卫战。1888 年起多次当选众议员。——62。

克伦威尔，奥利弗（Cromwell，Oliver 1599—1658）——17 世纪英国资产阶级革命时期资产阶级和资产阶级化贵族的领袖。1649 年起为爱尔兰军总司令和爱尔兰总督，1653 年起为英格兰、苏格兰和爱尔兰的护国公。——112、136、454。

克特根，古斯塔夫·阿道夫（Köttgen，Gustav Adolph 1805—1882）——德国画家和诗人，19 世纪 40 年代曾参加工人运动，他的观点接近"真正的社会主义"。——198。

肯宁安姆，威廉（Coningham，William 生于 1815 年）——英国自由党议会活动家，反帕麦斯顿的抨击性文章《英国的背叛》的作者。1858 年 2 月被选为出席宪章派代表会议的代表。——32。

孔德，奥古斯特（Comte，Auguste 1798—1857）——法国哲学家和社会学家，实证论创始人。——423。

库格曼，路德维希（Kugelmann，Ludwig 1828—1902）——德国社会民主主义者，医生，马克思和恩格斯的朋友。德国 1848—1849 年革命的参加者；第一国际会员，国际洛桑代表大会（1867）和海牙代表大会（1872）的代表。曾协助马克思出版和传播《资本论》。1862—1874 年间经常和马克思通信，反映德国情况。——91、144、147、153、156、356、440、448—449、461。

魁奈，弗朗索瓦（Quesnay，François 1694—1774）——法国经济学家，重农学

派的创始人。职业是医生。他推翻了重商学派关于利润发生于流通的基本论点,试图从生产过程解释财富的增加。他的第一批讨论粮价问题和赋税的论文载于狄德罗的百科全书。他的主要著作《经济表》(1758),在资产阶级政治经济学的历史上第一次试图分析社会再生产过程及其各个组成部分的意义。——366、370。

L

拉德茨基,约瑟夫(Radetzky,Joseph 1766 — 1858)——奥地利伯爵,元帅,1831 年起指挥意大利北部的奥军;1848 — 1849 年残酷地镇压了意大利的革命运动和民族解放运动;1850 — 1857 年 2 月为伦巴第一威尼斯王国的总督。——294 — 295。

拉法格,保尔(Lafargue,Paul 1842 — 1911)——法国工人运动和国际工人运动活动家,马克思主义宣传家和政论家。马克思的女儿劳拉的丈夫。国际总委员会委员,1866 — 1869 年担任西班牙通讯书记,1869 — 1870 年和1871 — 1872 年分别参加建立国际在法国的支部和在西班牙和葡萄牙的支部;海牙代表大会(1872)代表;1879 年为法国工人党的创建人之一;《社会主义者报》的编辑;1889 年国际社会主义工人代表大会组织者之一和代表,1891 年国际社会主义工人代表大会代表。1891 年当选为众议院议员。——146、182 — 183、184 — 186、418、421、431。

拉克鲁瓦,西吉斯蒙特 · 茹利安 · 阿道夫(**克日扎诺夫斯基**)(Lacroix Sigismund-Julien-Adolphe (Krzyzanowski) 1845 — 1907)——法国政论家,原系波兰人;许多定期刊物的撰稿人和编辑,1883 年起是众议院议员。——170。

拉马丁,阿尔丰斯(Lamartine,Alphonse 1790 — 1869)——法国诗人,历史学家和政治家,19 世纪 40 年代为温和的资产阶级共和派领袖。1848 年任外交部长,是临时政府的实际首脑。——225。

拉蒙 · 德 · 拉萨格拉——见拉萨格拉,拉蒙 · 德。

拉品斯基,泰奥菲尔(Lapiński,Teofi 1827 — 1886)——波兰民族解放运动活动家,流亡者,匈牙利 1848 — 1849 年革命的参加者。1857 — 1858 年在切尔克西亚同俄国作战;1863 年率领远征军援助波兰起义。写有关于高加

莱辛,哥特霍尔德·埃夫拉伊姆(Lessing, Gotthold Ephraim 1729 — 1781)——德国作家,评论家、剧作家和文学史学家,启蒙思想家。——37。

赖德律-洛兰,亚历山大·奥古斯特(Ledru-Rollin, Alexandre Auguste 1807—1874)——法国政论家和政治活动家,小资产阶级民主派领袖之一,《改革报》编辑。1848 年是临时政府成员,制宪议会和立法议会议员,在议会中领导山岳党。1849 年 6 月 13 日示威游行后流亡英国。1871 年国民议会议员,为抗议与德国签订和约而辞职。——28、284。

赖辛巴赫,奥斯卡尔(Reichenbach, Oskar 生于 1815 年)——伯爵,西里西亚的地主;小资产阶级民主主义者,1848 — 1849 年是法兰克福国民议会议员。1850 年起侨居英国,后迁居美国。——293 — 294。

朗道夫,皮埃尔·弗朗索瓦(Landolphe, Pierre-François 1809 — 1889)——法国小资产阶级社会主义者,流亡伦敦。1850 年共产主义者同盟分裂后加入维利希—沙佩尔冒险主义宗派集团。——253、258。

朗格,弗里德里希·阿尔伯特(Lange, Friedrich Albert 1828 — 1875)——德国哲学家和经济学家,新康德主义创始人之一。社会达尔文主义的拥护者。拥护生理学唯心主义,歪曲唯物主义,认为唯物主义作为研究自然界的方法是有效的,作为一种哲学理论是站不住脚的,并必然导致唯心主义。企图用把"自在之物"变成主观概念的办法排除康德的二元论。——91 — 92、406。

劳埃德,赛米尔·琼斯——见奥弗斯顿男爵,赛米尔·琼斯·劳埃德。

劳夫(Lauffs)——225。

勒弗朗塞,古斯塔夫(Lefrançais, Gustave 1826—1901)——法国革命家,左派蒲鲁东主义者;职业是教师。1848 年革命的参加者,60 年代末起为第一国际会员;巴黎公社委员,公社被镇压后流亡瑞士,在那里加入无政府主义派。——171。

勒克律,米歇尔·埃利(波吕克斯)(Reclus, Michel-Elie(Pollux) 1827 — 1904)——法国民族志学家和政论家,空想社会主义者,1848 年革命的参加者。1851 年十二月二日政变后被驱逐出法国,1855 年返回法国。巴黎公社时期为国立图书馆馆长。——171。

勒克律,让·雅克·埃利泽(Reclus, Jean-Jacques-Elisée 1830 — 1905)——法

国地理学家和社会学家,无政府主义理论家。法国1848年革命的参加者。
1851年拿破仑第三政变后流亡英国,1857年回到法国。第一国际会员,追
随巴枯宁分子。巴黎公社起义的参加者,公社被镇压后被驱逐出境,先后
在意大利、瑞士和比利时居住。——171。

勒吕贝,维克多(Le Lubez,Victor 生于1834年)——在伦敦的法国侨民。
1864年9月28日伦敦圣马丁堂会议的参加者,1864—1866年担任国际总
委员会委员,1864—1865年担任法国通讯书记,1865年伦敦代表会议的
参加者。由于进行阴谋和诽谤活动,被日内瓦代表大会(1866)开除出总委
员会。——379、381、382、383、390。

勒兹根,查理(Roesgen,Charles)——曼彻斯特的欧门—恩格斯公司的职员。
——287。

雷缪扎伯爵,沙尔·弗朗索瓦·玛丽(Rémusat,Charles-François-Marie,
comte de 1797—1875)——法国政治活动家和政论家,奥尔良党人,1840
年任内务大臣。第二共和国时期是制宪议会和立法议会议员,反对拿破仑
第三的政府。1871—1873年任外交部长。——12。

雷诺,乔治·威廉·麦克阿瑟(Reynolds,George William MacArthur 1814—
1879)——英国政治活动家和新闻工作者,小资产阶级民主主义者,《雷诺
新闻》的出版者。——256。

黎塞留公爵,阿尔芒·让·迪普莱西(Richelieu,Armand-Jean du Plessis,duc
de 1585—1642)——法国国务活动家和神学家,红衣主教。——323。

李比希,尤斯图斯(Liebig,Justus 1803—1873)——德国化学家,农业化学和
土壤学的创始人之一,确定了土壤中有机物和矿物质的"肥力恢复律"。
——408。

李卜克内西,威廉(Liebknecht,Wilhelm 1826—1900)——德国工人运动和国
际工人运动活动家,1848—1849年革命的参加者,共产主义者同盟盟员,
第一国际会员,马克思和恩格斯的朋友和战友。1867年起为国会议员。
德国社会民主党创建人和领袖之一,1869—1876年担任《人民国家报》编
辑,1876—1878年和1890—1900年担任《前进报》编辑。1889年、1891年
和1893年国际社会主义工人代表大会代表。——53—54、60、63、67—
68、73、78—79、81—82、84—85、87—88、99—100、101、105、106—107、

林肯，阿伯拉罕（Lincoln，Abraham 1809—1865）——美国国务活动家，共和党领袖之一，1861—1865 年任美国总统。1847—1849 年为众议员。主张维护联邦统一，逐步废除奴隶制度。1860 年作为共和党候选人当选总统。美国内战时期，在人民群众推动下实行一系列革命民主改革，颁布《宅地法》和《解放黑奴宣言》，使战争成为群众性的革命斗争，保证了战争的胜利。1865 年 4 月被维护奴隶制的狂热分子暗杀。——314、321、332、338、340。

琳蘅——见德穆特，海伦。

柳德米拉——见阿辛，柳德米拉。

龙格，沙尔（Longuet，Charles 1839—1903）——法国工人运动活动家，蒲鲁东主义者，新闻工作者，马克思女儿燕妮的丈夫。19 世纪 60 年代初积极参加反对第二帝国的共和主义和民主主义运动。1865 年侨居比利时，后到英国，同年加入第一国际。1866—1868 年和 1871—1872 年担任国际总委员会委员，1866 年担任比利时通讯书记，国际洛桑代表大会（1867）、布鲁塞尔代表大会（1868）、伦敦代表会议（1871）和海牙代表大会（1872）代表。巴黎公社委员，公社被镇压后流亡英国，后加入法国社会主义运动中的机会主义派别——可能派。1889 年国际社会主义工人代表大会代表。80—90 年代被选为巴黎市参议会参议员。——185、418。

卢格，阿尔诺德（Ruge，Arnold 1802—1880）——德国政论家，青年黑格尔派，资产阶级激进派。1843—1844 年同马克思一起在巴黎筹办和出版《德法年鉴》，不久与马克思分道扬镳。1848 年为法兰克福国民议会议员，属于左派。50 年代是侨居英国的德国小资产阶级流亡者的领袖之一。1866 年后成为民族自由党人，写文章支持俾斯麦所奉行的普鲁士领导下"自上而下"统一德国的政策。——195、233、252、302。

卢梭，让·雅克（Rousseau，Jean-Jacques 1712—1778）——法国启蒙运动的主要代表人物，民主主义者，小资产阶级的思想家，自然神论哲学家。——273。

鲁克拉夫特，本杰明（Lucraft，Benjamin 1809—1897）——英国工联改良派领袖之一，职业是木器匠，1864 年 9 月 28 日伦敦圣马丁堂会议的参加者，1864—1871 年担任国际总委员会委员，国际布鲁塞尔代表大会（1868）和

人运动活动家，职业是细木工，共产主义者同盟盟员和伦敦德意志工人共产主义教育协会会员，1864—1867年和1871—1872年担任国际总委员会委员，国际伦敦代表会议（1865和1871）代表，马克思和恩格斯的朋友和战友。——53。

罗塞利乌斯，克里斯蒂安（Roselius，Christian 1803—1873）——美国法学家和政治活动家，属于美国辉格党；路易斯安那大学教授，主张保存联邦。——317。

罗舍，玛丽·埃伦（白恩士；彭普斯）（Rosher，Mary Ellen（Burns，Pumps）约生于1860年）——恩格斯的内侄女。——184。

罗什弗尔，昂利（Rochefort，Henri 1830—1913）——法国新闻工作者，政论家和政治家，左派共和党人；《灯笼报》和《马赛曲报》创办人；国防政府成员。——137、140。

罗素，约翰（Russell，John 1792—1878）——英国国务活动家，辉格党领袖。1846—1852年和1865—1866年任首相，1852—1853年和1859—1865年任外交大臣、1854—1855年任枢密院院长。1855年作为英国代表参加维也纳会议。——410。

罗雪尔，威廉·格奥尔格·弗里德里希（Roscher，Wilhelm Georg Friedrich 1817—1894）——德国经济学家，格丁根大学、莱比锡大学教授，政治经济学中旧历史学派的创始人。——344。

洛朗，奥古斯特（Laurent，Auguste 1807—1853）——法国化学家，同热拉尔一起对分子和原子的概念作了更为精确的阐述。——446、467。

洛帕廷，格尔曼·亚历山德罗维奇（Лопатин，Герман Александрович 1845—1918）——俄国民粹派革命家，尼·加·车尔尼雪夫斯基的学生，马克思和恩格斯的朋友。国际总委员会委员（1870）；马克思《资本论》第一卷俄译者之一。——146。

M

马尔萨斯，托马斯·罗伯特（Malthus，Thomas Robert 1766—1834）——英国经济学家，英国资产阶级庸俗政治经济学的创始人之一。毕业于剑桥大学耶稣学院，1797年成为牧师。1798年发表《人口原理》一书，宣传仇视人类

对巴黎公社和国际,阻碍意大利独立工人运动的发展。——274—275、288—289、294—295、380、381、385、448。

玛丽——见白恩士,玛丽。

迈尔,卡尔(Mayer,Karl 1819—1889)——德国小资产阶级民主主义者,1848—1849年是法兰克福国民议会议员,革命失败后流亡瑞士;60年代任斯图加特《观察家报》编辑。——108、113、457、458、459、460、470。

迈斯纳,奥托·卡尔(Meißner,Otto Karl 1819—1902)——汉堡出版商,曾出版《资本论》及马克思和恩格斯的许多其他著作。——409、436、437、440、448。

迈耶尔,齐格弗里特(Meyer,Sigfrid 1840—1872)——德国社会主义者,马克思和恩格斯的战友;职业是工程师。全德工人联合会会员,反对拉萨尔主义,1864年自己出钱在德国出版了《共产党宣言》,第一国际会员。1866年侨居美国,纽约共产主义俱乐部会员和国际在美国的支部的组织者之一。——451。

麦克道尔,欧文(McDowell,Irvin 1818—1885)——美国将军,美国内战时期为弗吉尼亚州的北军指挥官。——320。

麦克法林,海伦(Macfarlane,Helen)——1849—1850年和1850年分别为英国革命宪章派领袖乔治·朱利安·哈尼出版的《民主评论》和《红色共和党人》的撰稿人,曾把《共产党宣言》译成英文。——258。

麦克莱伦,乔治·布林顿(McClellan,George Brinton 1826—1885)——美国将军,俄亥俄—密西西比州铁路委员会主席,追随民主党,主张同南部奴隶主妥协,美国内战时期,1861年11月—1862年3月为北军总司令,1862年3—11月为帕托马克河军团司令,1864年大选的总统候选人。——320—321、332、339。

曼托伊费尔,奥托·泰奥多尔(Manteuffel,Otto Theodor1805—1882)——男爵,普鲁士国务活动家,贵族官僚的代表。1848年11月—1850年12月年任内务大臣,1850—1858年任首相和外交大臣。1849和1866年分别为普鲁士第二议院和第一议院议员。——307。

毛勒,格奥尔格·路德维希(Maurer,Georg Ludwig 1790—1872)——德国历史学家,古代和中世纪的日耳曼社会制度的研究者;写有中世纪马尔克公社的农业史和制度史方面的著作。——65、468。

梅恩，理查（Mayne，Richard 1796—1868）——1850 年起任伦敦警察局局长。
　　——428。

梅尔克尔（Merkel）——汉诺威统计局官员。——438。

梅利奈，弗朗索瓦（Mellinet，François 1768—1852）——比利时将军，法国人，
　　1830 年比利时资产阶级革命和比利时民主主义运动的参加者，布鲁塞尔
　　民主协会名誉主席，里斯孔图土案件的被告之一，被判处死刑，后改为 30
　　年徒刑；1849 年 9 月被赦免。——214。

梅洛斯拉夫斯基，路德维克（Mierosławski，Ludwik 1814—1878）——波兰革
　　命家、历史学家和军事活动家，1830—1831 年和 1846 年波兰起义的参加
　　者。曾参加 1846 年波兹南起义的准备工作，1848 年三月革命把他从狱中
　　解放出来。曾领导 1848 年波兹南起义，后来领导西西里岛起义者的斗争；
　　1849 年巴登-普法尔茨起义期间指挥革命军。50 年代曾向波拿巴集团求
　　援。1856 年出版了《欧洲均势中的波兰民族》一书，1863 年波兰起义初期
　　被任命为波兰国民政府首脑；起义失败后流亡法国。——23—24、354、
　　356。

梅因，爱德华（Meyen，Eduard 1812—1870）——德国政论家，青年黑格尔分
　　子，小资产阶级民主主义者。1848—1849 年革命失败后流亡英国。
　　1861—1863 年担任《柏林改革报》编辑；后成为民族自由党人。——52、
　　359。

门德尔松，莫泽斯（Mendelssohn，Moses 1729—1786）——德国哲学家，自然
　　神论者和启蒙思想家。——148、472。

蒙泰伊，阿芒·亚历克西斯（Monteil，Amans-Alexis 1769—1850）——法国资
　　产阶级历史学家。——139、141。

孟德斯鸠，沙尔（Montesquieu，Charles 1689—1755）——法国社会学家，经济
　　学家和哲学家，18 世纪资产阶级启蒙运动的主要代表，立宪君主制的理论
　　家；货币数量论的拥护者。——49。

弥勒，亚当·亨利希（Müller，Adam Heinrich 1779—1829）——德国政论家
　　和经济学家，德国政治经济学中反映封建贵族利益的浪漫学派的代表人
　　物；亚当·斯密的经济学说的反对者。——11。

米格尔,托马斯·弗兰西斯(Meagher,Thomas Francis 1823—1867)——爱尔兰民族解放运动活动家,1847 年为爱尔兰同盟创建人之一。1848 年因参加起义准备工作被捕,被判处终身苦役,1852 年逃到美国。1861—1865年美国内战时期为爱尔兰志愿兵旅长,站在北部方面作战。——455。

米凯尔,约翰奈斯(Miquel,Johannes 1828—1901)——德国政治活动家和金融家。19 世纪 50 年代为共产主义者同盟盟员,1859 年为民族联盟创建人之一,1867 年起是民族自由党右翼领袖之一,普鲁士第二议院议员,国会议员,普鲁士财政大臣。——260—261。

米涅,弗朗索瓦·奥古斯特·玛丽(Mignet,François-Auguste-Marie 1796—1884)——法国历史学家,资产阶级阶级斗争理论的创立者之一。——212。

莫尔尼伯爵,沙尔·奥古斯特·路易·约瑟夫(Morny,Charles-Auguste-Louis-Joseph,comte de 1811—1865)——法国政治家,波拿巴主义者,1849—1851 年为立法议会议员,1851 年十二月二日政变的策划者之一;1851 年 12 月—1852 年 1 月任内务部长,1854—1856 年和 1857—1865 年为立法团议长,1856—1857 年为驻俄国大使;拿破仑第三的同母异父兄弟。——14。

莫拉斯,凯撒(Moras,Cäsar)——德国流亡者,1847 年为布鲁塞尔民主协会会员。——212、213、214。

莫利,赛米尔(Morley,Samuel 1809—1886)——英国工业家和政治活动家,自由党人,1865 年和 1868—1885 年为议会议员;60 年代为改革同盟执行委员会委员。——389。

莫斯特,约翰·约瑟夫(Most,Johann Joseph 1846—1906)——德国社会民主党人,后为无政府主义者;职业是装订工人。19 世纪 60 年代参加工人运动,1871 年起为德国社会民主工党和社会民主党党员;新闻工作者。1874—1878 年为帝国国会议员。在理论上拥护杜林,在政治上信奉"用行动做宣传"的无政府主义思想,认为可以立刻进行无产阶级革命。1878 年反社会党人非常法颁布后流亡伦敦,1879 年出版无政府主义的《自由》周报,号召工人进行个人恐怖活动,认为这是最有效的革命斗争手段。1880年被开除出社会民主党,1882 年起侨居美国,继续出版《自由》周报和进行

O

P

的劳动时间决定的;还探讨了工资、地租和利息等范畴,对级差地租的两种形式作了论述。——40、131、238。

彭普斯——见罗舍,玛丽·埃伦。

皮阿,费利克斯(Pyat,Félix 1810—1889)——法国政论家,剧作家和政治活动家,小资产阶级民主主义者;1848—1849年革命的参加者,1849年起侨居瑞士、比利时和英国;反对独立的工人运动;巴黎公社委员。——71—72。

皮尔斯,富兰克林(Pierce,Franklin 1804—1869)——美国国务活动家;属于民主党;美国总统(1853—1857)。——317。

皮戈特,理查(Pigott,Richard 1828左右—1889)——爱尔兰政论家,1865—1879年为《爱尔兰人报》的出版者,芬尼运动的拥护者;80年代投靠英国政府。——65、134。

皮佩尔,威廉(Pieper,Wilhelm 1826—1899年)——德国语文学家和新闻工作者,共产主义者同盟盟员,流亡伦敦,1850—1853年接近马克思和恩格斯;1892年在汉诺威一所中学任教。——253、279。

皮特,威廉(Pitt,William 1759—1806)——英国国务活动家,托利党领袖之一;反对18世纪末法国资产阶级革命的战争的主要策划者之一,1783—1801年和1804—1806年任首相。——15、136、235、333、339。

蒲鲁东,皮埃尔·约瑟夫(Proudhon,Pierre-Joseph 1809—1865)——法国政论家,经济学家,社会学家,小资产阶级思想家,无政府主义创始人之一;1848年是制宪议会议员。——49、66、77、125、148、202—204、205、207、208、209、216、217、264—273、392、417—418、441。

普法伊尔(Pfeil)——伯爵,普鲁士的容克,普鲁士议会议员。——16。

普芬德,卡尔(Pfänder,Karl 1819—1876)——德国工人运动和国际工人运动活动家,画家,马克思和恩格斯的朋友和战友。1845年起侨居伦敦,正义者同盟盟员,伦敦德意志工人共产主义教育协会会员,共产主义者同盟中央委员会委员,1864—1867年和1870—1872年国际总委员会委员。——53。

普赖斯,理查(Price,Richard 1723—1791)——英国政论家,经济学家和道德论哲学家;资产阶级激进主义者。——270。

普伦德加斯特，约翰·帕特里克（Prendergast，John Patrick 1808—1893）——
爱尔兰历史学家，资产阶级自由党人，民族主义者，写有许多关于爱尔兰历
史方面的著作。——131。

普雷沃-帕拉多尔，吕西安·阿纳托尔（Prévost-Paradol，Lucien-Anatole
1829—1870）——法国政论家和政治活动家；温和的自由党人。——137。

普隆-普隆——见波拿巴，约瑟夫·沙尔·保尔，拿破仑亲王。

普鲁斯，亨利·奥斯丁（Bruce，Henry Austin 1815—1895）——英国国务活动
家，自由党人，曾任内务大臣（1868—1873）。——144。

Q

乔里奇，安东（Čorič，Antun 1795—1864）——奥地利将军，原系赫尔瓦次卡
人；曾参与镇压1848年维也纳十月起义和匈牙利1848—1849年革命。
——4。

乔治·桑（**奥罗尔·杜班**）（George Sand（Aurore Dupin）1804—1876）——
法国女作家，著有长篇社会小说多种，浪漫主义的民主派代表人物。——
302—303。

乔治二世（George Ⅱ 1683—1760）——英国国王和汉诺威选帝侯（1727—
1760）。——456。

切什科夫斯基，奥古斯特（Cieszkowski，August 1814—1894）——伯爵，波兰
哲学家和经济学家，黑格尔分子。1847年起为普鲁士波兹南区的庄园主，
1848年是普鲁士国民议会议员，属于左派，1852年起为普鲁士议会议员。
——52。

琼斯，厄内斯特·查理（Jones，Ernest Charles 1819—1869）——英国工人运
动活动家，诗人和政论家，宪章派领袖之一，《北极星报》编辑之一，《寄语人
民》和《人民报》出版者；马克思和恩格斯的朋友；1858年与资产阶级激进
派妥协，因此马克思和恩格斯同他暂时断交。——8—10、32—33、44—
45、60、93、100、253、256、288、290、389、390。

R

热拉尔，沙尔·弗雷德里克（Gerhardt，Charles-Frédéric 1816—1856）——法

国化学家,同洛朗一起对分子和原子的概念作了更为精确的阐述。——446、467。

日果,菲力浦(Gigot,Philippe 1819—1860)——比利时工人运动和民主主义运动的参加者,共产主义者同盟盟员;19世纪40年代接近马克思和恩格斯。——229。

日拉丹,埃米尔·德(Girardin,Émile de 1806—1881)——法国资产阶级政论家和政治活动家。1836—1866年断续地担任《新闻报》编辑,1866—1870年为《自由》报编辑;1848年革命前反对基佐政府,在革命时期是资产阶级共和党人,1850—1851年为立法议会议员,后为波拿巴主义者。——447。

荣克,格奥尔格(Jung,Georg 1814—1886)——德国政论家,青年黑格尔分子,《莱茵报》发行负责人之一;小资产阶级民主主义者。1848年为普鲁士制宪议会议员,属于左派。——194、198。

荣克,海尔曼(Jung,Hermann 1830—1901)——瑞士工人运动和国际工人运动活动家,职业是钟表匠。德国1848—1849年革命的参加者,侨居伦敦。1864年11月—1872年为国际总委员会委员和瑞士通讯书记,1871—1872年为总委员会财务委员,国际伦敦代表会议(1865)副主席,日内瓦代表大会(1866)、布鲁塞尔代表大会(1868)和巴塞尔代表大会(1869)以及伦敦代表会议(1871)主席,不列颠联合会委员会委员。海牙代表大会(1872)以前在国际中执行马克思的路线,1872年秋加入不列颠联合会委员会里的改良派,1877年以后脱离工人运动。——388。

茹柯夫斯基,尼古拉·伊万诺维奇(Жуковский,Николай Иванович 1833—1895)——俄国无政府主义者,19世纪60年代初彼得堡革命小组的参加者;1862年起流亡瑞士,社会主义民主同盟日内瓦支部书记,1872年为抗议开除巴枯宁而退出国际。——171。

若弗兰,茹尔·弗朗索瓦·亚历山大(Joffrin,Jules-François-Alexandre 1846—1890)——法国社会主义者,机械工人,巴黎机械工人工团的组织者之一;巴黎公社的参加者,公社被镇压后于1871—1881年间流亡英国;法国工人党党员,该党机会主义派别——可能派的领袖之一;1882年起为巴黎市参议会参议员,1889年起为众议院议员。——183。

若特兰,吕西安·莱奥波德(Jottrand,Lucien-Léopold 1804—1877)——比利

时法学家和政论家;1847—1848 年任布鲁塞尔民主协会主席;《社会辩论报》编辑。——214、224。

S

萨德勒,约翰(Sadleir,John 1814—1856)——爱尔兰银行家和政治活动家,议会中爱尔兰党团的领袖之一,蒂珀雷里银行等金融机构的董事,1853 年任财政副大臣,1856 年因蒂珀雷里银行破产自杀。——23。

沙贝利茨,雅科布(Schabelitz,Jakob 1827—1899)——瑞士出版商和书商。19 世纪 40 年代末至 50 年代初同马克思和恩格斯有来往。——273。

沙利文,爱德华(Sullivan,Edward 1822—1885)——爱尔兰国务活动家,法学家。1865 年对芬尼社社员提出诉讼,1868—1870 年为爱尔兰首席检察官,爱尔兰司法档案保管官,1883—1885 年为爱尔兰大法官。——65。

沙佩尔,卡尔(Schapper,Karl 1812—1870)——德国工人运动和国际工人运动活动家,正义者同盟的领导人之一,共产主义者同盟中央委员会委员;1848—1849 年革命的参加者;民主主义者莱茵区域委员会委员,该委员会案件(1849 年 2 月 8 日)的被告之一;1849 年 2—5 月为科隆工人联合会主席;1850 年共产主义者同盟分裂时为冒险主义宗派集团的领袖之一;1856 年起重新同马克思接近;国际总委员会委员(1865)。——20、252—253、280、342、427。

尚加尔涅,尼古拉·安娜·泰奥杜尔(Changarnier,Nicolas-Anne-Theodule 1793—1877)——法国将军和政治活动家,保皇派;第二共和国时期是制宪议会和立法议会议员,1848 年 6 月以后为巴黎卫戍部队和国民自卫军司令,曾参加驱散巴黎 1849 年六月十三日的示威游行,1851 年十二月二日政变后被逮捕并被驱逐出法国,1859 年回到法国;普法战争时期在莱茵军团司令部任职,在麦茨被俘;1871 年国民议会议员。——280、281。

申拜因,克里斯蒂安·弗里德里希(Schönbein,Christian Friedrich 1799—1868)——德国化学家,巴塞尔大学教授。——408。

圣茹斯特,安东·路易·莱昂·德(Saint-Just,Antoine-Louis Léon de 1767—1794)——法国资产阶级革命活动家,雅各宾派的领袖之一。——283。

施蒂纳,麦克斯(施米特,卡斯帕尔)(Stirner,Max(Schmidt,Kaspar)1806—

1856)——德国唯心主义哲学家,青年黑格尔派代表人物之一,唯我论者,无政府主义思想家。主要著作有《唯一者及其所有物》(1845)。——195—197、262、268、420。

施拉姆,卡尔·奥古斯特(Schramm, Karl August 1830—1905)——德国社会民主党人,社会改良主义者,《社会科学和社会政治年鉴》的编辑;曾攻击马克思主义,19世纪80年代脱党。——175。

施拉姆,鲁道夫(Schramm, Rudolf 1813—1882)——德国政论家,小资产阶级民主主义者,1848年是普鲁士制宪议会议员,属于左派;1848—1849年革命后流亡英国;反对马克思;60年代是俾斯麦的拥护者。——386。

施莱登,马蒂亚斯·雅科布(Schleiden, Matthias Jakob 1804—1881)——德国植物学家,细胞学说的创立者之一。——43。

施莱辛格,马克西米利安(Schlesinger, Maximilian 1855—1902)——德国社会民主党人,拉萨尔分子;政论家,1876—1878年担任布雷斯劳社会民主党报《真理报》的编辑,《新社会民主党人报》、《人民国家报》、《前进报》和《新社会》、《未来》、《社会科学和社会政治年鉴》等杂志的撰稿人。——176。

施洛塞尔,弗里德里希·克里斯托夫(Schlosser, Friedrich Christoph 1776—1861)——德国资产阶级历史学家,自由党人,德国历史编纂学中海德堡学派领袖。——309。

施梅林,安东(Schmerling, Anton 1805—1893)——奥地利国务活动家,自由党人。1848年7—12月任帝国内务大臣,1848年9—12月任首相兼外交大臣;1860—1865年任首相兼内务大臣。——318。

施米特——见施蒂纳,麦克斯。

施泰翰,哥特利布·路德维希(Stechan, Gottlieb Ludwig 1814左右—1875)——德国细木工,共产主义者同盟盟员,1850年同盟分裂后属于维利希—沙佩尔冒险主义宗派集团;新伦敦工人协会领导人之一。——280。

施泰因,洛伦茨·冯(Stein, Lorenz von 1815—1890)——德国法学家,国家法专家,历史学家,庸俗经济学家,维也纳大学教授(1855—1885)。——60、467。

施泰因，尤利乌斯（Stein，Julius 1813—1889）——德国教师，政论家，资产阶级民主主义者，1848年是普鲁士制宪议会议员，属于左派；50年代是《新奥得报》编辑之一，1862年起是《布雷斯劳报》的编辑。——7。

施泰因梅茨，卡尔·弗里德里希（Steinmetz，Karl Friedrich 1796—1877）——德国将军。——62。

施特拉索尔多-格拉芬贝格，米夏埃尔（Strassoldo-Grafenberg，Michael 1800—1873）——伯爵，奥地利国务活动家，1850—1853年米兰城的总督。——295。

施特龙，威廉（Strohn，Wilhelm）——在英国的德国侨民，共产主义者同盟盟员，马克思和恩格斯的朋友；曾受马克思之托同奥·迈斯纳交涉出版《资本论》。——293、294。

施梯伯，威廉（Stieber，Wilhelm 1818—1882）——普鲁士警官，1852—1860年任普鲁士政治警察局局长，1852年科隆共产党人案件的策划者之一，并且是这一案件的主要原告证人，同维尔穆特合编《19世纪共产主义者的阴谋》一书；普奥战争（1866）和普法战争（1870—1871）时期为军事警察局局长，在法国境内的德国情报机关的首脑。——148—149、294、307。

施土姆普弗，保尔（Stumpf，Paul 1826—1912）——德国工人运动活动家，职业是机械工人。1847年为布鲁塞尔德意志工人协会会员，共产主义者同盟盟员，德国1848—1849年革命的参加者，第一国际会员，国际洛桑代表大会（1867）代表，德国社会民主党党员。——426。

施旺，泰奥多尔（Schwann，Theodor 1810—1882）——德国动物学家，细胞学说的创立者之一。——43。

施韦泽，约翰·巴蒂斯特（Schweitzer，Johann Baptist 1833—1875）——德国工人运动活动家，拉萨尔派代表人物之一；职业是律师。1864—1871年任全德工人联合会机关报《社会民主党人报》编辑，1867年起任联合会主席。执行拉萨尔主义的机会主义路线，支持俾斯麦的在普鲁士领导下"自上而下"统一德国的政策。在联合会内实行个人独裁，引起会员不满，1871年被迫辞去主席职务。1872年他同普鲁士当局的勾结被揭露，被开除出联合会。——60、73、75—76、78—79、80—83、84—86、87、101、105—106、107、108、109、113、115、141、148—149、391、399—404、405、470。

年6月破产。因从事大规模的金融投机活动,被英国法院判处流放服苦
役。——23。

斯特林,詹姆斯·哈钦森(Stirling,James Hutchinson 1820—1909)——英国
哲学家,新黑格尔主义创始人之一。写过一本关于黑格尔的书及其他著
作。——142—143、471。

T

泰霍夫,古斯塔夫·阿道夫(Techow,Gustav Adolf 1813—1893)——普鲁士
军官,小资产阶级民主主义者,1848年柏林攻占军械库的参加者,普法尔
茨革命军总参谋长。革命失败后流亡瑞士,是瑞士流亡者组织"革命集中"
的领导人之一。1852年迁居澳大利亚。——276、277。

泰霍热夫斯基,斯塔尼斯拉夫(Tehorzewsky,Stanislaw)——伦敦的波兰流亡
者,为波兰流亡者服务的小书店的老板;赫尔岑的密友和赫尔岑在国外出
版和传播俄国书籍的代理人。——48。

泰诺,皮埃尔·保尔·欧仁(Ténot,Pierre-Paul-Eugène 1839—1890)——法
国政论家,资产阶级共和党人。——95、96。

汤普森,雅科布(Thompson,Jacob 1810—1885)——美国国务活动家,属于
民主党,布坎南政府的内政部长(1857—1861)。——315。

汤普森,托马斯·佩罗内特(Thompson,Thomas Perronet 1783—1869)——
英国政治家,庸俗经济学家,自由贸易派。——236。

陶森瑙,卡尔(Tausenau,Karl 1808—1873)——奥地利政治活动家,小资产
阶级民主派左翼的代表,1848—1849年革命时期为维也纳民主协会中央
委员会首脑。1849年起流亡伦敦。——252。

特德斯科,维克多(Tedesco,Victor 1821—1897)——比利时律师,革命民主
主义者和社会主义者,工人运动参加者,布鲁塞尔民主协会创建人之一。
1847—1848年曾与马克思和恩格斯接近。里斯孔图案件的被告,被判处
死刑,后改为30年徒刑,1854年被赦免。——223。

特拉福德爵士,汉弗莱·德(Sir Trafford,Humphrey de)——英国地主。
——122。

特雷莫,皮埃尔(Trémaux,Pierre)——法国自然科学家。——428—430、

431—436。

特里东,埃德姆·玛丽·古斯塔夫(Tridon, Edme-Marie-Gustave 1841—1871)——法国政治活动家和政论家,布朗基主义者;第一国际会员,1871年国民议会议员,后辞职;巴黎公社委员,公社被镇压后流亡比利时。——107。

特罗胥,路易·茹尔(Trochu, Loujs-Jules 1815—1896)——法国将军和政治活动家,奥尔良党人。19世纪30至40年代参加侵占阿尔及利亚,1853—1856年和1859年分别参加克里木战争和意大利战争。国防政府首脑,1870年9月—1871年1月任巴黎武装力量总司令,背叛地破坏城防;1871年为国民议会议员。——158。

梯也尔,阿道夫(Thiers, Adolphe 1797—1877)——法国历史学家和国务活动家,奥尔良党人;1832年和1834年任内务大臣,1836年和1840年任首相,第二共和国时期是制宪议会和立法议会议员;1871年任政府首脑(内阁总理),1871—1873年任共和国总统,镇压巴黎公社的刽子手。——280、281。

梯叶里,雅克·尼古拉·奥古斯坦(Thierry, Jacques-Nicolas-Augustin 1795—1856)——法国历史学家,资产阶级阶级斗争理论的创立者之一。——5、212。

图克,托马斯(Tooke, Thomas 1774—1858)——英国资产阶级经济学家,资产阶级古典政治经济学的代表人物,货币数量论的批评者,写有多卷本的《价格史》。——244。

图西,艾萨克(Toucey, Isaac 1796—1869)——美国国务活动家,法学家,属于民主党;1848—1849年任首席检察官,1852—1857年任参议员,1857—1861年任布坎南政府的海军部长。——315。

托伦,昂利·路易(Tolain, Henri-Louis 1828—1897)——法国雕刻工,右派蒲鲁东主义者,国际巴黎支部领导人之一,国际伦敦代表会议(1865)、日内瓦代表大会(1866)、洛桑代表大会(1867)、布鲁塞尔代表大会(1868)和巴塞尔代表大会(1869)代表;1871年国民议会议员;在巴黎公社时期投向凡尔赛分子,1871年被开除出国际;第三共和国时期为参议员。——378。

W

瓦茨,约翰(Watts,John 1818—1887)——英国政论家。初为空想社会主义者,欧文的信徒;后为资产阶级自由主义者,资本主义制度的辩护士。1853年在伦敦创办了"国民人身保险会",1857年在曼彻斯特设立分公司。——204、251、409。

瓦德西,弗里德里希·古斯塔夫(Waldersee,Friedrich Gustav 1795—1864)——伯爵,普鲁士将军和军事著作家,陆军大臣(1854—1858)。——57—58。

瓦尔德克,贝奈狄克特·弗兰茨·莱奥(Waldeck,Benedikt Franz Leo 1802—1870)——普鲁士律师,小资产阶级民主主义者。1848年是普鲁士制宪议会副议长和左翼领导人之一;1849年为普鲁士第二议院议员,1867年起为北德意志联邦国会议员,进步党领袖之一。——262。

瓦盖纳,海尔曼(Wagener,Hermann 1815—1889)——德国政论家和政治活动家,资产阶级化的普鲁士容克的思想家;1848—1854年担任《新普鲁士报》编辑,普鲁士保守党的创建人,1866—1873年担任俾斯麦政府的枢密顾问。——109、373。

瓦劳,卡尔(Wallau,Karl 1823—1877)——在布鲁塞尔的德国流亡者,1848年是共产主义者同盟中央委员会委员,美因茨工人教育协会主席;后来是美因茨市长。——215。

瓦托,路易(德农维尔)(Watteau,Louis(Denonville)生于1824年)——法国政论家,19世纪40至50年代法国革命运动的参加者,后来侨居比利时;布朗基的近友。——311—312。

威利斯,罗伯特(Willis,Robert 1800—1875)——英国力学家、工艺师和考古学家。1854—1867年给工人讲课。——346。

威廉一世(**霍亨索伦**;列曼)(Wilhelm I(Hohenzollern,Lehmann)1797—1888)——普鲁士国王(1861—1888),德国皇帝(1871—1888)。——148、150、152、308、309—310、342—343、386、410、417、427。

微耳和,鲁道夫(Virchow,Rudolf 1821—1902)——德国病理学家、人类学家和政治活动家,细胞病理学的奠基人,达尔文主义的反对者;进步党的创建人和领袖。——373。

韦德,弗里德里希·克里斯托夫·约翰奈斯(Wedde, Friedrich Christoph Johannes 1843—1890)——德国新闻记者和作家,社会民主党人。——171—172。

韦耳夫——见格奥尔格五世。

韦济尼埃,皮埃尔(Vésinier, Pierre 1820—1902)——法国新闻工作者和政论家,反波拿巴主义者,流亡者,伦敦的法国人支部的组织者之一。曾参加1865年国际伦敦代表会议的工作,因诽谤总委员会于1866年被开除出总委员会,根据布鲁塞尔代表大会(1868)的决议被开除出国际。巴黎公社委员,公社被镇压后流亡英国。——71。

韦克菲尔德,爱德华·吉本(Wakefield, Edward Gibbon 1796—1862)——英国国务活动家和经济学家,曾提出资产阶级殖民理论。——127、131。

韦斯顿,约翰(Weston, John)——英国工人运动活动家,职业是木匠,后为厂主;欧文主义者,1864年9月28日伦敦圣马丁堂会议的参加者,1864—1872年担任国际总委员会委员,1865年伦敦代表会议代表,曾参加改革同盟执行委员会,土地和劳动同盟的领导人之一,1872年担任不列颠联合会委员会委员。——380、381、406—407、453。

维德,弗兰茨(Wiede, Franz 约生于1857年)——德国新闻工作者,《新社会》杂志的创办人和编辑,改良主义者。——168—169、170、172。

维尔茨,沙尔·阿道夫(Wurtz, Charles-Adolphe 1817—1884)——法国有机化学家,原子分子论的拥护者。——446、447。

维尔克(Wilke)——普鲁士流亡军官。——422。

维尔特,格奥尔格(Weerth, Georg 1822—1856)——德国诗人和政论家,共产主义者同盟盟员,1848—1849年为《新莱茵报》编辑;马克思和恩格斯的朋友。——225、293、352。

维干德,奥托(Wigand, Otto 1795—1870)——德国出版商和书商,在莱比锡开有书店,出版一些进步作家的著作。——195、440。

维克多-艾曼努埃尔二世(Vittorio Emanuele II 1820—1878)——撒丁国王(1849—1861),意大利国王(1861—1878)。——56、424。

维利希,奥古斯特(Willich, August 1810—1878)——普鲁士军官,因政治信仰退伍。共产主义者同盟盟员,1849年巴登-普法尔茨起义的参加者。1850年共产主义者同盟分裂时是冒险主义宗派集团的领袖之一。1853年侨居美国,站在北部方面参加美国内战。——20、234、252—253、276、277、280、290、295—296。

魏德迈,约瑟夫(Weydemeyer,Joseph 1818—1866)——德国和美国工人运动活动家,马克思和恩格斯的朋友和战友。1846—1847年是"真正的社会主义者",在马克思和恩格斯的影响下,转到科学共产主义立场上。共产主义者同盟盟员,德国1848—1849年革命的参加者,1849—1850年为《新德意志报》责任编辑之一。革命失败后流亡美国,曾站在北部方面参加内战。他为马克思主义在美国的传播奠定了基础。——286—287。

魏特林,威廉(Weitling,Wilhelm 1808—1871)——德国工人运动早期活动家,空想平均共产主义理论家;职业是裁缝。——53、210—211、295—296。

文迪施格雷茨,阿尔弗勒德(Windischgrätz,Alfred 1787—1862)——公爵,奥地利陆军元帅。1848年镇压布拉格和维也纳的起义,1849年率领奥地利军队镇压匈牙利革命。——4。

沃邦,塞巴斯蒂安·勒普雷特尔(Vauban,Sébastien le Prêtre 1633—1707)——法国元帅,军事工程师,写有筑城学和围攻方面的著作以及经济学著作《王国什一税》。——141、363。

沃尔波尔,斯宾塞·霍雷肖(Walpole,Spencer Horatio 1806—1898)——英国政治活动家,托利党人,1852年、1858—1859年和1866—1867年任内务大臣。——444。

沃尔弗,斐迪南(红色沃尔弗)(Wolf,Ferdinand (der rote Wolf) 1812—1895)——德国政论家,1846—1847年为布鲁塞尔共产主义通讯委员会委员,共产主义者同盟盟员,1848—1849年为《新莱茵报》编辑之一。1848—1849年革命后流亡国外,1850年共产主义者同盟分裂时支持马克思;后来脱离政治活动。——280—281、299。

沃尔弗,路易吉(Wolff,Luigi)——意大利军官,马志尼的拥护者,伦敦意大利工人组织"共进会"的会员,1864年9月28日伦敦圣马丁堂会议的参加者,1864—1865年担任国际总委员会委员,1865年伦敦代表会议的参加者,1871年被揭露为波拿巴的密探。——379、380、381、382。

沃尔弗,威廉(鲁普斯)(Wolff,Wilhelm (Lupus) 1809—1864)——德国无产阶级革命家和政论家,马克思和恩格斯的朋友和战友;职业是教员。1834—1839年被关在普鲁士监狱。1846—1847年为布鲁塞尔共产主义通讯委员会委员,1848年3月起为共产主义者同盟中央委员会委员,1848—1849年为《新莱茵报》编辑之一;法兰克福国民议会议员。——34、100、279、311、341、384、449。

沃康松,雅克·德(Vaucanson,Jacques de 1709—1782)——法国力学家,改进了织机的构造;灵敏的自动装置的发明者。——349。

沃拉贝尔,阿希尔·德(Vaulabelle,Achille de 1799—1879)——法国历史学家和政治活动家,温和的资产阶级共和党人,1848—1849年是制宪议会议员和卡芬雅克内阁的教育部长。——211—212。

乌尔班,卡尔(弗尔布纳)(Urban,Karl (Wrbna) 1802—1877)——奥地利军官,1850年起为将军,原系罗马尼亚人,特兰西瓦尼亚的罗马尼亚民族运动右派领袖;曾参加镇压匈牙利的1848—1849年革命。——4。

乌尔卡尔特,戴维(Urquhart,David 1805—1877)——英国外交家,政论家和政治活动家,亲土耳其分子。曾揭露帕麦斯顿和辉格党人的对外政策。19世纪30年代在土耳其执行外交任务。1847—1852年为议会议员,1855—1865年和1866—1877年分别为《自由新闻》和《外交评论》的创办人和编辑。——9、319、384。

乌兰德,路德维希(Uhland,Ludwig 1787—1862)——德国晚期浪漫派诗人,1848—1849年为法兰克福国民议会议员,属于中间派左翼。— 52。

武尔斯特(Wulster)——德国分立主义者。——154。

武特克,约翰·卡尔·亨利希(Wuttke,Johann Karl Heinrich 1818—1876)——德国历史学家和政治活动家,1849年为法兰克福制宪议会议员,大德意志党的创建人之一,莱比锡大学教授;60年代接近拉萨尔派。——438。

X

西门子,卡尔·威廉(Siemens,Carl Wilhelm 1823—1883)——德国工程师,

电气技师,企业主。1859 年起住在伦敦,在那里领导德国西门子电气公司伦敦分公司。1882 年是不列颠科学促进协会主席和其他一些科学协会委员。写有热和电方面的许多著作。——187。

西蒙,路德维希(Simon,Ludwig 1810—1872)——德国律师,小资产阶级民主主义者,1848—1849 年是法兰克福国民议会议员,属于左派;曾流亡瑞士。——288。

西蒙斯,路德维希(Simons,Ludwig 1803—1870)——德国法学家,1848 年是普鲁士制宪议会议员,属于右派,1849—1860 年任司法大臣。——307。

西斯蒙第,让·沙尔·莱奥纳尔·西蒙德·德(Sismondi,Jean-Charles-Léonard Simonde de 1773—1842)——瑞士经济学家和历史学家,政治经济学中浪漫主义学派的代表人物,小资产阶级社会主义者。批判资本主义制度,指出资本主义的矛盾,但不理解资本主义矛盾的性质和根源,不了解资本主义大生产的进步性。把中世纪宗法制农业和行会手工业理想化,认为消灭资本主义矛盾的途径就是使现代社会回到小生产方式中去。——299、300—301。

希尔德布兰德,布鲁诺(Hildebrand,Bruno 1812—1878)——德国资产阶级庸俗经济学家和统计学家,政治经济学中所谓历史学派的代表人物。1863 年起出版《国民经济和统计年鉴》。——148、472。

希尔施,卡尔(Hirsch,Karl 1841—1900)——德国社会民主党人,新闻工作者,好几家社会民主党报纸的编辑。——169—170、173—174、175—176。

希尔施,麦克斯(Hirsch,Max 1832—1905)——德国经济学家和政论家,资产阶级进步党活动家。1868 年访问英国后,同弗·敦克尔一起创建了几个改良主义的工会(所谓希尔施—敦克尔工会)。1869—1893 年为国会议员。在他的著作中宣扬劳资"和谐"思想,反对无产阶级的革命策略,维护改良主义。——178。

希尔施,威廉(Hirsch,Wilhelm)——德国店员,19 世纪 50 年代初是在伦敦的普鲁士警探。——280。

希普顿,乔治(Shipton,George 1839—1911)——英国工联领导成员,改良主义者,彩画匠工联书记;1881—1885 年为《劳动旗帜报》编辑。1872—1896 年为工联伦敦理事会书记。——177—179。

席勒,弗里德里希(Schiller,Friedrich 1759 — 1805)——德国诗人和剧作家。
——148、472。

席利,维克多(Schily,Victor 1810—1875)——德国小资产阶级民主主义者,
职业是律师。1849 年巴登-普法尔茨起义的参加者,后流亡瑞士。第一国
际会员,曾帮助总委员会巩固在巴黎的国际组织。1865 年伦敦代表会议
的参加者。——290。

肖莱马,卡尔(Schorlemmer,Carl 1834 — 1892)——德国化学家,辩证唯物主
义者,曼彻斯特的教授;德国社会民主党党员;马克思和恩格斯的朋友和战
友。——443、467。

谢多-费罗蒂,D.K.(菲尔克斯,费多尔·伊万诺维奇)(Schédo-Ferroti,D.K.
(Фиркс,Федор Иванович) 1812—1872)——男爵,俄国政论家,自由党人,
写有一些关于俄国土地问题的著作。—— 90。

谢尔策尔,安德烈亚斯(Scherzer,Andreas 1807 — 1879)——德国裁缝,共产
主义者同盟分裂后为属于维利希—沙佩尔冒险主义宗派集团一个巴黎支
部的成员,所谓 1852 年 2 月巴黎德法密谋案件的被告之一;后流亡英国,
伦敦德意志工人共产主义教育协会的领导人之一,《新时代》出版者和《人
民报》撰稿人;1871 年底由于发表诽谤总委员会的言论和进行分裂活动而
被开除出协会。——53。

休谟,大卫(Hume,David 1711—1776)——英国哲学家,主观唯心主义者,近
代不可知论的创始人;历史学家和经济学家;重商主义的反对者,货币数量
论的早期代表人物。—— 49、94 — 95、163、466、473。

许纳拜恩,F. W. (Hühnerbein,F. W.)——德国共产主义者,职业是裁缝。
1849 年 5 月埃尔伯费尔特起义时期为安全委员会委员。——228。

Y

雅科比,约翰(Jacoby,Johann 1805 — 1877)——德国政论家,政治活动家,资
产阶级民主主义者;职业是医生。1848 年是普鲁士制宪议会左翼领袖之
一,1862 年为第二议院议员。60 年代参加进步党,从资产阶级激进主义立
场出发批评俾斯麦在德国统一问题上的政策。1872 年加入社会民主党,
1874 年代表该党被选入帝国国会。——262。

亚里士多德（Aristoteles 公元前384—前322）——古希腊哲学家和学者，古代奴隶社会统治阶级的思想家。在哲学观点上摇摆于唯心主义和唯物主义之间。在古希腊哲学家中学识最为渊博，不仅是形式逻辑的奠基人，而且研究了辩证思维最基本的形式，被恩格斯称为"古代世界的黑格尔"。此外，还研究了心理学、物理学、政治学、历史学、伦理学、经济学等等。马克思阐述关于商品、价值、货币以及资本的最初形式（高利贷资本和商业资本）的学说的历史，就是从亚里士多德讲起的。——91。

亚历山大——见亚历山大二世。

亚历山大二世（**罗曼诺夫**）（Александр II（Романов）1818—1881）——俄国皇帝（1855—1881）。——54—55、441。

燕妮——见马克思，燕妮。

杨格，阿瑟（Young，Arthur 1741—1820）——英国农学家和资产阶级经济学家，货币数量论的拥护者。——131。

耶拉契奇，约西普（Jellačič，Josip 1801—1859）——伯爵，奥地利将军，1848—1859年为克罗地亚、达尔马提亚和斯拉沃尼亚省总督，积极参与镇压匈牙利和奥地利的1848—1849年革命。——4。

叶卡捷琳娜二世（Екатерина II 1729—1796）——俄国女皇（1762—1796）。——360。

伊壁鸠鲁（Epikouros 公元前342—前270）——古希腊唯物主义哲学家，无神论者。——163、473。

伊丽莎白（Elizabeth 1801—1873）——普鲁士王后，弗里德里希-威廉四世的妻子。——342。

伊丽莎白一世（Elizabeth I 1533—1603）——英国女王（1558—1603）。——454。

伊曼特，彼得·米夏埃尔（Imandt，Peter Michael 1823—1897）——德国教员，民主主义者，1848—1849年革命的参加者。革命失败后流亡瑞士，后迁居伦敦。共产主义者同盟盟员，马克思和恩格斯的朋友，第一国际会员。——20、293、330。

伊威希——见拉萨尔，斐迪南。

约翰斯顿，詹姆斯·芬利·韦尔（Johnston，James Finley Weir 1796—

1855)——英国化学家,写有农业化学方面的著作。——126。

约克,泰奥多尔(Yorck, Theodor 1830—1875)——德国工人运动活动家,木器工人联合会的组织者,拉萨尔分子;全德工人联合会执行委员会委员。1869 年加入反施韦泽派,退出全德工人联合会,并参加组织社会民主工党;1871—1874 年为该党的书记。——105。

云格,阿道夫·弗里德里希(Junge, Adolph Friedrich)——德国细木工,巴黎正义者同盟盟员,1847 年起为共产主义者同盟盟员。——209—210。

Z

扎比茨基,安东尼(Zabicki, Antoni 1810 前后—1889)——波兰民族解放运动活动家,职业是排字工人。1831 年从波兰流亡国外,匈牙利 1848—1849 年革命的参加者,1851 年起侨居英国,伦敦民主派兄弟协会领导人之一。1863 年起出版波兰民主主义流亡者的机关报《自由之声报》。波兰全国委员会书记,1866—1871 年担任国际总委员会委员,1866—1871 年担任波兰通讯书记。——110。

载勒尔,塞巴斯蒂安(Seiler, Sebastian 约 1815—1890)——德国政论家,1846 年为布鲁塞尔共产主义通讯委员会委员,后为共产主义者同盟盟员,1848—1849 年在巴黎任法国国民议会的速记员,后流亡伦敦,又移居美国。——212—213、214。

赞德库尔(Sandkuhl)——19 世纪 40 年代在布鲁塞尔的德国侨民。——212。

朱泽培——见马志尼,朱泽培。

对1913年德文版
《马克思和恩格斯通信集》上的
写信日期的修改对照表

写信人	德文版《通信集》上的日期	《马克思恩格斯全集》和本卷上的日期
恩格斯	1845年2月22日	1845年2月22日—3月7日
恩格斯	1846年10月	大约1846年10月18日
恩格斯	1846年10月	大约1846年10月23日
恩格斯	1847年11月26日	1848年1月21日
恩格斯	1848年3月上半月	[1848年3月18日]
恩格斯	1851年	1851年2月12日
恩格斯	1851年7月下半月	[1851年7月20日前后]
恩格斯	1852年夏	1852年8月24日
恩格斯	1852年10月16日	[1852年10月31日]
马克思	1853年3月22日	1853年3月22—23日
马克思	1853年9月2日	1853年9月2—3日
马克思	1861年6月9日	1861年6月19日
马克思	1866年12月12日	1868年12月12日
恩格斯	1868年5月6日	1868年5月6日
马克思	1882年3月8日	1882年4月8日

《列宁全集》第二版第58卷编译人员

本卷通信集提要翻译：岑鼎山

资料编写：李洙泗　张瑞亭　郭值京　刘方清　林海京

编　　辑：江显藩　钱文干　许易森　孙琼英　刘京京

《列宁全集》第二版增订版编辑人员

李京洲　高晓惠　翟民刚　张海滨　赵国顺　任建华　刘燕明
孙凌齐　门三姗　韩　英　侯静娜　彭晓宇　李宏梅　付　哲
戢炳惠　李晓萌

审　　定：韦建桦　顾锦屏　柴方国

本卷增订工作负责人：付　哲　刘燕明

责任编辑：毕于慧

装帧设计：石笑梦

版式设计：周方亚

责任校对：张　彦

图书在版编目(CIP)数据

列宁全集.第58卷/(苏)列宁著；中共中央马克思恩格斯列宁斯大林著作编译局编译.
　—2版(增订版)-北京：人民出版社,2017.3(2024.7重印)
ISBN 978-7-01-017142-5
Ⅰ.①列…　Ⅱ.①列…②中…　Ⅲ.①列宁著作-全集　Ⅳ.①A2
中国版本图书馆CIP数据核字(2016)第316469号

书　　名	**列宁全集**	
	LIENING QUANJI	
	第五十八卷	
编 译 者	中共中央马克思恩格斯列宁斯大林著作编译局	
出版发行	人民出版社	
	(北京市东城区隆福寺街99号　邮编　100706)	
邮购电话	(010)65250042　65289539	
经　　销	新华书店	
印　　刷	北京新华印刷有限公司	
版　　次	2017年3月第2版增订版　2024年7月北京第2次印刷	
开　　本	880毫米×1230毫米 1/32	
印　　张	20.625	
插　　页	5	
字　　数	536千字	
印　　数	3,001—6,000册	
书　　号	ISBN 978-7-01-017142-5	
定　　价	51.00元	

ISBN 978-7-01-017142-5

9 787010 171425 >